新文科·财经学术文库

华东师范大学精品力作培育项目(批准号:2023ECNU-JP004)

The Co-prosperity Economics & Institutions

共同富裕的经济规律及其制度

陈承明 ◎ 著

图书在版编目(ＣＩＰ)数据

共同富裕的经济规律及其制度 / 陈承明著. --上海：上海财经大学出版社，2024.8
(新文科·财经学术文库)
ISBN 978-7-5642-4363-0/F.4363

Ⅰ.①共… Ⅱ.①陈… Ⅲ.①共同富裕－研究－中国 Ⅳ.①F124.7

中国国家版本馆 CIP 数据核字(2024)第 073748 号

□ 责任编辑　廖沛昕
□ 封面设计　贺加贝

共同富裕的经济规律及其制度

陈承明　著

上海财经大学出版社出版发行
(上海市中山北一路 369 号　邮编 200083)
网　　址:http://www.sufep.com
电子邮箱:webmaster @ sufep.com
全国新华书店经销
上海华业装璜印刷厂有限公司印刷装订
2024 年 8 月第 1 版　2024 年 8 月第 1 次印刷

710 mm×1000 mm　1/16　23.25 印张(插页:2)　392 千字
定价:98.00 元

目 录

绪论 ··· 1

第一篇 经济规律与共同富裕

第一章 经济规律与共同富裕的相互关系 ·· 15
第一节 正确认识和理解经济规律 ·· 15
第二节 正确认识和理解共同富裕 ·· 20
第三节 经济规律与共同富裕的内在联系 ································ 23
第四节 全面发展与共同富裕的有机结合 ································ 32

第二章 共同富裕的基本经济规律 ·· 35
第一节 什么是基本矛盾和基本经济规律 ································ 35
第二节 深刻理解基本矛盾和基本经济规律 ···························· 37
第三节 按生产力标准完善生产关系 ····································· 40
第四节 遵循基本经济规律促进共同富裕 ································ 45

第三章 共同富裕的主要经济规律 ·· 52
第一节 社会主义初级阶段的主要矛盾及其变化 ······················ 52
第二节 社会主义初级阶段的主要经济规律 ···························· 54
第三节 进入新时代与实现共同富裕 ····································· 55
第四节 运用科学方法深化改革开放 ····································· 59

第四章　生产力是共同富裕的物质前提 …… 73
第一节　生产力是一切物质财富的直接来源 …… 73
第二节　生产力是推动社会发展的根本动力 …… 77
第三节　科学技术是第一生产力 …… 81
第四节　物质生产力、精神生产力、人才生产力 …… 85

第五章　生产关系是共同富裕的制度保障 …… 91
第一节　生产关系的体系及其本质特性 …… 91
第二节　中国社会主义经济制度的建立 …… 94
第三节　社会主义初级阶段的含义和特征 …… 96
第四节　社会主义本质与初级阶段使命 …… 102

第六章　社会主义市场经济与共同富裕的内在联系 …… 109
第一节　《资本论》是社会主义市场经济的理论基础 …… 109
第二节　市场经济的本源、变异和复归 …… 114
第三节　社会主义与市场经济的有机结合 …… 118
第四节　社会主义市场经济的两重性和相容性 …… 122

第二篇　基本经济制度与共同富裕

第七章　共同富裕的所有制结构 …… 129
第一节　社会主义初级阶段的所有制理论 …… 129
第二节　坚持公有制为主体与反对单纯公有制 …… 133
第三节　多种所有制共同发展与反对私有化 …… 137
第四节　公有经济与非公经济的有机结合 …… 141

第八章　共同富裕的按劳分配 …… 146
第一节　按劳分配的本质要求和实现形式 …… 146

第二节　管理劳动及其按劳分配 ………………………… 151
　　第三节　科技劳动及其按劳分配 ………………………… 156
　　第四节　服务劳动及其按劳分配 ………………………… 161

第九章　共同富裕的按要素分配 ……………………………… 165
　　第一节　按要素分配的地位和作用 ……………………… 165
　　第二节　提高劳动者的财产性收入 ……………………… 169
　　第三节　收入分配中的主要问题 ………………………… 176
　　第四节　构建三层次的分配体系 ………………………… 178

第十章　共同富裕的劳动价值 ………………………………… 183
　　第一节　《资本论》与西方的价值理论比较 …………… 183
　　第二节　劳动价值、剩余价值和公共价值 ……………… 187
　　第三节　价值规律、价格机制和驾驭能力 ……………… 193
　　第四节　发展完善劳动价值论的现实意义 ……………… 197

第十一章　共同富裕的资本增殖 ……………………………… 203
　　第一节　公有资本的价值增殖规律 ……………………… 203
　　第二节　改革和完善现代企业制度 ……………………… 206
　　第三节　股份制成为公有制的实现形式 ………………… 211
　　第四节　国有控股公司的两重经济职能 ………………… 216

第十二章　共同富裕的宏观调控 ……………………………… 220
　　第一节　市场调节、计划指导与宏观调控 ……………… 220
　　第二节　计划调节与市场调节相结合 …………………… 224
　　第三节　更好地发挥政府的调控作用 …………………… 230
　　第四节　健全市场经济的法律制度 ……………………… 234

第三篇　相关经济制度与共同富裕

第十三章　共同富裕的财政制度 ……………………………………… 241
　　第一节　公共财政制度的建立 ………………………………… 241
　　第二节　中央与地方之间的财政关系 ………………………… 245
　　第三节　财政转移支付的确立与发展 ………………………… 250
　　第四节　满足公共财政的税制改革 …………………………… 254

第十四章　共同富裕的金融制度 ……………………………………… 259
　　第一节　金融体制改革的必要性和重要性 …………………… 259
　　第二节　金融体制改革的主要变化 …………………………… 263
　　第三节　金融体制存在的主要问题 …………………………… 267
　　第四节　金融体制改革的不断深化 …………………………… 271

第十五章　共同富裕的教育制度 ……………………………………… 275
　　第一节　教育是提高科学文化素质的根本途径 ……………… 275
　　第二节　经济与教育的内在联系和相互关系 ………………… 280
　　第三节　经济规律与教育规律的区别和联系 ………………… 284
　　第四节　引进市场机制发展和完善成人教育 ………………… 288

第十六章　共同富裕的就业制度 ……………………………………… 293
　　第一节　就业的重要地位和积极作用 ………………………… 293
　　第二节　依靠政府部门完善就业体系 ………………………… 297
　　第三节　发挥社会力量实现充分就业 ………………………… 300
　　第四节　重视和解决农民工问题 ……………………………… 304

第十七章　共同富裕的社会保障制度 ········· 309
第一节　社会保障是经济发展的稳定器 ········· 309
第二节　社会保障的内涵和实现形式 ········· 312
第三节　我国社会保障的成就和问题 ········· 316
第四节　构建覆盖城乡的社会保障体系 ········· 320

第十八章　共同富裕的乡村振兴 ········· 325
第一节　农村集体所有制的形成和发展 ········· 325
第二节　改革和完善农村的集体所有制 ········· 330
第三节　改革和完善农村土地的流转制度 ········· 335
第四节　加快乡村振兴和促进共同富裕 ········· 339

第十九章　中国式现代化是共同富裕的必由之路 ········· 345
第一节　中国式现代化是党的基本路线的延续 ········· 345
第二节　中国式现代化的历史地位和宝贵经验 ········· 347
第三节　中国式现代化的丰富内涵和具体要求 ········· 349
第四节　中国式现代化的路径选择和辩证方法 ········· 352

参考文献 ········· 355

后记 ········· 362

附录　作者已出版的书籍 ········· 364

绪 论

习近平总书记在党的二十大报告中指出:"共同富裕是中国特色社会主义的本质要求,也是一个长期的历史过程。"[①]我们追求的共同富裕是社会主义的本质要求和全体人民的共同期盼,也是完成社会主义初级阶段的历史使命和实现中国式现代化的必由之路。共同富裕是一个艰巨复杂的系统工程,是需要全体人民经过长期的艰苦奋斗才能实现的战略目标,因此它不可能一蹴而就,也不可能一劳永逸。要实现共同富裕,就必须深刻认识社会主义的历史使命和建成现代化强国的艰巨任务,深入理解经济规律与共同富裕的内在联系和相互作用,准确把握实现这一战略目标的正确途径和科学方法。也就是说,只有从中国的国情和社会主义初级阶段的实际出发,自觉遵循客观经济规律和基本经济制度的要求,制定出一系列切实可行的方针、政策和措施,经过党和人民持续不断地艰苦努力,才能实现中国特色的共同富裕。

一、共同富裕的必要性、渐进性和选择性

要实现中国特色的共同富裕,就必须自觉遵循客观经济规律,既要有明确的奋斗目标,又要有科学的实施方法,因而是一个长期而艰巨的历史过程。在这里,不仅要求我们从理想信念上充分认识共同富裕的必要性和重要性,而且要在发展方式上充分认识共同富裕的渐进性和选择性。

(一)共同富裕是社会主义和共产主义的本质要求

习近平总书记在党的二十大报告中指出:"自觉做共产主义远大理想和中国特色社会主义共同理想的坚定信仰者和忠实实践者。"[②]社会主义的本质就是要

[①] 习近平:《高举中国特色社会主义伟大旗帜 为全面建设社会主义现代化国家而团结奋斗——在中国共产党第二十次全国代表大会上的报告》,人民出版社2022年版,第22页。
[②] 习近平:《高举中国特色社会主义伟大旗帜 为全面建设社会主义现代化国家而团结奋斗——在中国共产党第二十次全国代表大会上的报告》,人民出版社2022年版,第65页。

解放和发展生产力,消灭剥削和消除两极分化,最终实现共同富裕;中国共产党的历史使命就是要建立和完善社会主义,最终实现共产主义。可见,共同富裕是中国特色社会主义和未来共产主义的本质要求和共同目标。

有人提出:经济规律与共同富裕有何必然联系?资本主义经济发展也要遵循经济规律,为什么它们不能实现共同富裕,而只能导致两极分化?这里的根本原因是经济规律发挥作用的客观条件不同,因此产生的结果也必然不同。资本主义经济是以生产资料私有制为基础的,这一根本性的条件必然导致经济规律如价值规律和价值增殖规律等,在促进生产力发展的同时,形成贫富差距越来越大的两极分化。而资本主义政权及其意识形态,必然代表资产阶级的利益,维护生产资料私有制和贫富两极分化的长期存在。相反,社会主义经济是以生产资料公有制为主体的,这一根本性的条件使经济规律如价值规律和价值增殖规律等,在促进生产力发展的同时,能有效限制贫富差距扩大和形成两极分化。特别是公有资本创造的剩余价值已转化为公共必要价值,成为共同富裕的直接经济来源。而社会主义政权及其意识形态,必然代表全体人民的根本利益,在维护生产资料公有制主体地位的同时,逐步限制和缩小贫富差距,不断促进和实现共同富裕。这就是经济规律在不同经济条件下产生的不同结果,说明在社会主义制度下,经济规律与共同富裕有不可分割的内在联系。

因此,要实现共同富裕,首先要解决一个理想信念问题,这是追求共同富裕的出发点和归属点。如果没有共产主义的远大理想和中国特色社会主义的共同理想,则是不会真正追求和实现共同富裕的。实践表明,当我们忽视理想信念,资产阶级自由化严重时,我国的贫富差距就会扩大,局部的两极分化就会加重。因此,要实现共同富裕,首先要有中国共产党的正确领导和新时代中国特色社会主义思想的科学指导,要有坚定的理想信念和明确的奋斗目标,要为共同富裕创造良好的社会环境和舆论氛围。可以说,理想信念的提高与共同富裕的实现是形影相随、不可分离的。当然,社会主义的共同富裕与共产主义的共同富裕是有质的区别的。社会主义社会是从资本主义社会脱胎出来的,不可避免地会带有资本主义的痕迹和缺陷,还需要充分利用资本主义创造的物质财富和精神财富,利用资本主义的一切积极因素来加快社会主义的经济发展。社会主义的共同富裕还存在时期、地区、程度等方面的差别,还不可能实现共产主义社会中没有阶级对立、没有三大差别、没有市场经济的共同富裕。显然,社会主义共同富裕与共产主义共同富裕又不是割裂和对立的。社会主义共同富裕是通向共产主义共同富裕的阶梯和桥梁,只有实现了社会主义共同富裕,才能为共产主义共同富裕奠定基础和开辟道路。因此,我们需要从国情和当前的实际出发,自觉遵循客观经济规律和基本经济制度的要求,制定正确的方针、政策和措施,不断促进中国特色社会主义的共同富裕,为最终实现共产主义的共同富裕创造条件和提供前提。

(二) 从相对贫穷到部分先富,再到共同富裕

我国从相对贫穷到部分先富,再到共同富裕是一个渐进的发展过程。改革开放前,相对贫穷是客观事实,造成贫穷的原因很多,既有历史原因,也有现实原因。首先是由于帝国主义和反动派的封锁和掠夺造成的,其次是对社会主义经济规律认识不充分,缺少实践经验导致的。改革开放开始时,邓小平针对相对贫穷的现状,提出可以"让一部分人、一部分地区先富起来"[①]。在改革开放四十多年里,随着生产力发展和人民富裕程度提高,部分先富也促使贫富差距扩大,局部出现两极分化等问题。因此,党中央提出了共同富裕的要求,很有必要,也很及时,受到社会的普遍关注。

可见,从相对贫穷到部分先富,再到共同富裕是一个必然、有序和渐进的过程!而过去的相对贫穷和部分先富,为此后的共同富裕提供了经验教训。在追求共同富裕的过程中,不能搞人为的"大跃进"和用行政"一刀切"的做法,也不能搞"头痛医头,脚痛医脚"的实用主义和形式主义,而要在以习近平同志为核心的党中央的正确领导下,自觉遵循客观经济规律和基本经济制度的要求,促进经济社会的全面发展,才能实现持久的和全民的共同富裕。其中的经济规律包括:社会基本矛盾决定的基本经济规律;社会主要矛盾决定的主要经济规律;以公有制为主体,多种经济共同发展的所有制结构规律;以按劳分配为主,多种分配方式并存的收入分配规律;社会主义市场经济中的价值规律和价值增殖规律;形成现代企业制度的股份制及其管理规律等,都会对共同富裕产生促进和制约作用。改革和完善社会主义的基本经济制度,实质是要实现经济规律及其体系的制度化,其中包括改革和完善社会主义的财政制度、金融制度、教育制度、就业制度、社保制度和土地制度等。因此,我们只有全面深刻认识经济规律的体系及其制度化的作用,自觉遵循社会主义经济规律和不断完善基本经济制度,才能加快我国的现代化建设和实现全民的共同富裕。

---

① 《邓小平文选》第 3 卷,人民出版社 1993 年版,第 166 页。

(三) 实现共同富裕的途径和方法选择

在社会主义与资本主义并存的时代,实现共同富裕应选择哪种途径和方法?历史经验表明,社会主义经济要赶上并超过资本主义经济,有两种不同的途径和方法。一种是用与资本主义经济完全对立的方法,如资本主义搞私有制、按资分配、市场经济;社会主义就搞公有制、按劳分配、计划经济。这是采取社会主义经济与资本主义经济完全对立的途径和方法。另一种是利用资本主义经济与社会主义经济的共有规律,以及资本主义经济中的一切积极因素加快社会主义经济发展,如利用大生产、市场经济、股份制、价值增殖等共有规律,以及非公经济、按资分配、市场调节、国际大循环等积极因素加快经济发展。这里采取社会主义经济与资本主义经济不是完全对立,而是既有区别又有联系的途径和方法。

改革开放前,我们采取的是第一种方法,虽然取得了经济发展的巨大成就,但是也暴露出它的缺陷和不足。实践表明,第一种方法不利于社会主义经济的持续健康发展,容易形成供不应求的短缺经济,特别是会造成平均主义分配和相对贫穷的状况。而改革开放后,我们采取的是第二种方法,克服了第一种方法的缺陷和不足,取得了经济发展的巨大成就,克服了短缺经济的供不应求的难题,显著提高了人民的生活水平和富裕程度。但在实践中,第二种方法也出现了一些新的缺陷和不足,如理想信念削弱、贪污腐败加剧、贫富差距扩大和局部两极分化等问题。如何取长补短,把两条途径和方法有机结合,是我们亟须解决的现实课题。

实践经验表明,我们既不能走封闭僵化的老路,也不能走改旗易帜的邪路;既要反"左"又要防右,走出一条具有中国特色、更加全面、更高质量的发展新路来。也就是说,要在始终坚持社会主义方向和共产主义理想,自觉遵循社会主义经济特有规律的同时,充分用好社会主义经济与资本主义经济的共有规律,使这两种经济规律能够紧密联系,相互促进和有机结合,使经济规律体系及其制度化的作用更全面、更充分发挥出来,这是加快中国式现代化和促进共同富裕的迫切需要。

二、遵循基本经济规律和主要经济规律促进共同富裕

在经济规律体系中,每一种经济规律的地位和要求是不同的,其中基本经济规律和主要经济规律具有决定性作用。现实表明,促进中国特色的共同富裕既要遵循基本矛盾决定的基本经济规律,又要遵循主要矛盾决定的主要经济规律,并且要使它们相互促进和有机结合。

(一)遵循基本经济规律促进共同富裕

历史唯物主义认为,推动社会发展的根本动力是生产力与生产关系、经济基础与上层建筑这两对基本矛盾,而体现社会基本矛盾的经济规律就是基本经济规律。遵循基本经济规律不仅是社会主义取代资本主义的根本要求和内在动力,而且是巩固社会主义制度和促进共同富裕的根本保证和必要条件。关于基本经济规律,马克思有过全面、深刻、详细的论述,分别说明了在社会主义取代资本主义的过程中,基本经济规律发挥作用的趋势、条件、过程。首先,马克思通过对资本主义生产力与生产关系、经济基础与上层建筑这两对基本矛盾的阐述,深刻揭示了资本主义必然灭亡和社会主义必然胜利的发展趋势,说明了用社会主义公有制代替资本主义私有制的历史必然性。其次,马克思进一步指出了这种必然性转化为现实性的必要条件,就是要使社会生产力发展到较高程度。马克思明确指出,生产力达不到一定高度,旧制度不会灭亡、新制度也不会巩固,说明社会主义代替资本主义的决定性条件是生产力的发展程度。最后,马克思揭示了社会主义代替资本主义的历史过程,必然是一个充满矛盾和艰难的阵痛过程。我们既要消灭资本主义生产关系及其剥削制度,又要充分利用资本主义经济的积极因素加快生产力发展,为消灭资本主义制度创造物质条件和精神条件。因此,这种矛盾和斗争将贯穿于社会主义代替资本主义的整个历史时期,显示了社会主义战胜资本主义的长期性和艰巨性。

马克思对基本经济规律的论述,对发展中国特色社会主义和促进共同富裕具有以下三点启发:第一,中国特色社会主义和共同富裕符合"两个必然"的总趋势,我们必须对此充满信心,坚定不移地去争取最后胜利。第二,要深刻理解发展生产力对巩固社会主义制度和促进共同富裕的决定性作用。因此,要加快社会主义现代化建设和促进经济的高质量发展,为共同富裕创造物质条件和奠定经济基础。第三,要充分认识利用资本主义经济的积极因素,加快社会主义经济发展的必要性和重要性。我们不能因为资本主义的因素如非公经济、按资分配、市场调节、国际大循环等,可能带来某些负面影响而不敢积极利用。因此,只有正确理解和自觉遵循基本经济规律,才能经过艰苦努力和接续奋斗,完善中国特色社会主义和实现共同富裕。

(二)遵循主要经济规律促进共同富裕

我们要把基本经济规律与主要经济规律区分开来。由社会基本矛盾决定的经济规律,是基本经济规律;而由社会主要矛盾决定的经济规律,则是主要经济规律。两者的区别在于:基本经济规律是在一切社会中都起作用的普遍规律;而主要经济规律则是一个社会在特定时期中起作用的特殊规律。因此两者既有区别,又有联系,不能混为一谈。

第一,我们要看到,能否正确认识社会主义时期的主要矛盾和自觉遵循主要经济规律,对实现共同富裕具有重要作用和直接影响。长期以来,我们对主要矛盾的认识经历了曲折的过程。早在1956年底,我国完成生产资料的社会主义改造以后,社会的主要矛盾应该由阶级斗争转向生产斗争。但是,由于种种原因,我们没有顺利实现这一转变,反而违背了主要经济规律的要求,因此影响了经济发展和人民富裕程度的提高,也影响了社会主义制度巩固和社会主义优越性的发挥。

第二,在党的十一届三中全会以后,经过拨乱反正,重新确立了党的基本路线,并明确提出现阶段的主要矛盾是人民日益增长的物质文化需要与落后的社会生产之间的矛盾,实现了党的工作重心从"阶级斗争为纲"向"经济建设为中心"的转变,体现了主要经济规律的要求。经过改革开放,取得了社会主义经济的快速发展,也使人民的富裕程度显著提高,充分说明了正确认识主要矛盾和遵循主要经济规律的必要性和重要性。

第三,社会主要矛盾不是一成不变的,而是随着社会发展而变化的。改革开放四十多年来,由于人民的富裕程度显著提高,同时又出现许多新的矛盾和问题,因此,党中央及时提出了主要矛盾发生变化的理论,习近平总书记在党的十九大报告中指出:"我国社会主要矛盾已经转化为人民日益增长的美好生活需要和不平衡不充分的发展之间的矛盾。"[①]这为我们在新时代自觉遵循主要经济规律指明了前进方向,也为促进经济发展和实现共同富裕提出了更高要求。

第四,当前主要矛盾中强调的经济社会发展不平衡不充分问题,表现在收入分配方面就是过大的贫富差距和局部的两极分化。因此,提出实现中国特色的共同富裕,就是要按照主要经济规律的要求,解决好贫富差距和两极分化问题。当前的贫富差距表现在城乡之间、工农之间、地区之间、行业之间、劳资之间、干群之间等方面,因而具有普遍性。局部的两极分化表现在高低收入之间存在巨大的差距,已到了非解决不可的地步。现实表明,只有抓住主要矛盾和遵循主要经济规律,才能解决收入分配不公的问题,实现中国特色的共同富裕。

---

① 习近平:《决胜全面建成小康社会 夺取新时代中国特色社会主义伟大胜利——在中国共产党第十九次全国代表大会上的报告》,人民出版社2017年版,第11页。

三、遵循所有制结构规律和收入分配规律促进共同富裕

马克思主义认为生产资料所有制关系与消费资料的分配关系是紧密联系和相互促进的。在社会主义初级阶段，与此相联系的所有制结构规律和收入分配规律也是相互作用和有机结合的，它们从多种所有制经济共同发展和合理调整收入分配这两个方面，合力促进了中国特色的共同富裕。

（一）遵循所有制结构规律促进共同富裕

实践表明，只有遵循公有制为主体，多种经济共同发展的所有制结构规律和基本经济制度，才能加快经济发展和促进共同富裕，具体要解决以下几个问题：

第一，公有制为主体，多种经济共同发展的所有制结构具有必然性。历史和现实表明，中国不能走单纯公有制的老路，也不能走完全私有化的邪路。因此，中国特色社会主义必须走以公有制为主体，多种经济共同发展的新路。习近平总书记在党的二十大报告中，再次强调了"两个毫不动摇"的思想，即"毫不动摇地巩固和发展公有制经济，毫不动摇地鼓励、支持和引导非公有制经济发展"[1]。这是总结我国正反两方面经验教训得出的科学结论，为坚持社会主义基本经济制度，加快实现共同富裕指明了方向、铺平了道路。

第二，习近平总书记在党的二十大报告中指出，要"深化国资国企改革，加快国有经济布局优化和结构调整，推动国有资本和国有企业做强做优做大，提高企业核心竞争力"[2]。这里，我们要充分理解和正确认识公有制为主体的理论来源和现实依据。有些人说，现在的非公经济在企业数量、产值、利润、税收、就业人数等方面都超过了公有经济。因此，他们认为我国现在的公有制已经不是主体，国有经济也不具有主导作用，这样的观点显然是错误的。因为公有制为主体，是讲公有的生产资料为主体，而最主要的生产资料是土地和固定资产。现在全国的土地都是公有的，城市土地是国有的，农村土地是集体的；而在全国的固定资产中绝大部分是公有的，主要是由国家和集体长期投资形成的。因此，只要这两项最基本的生产资料是公有制占大多数，那么我国公有制的主体地位和国有经济的主导作用就不会改变。

第三，非公经济需要大力发展。目前，民营经济贡献了 50% 以上的税收，

---

[1][2] 习近平：《高举中国特色社会主义伟大旗帜 为全面建设社会主义现代化国家而团结奋斗——在中国共产党第二十次全国代表大会上的报告》，人民出版社 2022 年版，第 29 页。

60%以上的国内生产总值,70%以上的技术创新成果,80%以上的城镇劳动就业,90%以上的企业数量。① 这些数据说明民营经济贡献很大,不可或缺,还需要大力发展。在党的二十大报告中,习近平总书记进一步指出,要"优化民营企业发展环境,依法保护民营企业产权和企业家权益,促进民营经济发展壮大"②。实践表明,非公经济是社会主义市场经济的重要组成部分,民营企业家是我们的自己人。不可否认,私营经济和外资企业都是有剥削的,但它们是合法的和有益的。这种利用资本主义因素加快社会主义的发展,正是我国经济的复杂性和艰巨性的体现。因此,要制定更加有利于非公经济发展的方针、政策和措施,创造更有利于非公经济发展壮大的法律制度和社会环境,使它们在促进生产力发展和实现共同富裕中的作用充分发挥出来。

第四,在促进和实现共同富裕中,公有经济和非公经济都具有不可或缺的重要作用。公有经济为共同富裕指引方向和提供保障,非公经济为共同富裕提供更为丰富多彩的商品和服务,因而是公有经济的必要补充和有力助手。可见,公有经济和非公经济不是完全对立和此消彼长的零和博弈,它们可以取长补短、相互促进,特别是通过发展混合所有制经济,使它们有机结合、融为一体。因此,只有自觉遵循公有制为主体,多种经济共同发展的所有制结构规律,才能同时发挥公有经济和非公经济的双重积极性,并能形成合力加快社会主义经济发展,实现全民的共同富裕。

(二)遵循收入分配规律促进共同富裕

习近平总书记在党的二十大报告中指出:"分配制度是促进共同富裕的基础性制度。"③实践表明,加快经济的高质量发展,就是做大蛋糕和做好蛋糕,是实现共同富裕的物质基础和前提条件;而完善收入分配制度,就是切蛋糕和分蛋糕,因而是实现共同富裕的必要途径和必然过程。因此,遵循以按劳分配为主,多种分配方式并存的分配规律,是促进和实现共同富裕的重要途径和基本方法。

第一,在社会主义市场经济中,需要通过劳动力商品形式来贯彻按劳分配。过去搞按劳分配,结果搞成平均主义,使按劳分配的积极作用难以发挥。原因是按劳分配的"劳",没有统一的标准,难以定"质"和"量"。相反,通过劳动力商品

---

① 习近平:《在民营企业座谈会上的讲话》,《光明日报》2018年11月2日。
② 习近平:《高举中国特色社会主义伟大旗帜 为全面建设社会主义现代化国家而团结奋斗——在中国共产党第二十次全国代表大会上的报告》,人民出版社2022年版,第29页。
③ 习近平:《高举中国特色社会主义伟大旗帜 为全面建设社会主义现代化国家而团结奋斗——在中国共产党第二十次全国代表大会上的报告》,人民出版社2022年版,第46~47页。

形式,可以确定劳动力的价值,确定其中包含的必要劳动的"质"和"量"。因此,我们可以利用决定劳动力价值的必要劳动来贯彻和实现按劳分配。这样不仅能克服分配上的平均主义和收入上的差距过大,而且有利于促进生产力发展和实现劳动者的共同富裕。

第二,劳动力成为商品,不等于劳动者受剥削。有些人认为,承认劳动力商品就是承认劳动者受剥削,其实不然。因为劳动者受剥削的根源不是劳动力商品,而是生产资料的私有制。在生产资料私有制的条件下,雇佣劳动者创造的剩余价值为资本家无偿占有,因而成为受剥削者。在生产资料公有制的条件下,劳动者创造的剩余价值转化为公共必要价值,成为公有企业扩大再生产和增加劳动者福利的来源,劳动者已不再受剥削。因此,在公有制条件下承认劳动力的商品性质,有利于利用公有资本的价值增殖规律,加快经济发展和实现共同富裕。

第三,劳动力成为商品,并不影响劳动者的主人地位。在社会主义公有制条件下,劳动者不仅可以作为生产资料主人的成员,参加企业管理和发挥主人作用,而且可以作为劳动力的所有者,按照商品等价交换的原则,通过签订劳动合同,与公有企业买卖劳动力。在生产资料公有制条件下,劳动力商品的买卖不仅符合价值规律和按劳分配规律,而且符合价值增殖规律和资本积累规律。如果过早地取消劳动力商品,不仅难以贯彻按劳分配和增加公共财富积累,而且容易导致平均主义和两极分化,阻碍生产力发展和共同富裕的实现。

第四,搞好按要素分配,防止收入的两极分化。在社会主义市场经济中,除了通过劳动力商品实现按劳分配外,其他生产要素如土地、资本、技术、管理、信息等,它们的所有者也必须按照价值规律和价值增殖规律,取得出卖要素使用权的报酬,以满足这些要素所有者的生存和发展需要。否则他们就不会继续提供生产要素,从而使社会再生产难以为继。实践表明,造成收入差距过大和形成两极分化的主要原因,是按要素分配脱离了劳动价值论和价值规律的制约。因此,只有按照价值规律和价值增殖规律的要求,搞好按劳分配和按要素分配,并使两者相互促进和有机结合,才能形成合力,促进生产力发展和实现共同富裕。

四、遵循价值规律和价值增殖规律促进共同富裕

习近平总书记在党的二十大报告中指出:"坚持社会主义市场经济改革方向。"[①]

[①] 习近平:《高举中国特色社会主义伟大旗帜 为全面建设社会主义现代化国家而团结奋斗——在中国共产党第二十次全国代表大会上的报告》,人民出版社2022年版,第28页。

在社会主义市场经济中,价值规律和价值增殖规律是促进生产力发展的动力和形式,是实现按劳分配和按要素分配的客观依据,也是增加财富积累和扩大再生产的动因。因此,要促进我国的现代化建设和实现共同富裕,就必须自觉遵循价值规律和价值增殖规律。

(一)遵循价值规律促进共同富裕

要促进共同富裕,就要大力发展生产力。由于市场经济和价值规律是生产力发展的动力和形式,因此为了发展生产力和促进共同富裕,就必须完善社会主义市场经济和自觉遵循价值规律,这里需要解决以下几个问题:

第一,社会主义市场经济与资本主义市场经济的区别和联系。有些人不理解:为什么社会主义与资本主义都要发展市场经济?这是因为他们不了解,市场经济经历了本源、变异、复归的辩证发展过程。小市场经济是本源,是小生产与私有制的结合;资本主义市场经济是变异,是大生产与私有制的结合;社会主义市场经济是复归,是大生产与公有制的结合。可见,市场经济从本源到变异再到复归是一个辩证的扬弃过程,有其自身的规律性。因此,市场经济的辩证发展,显示出社会主义市场经济与资本主义市场经济的本质区别和必然联系。

第二,社会主义与市场经济的内在联系。社会主义与市场经济不仅不是对立的,而且具有内在联系,表现在以下三个方面:(1)满足需要。社会主义可以通过发展市场经济,来满足人民日益增长的物质文化需要,来实现社会主义的生产目的。(2)劳动平等。市场经济要求的等价交换体现了劳动平等,与社会主义消灭剥削和实现劳动平等的要求是一致的,市场经济成为完善社会主义生产关系的重要途径。(3)发展生产力。由于价值规律是生产力规律的具体表现和实现途径,因此可以通过完善市场经济来加快发展生产力,完成社会主义的根本任务。因此,市场经济成为社会主义经济发展和实现共同富裕的重要途径和必然方式。

第三,价值规律是促进生产力发展的动力和形式。价值规律是市场经济的基本规律,它的实质是促进生产力发展。因此,价值规律与生产力规律有不可分割的内在联系和相互的促进作用。价值规律要求的第一种含义的社会必要劳动时间,促使企业改进技术、加强管理,节约生产资料和劳动成本,以提高微观生产力;价值规律要求的第二种含义的社会必要劳动时间,促进社会生产符合社会需要,使社会劳动按比例分配和社会生产按比例发展,以提高宏观生产力。因此,价值规律从微观和宏观两个方面,促进了生产力的全面发展和经济效益的普遍提高。

第四，把市场经济的本质要求与它的实现形式区分开来。市场经济的本质要求是促进生产力发展，因此必须充分利用，以促进共同富裕；而市场经济的实现形式具有消极作用，因此需要有效限制，为共同富裕扫清障碍。因为商品交换是用物与物的交换掩盖了人与人的关系，就会形成商品、货币和资本拜物教，甚至会出现政商勾结的权钱交易，即权力拜物教，就会对人的思想产生腐蚀作用和对生产力发展产生破坏作用。因此，在利用价值规律促进生产力发展时，要限制商品拜物教、货币拜物教、资本拜物教，以及权力拜物教的消极破坏作用，为经济发展和共同富裕创造良好的社会环境和舆论氛围。

（二）遵循价值增殖规律促进共同富裕

习近平总书记在党的二十大报告中指出，要"健全资本市场功能，提高直接融资比重"[①]。价值增殖规律是价值规律的转化形式，是在大生产条件下的资本价值规律。在社会主义市场经济中，要自觉遵循价值规律和价值增殖规律，促进企业生产发展和产值利润增加，为促进共同富裕创造物质财富和奠定经济基础。

第一，正确认识资本及其价值增殖规律的共性与个性。在社会主义市场经济中，公有资本与私有资本都是资本，发展生产力和实现价值增殖是它们的共性规律和共同要求，但是它们又有不同的个性特点。私有资本是能够带来剩余价值的价值，反映了资本剥削劳动的生产关系；公有资本是能够带来公共必要价值的价值，反映了劳动平等的生产关系。因此，公有资本与私有资本的性质不同，不能一概而论。只有正确区分两种资本的共性和个性、区别和联系，才能自觉遵循价值规律和价值增殖规律，加快发展生产力和促进共同富裕。

第二，正确认识价值增殖的来源及其作用。公有资本与私有资本都要实现价值增殖，因此价值增殖规律是它们的共性规律。价值增殖的来源是劳动力商品的运用，是劳动力创造的价值大于劳动力本身价值的结果。私有资本的价值增殖需要劳动力商品，同样，公有资本的价值增殖也需要劳动力商品，这是价值增殖规律的共性要求。因此，在社会主义市场经济中，要充分认识劳动力商品存在的必要性和重要性。如果人为地、过早地否定了劳动力商品，也就否定了公有资本的价值增殖规律和通过劳动力商品实现的按劳分配规律，就会影响社会主义经济发展和按劳分配制度的改革和完善，就会阻碍现代化建设和共同富裕的实现。

---

① 习近平：《高举中国特色社会主义伟大旗帜 为全面建设社会主义现代化国家而团结奋斗——在中国共产党第二十次全国代表大会上的报告》，人民出版社2022年版，第30页。

第三,公有资本及其价值增殖规律消除了对劳动者的剥削关系。在私有资本的价值增殖中,资本家获得了劳动者创造的剩余价值,因而使劳动者受到资本的剥削,加深了劳资矛盾并加剧了阶级斗争。但是,在公有资本的价值增殖中,劳动者创造的剩余价值转化为公共必要价值,成为公有企业扩大再生产和提供公共福利的来源,因而劳动者已不再受剥削。在社会主义条件下,劳动者不仅能在必要劳动时间里为自己谋利益,而且能在剩余劳动时间里为社会做贡献,因而有力地促进了社会主义经济发展和全民共同富裕的实现。

第四,国务院国有资产监督管理委员会(以下简称"国资委")要从管理国有资产向管理国有资本的方向转变。过去,认为国家投资只能称国有资产,不能称国有资本,把资本看成资本主义独有的东西。这样的认识其实是错误的,社会主义也可以有公有资本和国有资本。过去国资委以管理国有资产为主,导致行政干预过多,削弱了企业自主经营的主动性和积极性,影响了企业生产效率和经济效益的提高。现在提出,国资委的管理要从管资产向管资本的方向转变,这样可以抓大放小,紧紧抓住管理资本这个"牛鼻子",提高国有企业的经营效益和国资委的管理效率,使国有经济在促进经济发展和实现共同富裕中的主导作用发挥出来,成为社会主义经济的擎天大树和中流砥柱。

总之,历史经验一再表明,我国经济发展中的重大曲折都与违背经济规律有关,不论是1958年的"大跃进"还是1978年的"大冒进",不论是平均主义分配导致相对贫穷,还是过度私有化导致的两极分化,都是因违背经济规律而造成的危害,以及受到的惩罚。因此,只有自觉遵循客观经济规律,按基本经济制度的要求办事,才能加快现代化建设和持久地促进共同富裕。

第一篇

经济规律与共同富裕

第一章
经济规律与共同富裕的相互关系

习近平总书记在党的二十大报告中指出:"共同富裕是中国特色社会主义的本质要求,也是一个长期的历史过程。"[①]共同富裕不仅是社会主义的本质要求和全体人民的共同期盼,还是中国共产党人不忘初心和牢记使命的高度统一,因此是一个需要长期努力和逐步推进的系统工程。可见,在中国这个十四亿多人口的大国,要实现共同富裕,就必须在中国共产党的正确领导和部署下,深刻认识中国特色社会主义的历史使命和建成现代化强国的艰巨任务,深入理解经济规律与共同富裕的内在联系和相互作用,准确把握实现这一战略目标的正确途径和科学方法。

第一节 正确认识和理解经济规律

要揭示经济规律与共同富裕的内在联系和相互作用,自觉遵循经济规律促进和实现共同富裕,首先要正确了解经济规律的含义,深刻认识经济规律的性质、特点和作用。这就要求我们,深入理解经济规律的构成体系和历史演变,全面把握尊重经济规律的必要性、重要性以及人的主观能动性。学会从中国的国情和社会主义初级阶段的实际出发,全面、有序和持久地推动经济发展和实现共同富裕。

一、经济规律概述

所谓"客观规律",就是事物内在的、本质的必然联系。这种联系不是偶然、表面和暂时的,而是由客观的物质条件所决定,因而具有不以人的意志为转移的

[①] 习近平:《高举中国特色社会主义伟大旗帜 为全面建设社会主义现代化国家而团结奋斗——在中国共产党第二十次全国代表大会上的报告》,人民出版社 2022 年版,第 22 页。

必然性。经济规律就是在经济运行中内在的、本质的必然联系。所谓"内在"的，就是说经济规律也和其他规律一样，看不见、摸不着，不能为人们的感官直接感知。例如，对于商品交换来说，人们看到的是物与物交换的表面现象，但是看不到它们的内在联系，即人与人之间的劳动交换关系。因此，这就需要从实际出发，透过经济运行的表面现象，经过去粗取精、去伪存真、由表及里的加工制作过程，才能从感性上升到理性，正确认识和把握经济运行的内在联系。所谓"本质"的，就是说经济规律不是经济运行的表面联系，而是它的本质联系。例如，资本家与雇佣工人的关系，现象上是资本家支付的工资养活了工人，其实是工人创造的剩余价值养活了资本家。因为表面现象可以掩盖本质、歪曲本质，甚至与本质相反。因此，经济科学的任务就是要透过现象，认识和揭示本质，促使人们自觉遵循经济规律，加快经济发展和提高经济效益，减少经济波动和避免经济危机。所谓"必然"的，就是说经济规律是客观的，它的本质要求是由现有的经济条件决定的，因而是不以人的意志为转移的。例如，在市场经济中供过于求价格下跌，供不应求价格上升，说明供求关系与价格波动具有必然联系，人们只能承认和接受它，不能随意改变和摆脱它。因此，我们要正确认识、理解和把握经济规律，按照经济规律的客观要求办事，就能取得事半功倍的效果和收益，否则就会遭到经济规律的"惩罚"，经受挫折和失败。

二、经济规律的客观性和人的主观能动性

经济规律最重要的性质就是它的客观必然性，也就是说，经济规律是由客观经济条件决定的，它不会随人的主观意志而改变。在经济规律面前，人的主观能动性表现为可以认识、揭示、遵循或利用经济规律，但是不能创造、改造、取消或超越经济规律，否则就会受到经济规律的惩罚，造成经济破坏、倒退和危机。苏联"十月革命"胜利以后，人为取消商品交换和市场经济，导致的物资短缺和经济危机，就是违反经济规律的表现。因此，列宁不得不提出"新经济"政策，恢复商品交换和市场经济，从而克服了巨大的经济困难，巩固了新生的苏维埃政权。中国在社会主义革命胜利以后，也经历了削弱商品交换和否定市场经济的过程，企图用"大炼钢铁""大跃进""人民公社"等激进的方法加快经济发展。结果适得其反，造成了剧烈的经济波动、长期的短缺经济和"三年困难时期"等。这些都是违反经济规律带来的不良后果和受到的历史性惩罚，给人们留下了深刻的经验教训。

苏联和新中国在社会主义革命胜利后，为什么都会出现取消商品交换和否定市场经济的错误？这是因为苏联和新中国成立初期都缺乏经验，照搬马克思、恩格斯关于经典社会主义的有关论述，把商品交换和市场经济看成滋生资本主义的土壤，是发展社会主义经济必须改造的对象和消灭的障碍。具体来讲，就是当时的领导人没有把社会主义初级阶段与社会主义成熟阶段区分开来。马克思、恩格斯关于取消商品交换和否定市场经济的论述是针对社会主义成熟阶段来讲的，因而拿到社会主义初级阶段来推行就是错误的。因为在社会主义初级阶段不但不具备取消商品交换和否定市场经济的客观条件，而且需要大力发展商品交换和市场经济，充分利用价值规律和价值增殖规律，来促进生产力发展和增加社会的物质财富。因此，在我们认识到取消商品交换和否定市场经济的错误后，就提出改革开放，建立起社会主义市场经济，因而取得了国民经济持续、快速、高效的发展，这充分证明了遵循经济规律的必要性和重要性。

可见，如果人们认识和把握了经济规律，并且能自觉遵循经济规律，按经济规律的要求办事，就能加快经济发展和促进共同富裕。例如，我国通过改革开放和发展市场经济，不仅大量引进了外资和增加"三资"企业，克服了国内投资不足的瓶颈问题，还通过发展多种所有制经济和平等竞争，显著提高了各类市场主体的生机和活力。由于坚持了社会主义市场经济的改革方向，按照价值规律和价值增殖规律的要求，大大提高了社会生产力和市场的有效供给，因而克服了长期困扰我们的短缺经济的问题，使国家的综合国力和人民的生活水平得以显著提高，这充分显示出社会主义制度的优越性和共同富裕的可行性。

三、经济规律的发展和演变

一切经济规律都是客观必然的，但它们又不是静止不变的。经济规律是由客观经济条件决定的，因此经济规律会随着客观经济条件的变化而变化。随着生产社会化程度的提高，小生产经济规律会向大生产经济规律转化；小生产的价值规律会向大生产的价值增殖规律转化，私有制的经济规律会向公有制的经济规律转化；资本主义的价值规律和价值增殖规律，会向社会主义的价值规律和价值增殖规律转化等。因此，我们不仅要看到经济规律的必然性，更要认识决定这些必然性的经济条件，还要看到，当经济条件发生变化以后，一种经济规律向另一种经济规律转化的必要性和现实性。

马克思在《资本论》中，深刻揭示了商品生产规律如何转化为资本主义占有规律的演变过程及其必然性。马克思首先揭示了一般商品经济的规律即价值规律，说明了商品生产和商品交换的实质是劳动者之间等量劳动相交换的生产关系。但是，随着商品经济的发展和生产社会化程度的提高，当社会的两极分化达到一定的高度，以致一部分人可以凭借自己拥有的生产资料和货币来购买另一部分人的劳动力，同时另一部分人因为丧失了全部生产资料和生活资料因而不得不出卖劳动力的时候，货币就转化为资本，经营管理者变成了资本家。随着劳动力成为商品和货币转化为资本，原来的商品生产和商品交换的经济规律即价值规律就会转化为资本主义的占有规律即剩余价值规律。这里的剩余价值规律即资本价值增殖规律，并不违反商品经济中的价值规律，成为大生产条件下具有特殊作用的价值规律。但是，剩余价值规律与价值规律又具有完全不同的性质和特点，剩余价值规律不再反映等量劳动相交换的生产关系，而是反映资本对雇佣劳动的剥削关系。因此，马克思指出："不论资本主义占有方式好像同最初的商品生产规律如何矛盾，但这种占有方式的产生决不是由于这些规律遭到违反，相反地，是由于这些规律得到应用。"①这里马克思阐明了一种经济规律是如何转化为另一种经济规律的具体过程，使我们清楚地认识到，经济规律并不是一成不变的，在一定条件下一种经济规律会向另一种经济规律转变。因此，了解经济规律转变本身的特点和规律，对于全面认识社会发展的必然性，认识资本主义经济规律如何向社会主义经济规律转变的特点和过程，具有重要的现实意义。

事实上，在社会主义市场经济条件下，已经出现了私有资本价值增殖规律向公有资本价值增殖规律的转化，使私有资本体现的人剥削人的生产关系，转变为公有资本体现的劳动平等的生产关系。在这里价值增殖规律没有变，但是资本的性质即价值增殖规律发生作用的客观条件改变了，由原来的生产资料私有制变成了生产资料公有制，使原来为私有资本剥削的价值增殖规律转化为公有资本增加公共财富的手段和方法。因此，在社会主义市场经济中，遵循公有资本的价值增殖规律成为加快社会主义经济发展和实现共同富裕的重要途径。

马克思进一步指出："从资本主义生产方式产生的资本主义占有方式，从而资本主义私有制，是对个人的、以自己劳动为基础的私有制的第一个否定。但资本主义生产由于自然过程的必然性，造成了自身的否定。这是否定的否定。这种否定不是重新建立私有制，而是在资本主义时代的成就的基础上，也就是说，

---

① 马克思：《资本论》第 1 卷，人民出版社 2018 年版，第 674 页。

在协作和对土地及靠劳动本身生产的生产资料的共同占有的基础上,重新建立个人所有制。"[①]这里,马克思阐明了社会主义生产方式取代资本主义生产方式的历史必然性和否定之否定的规律性,也为正确认识社会主义经济发展和实现共同富裕的必然性,提供了科学的理论依据并指明了前进方向。

四、经济规律是一个有机的体系

任何一个经济规律都不是孤立存在和独立发挥作用的,经济规律之间存在着一定的必然联系和制约关系。例如,生产力规律与价值规律就是紧密联系和协调发展的两大经济规律。生产力规律的实质是节约劳动规律,也就是说,为了提高劳动生产力,必须从微观和宏观两个方面入手,充分发挥节约劳动的作用。在微观方面,为了提高劳动生产力,就要节约生产单位产品的劳动时间,其中包括节约产品中包含的过去劳动(生产资料)和活劳动(劳动力)。而价值规律要求的第一种含义的社会必要劳动时间,就是要求劳动者用低于社会必要劳动的时间生产产品,以获得超额利润,因此价值规律成为促进企业提高个别生产力和节约劳动消耗的直接动因。在宏观方面,为了提高社会生产力,就要节约生产社会总产品的劳动时间,使产品的供给量符合社会的需要量,以减少物质资料和劳动力的浪费。而价值规律要求的第二种含义的社会必要劳动时间,就是要求社会生产每一种产品的总量等于社会需要的总量,即实现供求平衡,因此价值规律成为促进社会生产,按比例发展和节约社会总劳动的直接动因。可见,价值规律实质是生产力发展的动力和形式,正是价值规律的作用才使生产力规律从微观和宏观两个方面都得到充分的发挥和展现。随着生产社会化程度提高和市场经济发展,价值规律促进生产力发展的积极作用,又通过价值增殖规律得到更充分的发挥和展现。

因此,把所有经济规律有机结合起来,就会形成一个不断发展和变化的运动体系,这也是不断深化经济体制改革和完善社会主义基本经济制度的客观依据。具体来讲,我们已经了解、认识和把握的经济规律包括:推动一切社会发展和变化的最根本的基本经济规律,即生产力与生产关系相互作用的经济规律;决定一个社会性质和客观生产目的主要经济规律,如资本主义社会的剩余价值规律,社会主义社会生产满足需要的规律;一切社会共有的、决定社会发展的根本动力的

---

① 马克思:《资本论》第 1 卷,人民出版社 2018 年版,第 874 页。

生产力规律；由生产力发展水平决定的，存在于不同社会、具有不同特点的生产关系规律；与小生产商品经济相联系的价值规律和与大生产市场经济相联系的价值增殖规律；与不同生产资料所有制相联系的消费资料的分配规律；与不同生产力和生产关系相联系的不同生产方式的运行规律，如自给自足的小生产运行规律、大生产的市场经济运行规律、大生产的计划经济运行规律等。这个经济规律的体系是无限可分的，又是一个相互作用和有机联系的整体，因此需要我们通过实践探索和深入研究，才能逐步深化对它们的认识、理解和把握。只有努力遵循经济规律体系的客观要求，不断克服前进道路上的各种困难和障碍，才能有条不紊地加快社会主义现代化建设，促进和实现全体人民的共同富裕。

第二节　正确认识和理解共同富裕

我们不仅要正确认识和理解经济规律的性质、特点和演变过程，而且要深刻认识和理解共同富裕的丰富内涵、本质要求和实现途径。习近平总书记在党的二十大报告中指出："着力促进全体人民共同富裕，坚决防止两极分化。"[①]在中国，共同富裕有一个从相对贫穷到部分先富、再到共同富裕的发展过程。共同富裕不是空洞口号和权宜之计，而是社会主义和共产主义的本质要求和共同理想，是一个振兴中华和建成现代化强国的奋斗目标和系统工程。

一、从相对贫穷到部分先富、再到共同富裕

我国从普遍贫穷到部分先富，再到共同富裕是一个必然有序的发展过程。改革开放前，相对贫穷是客观事实，造成我国贫穷的原因很多，既有历史原因，也有现实原因。有帝国主义、反动派长期封锁和掠夺的原因，也有我们对社会主义经济规律认识不正确和不充分的原因。因此，邓小平指出："贫穷不是社会主义。"[②]也就是说，搞社会主义就必须大力发展生产力，彻底消除贫穷和实现共同富裕。改革开放后，随着生产力发展，贫穷状况逐步改善。邓小平针对相对贫穷的现状，提出"一部分地区、一部分人可以先富起来，带动和帮助其他地区、其他的人，

[①] 习近平：《高举中国特色社会主义伟大旗帜 为全面建设社会主义现代化国家而团结奋斗——在中国共产党第二十次全国代表大会上的报告》，人民出版社2022年版，第22页。
[②] 《邓小平文选》第3卷，人民出版社1993年版，第225页。

逐步达到共同富裕"①。改革开放四十多年,人民的富裕程度不断提高,但是部分先富也导致贫富差距扩大,局部出现两极分化的问题。因此,针对这种现状,党中央提出了促进共同富裕的要求,很有必要,也很及时,受到社会的普遍关注。可见,从相对贫穷到部分先富,再到共同富裕是一个必然、有序和渐进的过程!过去的相对贫穷和部分先富为后来的共同富裕,提供了历史经验和实际教训。共同富裕不能搞人为的"大跃进"和行政命令的"一刀切",也不能搞"头痛医头,脚痛医脚"的实用主义和形式主义,而是要在党中央的正确领导和部署下,自觉遵循客观经济规律的要求,依靠全国人民艰苦不懈的持续奋斗,最终实现共同富裕。这里要遵循哪些经济规律呢?其中包括:由生产力与生产关系矛盾决定的基本经济规律;由发展生产满足需要的主要矛盾决定的主要经济规律;以公有制为主体,多种经济共同发展的所有制结构规律;以按劳分配为主,多种分配方式并存的收入分配规律;社会主义市场经济中的价值规律和价值增殖规律等。此外,在思想方法上要遵循共性与个性、普遍性与特殊性、同一性与矛盾性相结合的辩证规律,以及在社会发展中的对立统一、质量互变和否定之否定的运行规律等。现实表明,只有自觉遵循自然规律、经济规律和社会发展规律,才能克服和战胜贫穷落后,促进和实现共同富裕。

二、共同富裕是社会主义和共产主义的共同理想

习近平总书记在党的二十大报告中指出:"加强理想信念教育,传承中华文明,促进物的全面丰富和人的全面发展。"②共同富裕与经济规律的关系涉及共同富裕与理想信念的关系。社会主义的本质就是要解放生产力,发展生产力,消灭剥削,消除两极分化,最终实现共同富裕;共产党的历史使命就是要建立和完善社会主义,最终实现共产主义。可见,共同富裕是中国特色社会主义和未来共产主义的共同目标和远大理想。因此,要实现共同富裕,首先要解决一个理想信念问题,这是追求共同富裕的出发点和归属点。如果没有中国特色社会主义的共同理想和共产主义的远大理想,则是不会真正追求和实现共同富裕的。过去的实践表明,当我们忽视理想信念,资产阶级自由化严重时,我国的贫富差距就会扩大,局部的两极分化就会加重。因此,要实现共同富裕,首先要有正确的理

---

① 《邓小平文选》第3卷,人民出版社1993年版,第149页。
② 习近平:《高举中国特色社会主义伟大旗帜 为全面建设社会主义现代化国家而团结奋斗——在中国共产党第二十次全国代表大会上的报告》,人民出版社2022年版,第23页。

想信念和科学的指导思想,我们要为共同富裕创造良好的社会环境和舆论氛围。可以说,理想信念的提高与共同富裕的实现是形影相随,不可分离的。在对共产主义的认识上,我们既要反对"左"倾的速胜论,又要反对右倾的渺茫论。共产主义是人类社会发展的必然趋势和最高理想,也是人类社会全面发展的必然结果和最高境界,因此是一定会实现的。当然,社会主义共同富裕与共产主义共同富裕是有质的区别的。社会主义社会是从资本主义社会脱胎出来的,不可避免地会带有资本主义的痕迹和缺陷,还需要充分利用资本主义创造的物质财富和精神财富,利用资本主义的一切积极因素来加快社会主义的发展。社会主义共同富裕还存在时期、地区、程度等方面的差别,还不可能实现共产主义社会中没有阶级对立、没有三大差别、没有市场经济等的共同富裕。因此,需要从中国的国情和当前的实际出发,制定正确的方针、政策和措施,促进中国特色社会主义的共同富裕。但是,社会主义共同富裕与共产主义共同富裕又是紧密联系和不可分离的。可以说,社会主义共同富裕就是通向共产主义共同富裕的桥梁和阶梯,是实现共产主义共同富裕的前提条件和必由之路。

三、中国特色共同富裕的途径和方法选择

习近平总书记在党的二十大报告中指出:"既不走封闭僵化的老路,也不走改旗易帜的邪路。"[1]在社会主义与资本主义并存时代,实现共同富裕应选择哪种途径和方法?历史经验表明,社会主义经济要赶上和超过资本主义经济,有两种不同的途径和方法。一种是用与资本主义完全对立的方法,如资本主义搞私有制、按资分配、市场经济;社会主义就搞公有制、按劳分配、计划经济。这是采取社会主义与资本主义完全对立的途径和方法;另一种是利用资本主义经济与社会主义经济的共有规律和资本主义经济的一切积极因素,加快社会主义经济发展。如利用社会化大生产、市场经济、股份制、价值增殖等共有规律,以及非公经济、按资分配、市场调节、国际大循环等积极因素加快社会主义经济发展。这是采取社会主义与资本主义不是完全对立,而是既有区别又有联系的途径和方法。改革开放前,我们采取第一种方法,虽然取得了经济发展的巨大成就,但是也暴露出它的缺陷和不足。实践表明,第一种方法不利于社会主义经济的持续

---

[1] 习近平:《高举中国特色社会主义伟大旗帜 为全面建设社会主义现代化国家而团结奋斗——在中国共产党第二十次全国代表大会上的报告》,人民出版社2022年版,第27页。

健康发展,容易形成供不应求的短缺经济,特别是造成平均主义的分配和相对贫穷的状况。而改革开放后,我们采取第二种方法,克服了第一种方法的缺陷和不足,取得了经济发展的巨大成就。这一时期,既加快了经济发展,克服了短缺经济的供不应求的难题,又显著提高了人民的生活水平和显示出社会主义制度的优越性。但是,第二种方法也出现新的缺陷和问题,如导致贫富差距扩大和局部的两极分化等。如何取长补短,把两条途径和方法有机结合起来,形成更加全面、更高质量的发展方式,是加快社会主义经济发展和促进共同富裕的现实课题和迫切需要。具体来讲,就是要在坚定社会主义共同理想和共产主义远大理想的前提下,在中国共产党的正确领导和人民政权的有效保护的基础上,在坚持社会主义经济特有规律的同时,自觉遵循社会主义经济与资本主义经济的共有规律,不断深化改革和扩大开放,充分利用资本主义经济的积极因素,包括资金、技术、管理和市场等,以加快经济发展和促进共同富裕。

第三节 经济规律与共同富裕的内在联系

习近平总书记在党的二十大报告中提出,到2035年要使"全体人民共同富裕取得更为明显的实质性进展"[①]。现实表明,实现共同富裕必须自觉遵循经济规律。在社会主义初级阶段,只有遵循客观经济规律,按照基本经济制度进行生产和分配,才能促进国民经济的高质量发展和国民财富的高效率分配。在物质财富快速增加的同时,避免收入分配上的平均主义和两极分化,形成财富增长与财富分配的有机结合,实现经济发展和共同富裕相互促进的良性循环。

一、遵循基本经济规律促进共同富裕

如何遵循基本经济规律,促进中国特色的共同富裕?马克思的历史唯物主义认为,推动社会发展的根本动力是生产力与生产关系、经济基础与上层建筑这两对基本矛盾,而体现这两对基本矛盾的经济规律就是基本经济规律。遵循基

---

① 习近平:《高举中国特色社会主义伟大旗帜 为全面建设社会主义现代化国家而团结奋斗——在中国共产党第二十次全国代表大会上的报告》,人民出版社2022年版,第24页。

本经济规律,不仅是社会主义取代资本主义的根本要求和内在动力,而且是巩固社会主义制度和促进共同富裕的根本保证和必要条件。

关于基本经济规律,马克思表达过"两个必然""两个决不会""两个苦于"的思想,分别说明了在社会主义取代资本主义的时候,基本经济规律发挥作用的趋势、条件、过程。具体来讲,"两个必然"是趋势,说明了资本主义必然灭亡,社会主义必然胜利的最终结果。"两个决不会"是条件,说明生产力达不到一定高度,资本主义决不会灭亡,社会主义也决不会巩固,因此生产力发展具有决定性的作用。"两个苦于"是过程,我们既要消灭资本主义生产方式,又要利用资本主义生产方式,说明社会主义取代资本主义是一个充满矛盾的阵痛过程。马克思关于基本经济规律的论述,对发展社会主义经济和实现共同富裕具有指导意义。

学习马克思关于基本经济规律的论述,有以下三点启发:第一,中国特色社会主义和共同富裕符合"两个必然"的总趋势,共同富裕是社会主义和共产主义的一致目标和共同理想,我们必须对此充满信心,坚定不移地去争取最后胜利。第二,要深刻理解发展生产力对完善中国特色社会主义和实现共同富裕的决定性作用。要坚持党的基本路线和抓住当前的主要矛盾,加快社会主义现代化建设和促进经济的高质量发展,为共同富裕创造物质条件和奠定经济基础。第三,在坚持社会主义方向的前提下,充分认识利用资本主义经济的积极因素,不仅具有必要性和重要性,而且具有复杂性和艰巨性。不能因为资本主义经济的积极因素,如非公经济、按资分配、市场调节、国际大循环等,可能带来负面影响而不敢利用。

实践经验表明,忽视、轻视、背离社会基本矛盾和基本经济规律,我们就会走到邪路上去,就会遭受历史性惩罚。因此,只有全面、深刻、正确理解社会基本矛盾,自觉遵循和合理运用基本经济规律,才能经过艰苦努力和接续奋斗,最终建成中国特色社会主义和真正实现共同富裕。

二、遵循主要经济规律促进共同富裕

如何遵循社会主义时期主要矛盾决定的主要经济规律,来促进和实现中国特色的共同富裕?这里涉及以下几个需要解决的问题:

第一,基本经济规律与主要经济规律既有区别又有联系。由社会基本矛盾决定的经济规律,称为基本经济规律;而由社会主要矛盾决定的经济规律,称为主要经济规律。两者的区别在于:基本经济规律是在一切社会中都起作用的普遍规律;而主要经济规律则是一个社会在特定时期中起作用的特殊规律。但是,

第一章　经济规律与共同富裕的相互关系

两者又不是完全分离的,基本经济规律的要求和作用常常会通过主要经济规律得到贯彻和体现,因而主要经济规律又是基本经济规律的具体表现和实现形式。可见,主要经济规律与基本经济规律既有区别,又有联系,两者既不能简单割裂,又不能混为一谈。

第二,能否正确认识主要矛盾和自觉遵循主要经济规律,对加快社会主义经济发展和实现共同富裕具有重要作用和直接影响。长期以来,我们对主要矛盾的认识经历了曲折的过程。在1957年,我国完成了生产资料的社会主义改造以后,社会的主要矛盾应该由阶级斗争转向生产斗争。但是,由于种种原因,我们没有顺利实现这一转变,反而发动了"文化大革命"等政治运动。由于主要矛盾没有及时转变,违背了主要经济规律的要求,因此既阻碍了经济发展和人民富裕程度的提高,也影响了社会主义制度的巩固及其优越性的发挥,这样的历史教训必须牢记。

第三,在党的十一届三中全会以后,经过拨乱反正,重新确立了党的基本路线,并明确提出现阶段的主要矛盾是人民日益增长的物质文化需要与落后的社会生产之间的矛盾,实现了党的工作重心从"阶级斗争为纲"向"经济建设为中心"的转变。在坚持四项基本原则的前提下,经过深化改革和扩大开放,发展和完善了社会主义的基本经济制度,因而取得了国民经济的快速发展和人民富裕程度的显著提高。这一切说明,正确认识主要矛盾和自觉遵循主要经济规律,对于实现经济发展和共同富裕的必要性和重要性。

第四,社会主要矛盾不是一成不变的,而是随着社会发展而变化的。改革开放四十多年来,由于人民的富裕程度显著提高,以及许多新的矛盾和问题的出现。因此,习近平总书记在党的十九大报告中明确提出了新时代主要矛盾发生变化的理论,指出:"我国社会主要矛盾已经转化为人民日益增长的美好生活需要和不平衡不充分的发展之间的矛盾。"[①]这为我们自觉遵循主要经济规律指明了方向和提供了方法。值得注意的是,虽然新时期的主要矛盾有了新变化,主要经济规律也提出了新要求,但是我国仍然处于社会主义初级阶段,作为最大的发展中国家的性质并没有变。因此,仍要坚持党的基本路线,始终把现代化建设和促进共同富裕作为中心工作来抓。

---

① 习近平:《决胜全面建成小康社会 夺取新时代中国特色社会主义伟大胜利——在中国共产党第十九次全国代表大会上的报告》,人民出版社2017年版,第11页。

第五,当前主要矛盾中强调的经济社会发展不平衡不充分问题,表现在收入分配方面就是过大的贫富差距和局部的两极分化。因此,提出实现中国特色的共同富裕,就是要按照主要经济规律的要求,解决好贫富差距和两极分化等问题。当前的贫富差距表现在:城乡之间、工农之间、地区之间、行业之间、劳资之间、干群之间等方面,因而具有普遍性。两极分化主要表现在高低收入之间存在巨大的差距,各种明星的收入已成天文数字,局部两极分化的严重程度甚至超过发达国家,已到了非解决不可的地步。

现实表明,只有抓住主要矛盾和遵循主要经济规律,才能解决收入分配不公和局部两极分化严重等问题,才能有效促进经济发展和实现共同富裕。

三、遵循所有制结构规律促进共同富裕

如何遵循公有制为主体,多种经济共同发展的所有制结构规律,来促进和实现共同富裕?在社会主义初级阶段,要坚持公有制的主体地位和发挥国有经济的主导作用,同时还要大力发挥多种非公经济的积极作用,其中包括外资、合资、私营、个体等多种经济成分和市场主体,才能加快经济发展和实现共同富裕。这里需要紧密联系当前的实际,解决以下几个问题:

第一,以公有制为主体,多种经济共同发展的所有制结构具有客观必然性。历史和现实表明,中国不能走原有单纯公有制的封闭僵化老路,也不能走单纯私有制的资本主义邪路。改革开放前,由于实行生产资料的单纯公有制、平均主义的按劳分配和高度集中的计划经济体制,限制了经济发展和生活水平的提高,因此经济波动过大和形成短缺经济。改革开放后,我国经济得到迅速恢复和发展,取得了举世瞩目的巨大成就,但是局部出现的私有化和自由化泛滥的问题,也阻碍了经济社会的健康发展。因此,中国特色社会主义必须走以公有制为主体,多种经济共同发展的正确道路,这是总结正反两方面的经验教训得出的科学结论。

第二,要正确理解公有制为主体的理论来源和现实依据。生产资料公有制对促进和实现共同富裕具有决定性作用。但是,有些人认为,现在的非公经济在企业数量、产值、利润、税收、就业人数等方面都超过公有经济,因此认为我国现在的公有制已不是主体,国有经济也不是主导了,这样的观点是错误的。因为公有制为主体,是讲公有的生产资料为主体,而最主要的生产资料是土地和固定资产。现在全国的土地都是公有的,城市土地是国有的,农村土地是集体的;而全

国的固定资产中大部分是公有的,主要是由国家和集体长期投资形成的。因此,只要这两项生产资料是公有制占大多数,那么公有制的主体地位和国有经济的主导作用就不会改变。

第三,非公经济还需要大力发展。目前,民营经济贡献了 50% 以上的税收,60% 以上的国内生产总值,70% 以上的技术创新成果,80% 以上的城镇劳动就业,90% 以上的企业数量。[①] 这些数据说明民营经济贡献很大,不可或缺,还需要大力发展。习近平总书记在党的二十大报告中进一步提出,要"优化民营企业发展环境,依法保护民营企业产权和企业家权益,促进民营经济发展壮大"[②]。实践表明,非公经济是社会主义市场经济的重要组成部分,民营企业家是我们的自己人。不可否认,私营企业和外资企业都是有剥削的,但它们是合法的和有益的,对实现共同富裕也有促进作用。这种利用资本主义积极因素加快社会主义的发展,正是我国经济的复杂性和艰巨性的体现。因此,要制定更加有利于非公经济发展的方针、政策和措施,创造更有利于非公经济发展壮大的社会环境,使它们在促进生产力发展和实现共同富裕中的作用充分发挥出来。

第四,在促进和实现共同富裕中,公有经济和非公经济都具有不可或缺的重要作用,因此它们可以相互促进和有机结合。公有经济为共同富裕指明方向和提供保障,非公经济为共同富裕提供丰富多彩的商品和服务,因而是公有经济的必要补充和协作力量。可见,公有经济和非公经济并不是完全对立和相互消长的零和博弈,它们可以和平共处、取长补短、相辅相成。因此,我们必须坚持社会主义的基本经济制度,坚持"两个毫不动摇"的指导思想和战略措施,保障和促进公有经济与非公经济的平等竞争、有机结合和协调发展。

总之,只有自觉遵循公有制为主体,多种经济共同发展的所有制结构规律,才能同时发挥公有经济和非公经济的两重积极性,加快社会生产力发展和提供更加充足和更高质量的产品与服务,满足全体人民日益增长的美好生活需要,顺利实现中国特色的共同富裕。

四、遵循收入分配规律促进共同富裕

习近平总书记在党的二十大报告中指出:"坚持按劳分配为主、多种分配方

[①] 习近平:《在民营企业座谈会上的讲话》,《光明日报》2018 年 11 月 2 日。
[②] 习近平:《高举中国特色社会主义伟大旗帜 为全面建设社会主义现代化国家而团结奋斗——在中国共产党第二十次全国代表大会上的报告》,人民出版社 2022 年版,第 29 页。

式并存，构建初次分配、再分配、第三次分配协调配套的制度体系。"①如何遵循按劳分配为主，多种分配方式并存的收入分配规律，促进和实现中国特色的共同富裕？实践表明，加快发展生产力，把蛋糕做大，是实现共同富裕的物质基础和前提条件，而改革和完善收入分配制度，就是切蛋糕和分蛋糕，是实现共同富裕的重要途径和必要过程。因此，遵循以按劳分配为主，多种分配方式并存的收入分配规律，是促进和实现共同富裕的重要方式和可靠方法。

第一，分配关系是生产关系的反面，它们是紧密联系和相互促进的。中国特色社会主义经济，要求建立以公有制为主体，多种经济共同发展的所有制结构，必然要求建立以按劳分配为主，多种分配方式并存的分配制度，两者是相辅相成、不可分离的。实践表明，单纯的按劳分配不仅容易导致分配上的平均主义，而且不利于发挥其他要素促进生产力发展的积极作用。单纯的按资分配不利于调动劳动者的生产积极性，而且容易导致分配不公和形成两极分化。因此，建立和完善以按劳分配为主，多种分配方式并存的分配制度，有利于克服分配上的平均主义和收入上的两极分化，更好地实现公平分配和促进共同富裕。

第二，在社会主义市场经济中，需要通过劳动力商品形式来贯彻按劳分配。过去搞按劳分配，结果搞成平均主义，使按劳分配的积极作用难以发挥。原因是按劳分配的"劳"，没有统一的标准，难以定"质"和"量"。相反，通过劳动力商品形式，可以由市场来确定劳动力的价值，确定其中包含的必要劳动的"质"和"量"。这样，公有企业就可以按照决定劳动力价值的必要劳动进行按劳分配，解决劳动的"质"和"量"无法确定的困难。因此，在社会主义初级阶段，利用劳动力商品形式来实现按劳分配，不仅能克服分配上的平均主义和收入上的两极分化，而且有利于促进生产力发展和实现共同富裕。

第三，在社会主义时期，劳动力成为商品不等于劳动者受剥削。因为劳动者受剥削的根源不是劳动力商品，而是生产资料的私有制。在生产资料私有制的条件下，劳动者创造的剩余价值被资本家无偿占有，因而成为受剥削者。但是在生产资料公有制条件下，劳动者创造的剩余价值已转化为公共必要价值，成为公有企业扩大再生产和增加公共福利的来源。在公有企业中，虽然劳动者仍然需要出卖劳动力，取得劳动力价值即工资等劳动报酬，但他们已经不再是受剥削

---

① 习近平：《高举中国特色社会主义伟大旗帜 为全面建设社会主义现代化国家而团结奋斗——在中国共产党第二十次全国代表大会上的报告》，人民出版社2022年版，第47页。

者。因此,在公有企业中劳动者不仅要在必要劳动时间为自己谋利益,而且要在剩余劳动时间为国家和集体做贡献。

第四,劳动力成为商品,并不影响劳动者作为生产资料的主人,参与企业管理和发挥主人翁作用。在社会主义市场经济中,劳动者作为劳动力的所有者,可以按照等价交换原则,与公有企业签订劳动合同和买卖劳动力。在社会主义初级阶段,公有企业购买劳动力商品,不仅符合价值规律和价值增殖规律,而且符合按劳分配规律和公有资本的积累规律。在社会主义初级阶段,如果人为地和过早地取消劳动力商品的交换关系,就会违背公有资本的价值规律和价值增殖规律,结果不仅使社会主义的按劳分配原则难以贯彻,而且容易导致分配上的平均主义和收入上的两极分化,阻碍生产力发展和影响共同富裕的实现。

第五,搞好按要素分配,促进共同富裕。在社会主义市场经济中,除了劳动者通过劳动力商品形式实现按劳分配外,其他要素所有者也必须按照价值规律和价值增殖规律,取得出卖生产要素如资本、土地、技术、管理、信息等使用权的报酬;否则要素所有者就不会继续提供生产要素,从而导致再生产的中断。其实,按劳分配与按要素分配不是完全割裂的,而是具有内在联系和相互制约的。在社会主义市场经济中,按劳分配本身就是一种特殊的按要素分配,因此不论是按劳分配还是按要素分配,都必须符合价值规律和价值增殖规律,它们都是促进经济发展和实现共同富裕的必要途径和可靠方法。

总之,只有按照价值规律和价值增殖规律的要求,搞好按劳分配和按要素分配,才能促进生产力发展和综合国力提高,并通过合理切蛋糕和分蛋糕,实现中国特色的共同富裕。

五、遵循价值规律促进共同富裕

习近平总书记在党的二十大报告中指出:"坚持社会主义市场经济改革方向。"[1]如何遵循社会主义市场经济中的价值规律,来促进和实现中国特色的共同富裕?要促进共同富裕,就要大力发展生产力和增加物质财富。由于市场经济和价值规律是生产力发展的动力和形式,因此为了发展生产力和促进共同富裕,就必须完善社会主义市场经济和自觉遵循价值规律,这里需要解决以下几个问题:

---

[1] 习近平:《高举中国特色社会主义伟大旗帜 为全面建设社会主义现代化国家而团结奋斗——在中国共产党第二十次全国代表大会上的报告》,人民出版社 2022 年版,第 28 页。

第一,社会主义市场经济与资本主义市场经济的区别和联系。市场经济经历了本源、变异、复归的辩证发展过程。小市场经济是本源,是小生产与私有制的结合;资本主义市场经济是变异,是大生产与私有制的结合;社会主义市场经济是复归,是大生产与公有制的结合。可见,市场经济从本源到变异再到复归,是一个辩证的扬弃过程。从小市场经济到资本主义市场经济,扬的是私有制,弃的是小生产;从资本主义市场经济到社会主义市场经济,扬的是大生产,弃的是私有制。经过两次否定即否定之否定,使小生产私有制的市场经济,变成大生产公有制的市场经济。因此,市场经济的辩证发展,显示出社会主义市场经济与资本主义市场经济的本质区别和历史联系。

第二,社会主义与市场经济的内在联系。社会主义与市场经济不仅不是对立的,而且两者具有内在联系,表现在以下三个方面:(1)满足需要。社会主义可以通过发展市场经济来提高生产力,以达到满足人民物质文化需要的生产目的。(2)劳动平等。市场经济要求的等价交换体现了劳动平等,与社会主义消灭剥削和实现劳动平等的要求是一致的。(3)发展生产力。市场经济是生产力发展的动力和形式,社会主义的根本任务是发展生产力。我们可以通过完善市场经济来加快发展生产力,完成社会主义的根本任务。因此,在社会主义初级阶段,市场经济成为促进经济发展和实现共同富裕的重要途径和必然方式。

第三,价值规律是促进生产力发展的动力和形式。价值规律是市场经济的基本经济规律,它的实质是促进生产力发展。价值规律促进生产力发展是通过两种含义的社会必要劳动时间来实现的。价值规律要求的第一种含义的社会必要劳动时间,促使企业改进技术、加强管理,以提高企业的微观生产力;价值规律要求的第二种含义的社会必要劳动时间,促进社会生产符合社会需要,使社会劳动按比例分配,使社会生产按比例发展,以提高社会的宏观生产力。因此,价值规律从宏观和微观两个方面促进了生产力的全面提高,使价值规律成为增加物质财富和促进共同富裕的动力机制和实现途径。

第四,把市场经济的本质要求与它的实现形式区分开来。市场经济的本质要求是促进生产力发展,而市场经济的实现形式具有消极作用。因为商品交换是用物与物的交换掩盖了人与人的关系,就会形成商品、货币和资本拜物教,对生产力发展产生不良影响。因此,在充分利用价值规律促进生产力发展时,要不断完善市场环境、加强法治建设,有效地限制各种拜物教的消极破坏作用。因此,只有在充分认识价值规律促进生产力发挥积极作用的同时,自觉限制商品拜物教、货币拜物教和资本拜物教,才能自觉遵循价值规律和完善市场经济,促进和实现中国特色的共同富裕。

六、遵循价值增殖规律促进共同富裕

习近平总书记在党的二十大报告中指出,要"深化国资国企改革,加快国有经济布局优化和结构调整,推动国有资本和国有企业做强做优做大,提升企业核心竞争力"[①]。如何遵循公有资本的价值增殖规律,以促进和实现共同富裕?在社会主义市场经济中,要自觉遵循公有资本的价值增殖规律,促进企业生产发展和利润增加,为实现共同富裕创造物质财富和奠定经济基础,这里要解决以下几个问题:

第一,正确认识资本及其价值增殖规律的共性与个性。在社会主义市场经济中,既有公有资本又有私有资本,因此要正确认识它们的共性和个性及其区别和联系。公有资本与私有资本都是资本,因此它们的共性是价值增殖,但是它们又有不同的个性。私有资本是能够带来剩余价值的价值,反映资本剥削劳动的生产关系;公有资本是能够带来公共必要价值的价值,反映劳动平等的生产关系。因此,公有资本与私有资本的性质不同,不能简单对立或一概而论。只有正确区分资本及其价值增殖规律的共性和个性,才能自觉遵循公有资本的价值增殖规律,大力发展社会主义市场经济和促进共同富裕。

第二,正确认识价值增殖的来源及其作用。公有资本与私有资本都要实现价值增殖,因此价值增殖规律是它们的共性规律。但是公有资本与私有资本又有不同的个性,由于两者的性质不同,因此它们的生产目的和生产手段是相反的。私有资本的生产目的是价值增殖,满足需要只是生产手段;而公有资本的生产目的是满足需要,价值增殖成为生产手段。此外,价值增殖的来源是劳动力商品的运用,是劳动力创造的价值大于劳动力本身价值的余额。私有资本的价值增殖需要劳动力商品,同样,公有资本的价值增殖也需要劳动力商品,这是价值增殖规律的共性要求。因此,在社会主义市场经济中,如果否定了劳动力商品,也就否定了公有资本的价值增殖规律。

第三,公有资本及其价值增殖规律消除了对劳动者的剥削关系。在私有资

---

① 习近平:《高举中国特色社会主义伟大旗帜 为全面建设社会主义现代化国家而团结奋斗——在中国共产党第二十次全国代表大会上的报告》,人民出版社2022年版,第29页。

本的价值增殖中,资本家获得了劳动者创造的剩余价值,因而使劳动者受到资本的剥削。但是,在公有资本的价值增殖中,劳动者创造的剩余价值转化为公共必要价值,成为公有企业扩大再生产和提供公共福利的来源,因而劳动者已不再受剥削。在公有企业中,劳动者不仅能在必要劳动时间里为自己谋利益,而且能在剩余劳动时间里为社会做贡献。可见,公有资本的价值增殖规律,体现了劳动者的主体地位和奉献精神,有力地促进了经济发展和共同富裕。

第四,国资委要从管理国有资产向管理国有资本的方向转变。过去认为国家投资只能称国有资产,不能称国有资本,把资本看成资本主义独有的东西,这种观点其实是错误的,社会主义也可以有公有资本和国有资本。过去国资委以管理国有资产为主,导致行政干预过多,削弱了企业自主经营的主动性和积极性,影响了企业经济效益的提高。因此现在提出,国资委的管理要从管资产向管资本的方向转变,进一步提高国有企业的经济效益和国资委的管理效率,使国有资本和国有企业在主导经济发展和促进共同富裕中的积极作用得到充分发挥和展现。

总之,只有自觉遵循公有资本的价值增殖规律,才能促使公有资本,特别是其中的国有资本更充分地发挥作用和提高效益,创造出更多的物质财富和提供更全面的社会服务,为促进和实现中国特色的共同富裕做出更大贡献。

第四节　全面发展与共同富裕的有机结合

遵循经济规律,促进共同富裕是一个系统工程。这里的关键是实现经济规律及其体系的制度化,使经济制度成为共同富裕稳定、持续提高的可靠保证。要在经济高质量发展的基础上,不断改革和完善财政、金融、教育、就业、社保、乡村等方面的制度,才能使共同富裕不断登上新台阶和取得新成效。

第一,财政制度。积极的财政政策是缩小地区和行业收入差距,防止贫富两极分化和促进共同富裕的重要途径,因此要不断改革和完善其中的转移支付和税收制度等。财政的转移支付是支持贫困地区和产业脱贫解困的有效手段,有利于解决地区之间、行业之间贫富差距过大问题。特别是在所得税上,要逐步提高税基和拉大税率差距,以减少低收入群体的纳税负担和增加高收入的纳税比重,有利于缩小收入差距和抑制两极分化。要充分利用多种减税和退税政策,帮助农业和小微企业解决资金不足的困难,使它们在促进生产,扩大就业,提供产品和增加产值等方面的积极作用充分发挥出来。

第二,金融制度。金融是国民经济的命脉和神经系统,改革和完善金融制度,有利于发挥金融体系在稳定经济发展和避免经济波动过大的关键性作用,避免通货膨胀和经济危机可能造成的损失和破坏。银行等金融机构要采取有力措施,帮助小微企业解决融资难和贷款难等问题,有力地提高它们的竞争力和创造力。不断改革和创新金融产品,为劳动者提供更加丰富的理财和投资产品,使他们也能增加财产性收入、提高富裕程度。在提高金融监管能力和水平的同时,充分发挥股票、债券等金融资本在集资、融资和投资等方面的积极作用,使各类资本都能展开有序竞争,以达到促进生产、满足消费和增加利润的目的,使金融在稳定国民经济、促进共同富裕上的积极作用都能发挥出来。

第三,教育制度。百年大计,教育为本。经济发展和共同富裕的关键是发展教育和培养人才。只有培养出更多高素质的尖端人才,占领高新科技和高新产业的制高点,才能为赶超发达国家和促进共同富裕创造有利条件、提供现实基础。在教育制度方面,要通过深化教育改革和增加教育投入等多条渠道,为全体劳动者及其子女提供平等接受教育的途径和机会,特别要为农村和贫困地区提供更为优越的教育条件,如为贫困学生提供助学金、奖学金和助学贷款等,使那些经济条件差,生活困难的群体也能通过教育改变贫穷落后的状况。总之,要通过提高全体人民的政治思想素养和科学文化素质,使教育在培养人才、加快经济发展和促进共同富裕中的基础性作用充分显示出来。

第四,就业制度。就业是民生之本,是实现全体人民共同富裕的基本前提和可靠保证。中国人口多、底子薄,就业问题成为难以逾越的障碍,将长期困扰我们的发展进程。解决就业问题的根本出路是坚持社会主义方向,始终以人民的根本利益和长远利益为出发点,加快国民经济发展和完善就业制度,为实现充分就业创造更好的条件、提供更大的空间。这里最重要的是把经济发展与满足就业需要有机结合,不能顾此失彼,使发展高新技术产业与改造传统产业紧密结合。大力发展现代信息产业和高端服务行业,实现大众创业和万众创新,彻底扭转许多人没事干和许多事没人干的状态。从根本上解决经济质量不高和劳动就业困难的问题,要以扩大就业为突破口,促进经济的高质量发展和努力实现全体人民的共同富裕。

第五,社保制度。习近平总书记在党的二十大报告中指出:"社会保障体系是人民生活的安全网和社会运行的稳定器。"①因而建立和健全社会保障制度，是经济社会发展和实现共同富裕的必然要求。自从确立社会主义市场经济体制以来，我国的经济实力大为增强，用于社会保障的财力显著提高。因此，社会保障逐步实现了制度上的全覆盖，保障对象由城镇职工扩大到城镇居民，再扩大至农村居民，形成了多轨制的社会保障体系。我国的社会保障在取得巨大成就的同时，仍然存在许多缺陷和不足，需要通过深化改革来加以调整和完善，使社会保障成为加快现代化建设和实现共同富裕的制度保证。

第六，乡村振兴。习近平总书记在党的二十大报告中指出："坚持农业农村优先发展，坚持城乡融合发展，畅通城乡要素流动。加快建设农业强国，扎实推动乡村产业、人才、文化、生态、组织振兴。"②这就为乡村振兴提出了总体要求并指明了前进方向。中国是一个农业大国，农民占全国人口的大多数，农业、农村、农民，即"三农"问题具有极端重要性。要认真总结农村集体化过程中的经验教训，探索出一条具有中国特色的乡村振兴道路。土地制度是"三农"问题的核心，健全农村土地产权制度和完善农业的股份合作制，是维护农村集体经济和保障农民权益的重要战略举措。农村家庭联产承包经营责任制，是农民群众的伟大创造，要同适度规模经营有机结合，以加快农业现代化和促进农村的共同富裕。

此外，还要充分发挥生态保护、精神文明、对外开放等方面在促进经济发展和实现共同富裕中的积极作用。因此，只有遵循经济规律及其体系的客观要求，全面促进经济、政治、文化、社会、生态等各种制度的改革和完善，才能达到经济繁荣和分配公平的有机结合和协调发展，实现共同富裕的战略目标。

---

① 习近平：《高举中国特色社会主义伟大旗帜 为全面建设社会主义现代化国家而团结奋斗——在中国共产党第二十次全国代表大会上的报告》，人民出版社 2022 年版，第 48 页。
② 习近平：《高举中国特色社会主义伟大旗帜 为全面建设社会主义现代化国家而团结奋斗——在中国共产党第二十次全国代表大会上的报告》，人民出版社 2022 年版，第 31 页。

第二章
共同富裕的基本经济规律

基本经济规律是经济体系中最主要和最重要的经济规律,它制约着其他经济规律发挥作用的程度和范围,影响着其他经济规律的发展、变化。因此,我们的研究就从基本经济规律开始。如何遵循基本经济规律的要求,以实现中国特色的共同富裕?这就需要了解什么是基本矛盾与基本经济规律,基本矛盾与基本经济规律有何内在联系,它们与共同富裕之间的相互关系,如何才能按照基本经济规律的要求来解决基本矛盾和促进共同富裕等问题。

第一节 什么是基本矛盾和基本经济规律

人类社会是如何发展的,有无规律可循?对此有唯物和唯心两种截然相反的看法。历史唯心主义认为,人类社会的发展是由神或上帝安排的,这是客观唯心主义;或是由帝王将相等英雄人物创造的,这是主观唯心主义。实践证明,不论是客观唯心主义还是主观唯心主义,由于没有科学依据和经不住实践检验,因此两者是错误的。相反,历史唯物主义则认为,人类社会是一个自然的发展过程,具有变化的内在动力和根本原因,因而有其自身发展的必然性和规律性。

马克思经过长期科学研究得出如下结论:"人们在自己生活的社会生产中发生一定的、必然的、不以他们的意志为转移的关系,即同他们的物质生产力的一定发展阶段相适合的生产关系。这些关系的总和构成社会的经济结构,即有法律的和政治的上层建筑竖立其上并有一定的社会意识形态与之相适应的现实基础。物质生活的生产方式制约着整个社会生活、政治生活和精神生活的过程。……社会的物质生产力发展到一定阶段,便同它们一直在其中活动的现有生产关系或财产关系(这只是生产关系的法律用语)发生矛盾,于是这些关系便由生产力的发展形式变成生产力的桎梏。那时社会革命的时代就到来了。随着经济基础的变更,全部庞大的上层建筑也或慢或快地发生变革。"①

马克思的这段话清楚地说明了三点:(1)社会形态像个"三层楼",底层是生产力,中间是生产关系,顶部是上层建筑,它们形成一个具有普遍性和稳定性的社会结构。(2)社会发展的根本动力和终极原因,不在于神或上帝的精心安排,也不在于少数英雄人物的主观意志,而是社会内在的基本矛盾即生产力与生产关系、经济基础与上层建筑的矛盾,正是这两对基本矛盾推动着社会的发展。(3)社会变更的决定性条件是生产力,生产力发展最终决定旧制度灭亡和新制度产生,因此生产力是社会发展的根本动力和终结原因。这一段话说明了人类社会发展的最一般和最普遍的规律,它是马克思历史唯物主义成熟的标志和核心的要义。列宁坚持了这一历史唯物主义结论,指出:"只有把社会关系归结于生产关系,把生产关系归结于生产力的水平,才能有可靠的根据把社会形态的发展看作自然历史过程。"②因此,只有掌握了历史唯物主义的无产阶级及其政党,才会从社会发展的规律出发,把发展生产力作为历史使命,自觉地推动社会前进。

综观人类历史,每个社会都是在生产力与生产关系、经济基础与上层建筑这两对基本矛盾的推动下发展的。当生产关系适应生产力的时候,便促进和加速生产力发展;反之,便会阻碍和破坏生产力发展。这对矛盾的激化必然导致经济基础和上层建筑的变革,通过社会革命改变旧的生产关系和上层建筑,建立新的生产关系和上层建筑,使之与生产力发展和新的经济基础相适应。苏联"十月革命"的胜利,中国新民主主义革命和社会主义革命的成功,都印证了基本矛盾和基本经济规律存在的必然性及其作用的普遍性。

在社会主义社会建立以后,是否还存在这两对基本矛盾?基本经济规律是否依然起作用?人们对这一问题的认识是有过分歧的。早在20世纪50年代中期以前,流行着社会主义人与人之间只有互助合作关系,而无矛盾和冲突的思想。最有代表性的是斯大林的观点,他认为,在社会主义社会,生产力与生产关系、经济基础与上层建筑是完全适应的,不存在任何矛盾,即所谓"完全适应"和"无矛盾"论。一旦社会出现矛盾和冲突,便把它们当作外来的敌对势力予以无情打击,不能正确处理人民内部的各种矛盾,因而陷入迷途和困境。毛泽东运用

---

① 《马克思恩格斯选集》第2卷,人民出版社2012年版,第2~3页。
② 《列宁选集》第1卷,人民出版社2012年版,第8~9页。

历史唯物主义观点,深刻批判了这种"完全适应"和"无矛盾"论,他指出:"社会主义生产关系已经建立起来,它是和生产力的发展相适应的;但是,它又还很不完善,这些不完善的方面和生产力的发展又是相矛盾的。除了生产关系和生产力发展的这种又相适应又相矛盾的情况之外,还有上层建筑和经济基础的又相适应又相矛盾的情况。"①因而提出要正确处理人民内部矛盾的问题,这就从根本上否定了斯大林的"完全适应"和"无矛盾"论,从而揭示了社会主义社会的基本矛盾和基本经济规律。

生产力和生产关系、经济基础和上层建筑的矛盾,仍然是推动社会主义社会发展的强大动力。这一基本矛盾运动,表现为生产关系一定要适应生产力发展的规律,因而是一切社会的基本经济规律,同样适用于社会主义社会。不过在不同的社会里,基本矛盾的性质和运动形式是有所不同的。在资本主义社会,生产力与生产关系存在根本性的对立和冲突,由于生产力的高度社会化与生产资料私有制的尖锐矛盾,必然导致激烈的阶级斗争和社会革命。在社会主义社会,由于生产关系是同生产力基本相适应的,因此能推动生产力迅速发展。同时生产关系的某些环节和方面,又存在着与生产力不相适应的矛盾情况,需要不断地加以改革、调整和完善。不过这些矛盾同其他阶级社会的矛盾性质不同,不再表现为对抗性的阶级斗争,而是表现为人民内部矛盾,可以通过民主协商的办法来解决,从而推动社会主义社会前进。这个关于基本矛盾和基本经济规律的理论,为我国经济体制和社会体制的改革奠定了思想基础,四十多年改革开放的实践充分证明了这一理论的科学性和重要性。

第二节 深刻理解基本矛盾和基本经济规律

马克思的历史唯物主义认为,推动社会发展的根本动力是生产力与生产关系、经济基础与上层建筑这两对基本矛盾,而体现这两对基本矛盾的经济规律就是基本经济规律。可见,基本矛盾和基本经济规律是紧密联系和不可分割的,基本矛盾是基本经济规律产生和发挥作用的客观依据和前提条件,基本经济规律

---

① 《毛泽东文集》第7卷,人民出版社1999年版,第215页。

是解决基本矛盾的必然要求和正确途径。因此,遵循基本经济规律不仅是社会主义取代资本主义的必然要求和内在动力,而且是巩固社会主义制度和促进共同富裕的根本保证和可靠途径。关于如何认识和遵循基本经济规律,马克思表达过"两个必然""两个决不会""两个苦于"的思想,分别说明了在社会主义取代资本主义的过程中,基本经济规律发挥作用的趋势、条件、过程。

第一,马克思提出"两个必然"的思想,指明了社会主义取代资本主义的必然趋势。马克思在《共产党宣言》中指出"资产阶级的灭亡和无产阶级的胜利是同样不可避免的"①,说明了资本主义的灭亡和社会主义的胜利是一个必然的结果,为我们指明了历史发展的趋势和前进的方向。有人认为,按照"两个必然"的思想,社会主义革命应在生产力高度发达的资本主义国家首先胜利,而在生产力不发达的资本主义国家,特别是在半殖民地半封建国家进行社会主义革命,是违背马克思主义关于生产力决定生产关系的原理的。其实,他们是用机械唯物主义来代替辩证唯物主义,没有把社会发展的必然性与现实性区分开来。虽然发达资本主义国家已具备用社会主义代替资本主义的必然性,但是还不具备实现这一转变的现实性。这是因为,一方面生产力的高度发展,迫使发达资本主义国家局部调整生产关系,提高了对生产力的容纳程度;另一方面,发达资本主义国家有可能拿出一部分高额利润来收买工人贵族,改善劳动者的生产和生活条件,起到缓和阶级矛盾和延缓社会革命的作用。相反,由于帝国主义时代政治经济发展不平衡规律的作用,首先为落后的资本主义国家,包括半殖民地半封建国家提供了革命的现实性,出现了统治者无法"照旧统治下去",被统治者无法"照旧生活下去"的状况,因此社会主义革命能在资本主义统治的薄弱环节首先开始并取得成功。由于这一特殊原因,生产力落后的国家在革命成功之后,更要把发展生产力作为自己的根本任务,在无产阶级领导下补上生产力不发达这一课。

第二,马克思又提出"两个决不会"的思想,指明了社会主义取代资本主义的必要条件。马克思在《政治经济学批判》序言中指出:"无论哪一个社会形态,在它所能容纳的全部生产力发挥出来以前,是决不会灭亡的;而新的更高的生产关系,在它的物质存在条件在旧社会的胎胞里成熟以前,是决不会出现的。"②"两个决不会"是条件,说明生产力达不到一定高度,资本主义不会灭亡,社会主义也

---

① 马克思、恩格斯:《共产党宣言》,人民出版社 2017 年版,第 40 页。
② 《马克思恩格斯选集》第 2 卷,人民出版社 1972 年版,第 83 页。

不会巩固,因此生产力发展对新旧社会的更替具有决定性作用。这里,既要深刻理解马克思关于"两个必然"的伟大论述,又要深刻理解马克思关于"两个决不会"的科学论断,以及两者之间的内在联系和辩证关系。有些人把马克思的"两个必然"与"两个决不会"割裂开来和对立起来,他们称"两个必然"是"价值马克思","两个决不会"是"科学马克思",认为它们是马克思理论上的自相矛盾,难以自圆其说。其实,这是他们不理解两者的内在联系和辩证关系得出的错误结论。我们说,"两个必然"阐述的是方向、初心和最终目标;而"两个决不会"阐述的是前提、条件和过程,因此两者是紧密联系和不可分割的。我们只有深刻认识和全面理解"两个必然"和"两个决不会"之间的内在联系和辩证关系,才能自觉克服"左"和右的两种错误倾向,才能深刻认识和全面理解中国特色社会主义经济的特点和规律,才能在历史唯物主义的指引下,把国民经济和共同富裕不断推向前进。

第三,马克思提出"两个苦于"的思想,揭示了社会主义取代资本主义的特殊过程。马克思在《资本论》的第一版序言中指出,我们"不仅苦于资本主义生产的发展,而且苦于资本主义生产的不发展"[①]。"两个苦于"说明社会主义代替资本主义是一个痛苦而艰难的历程,具有鲜明的特征。这句话看起来有矛盾,其实有着丰富而深刻的含义。这里"苦于……发展"是指资本主义的生产关系,即资本家的剥削和压迫给劳动者带来的苦难;而"苦于……不发展"是指当时的生产力水平不够高,即改变资本主义生产关系和解放劳动者的物质条件还不成熟。因此,还要利用资本主义生产方式来加快生产力发展,为改变资本主义制度提供物质条件。对于争取解放的无产阶级来说,既要消灭资本主义生产方式,又要利用资本主义生产方式,因而是一个充满矛盾的阵痛过程。

在这里,马克思揭示了资本主义社会的基本矛盾,以及基本经济规律的具体表现。如果马克思活到今天,他是否会对社会主义社会说出类似的话:我们不仅苦于社会主义生产的发展,而且苦于社会主义生产的不发展。当然,这话已经有了新的思想内容。在社会主义生产的发展中,也会出现生产力与生产关系的矛盾和冲突。这里"苦于……发展",是指社会主义生产关系也会脱离生产力的发展水平,如果生产关系的公有化程度过高,超过了人们的觉悟程度,反而会束缚生产力发展;而"苦于……不发展",则是指巩固社会主义生产关系所需要的物质条件还不够充分,因而需要利用多种生产关系来加快经济建设和加速发展生

---

① 《马克思恩格斯全集》第23卷,人民出版社1972年版,第8~11页。

产力。新中国成立后的经验表明,我们既经历了公有化程度过高,从而导致平均主义和阻碍经济发展的教训;也感受到了改革开放以后,由于调整了生产关系的公有化程度,实行多种经济共同发展,结果有力地促进了经济发展和生产力水平提高。可见,在社会主义初级阶段,在坚持社会主义方向的前提下,充分利用资本主义经济的积极因素加快社会主义经济发展,是符合基本经济规律要求和有利于实现共同富裕目标的。

第三节 按生产力标准完善生产关系

新中国成立七十多年和改革开放四十多年所取得的伟大成就,与坚持马克思的辩证唯物主义和历史唯物主义是紧密联系和不可分割的。可以说,我们在发展和完善社会主义生产关系上取得的进步都是坚持生产力标准的结果。相反,我们在生产关系上所犯的错误都与违反和脱离生产力标准密切相关。因此,认真总结这方面的经验教训,深刻认识社会主义建设时期这对基本矛盾,对巩固和完善社会主义经济制度,加快现代化建设和实现共同富裕具有重大和深远的战略意义。

一、马克思主义者的生产力标准是一脉相承的

马克思的历史唯物主义认为,在生产力与生产关系这对基本矛盾中,一方面是生产力决定生产关系,另一方面是生产关系反作用于生产力。生产力的决定作用不仅表现为有什么样的生产力就会产生什么样的生产关系,而且生产关系的调整和变革也要以是否有利于生产力发展来衡量和评判,这就是我们所说的生产力标准。在坚持生产力标准上,历代马克思主义者是一脉相承的,并在实践中得到丰富、发展和完善。

最早提出生产力标准的是辩证唯物主义和历史唯物主义的创始人马克思。他在《政治经济学批判》序言中就指出:"无论哪一种社会形态,在它所能容纳的全部生产力发挥出来以前,是决不会灭亡的;而新的更高的生产关系,在它存在的物质条件在旧社会的胎胞里成熟以前,是决不会出现的。"[①]把能否容纳全部

[①] 《马克思恩格斯选集》第2卷,人民出版社2012年版,第3页。

生产力作为判断旧生产关系能否继续存在的客观标准，把是否具备物质条件作为判断新生产关系能否出现的根本标志，这不仅说明了生产力是推动生产关系变革的根本动力和终结原因，而且帮助我们认识到生产关系及其社会形态更替过程的长期性和艰巨性。

毛泽东在领导中国革命和建设中，坚持和发展了马克思的生产力标准理论。他早在1945年写的《论联合政府》中就指出："中国一切政党的政策及其实践在中国人民中所表现的作用的好坏、大小，归根结底，看它对于中国人民的生产力的发展是否有帮助及其帮助之大小，看它是束缚生产力的，还是解放生产力的。"[1] 并且在领导社会主义建设中，坚持以生产力为标准不断改革和调整生产关系。当斯大林提出社会主义生产关系是完全适合生产力发展的观点时，毛泽东就进行了批评，提出社会主义生产关系和生产力是"又相适应又相矛盾"的理论[2]，坚持以生产力为标准不断改革和完善社会主义生产关系。当然，在改革开放之前，我们在调整生产关系时所犯的错误，如搞生产资料的单纯公有制、平均主义的按劳分配和高度集中的计划经济体制等，也是脱离生产力标准的表现和结果。

邓小平在改革开放中坚持了生产力标准，他不仅提出："社会主义的首要任务是发展生产力"[3]，而且明确提出判断改革开放正确与否的标准是"三个有利于"，即"是否有利于发展社会主义社会的生产力，是否有利于增强社会主义国家的综合国力，是否有利于提高人民的生活水平"[4]。在"三个有利于"中，邓小平把生产力标准放在了第一位，可见生产力标准的重要性和决定性作用。在20世纪90年代初，世界社会主义处于低潮之时，邓小平提出了"三个有利于"标准，对于鼓起勇气冲破一切障碍，不断深化改革开放和加快我国的现代化建设，无疑起到了有力的推动作用。正因为我们在改革开放中始终坚持了"三个有利于"的标准，才取得今天这样举世瞩目的伟大成就，也为共同富裕开辟了道路和奠定了基础。

在2016年2月23日召开的中央全面深化改革领导小组第二十一次会议上，习近平总书记提出："把是否促进经济社会发展、是否给人民群众带来实实在在的获得感，作为改革成效的评价标准。"[5]这一新标准是对生产力标准的坚持、发展和创新。习近平总书记还指出："在全面深化改革中，我们要坚持发展仍是

---

[1] 《毛泽东选集》第3卷，人民出版社1991年版，第1079页。
[2] 《毛泽东文集》第7卷，人民出版社1999年版，第215页。
[3] 《邓小平文选》第3卷，人民出版社1993年版，第116页。
[4] 《邓小平文选》第3卷，人民出版社1993年版，第372页。
[5] 《习近平主持召开中央全面深化改革领导小组第二十一次会议》，人民网，2016年2月23日。

解决我国所有问题的关键这个重大战略判断,使市场在资源配置中起决定性作用和更好发挥政府作用,推动我国社会生产力不断向前发展,推动实现物的不断丰富和人的全面发展的统一。"[①]习近平总书记关于"是否促进经济社会发展、是否给人民群众带来实实在在的获得感"的思想,与邓小平推进改革的"三个有利于"是一脉相承的,都是以生产力标准为出发点和以共同富裕为目标的,因而体现了我国改革理论和实践的一致性和延续性。

可见,从马克思到毛泽东、邓小平、习近平,在用生产力标准来衡量和判断生产关系的合理性和可行性上是一脉相承的,并且随着时代进步,其内容得到不断丰富、发展和创新。因此,马克思主义的生产力标准仍将是我们继续前行和实现共同富裕的理论基础和思想指导。

二、努力克服违反生产力标准的错误倾向

在坚持马克思主义生产力标准上也不是一帆风顺的。一方面,我们在坚持生产力标准上取得了很大成就,包括新中国成立以及生产资料所有制的社会主义改造完成,都是坚持生产力标准的结果;另一方面,由于中国走社会主义道路是一个史无前例的壮举,需要在探索中前进,因此也遭遇了不少曲折。在处理生产力与生产关系这对基本矛盾中,不可避免地会出现两种偏差。一种是"左"倾错误,也就是使生产关系变革超越现有生产力水平,起到影响和阻碍生产力发展的作用;另一种是右倾错误,使生产关系变革落后于现有生产力水平,同样起到影响和阻碍生产力发展的作用。因此,认真总结新中国成立七十多年和改革开放四十多年来的经验教训,对新时代坚持生产力标准和加快实现共同富裕具有重大现实意义和深远历史意义。

从一方面看,在社会主义初级阶段,生产关系变革不能超越现实生产力水平,否则容易犯"左"倾错误。在新中国成立后的前30年,在完成生产资料社会主义改造以后,对于如何建立和完善社会主义经济制度缺乏经验,只能照搬苏联模式,建立了生产资料的单纯公有制、平均主义的按劳分配制度、高度集中的计划管理体制。从理论上讲,这是符合马克思、恩格斯、列宁、斯大林等经典作家对未来社会设想的,但是拿到社会主义初级阶段来推行,就超越了生产力水平和人们的觉悟程度,造成了"左"倾错误。从实践上讲,当时我们只有苏联经验可以学

[①] 习近平:《推动全党学习和掌握历史唯物主义》,新华网,2013年12月4日。

习和借鉴，没有其他模式可以仿效。事实上，这样的生产关系和经济制度，对于在生产力高度发达的资本主义国家进入社会主义以后是适用和可行的，但是对于刚刚从半殖民地半封建社会脱胎出来，生产力十分落后的新中国来讲是不适用和不可行的。也就是说，这样的生产关系和经济制度超越了当时的生产力水平和物质基础，也超越了人们的认识能力和觉悟程度，结果使生产关系阻碍了生产力发展，出现物资严重匮乏的短缺经济。直到党的十一届三中全会以后，经过拨乱反正和改革开放，才使我们纠正了"左"倾错误，重新回到正确的轨道上来。

从另一方面看，在社会主义初级阶段，生产关系变革也不能落后于生产力水平，如果经济发展脱离社会主义正确方向，过分强调私有化和自由化就会犯右倾错误。我国改革开放以后的30年，不仅纠正了前30年中出现的"左"倾错误，而且取得了生产力迅速发展的巨大成就，成为世界瞩目的第二大经济体。但是，我们在取得伟大成就的同时也出现了一系列新的矛盾和问题，局部出现了生产关系变革落后于生产力水平的右倾错误。例如，在一段时期内，由于过度否认公有经济的地位和作用，公有经济效率下降和国有资产大量流失；由于非公经济大力发展和按要素分配作用加强，贫富差距拉大，局部两极分化严重；由于市场经济管理不规范和对党政机关监督不严，权钱交易泛滥和腐败现象蔓延，因此出现了生产关系不健全和调整不到位，严重影响和阻碍生产力发展的状况。直到党的十八大召开，提出了"五位一体"的总体布局和"四个全面"的战略布局，才使这些错误得到全面、有效的制止和克服，重新回到生产力与生产关系相互促进和协调发展的正确道路上来。

可见，在坚持生产力标准，改革和完善社会主义生产关系时，既要克服生产关系超越生产力水平的"左"倾错误，又要避免生产关系落后于生产力要求的右倾错误，才能使社会主义生产关系按照生产力标准得到全面发展，才能使我们追求的经济发展和共同富裕的道路越走越宽敞。

三、掌握和运用生产力标准中的辩证思想

习近平总书记指出："有改革开放前和改革开放后两个历史时期，这是两个相互联系又有重大区别的时期，但本质上都是我们党领导人民进行社会主义建设的实践探索。"[①]因此，我们不能用改革开放前30年否定后30年，同样也不能

---

① 《习近平谈治国理政》第1卷，外文出版社2018年版，第22页。

用改革开放后30年否定前30年。这说明这两个30年都是在党的领导下,使社会主义事业取得巨大成就的历史,因此是一脉相承和不可分割的。当然,在这两个30年中我们所犯的错误是不同的,前30年有"左"的倾向,后30年有右的倾向。因此,进入新时代以后,我们既要充分肯定这两个30年取得的伟大成就,又要克服这两个30年所犯的错误。也就是说,既要克服生产关系超越生产力的"左"倾,又要克服生产关系落后于生产力的右倾。因此,要在新时代继续坚持生产力标准,有效避免和克服"左"和右的两种倾向,就必须掌握和用好生产力标准中的辩证思想和科学方法。

马克思认为,社会发展的根本动力和终结原因是社会的基本矛盾,即生产力与生产关系的矛盾,以及经济基础与上层建筑的矛盾。正是这两对基本矛盾推动了人类社会的发展,也为中国特色社会主义的发展和创新提供了科学依据和理论指导。马克思在《资本论》的第一版序言中指出,我们"不仅苦于资本主义生产的发展,而且苦于资本主义生产的不发展"[1]。这句话好像是自相矛盾的,其实是马克思对历史唯物主义的形象表述,是基本经济规律在资本主义社会的具体表现。联系我国社会主义经济的发展过程,同样受到基本矛盾和基本经济规律的制约。在改革开放之前,由于实行生产资料的单纯公有制和平均主义的按劳分配,以及高度集中的计划管理体制,使生产关系严重脱离了生产力水平和人们的觉悟程度,因而阻碍了生产力发展和社会主义优越性发挥。改革开放以后,由于调整了生产关系,允许多种所有制经济共同发展,让多种分配方式同时发挥作用,并且大力发展社会主义市场经济,这就加快了国民经济发展及生活水平提高,因此有力地巩固了社会主义制度和显示出它的优越性。可见,在社会主义初级阶段通过改革开放,充分利用国内外资本主义的积极因素加快经济发展,是符合生产力标准和基本经济规律的,也是有利于促进经济发展和实现共同富裕的。

毛泽东在生产资料社会主义改造完成以后也说过,"可以消灭资本主义,又搞资本主义"[2]。这不是自相矛盾和自我否定,而是包含了深刻的辩证思想,因为消灭的"资本主义"与又搞的"资本主义"是完全不同的。过去消灭的是资产阶级掌握政权的资本主义,是消灭资本主义制度;现在又搞的是由党和人民掌握政

---

[1] 马克思:《资本论》第1卷,人民出版社2018年版,第9页。
[2] 顾龙生:《毛泽东经济评传》,中国经济出版社2000年版,第3页。

权前提下的资本主义,是受社会主义制约和为社会主义服务的资本主义,因此要把这两个"资本主义"严格区分开来。在社会主义条件下,充分利用国内外资本主义的积极因素,努力学习发达国家的先进科技和管理经验,大量引进外资以及充分利用国内的个体经济和私营经济,为加快社会主义经济建设服务,是符合我国的基本国情和生产力水平的。因此,充分利用资本主义经济的积极因素加快经济发展的思想方法,必须深入研究、正确把握、科学运用。

说到底,社会主义是从资本主义发展过程中产生和壮大起来的。资本主义发展会从物质和精神两个方面为社会主义创造条件和奠定基础,所谓"条条道路通罗马",说的就是这个道理。因此,必须充分认识中国特色社会主义经济的特点和规律。也就是说,不仅要在国内允许资本主义在一定条件下和范围内得到发展,而且要进一步扩大对外开放程度,充分利用外国资本主义的资源和市场,来加快我国经济发展和促进共同富裕。因此,以生产力标准为出发点和理论依据,并在中国特色社会主义经济中科学运用,必将在中华民族伟大复兴和实现共同富裕中发挥出它的巨大潜力和强大活力。

第四节　遵循基本经济规律 促进共同富裕

按照基本经济规律的要求促进共同富裕,就必须深刻认识和正确理解共同富裕的深刻含义和丰富内容。要把共同富裕与社会主义的共同理想和共产主义的远大理想联系起来,既要按照生产力规律加快国民经济的高质量发展,又要按生产关系规律完善消费资料的分配关系。因此,要通过解决基本矛盾和遵循基本经济规律,把经济规律体系对经济发展和共同富裕的综合效应充分发挥出来。

一、共同富裕是生产和分配的结合

我们追求的共同富裕,不是杀富济贫和一蹴而就的短期行为,也不是简单平分国民收入的平均主义,更不是"头痛医头,脚痛医脚"的权宜之计,而是与共产主义远大理想和社会主义共同理想紧密联系的战略目标,是一个从中国实际出发,使全体人民逐步从相对贫穷到部分先富、再到共同富裕的有序渐进过程,是与振兴中华和建成社会主义现代化强国紧密联系的系统工程。因此,中国特色的共同富裕不是单纯的主观愿望和短期行为,而是贯穿整个社会主义时期的历史使命和战略目标,因而是解决社会主义社会的基本矛盾,自觉遵循基本经济规律的根本要求和必然结果。

共同富裕的实现必然是生产与分配的有机结合,包括了"做大蛋糕"和"分好蛋糕"两个部分。"做大蛋糕"就是要加快发展生产力,不断增加满足消费的社会财富,扩大共同富裕的物质来源;"分好蛋糕"就是要不断完善生产关系,特别是其中的分配关系,要采取公平合理的方法分配国民收入和物质财富,提高全体人民的生活水平和富裕程度。"做大蛋糕"和"分好蛋糕"又是紧密联系和相互制约的。只有不断做大蛋糕,才能增加蛋糕的分配,提高共同富裕的程度;反之则反是。同样,如果蛋糕分配公平合理,就能促进蛋糕生产,增加共同富裕的物质来源;反之则反是。因此,"做大蛋糕"和"分好蛋糕"必须有机结合,相互促进。在社会主义制度下,自觉遵循基本经济规律不仅能促进生产力发展,不断做大蛋糕,而且能逐步完善生产关系和分配关系,使蛋糕的分配更加公平合理。因此,要自觉遵循基本经济规律的客观要求,充分发挥经济规律体系的综合效应,在加快生产力发展速度和提高经济质量的同时,改革和完善社会主义生产关系和分配关系,对促进和实现共同富裕具有决定性作用。

二、坚定社会主义和共产主义的理想信念

中国特色的共同富裕符合"两个必然"的要求,因此涉及社会主义和共产主义的理想信念问题。社会主义的本质就是要解放生产力,发展生产力,消灭剥削,消除两极分化,最终实现共同富裕。中国共产党的历史使命就是要建立和完善社会主义,最终实现共产主义。可见,共同富裕是中国特色社会主义和未来共产主义的本质要求和共同目标。有些人认为共产主义是乌托邦,是忽悠人的空想,是不可能实现的宗教信仰。这样的认识显然是错误的,却有较大的市场和影响力,因此正确认识和深刻理解共产主义成为当务之急。

第一,共产主义是全面发展的社会。资本主义社会使人的片面发展达到极端的程度,不仅脑体分工,使每个人都在向片面化方向发展,而且脑体差距、城乡差距和贫富差距也扩大到前所未有的程度。共产主义就是要消灭三大差别,使每一个人的脑力和体力都得到全面发展,使整个社会在物质和精神方面都得到全面发展。过去讲共产主义过多强调精神方面的因素,如"毫不利己,专门利人"等,其实这样的宣传也有片面性。我们鼓励在必要时牺牲个人利益,来为他人和

社会谋利益和做贡献。但是,并不否认保护个人利益的必要性和重要性,同打仗一样,如不能保存自己,怎样去消灭敌人。其实,共产主义并不否认个人利益,而是要平等地保护每个人的切身利益,使他们享受到更加完善的福利,使个人和社会都得到全面发展。

第二,共产主义社会是辩证发展的产物。共产主义并不是空中楼阁和海市蜃楼,而是人类自觉走向进步和实现全面发展的必然结果。因此,共产主义不仅是从资本主义社会脱胎而来,在它的第一阶段——社会主义还不可避免地带有旧社会遗留的痕迹,而且还要充分利用资本主义社会所创造的一切物质财富和精神财富,来丰富、发展和完善自己,为实现共产主义创造条件和铺平道路。有些人认为共产主义十分遥远,其实共产主义是从现实的资本主义社会中形成和发展起来的。可以说,共产主义并不遥远,共产主义因素每时每刻都在我们身边产生和成长。在生产力高度发展、物质财富不断增加和人民生活日益改善的同时,我们随时随地都能见到的相互帮助、关爱他人和无私奉献的实际行为,都是未来共产主义思想和品格的雏形和萌芽。共产主义的实质是人类先进思想和优秀品质的普遍化和经常化。因此,共产主义并不神秘也不遥远,共产主义因素时刻都在我们身边产生、发育和壮大。

第三,共产主义社会需要依靠人民政权才能建成。人类社会从无阶级的原始社会到有阶级的社会,包括奴隶社会、封建社会和资本主义社会,再经过社会主义社会,到达更高阶段上的无阶级社会——共产主义,这是社会辩证发展的历史过程,是否定之否定规律在人类发展史上的鲜明体现。过去的历史表明,在一个阶级社会替代另一个阶级社会的过程中,需要建立国家政权和依靠武装力量才能取得成功。那么,人类要以无阶级的共产主义取代最后一个阶级社会——资本主义时,更需要依靠无产阶级的国家政权和强大的人民军队,才能取得最后胜利。因此,马克思在总结自己的学说成就时坦言,我的新贡献"就是证明了下列几点:(1)阶级的存在仅仅同生产发展的一定历史阶段相联系;(2)阶级斗争必然导致无产阶级专政;(3)这个专政不过是达到消灭一切阶级和进入无阶级社会的过渡……"[①]可见,只有依靠无产阶级政权和人民军队等武装力量的保护,经过一系列从经济基础到上层建筑的变革,才能消灭一切阶级及其残余势力,包括消除他们在意识形态方面的不良影响,才能最终实现共产主义。

---

① 《马克思恩格斯选集》第4卷,人民出版社2012年版,第426页。

第四，共产主义的实现需要经过长期不懈的努力。共产主义取代资本主义是一个漫长而持久的过程，需要经历许多不同的发展阶段和历史时期。共产主义可以分为两个阶段，社会主义只是共产主义的第一阶段，而中国特色社会主义又是成熟社会主义建立之前必须经历的初级阶段。而社会主义初级阶段又可区分为三个不同时期：一是社会主义与资本主义的简单对立，即你死我活的斗争时期。例如，从新中国成立初期到改革开放之前，就是帝国主义全面封锁和武装威胁我们，企图把社会主义中国掐死在摇篮里，而我们却要打破封锁和摆脱威胁，通过阶级斗争来巩固新生政权和求得生存的最困难时期。二是社会主义与资本主义和平相处、平等竞争和合作共赢的时期。例如，我国是从改革开放开始到本世纪中叶建成社会主义现代化强国的和平发展时期，也是我们振兴中华和实现"中国梦"的时期。三是社会主义可以完全取代资本主义，并进入成熟社会主义的时期。可见，我们不仅要有共产主义的远大理想，而且要有社会主义的共同理想，并且要把它们有机结合起来，统一到实际行动中去。这是共产主义远大理想与社会主义共同理想具有内在联系和外在差别的客观要求和具体表现。因此，社会主义是一个漫长而持久的历史过程，资本主义因素和共产主义因素将长期并存，相互斗争，此消彼长，因而是一个需要经过十几代人，甚至几十代人不懈努力才能最终完成的伟大历史使命。

如果没有社会主义的共同理想和共产主义的远大理想，则我们是不会真正追求共同富裕和实现共同富裕的。过去的实践表明，当我们忽视理想信念，资产阶级的私有化和自由化严重时，我国的贫富差距就会扩大，局部的两极分化就会加剧。因此，要实现共同富裕，首先要有正确的理想信念和科学的理论指导，要为经济发展和共同富裕创造良好的舆论环境和思想氛围。

三、坚持国民经济的高质量发展

中国特色的共同富裕符合基本经济规律，即"两个决不会"[①]的要求，因此要深刻理解发展生产力对实现共同富裕的决定性作用。我们要坚持党的基本路线和抓住当前的主要矛盾，加快社会主义现代化建设和促进经济的高质量发展，为共同富裕创造物质条件和奠定经济基础。在新时代，"发展是硬道理"的实质就是要坚持高质量发展。因此，必须坚持质量第一、效益优先，以供给侧结构性改

---

① 《马克思恩格斯选集》第 2 卷，人民出版社 2012 年版，第 3 页。

革为主线,建设现代化经济体系,推进质量变革、效率变革、动力变革,提高全要素生产率,不断增强我国经济的创新力和竞争力。

第一,实现经济高质量发展,必须深化供给侧结构性改革。以提高供给体系质量为主攻方向,以去产能、去库存、去杠杆、降成本、补短板为重点,着力增强实体经济特别是制造业,压缩过剩产能的无效供给,扩大优质产能的供给量,显著增强国民经济的质量优势和提高综合国力,实现更高水平和更高质量的供需动态平衡。这是当前和今后一个时期确定我国经济发展思路、制定经济政策、实施宏观调控的根本要求。

第二,实现经济高质量发展,必须建设现代化经济体系。"现代化经济体系,是由社会经济活动各个环节、各个层面、各个领域的相互关系和内在联系构成的一个有机整体。"[1]它主要涵盖生产、流通、分配、消费各环节和领域,包括以下方面:一是建设创新引领、协调发展的产业体系;二是建设统一开放、竞争有序的市场体系;三是建设体现效率、促进公平的收入分配体系;四是要建设彰显优势、协调联动的城乡区域发展体系;五是要建设资源调节、环境友好的绿色发展体系;六是要建设多元平衡、安全高效的全面开放体系;七是要建设充分发挥市场作用、更好发挥政府作用的市场经济体系。

第三,实现经济高质量发展,必须坚持创新驱动发展战略,不断提高自主创新能力。要抓住关键性的、世界一流的核心技术、设备和材料进行原始、自主和协同创新和应用,建设创新型强国。创新驱动发展的实质是人才创新驱动。必须加快建设人才强国,实行更加积极、更加开放、更加有效的人才政策,聚天下英才而用之,让各类人才的创造活力竞相迸发、聪明才智充分涌流。

第四,实现经济高质量发展,必须推进生态文明建设。加快形成生态文明制度体系,必须坚持节约优先、保护优先、自然恢复为主的方针,形成节约资源和保护环境的空间格局、产业结构、生产方式、生活方式。我们既要创造更多物质财富和精神财富,以满足人民日益增长的美好生活需要,也要提供更多优质生态产品,以满足人民日益增长的优美生态环境需要,促使中国人民生于此、长于此的家园更加美丽宜人。

第五,实现经济高质量发展,必须深化经济体制改革。一要着力增强改革的系统性、整体性、协同性,着力抓好重大制度创新,努力形成有利于高质量发展的

---

[1] 《习近平在中共中央政治局第三次集体学习时的讲话》,《经济日报》2018年2月1日。

体制机制;二要实现以国内循环为主、国内与国际双循环相结合的市场运行体系;三要不断深化改革和扩大开放,以适应和引领经济全球化的发展,构建更高水平的开放型经济体制;四要坚持"引进来"与"走出去"并重的策略,坚持共商共建共享"一带一路"倡议,促进和加快人类命运共同体的建设。

四、发挥经济规律体系的综合效应

基本经济规律不是独立存在和孤立发挥作用的,基本经济规律与其他经济规律是紧密联系和相互制约的。因此,经济规律形成了一个有机结合的体系,发挥着整体效应和综合作用。如何全面遵循社会主义经济规律体系的要求,促进和实现中国特色的共同富裕,是我们亟须解决的重大现实课题。

第一,基本经济规律是这个体系中最根本的经济规律,它制约着其他经济规律发挥作用的范围和程度,为实现共同富裕指明方向和铺平道路。为了坚持社会主义方向和实现共同富裕,我们必须不忘初心使命,维护和贯彻党的基本路线不动摇,改革和完善社会主义基本经济制度,不断提高生产力和综合国力,充分利用国内外资本主义的积极因素,加快社会主义的现代化建设,努力实现中国特色的共同富裕。

第二,主要经济规律是解决现实的主要矛盾所提出的必然要求和迫切任务,因而是基本经济规律的具体化和集中表现。因此,基本经济规律与主要经济规律是紧密联系和不可分割的。实现共同富裕所要解决的主要矛盾,就是要解决不同地区和不同行业在发展上的过大差距和不平衡状况,促进社会生产力和国民经济的平衡协调发展;就是要克服人们在收入分配上过大的差距和两极分化问题,改革和完善生产关系和分配制度,为共同富裕扫除体制和机制上的困难和障碍。

第三,以公有制为主体,多种经济共同发展的所有制结构规律,是现阶段基本经济规律与主要经济规律的共同要求在所有制关系上的具体表现。我们只有坚持以公有制为主体,多种经济共同发展的基本经济制度和两个毫不动摇的思想路线,才能克服单纯公有制的"左"倾路线和全面私有化的右倾路线的干扰和破坏,实现公有经济和非公经济的平等竞争和协调发展,使它们能够相互促进和有机结合,共同促进经济发展和实现共同富裕。

第四,以按劳分配为主,多种分配方式并存的分配规律,是以公有制为主体,多种经济共同发展的所有制结构规律决定的,也是现阶段基本经济规律与主要经济规律的共同要求在分配关系上的具体表现。现阶段,只有通过劳动力商品形式,才能更好地贯彻按劳分配原则,克服分配上的平均主义,提高企业生产效率和经济效益;只有遵循价值规律和价值增殖规律,才能搞好按要素分配和提高生产要素的利用效率,缩小分配上的收入差距和消除两极分化,使分配制度对经济发展和共同富裕的促进作用充分发挥出来。

第五,社会主义市场经济中的价值规律,是现阶段基本经济规律与主要经济规律的共同要求在生产方式上的具体表现。要充分认识社会主义与市场经济的内在联系,以及价值规律对促进生产力发展的积极作用。在现阶段,既要发挥市场调节在资源配置中的决定性作用,又要发挥政府调控的积极作用,使有效市场和有为政府有机结合,体现强市场和强政府的"双强"优势。因此,只有自觉遵循价值规律和完善市场经济,更好地发挥政府的管理职能和服务效能,才能促进和实现中国特色的共同富裕。

第六,充分发挥价值增殖规律在促进生产和增加财富上的积极作用。价值增殖规律是特殊的价值规律,是价值规律在大生产市场经济中的转化形式。公有资本与私有资本有不同的个性,公有资本体现社会主义的劳动平等关系,私有资本体现资本主义的剥削关系,但是它们又有共性,都要遵循价值增殖规律,都是发展生产力和增加物质财富的途径和方法。因此,要正确认识公有资本与私有资本的共性与个性、区别与联系,充分认识利用多种资本加快经济发展的必要性和重要性。因此,要自觉遵循价值增殖规律,合理利用两种资本和劳动力商品的积极作用,才能实现发展经济和共同富裕的目标。

可见,各种经济规律都不是孤立存在的,它们有内在联系和相互制约作用,要综合起来形成有机整体。历史的经验教训表明,我国经济发展中的重大曲折都与违背经济规律有关,不论是平均主义分配导致的相对贫穷,还是过度私有化导致的两极分化,都是违背经济规律造成的危害和受到的惩罚。因此,只有自觉遵循经济规律,发挥经济规律体系的综合效应和整体效能,才能促进经济发展和实现共同富裕。

第三章
共同富裕的主要经济规律

在论述了基本经济规律与共同富裕的内在联系和相互作用以后,需要进一步论述主要经济规律与共同富裕的内在联系和相互作用,这里首先要把基本经济规律与主要经济规律区分开来。基本经济规律是在一切社会中起作用的普遍规律,而主要经济规律则是一个社会在特定时期中起作用的特殊规律。但是,两者并不是完全分离的,主要经济规律常常是一定时期内基本经济规律的具体表现。因此,遵循主要经济规律,促进共同富裕是需要解决的又一个重要的现实课题。

第一节 社会主义初级阶段的主要矛盾及其变化

主要经济规律是由主要矛盾决定的,因此要揭示主要经济规律与共同富裕的内在联系和相互关系,首先要正确认识和深刻理解主要矛盾及其变化。社会主义初级阶段的矛盾是错综复杂的,但是在众多的矛盾中必然有一个主要矛盾,它规定和影响着其他矛盾的存在和发展。党的十三大报告明确指出:"我们在现阶段所面临的主要矛盾是人民日益增长的物质文化需要同落后的社会生产之间的矛盾。"又说:"阶级斗争在一定范围内还会长期存在,但已经不是主要矛盾。"[1]这是党和人民总结经验教训得出的科学结论。

我们党认识社会主义初级阶段的主要矛盾,经历了多次艰难曲折。早在1957年,在生产资料所有制的社会主义改造完成以后,毛泽东就指出:"团结

---

[1] 《沿着有中国特色的社会主义道路前进——在中国共产党第十三次全国代表大会上的报告》,人民网,1987年10月25日。

全国各族人民进行一场新的战争——向自然界开战,发展我们的经济,发展我们的文化。"①实际上,我们党已经认识到我国的主要矛盾开始转移了。但是,由于当时国际共产主义运动中的波匈事件和国内反右斗争的扩大化,因此掩盖了实际的主要矛盾,把已经降为次要矛盾的阶级斗争重新提到主要矛盾的地位,结果阻碍了社会生产力发展,这是第一次曲折。值得一提的是,1956年刘少奇在党的第八次全国代表大会的政治报告中指出,急风暴雨式的阶级斗争已经结束,现阶段的主要矛盾是先进的社会主义制度同落后的社会生产之间的矛盾。这样的表述在理论上是有缺陷的,因为生产关系是由生产力决定的,在生产力落后的情况下,生产关系不可能跑到生产力的前面去。但它的实际含义是揭示了人民群众的物质文化需要同落后生产力的矛盾。毛泽东抓住这一表述在理论上的不足之处,把它当作"右"倾思潮进行批判。接着在1960年党的八届十中全会和"四清"运动中,毛泽东又多次强调,无产阶级和资产阶级两个阶级、社会主义和资本主义两条道路的斗争,是现阶段的主要矛盾。到"文化大革命"时期又提出"无产阶级专政下继续革命"的理论,使"左"倾思潮达到顶峰,甚至把发展生产当作"唯生产力论"来批判,把追求物质利益当作"利润挂帅"来否定。直到粉碎了林彪和"四人帮"反党集团以后,在1978年党的十一届三中全会上,才废弃了阶级斗争是主要矛盾的错误理论,把党的工作重心转移到经济建设上来,正确揭示出社会主义初级阶段的主要矛盾。

现实表明,社会的主要矛盾也不是一成不变的,它会随着经济社会发展不断变化。习近平总书记在党的十九大报告中指出:"中国特色社会主义进入新时代,我国社会主要矛盾已经转化为人民日益增长的美好生活需要和不平衡不充分的发展之间的矛盾。"②我们要充分认识和理解在新时代我国社会主要矛盾变化的必然性和重要性,要遵循主要经济规律的要求使经济发展质量更高和效益更好,以满足人民日益增长的美好生活需要,促进和实现共同富裕。

主要矛盾变化是中国特色社会主义进入新时代的主要标志。在社会主义初级阶段的前一时期,由于生产力落后,人民生活需要只能是低水平的满足,因此主要矛盾是人民日益增长的物质文化生活需求同落后的社会生产之间的矛盾。经过四十多年的改革开放,特别是近十年来的艰苦努力,我国的生产力水平迅速

---

① 《毛泽东文集》第7卷,人民出版社1999年版,第216页。
② 习近平:《决胜全面建设小康社会 夺取新时代中国特色社会主义伟大胜利——在中国共产党第十九次全国代表大会上的报告》,人民出版社2017年版,第11页。

提高,人民的收入显著增加,生活状况大幅度改善。从全局看,我国已经进入中等收入国家,社会主要矛盾已发生历史性变化。但是我国经济社会的发展还不平衡不充分,为了更好满足人民日益增长的美好生活需要,推进人的全面发展和社会全面进步,加快实现全民的共同富裕,必须着力解决好新时代的主要矛盾问题。

第二节 社会主义初级阶段的主要经济规律

社会的主要矛盾是形成主要经济规律的根源,为了解决社会主义初级阶段的主要矛盾,就要自觉遵循主要经济规律,大力发展生产力和加快现代化建设,为共同富裕创造更多的物质财富、提供坚实的经济基础。

每个社会形态都有许多经济规律,在这个经济规律的体系中,有一个起着主导作用的经济规律就是主要经济规律。主要经济规律反映社会经济的本质特征和内在联系,反映社会经济中的主要矛盾和根本要求。主要经济规律不是决定经济发展的个别方面和个别过程,而是决定经济发展的一切主要方面和主要过程,决定了经济发展的方向和前途。斯大林曾把主要经济规律称作基本经济规律,因而混淆了基本经济规律与主要经济规律的区别,这是同他忽视和否认社会主义仍然存在生产力与生产关系这一基本矛盾的错误认识相联系的。

基本矛盾决定的是基本经济规律,而主要矛盾决定的是主要经济规律,两者的性质、特点和作用是不同的,但是它们又是紧密联系的。因此,两者不仅同时存在,而且相互促进。基本经济规律是反映生产力与生产关系、经济基础与上层建筑这两对基本矛盾的发展规律,因而是一切社会共有的经济规律。即使到了社会主义社会,基本矛盾决定的基本经济规律,仍然是推动社会发展和完善的基本动力和根本原因。而主要经济规律是反映不同社会及其不同阶段主要矛盾的经济规律,它不仅要在基本经济规律制约下发挥作用,而且由于不同社会及其不同时期主要矛盾是变化的,因而主要经济规律也会随之发生变化。这是主要矛盾和主要经济规律与基本矛盾和基本经济规律的根本区别所在。但两者又是紧密联系和有机结合的。通过解决社会主要矛盾和发挥主要经济规律的作用,有力地促进了生产力发展和生产关系的完善,为解决社会基本矛盾和发挥基本经济规律作用,打开了空间、开辟了道路,因而体现了两者的内在联系和相互作用。

在生产资料公有制基础上形成的生产力与生产关系的矛盾,是产生社会主义基本经济规律的根源;而在社会主义初级阶段形成的主要矛盾,则是产生主要经济规律的根源。由于现阶段的主要矛盾是人民日益增长的美好生活需要和不平衡不充分发展之间的矛盾,因此决定了现阶段的主要经济规律仍然是发展生产和满足需要。这个主要经济规律包括了生产目的和生产手段两个方面。社会主义生产的根本目的是以人为本,满足需要,即通过满足人民群众对美好生活的需要,来促进人的全面发展和社会的共同富裕。而达到这个目的的手段则是解放和发展生产力,不断解决经济发展中不平衡不充分的问题,这也是整个社会主义历史时期的根本任务。所以,主要经济规律要求我们把有利于发展生产力,有利于增强综合国力,有利于提高人民生活水平,作为各项工作的出发点和检验标准。社会主义的主要经济规律,反映了以人为本的宗旨和满足人民需要的本质,决定了经济运行的一切主要方面和主要过程,决定了经济发展的方向。社会主义初级阶段的历史使命,就是要深刻认识和充分利用这一主要经济规律,改革生产关系中不适应生产力发展的方面和环节,进一步解放和发展生产力,为社会主义生产关系的完善和向更高阶段过渡创造条件和提供可能,因而也体现了基本经济规律的作用和要求。

第三节　进入新时代与实现共同富裕

习近平总书记在党的十九大报告中指出:"经过长期努力,中国特色社会主义进入新时代,这是我国发展新的历史方位。"[①]这个重大判断,对于深刻总结七十多年来正反两方面的经验教训,克服"左"的和右的两种错误倾向,明确新的历史使命和开创新的发展格局,显得极为重要。这就要求我们,从我国的国情和初级阶段的实际出发,认清当前的主要矛盾,按照主要经济规律的要求,促进经济发展和实现共同富裕。

一、新时代的客观依据和科学内涵

中国特色社会主义进入新时代,是改革开放以来历史发展的必然结果。新

---

① 习近平:《决胜全面建设小康社会 夺取新时代中国特色社会主义伟大胜利——在中国共产党第十九次全国代表大会上的报告》,人民出版社 2017 年版,第 10 页。

时代的客观依据,可以从国情、党情、世情三个不同的历史方位来考察和分析。

首先,从国情的历史方位考察。改革开放四十多年,特别是党的十八大以来,经过长期努力,社会主义现代化建设取得了举世瞩目的成就,发生了翻天覆地的巨大变化,实现了历史性的飞跃。一是社会生产力迅速发展,综合国力大大增强;二是居民收入迅速提高,人民生活大幅改善;三是中国经济发展进入新常态,从高速度向高质量的方向转变;四是全面深化改革,攻坚克难,社会主义市场经济体制日臻完善;五是对外开放规模不断扩大和程度不断深化。这一切表明中国社会已从站起来、富起来发展到强起来的阶段,开启了历史的新征程。

其次,从党情的历史方位考察。中国共产党的执政能力和领导力量显著增强,党对什么是社会主义、怎样建设社会主义、为什么要加强党的建设、怎样才能加强党的建设等一系列根本性问题,有了规律性的认识和把握,已经达到了前所未有的高度和深度。特别是坚持从严治党,采取了自我革命和刀刃向内的有力措施,有效制止了党内腐败和不正之风的扩散蔓延。由于加强党的领导和完善党的建设,党的控制力、领导力和凝聚力得以大大增强。

最后,从世情的历史方位考察。中国在世界经济上的地位迅速提升,对世界经济的贡献不断增大,引领作用显著增强。特别是习近平总书记提出的共建"一带一路"倡议的全面实施,有效促进了沿线国家的合作共赢和人类命运共同体的发展壮大。中国的经济实力、科技实力、国防实力、综合国力已进入世界前列,国际地位实现前所未有的提升。中国已走近世界舞台的中央,为世界经济发展提供中国方案和中国智慧,使中华民族以崭新的面貌屹立于世界的东方。

中国特色社会主义进入新时代,既是改革开放以来国情、党情、世情发生革命性改变的必然结果,也是振兴中华和建成现代化强国的新起点,意味着中国发展已踏上了新征程。

二、新时代的主要矛盾转化

习近平总书记在党的十九大报告中指出:"中国特色社会主义进入新时代,我国社会主要矛盾已经转化为人民日益增长的美好生活需要和不平衡不充分的发展之间的矛盾。"[①]社会主要矛盾的变化是关系全局的重大变化。

---

① 《中国共产党第十九次全国代表大会文件汇编》,人民出版社2017年版,第9页。

主要矛盾的变化是中国特色社会主义进入新时代的主要标志。在社会主义初级阶段的前一时期,由于生产力落后,人民生活需要只能是低水平的满足,因此主要矛盾是人民日益增长的物质文化生活需求同落后的社会生产之间的矛盾。经过四十多年来的改革开放,我国的生产力水平迅速提高,人民的收入大大增加,生活水平大幅度提高。从全局看,我国已经进入中等收入国家,社会主要矛盾发生了全局性和历史性的变化。在温饱问题解决以后,人民对美好生活提出了更高要求,通俗地讲,经济上已发展到"吃讲营养,穿讲漂亮,住讲宽敞,用讲高档,行讲便当"的阶段。但是,我国经济发展还很不平衡和很不充分。为了更好满足人民在经济、政治、文化、社会、生态各方面的日益增长的需要,实现全面进步和共同富裕,必须着力解决好发展不平衡不充分的问题。

当前,主要矛盾中强调的经济社会发展不平衡不充分的问题,表现在收入分配方面就是过大的贫富差距和局部的两极分化。因此,实现中国特色的共同富裕,就要按照主要经济规律的要求,解决好贫富差距和两极分化等问题。当前的贫富差距表现在城乡之间、工农之间、地区之间、行业之间、劳资之间、干群之间等方面,因而具有普遍性。两极分化表现在高低收入之间存在巨大的差距,各种明星的收入已成天文数字,局部两极分化的程度甚至超过发达资本主义国家,已到了非解决不可的地步。因此,当前强调抓主要矛盾和遵循主要经济规律,与解决收入分配方面贫富差距过大和局部两极分化的问题是紧密联系和不可分割的。现实表明,只有抓住主要矛盾和遵循主要经济规律,才能解决收入分配不公的问题,加快实现中国特色的共同富裕。

三、新时代的总任务和总目标

习近平总书记在党的二十大报告中明确提出:"从现在起,中国共产党的中心任务就是团结带领全国人民全面建成社会主义现代化强国、实现第二个百年奋斗目标,以中国式现代化全面推进中华民族伟大复兴。"[①]也就是说,进入新时代,我们的总任务和总目标是实现中国式现代化和中华民族伟大复兴,在全面建成小康社会的基础上,到21世纪中叶建成富强民主文明和谐美丽的社会主义现代化强国,使共同富裕在取得实质性进展的前提下再上一个新台阶。

---

① 习近平:《高举中国特色社会主义伟大旗帜 为全面建设社会主义现代化国家而团结奋斗——在中国共产党第二十次全国代表大会上的报告》,人民出版社2022年版,第21页。

改革开放以后,党对我国社会主义现代化建设做出战略安排,提出分"三步走"的战略目标。目前,解决人民温饱问题和人民生活总体上达到小康水平两个目标已经提前实现。接下来,在建党 100 周年全面建成小康社会的基础上,再奋斗 30 年,到新中国 100 周年时,把我国建成社会主义的现代化强国。

从 2020 年到本世纪中叶,又分为两个阶段来安排。第一阶段:从 2020 年到 2035 年,在全面建成小康社会基础上,再奋斗 15 年,基本实现社会主义现代化。第二阶段:从 2035 年到 2050 年,再奋斗 15 年,把我国建成富强民主文明和谐美丽的社会主义现代化强国。因此,从全面建成小康社会到基本实现现代化,再到全面建成社会主义现代化强国和全体人民的共同富裕,是新时代中国特色社会主义的战略目标。只要我们在党的领导下,团结全国各族人民,坚韧不拔,努力奋斗,就一定能完全这一历史使命。

四、新时代的战略意义

中国特色社会主义进入新时代,具有极其重大的战略意义。这不仅在中华人民共和国的发展史上,在中华民族发展史上具有重大意义,而且在社会主义发展史上,在人类社会发展史上也具有重大意义。

一是进入新时代,意味着近代以来久经磨难的中华民族迎来了从站起来、富起来到强起来的伟大飞跃,迎来了中华民族伟大复兴的光明前景。首先,明确我国发展已进入强起来的新时代,比历史上任何时候更加接近、更有能力、更有信心实现伟大的民族复兴的中国梦。其次,明确未来一段时期我国发展的主要任务是解决发展不平衡不充分的问题,以满足人民日益增长的美好生活需要,因此要大力提升发展质量和效益。这就为新时代制定发展战略目标和方针政策,提供了理论依据。

二是进入新时代,意味着科学社会主义在中国焕发出无限的生机和活力,在世界上高高举起了中国特色社会主义的伟大旗帜。现实表明,社会主义能够救中国,社会主义更能发展中国,社会主义使中华民族振兴和强盛起来,充分显示出社会主义制度的无比优越性。历史经验表明,我们既不能走封闭僵化的老路,也不能走改旗易帜的邪路,只能走中国特色社会主义全面发展的新路。中国特色社会主义的理论和实践,充分证明了社会主义的光明前途和强大生命力。

三是进入新时代,意味着中国特色社会主义道路、理论、制度、文化不断发展,拓展了发展中国家走向现代化的途径。习近平总书记提出的"一带一路"倡议,经过十年的艰苦努力已取得显著成效。为"一带一路"的沿线国家和地区提供了互助合作、互利共赢,加快现代化发展的新机遇和新平台。中国正在走向世界舞台的中央,为人类命运共同体的建设,贡献中国智慧和中国方案。给世界上那些既希望加快发展,又希望保持独立的国家和民族提供了全新的选择和借鉴,发挥了排头兵的引领作用。

四是进入新时代,意味着共同富裕将取得实质性的新进展。新时代就是要在继承毛泽东时代和邓小平时代伟大成就的基础上,反"左"防右,走上一条更高质量和更全面发展的新路;就是要在总结毛泽东时代和邓小平时代经验教训的基础上,既要遵循社会主义经济的特有规律,又要遵循社会主义经济与资本主义经济的共有规律,加快中国式现代化建设和全体人民的共同富裕。可以断言,新时代就是中国特色社会主义取得决定性胜利的时代,也是共同富裕取得实质性进步,最终完成社会主义初级阶段历史使命的时代。

这四个方面,深刻阐明了中国特色社会主义进入新时代的政治意义、历史意义、世界意义和现实意义。

第四节 运用科学方法深化改革开放

习近平总书记在党的二十大报告中指出:"坚持深化改革开放。"[①]实践表明,在社会主义初级阶段实现共同富裕的过程,就是一个遵循主要经济规律和解决主要矛盾的历史过程。如何按照主要经济规律的要求,解决主要矛盾和促进共同富裕?这就需要以习近平新时代中国特色社会主义思想为指导,紧密联系中国的国情和初级阶段的实际,正确运用唯物论与辩证法、矛盾论与实践论等科学方法,不断深化改革开放和建成现代化强国。

一、坚持唯物论把握基本国情

要深化改革开放,首先要坚持马克思的唯物论和正确把握中国的基本国情,实现马克思主义的时代化和中国化。只有正确认识和把握改革开放与共同富裕

---

① 习近平:《高举中国特色社会主义伟大旗帜 为全面建设社会主义现代化国家而团结奋斗——在中国共产党第二十次全国代表大会上的报告》,人民出版社2022年版,第27页。

之间的内在联系和辩证关系,才能自觉坚持中国特色社会主义方向,取得改革开放和共同富裕的双重胜利。这里包含了一系列变与不变的特点和规律,需要我们进行深入研究和科学阐述。

(一)社会主义初级阶段没有变但进入了新时代

首先要正确认识中国特色社会主义进入了新时代,但是社会主义初级阶段的性质和发展中大国的地位没有变。习近平总书记在党的十九大报告中指出:"经过长期努力,中国特色社会主义进入了新时代,这是我国发展新的历史方位。"[①]这个重大判断具有划时代的里程碑意义。改革开放四十多年来,特别是党的十八大以来,全党和全国人民经过坚持不懈的艰苦努力,使社会主义现代化建设取得了举世瞩目的伟大成就,中国已从站起来、富起来发展到强起来的新阶段。因此,深刻认识这个重大判断,对于认清当前形势,牢牢把握立足点,明确历史前进方向,具有重大理论意义和实践价值。

但是,进入新时代并没有改变社会主义初级阶段这一基本国情,中国仍然是世界上最大的发展中国家。社会主义初级阶段是从殖民地半殖民地国家进入社会主义社会,必须经历的一个长时期的特殊阶段。只有补上生产力落后和经济不发达的短板,才能完成它的历史使命,进入成熟社会主义的发展阶段。因此,我国还将长期处于社会主义初级阶段,仍然要坚持以经济建设为中心的基本路线,加快生产力发展和提高综合国力。经过四十多年的改革开放,我国经济已经取得巨大发展,但是与发达国家相比仍然有不小差距。在中国至少要到 2050 年以后,才能使生产力赶上和超过发达资本主义国家,并建成社会主义的现代化强国。

(二)党的基本路线没有变但发展理念有了新变化

为什么党的基本路线不能变?党的基本路线就是要以经济建设为中心,坚持四项基本原则,坚持改革开放。党的基本路线是总结我国社会主义建设正反两方面经验教训得出的科学结论,是在整个社会主义初级阶段都必须坚持的根本路线,是万万不能动摇的。但是,为什么我们的发展理念要有新变化?因为任何社会的发展和变革,都是从思想解放和观念更新开始的。我国的改革开放就是从 1978 年党的十一届三中全会,邓小平提出解放思想、实事求是开始的。当

---

① 习近平:《决胜全面建成小康社会 夺取新时代中国特色社会主义伟大胜利——在中国共产党第十九次全国代表大会上的报告》,人民出版社 2017 年版,第 10 页。

我们进入新时代,对深化改革和扩大开放提出了新要求和新任务。如果没有思想上进一步解放和观念上全面更新,就不能取得改革开放的新胜利,就不能把中国特色社会主义推向新阶段。因此,习近平总书记在党的十九大报告中提出:"必须坚定不移贯彻创新、协调、绿色、开放、共享的新发展理念。"[①]为深化改革开放和实现共同富裕,奠定了思想基础和指明了前进方向。

习近平总书记提出的五个新发展理念是一个有机整体,它们之间是紧密联系和相互制约的。第一,创新是方法、手段和动力。实践证明,我们只有不断坚持改革和创新,才能克服传统理念和历史羁绊的束缚,焕发出中国特色社会主义的勃勃生机和无限活力。第二,协调、绿色、开放是内容、途径和过程,实质是要和谐发展,其中"协调"指人与人的和谐,"绿色"指人与自然的和谐,"开放"指国与国的和谐。我们只有创造出和谐的内部环境以及和平的外部环境,才能有力地促进中国特色社会主义健康发展。第三,共享是目的、目标和结果,其中包括经济利益、治国经验、社会文明、文化成果、生态环境等方面的共享。我们只有坚持把共产主义远大理想和中国特色社会主义共同理想结合起来,坚持改革开放和更新理念,才能把中国特色社会主义和共同富裕的战略目标推向前进,对人类文明发展做出新贡献。

(三)社会主义道路没有变但发展战略上了新台阶

新中国成立七十多年来,我们坚持走社会主义道路的理想和信念从来没有改变过。中国共产党的历代领导,把马克思主义关于科学社会主义的基本原理与中国的实际紧密结合,因而创立了中国特色社会主义的理论、制度和道路。随着时代进步和社会发展,我们的发展战略会发生相应变化,并且不断登上新台阶和步入新阶段。因此,正确认识和把握道路不变和战略可变的规律和特点,对加快中国特色社会主义发展和实现共同富裕同样至关重要。

党的十八大以来,以习近平同志为主要代表的中国共产党人,深刻回答了新时代坚持和发展什么样的中国特色社会主义、怎样坚持和发展中国特色社会主义的问题,形成了习近平新时代中国特色社会主义思想。坚持统筹推进"五位一体"总体布局和"四个全面"战略布局,推动党和国家事业发生历史性变革和取得举世瞩目的伟大成就,使中国特色社会主义进入了新时代。回顾新中国的历史

---

① 习近平:《决胜全面建成小康社会 夺取新时代中国特色社会主义伟大胜利——在中国共产党第十九次全国代表大会上的报告》,人民出版社2017年版,第21页。

表明,党的历届领导人在对待社会主义问题上的认识是一脉相承和不断深化的。正反两方面的经验表明,社会主义是中国共产党人和中国人民的命根子,是万万不能丢弃的。而经济社会的发展战略却不是一成不变的,它们是使中国特色社会主义不断进步和完善的阶梯,因而要随着时代发展不断变化。

(四)改革开放没有变但进入全面深化的新阶段

首先,要正确认识改革开放的必要性和重要性。如果说,只有社会主义能够救中国,那么只有改革开放才能发展中国和完善中国。如果说,最初提出改革开放,主要是为了纠正"文化大革命"中的极"左"路线,实现拨乱反正的话,那么新时代的改革开放就是为了实现"两个一百年"的奋斗目标,把中国建成社会主义现代化强国。因此对整个社会主义初级阶段来说,改革开放只有"进行时",没有"完成时",充分说明了改革开放的必要性和重要性。

其次,要充分认识改革开放的长期性和持续性。这是因为改革开放的任务具有全面性、系统性和渐进性,因此改革开放是不可能一蹴而就和在短时期内完成的。一是全面性。一个全方位的改革开放,包括了经济、政治、文化、社会、生态、军队、外交、党建等方方面面。二是系统性。改革开放是一个系统工程,每一个方面的改革开放都与其他方面的改革开放紧密相连,相互制约。三是渐进性。改革开放是一个漫长和反复的过程,每一方面的改革开放都需要经过无数次的探索和试验,才能掌握规律和形成制度。

最后,要充分认识改革开放的艰巨性和突破性。现实经验表明,不同历史阶段的改革开放是有不同性质和特点的。在改革开放初期,主要是浅层次的改革开放,推行比较容易、成效比较显著,因而能够得到最大多数人的支持和拥护。但是随着新时代的到来,改革开放进入了深水区,改革开放的难度明显加大,不仅需要冲破各种思想障碍,而且要克服固有的利益羁绊,也就是改革开放进入了跋山涉水和全面深化的新阶段。因此,只有努力克服改革开放中遇到的重重困难,才能取得中国特色社会主义的新成果和新胜利。

二、运用辩证法深化改革开放

马克思主义的唯物论与辩证法是紧密联系和不可分割的。要使中国特色社会主义取得新胜利,使改革开放和共同富裕取得新成就,必须在坚持唯物论的同时学好和用好辩证法,充分认识在改革开放的全面性、系统性、协调性和持续性方面提出的新要求和出现的新变化。

(一)辩证法与改革开放的全面性

辩证法的实质是全面发展,就是要坚持全面性和反对片面性。中国特色社会主义就是一个从片面发展不断走向全面深化的历史过程。

从一方面看,我们出现过生产关系变革超越生产力水平和人们觉悟程度的"左"倾错误,因而影响和制约了社会主义制度优越性的发挥。在改革开放前的几十年,在完成生产资料社会主义改造以后,由于对于如何建立和完善社会主义经济制度缺乏经验,因此我们只能照搬苏联模式,建立了生产资料的单纯公有制、平均主义的按劳分配制度、高度集中的计划管理体制。从理论上讲,这是符合马克思主义经典作家对未来社会设想的,但是拿到社会主义初级阶段来推行,就超越了当时的生产力水平,造成了"左"倾错误。从实践上讲,当时只有苏联经验可以学习和借鉴,没有其他现成的模式可以仿效。事实上,这样的生产关系和经济制度,对于在生产力高度发达的资本主义国家进入社会主义以后是适用和可行的,但是对于刚刚从半殖民地半封建社会脱胎出来,生产力还十分落后的新中国来说是不适用和不可行的。也就是说,这样的生产关系和经济制度超越了当时的生产力水平和物质基础,也超越了全体人民的认识能力和觉悟程度,结果不可避免地造成了生产关系对生产力的阻碍作用,出现了物资严重匮乏的短缺经济。直到党的十一届三中全会,经过拨乱反正和改革开放,才使我们纠正了"左"倾错误,重新回到正确轨道上来,这一过程给我们留下了深刻的历史教训。

从另一方面看,我们也出现过生产关系变革落后于生产力水平和人们觉悟程度的右倾错误,这同样会影响和制约社会主义优越性的发挥。我国改革开放以后的几十年,不仅纠正了前几十年中出现的"左"倾错误,而且取得了生产力迅速发展的巨大成就,成为世界瞩目的第二大经济体。但是,我们在取得伟大成就的同时,也出现了一系列新的矛盾和问题,出现了一些生产关系的变革落后于生产力水平和要求的右倾错误。例如,在一段时期内,由于过度否认公有经济的主体地位和国有经济的主导作用,因此公有经济效率下降和国有资产大量流失;由于非公经济的大力发展和按要素分配作用的加强,贫富差距拉大,局部出现两极分化的状况;由于市场经济的管理不规范和对党政机关的管理不严格,权钱交易严重和腐败现象蔓延,因此出现了因生产关系不健全和调整不到位而影响和阻碍生产力发展的状况。直到党的十八大召开,才使这些错误得到有效制止,并重新回到了生产力与生产关系相互促进和协调发展的正确道路上来,这样的历史教训也是极其深刻的。

（二）辩证法与改革开放的系统性

习近平总书记在党的二十大报告中指出："必须坚持系统观念。"①辩证法不仅要求全面性，而且要求系统性。全面性和系统性又是紧密联系和相互制约的，全面性是系统性的前提，没有全面性就没有系统性，而系统性则是全面性的集中体现，没有系统性也无法展示和实现全面性。

在改革开放之初，以邓小平为代表的党中央就对改革开放做出了系统性安排，提出了解放思想、实事求是的思想路线，指明了中国是世界上最大的发展中国家，仍然处于社会主义初级阶段的基本国情。在此基础上我们党制定了以经济建设为中心，坚持四项基本原则，坚持改革开放的基本理论和基本路线。确立了以公有制为主体，多种经济并存的基本经济制度，以及以按劳分配为主体，多种分配方式并存的基本分配制度。坚持市场化改革的方向和加快对外开放的步伐，以及分两步走实现工农业总产值翻两番和到本世纪中叶实现社会主义现代化的战略目标。正因为有了全面和系统的战略安排，才使改革开放能够克服重重艰难险阻，有条不紊地向前发展，并取得举世瞩目的伟大成就。

中国特色社会主义进入新时代以后，以习近平同志为核心的党中央继承和发展了邓小平的基本理论和战略思想，提出了更全面和更系统的发展战略。其中包括新时代坚持和发展中国特色社会主义的总目标、总任务、总体布局、战略布局和发展方向、发展方式、发展动力、战略步骤、外部条件、政治保证等基本问题，并且根据新的实践对经济、政治、法治、科技、文化、教育、民生、民族、宗教、社会、生态文明、国家安全、国防和军队、"一国两制"和祖国统一、统一战线、外交、党的建设等方面做出了系统的决策和部署。习近平总书记在党的十九大报告中指出："吸收人类文明有益成果，构建系统完备、科学规范、运行有效的制度体系，充分发挥我国社会主义制度优越性。"②并做出了从2020年到本世纪中叶再分两步走的战略安排。

（三）辩证法与改革开放的协调性

辩证法要求的全面性、系统性又与协调性是紧密联系和不可分割的。协调性是解决全面性、系统性问题的助推器和润滑剂，因而是实现全面性、系统性的

---

① 习近平：《高举中国特色社会主义伟大旗帜 为全面建设社会主义现代化国家而团结奋斗——在中国共产党第二十次全国代表大会上的报告》，人民出版社2022年版，第20页。
② 习近平：《决胜全面建设小康社会 夺取新时代中国特色社会主义伟大胜利——在中国共产党第十九次全国代表大会上的报告》，人民出版社2017年版，第21页。

重要途径和必要手段。这里最重要的是要解决以下三个方面的协调问题：

一是国内不平衡不充分发展所产生的协调问题。一方面要解决好沿海开放程度较高、改革进度较快、经济较发达地区，与内地开放程度较低、改革进度较慢、经济较不发达地区之间的协调问题。这就要加大发达地区对落后地区的支持和扶持力度，通过先进帮后进，先富带后富的方式，加快地区间的协调发展和共同进步；另一方面要解决具有高科技支撑的新兴产业和技术与产能相对落后的传统产业之间的协调问题。要在积极支持高新技术产业加快发展的同时，促进高新技术向传统产业转移，通过技术改造和技术创新的方式，促进传统产业的转型升级，实现新老产业的相互促进，有机结合和协调发展。

二是国与国发展不平衡不充分所产生的协调问题。一方面，我们要通过加快"一带一路"建设，促进沿线国家相互支持和有效合作，实现国与国之间的平等互利和合作共赢。要通过国际贸易和国际投资等途径，加强国际的合作与交流，不断提高我国在国际事务中的发言权，提高我国在人类命运共同体建设中的地位和作用。另一方面，要以正确的态度和方式，应对美国霸凌主义挑起的贸易战。我们既要做到不主动挑起争端和激化矛盾，又要坚决维护国家主权和核心利益。在坚持和平共处与平等互利的基础上，不断提高我国在贸易争端中的应对能力和水平，努力减少贸易战可能带来的损失和破坏。

三是人类的快速发展与自然界承受能力下降所产生的协调问题。人类与自然如何和谐相处是一个值得研究的大问题。过去，资本主义在工业化过程中实行先污染后治理的发展路线，结果成本很高，效率很低。我国在改革开放过程中，也走过通过牺牲生态环境来加快经济发展的弯路，结果造成生态环境破坏严重，治理成本提高的不良后果。因此，在进入新时代和深化改革开放时，习近平总书记提出了"绿水青山就是金山银山"[①]的新理念，就是要在保护生态环境的前提下发展经济和增加财富，只有这样才能实现人与自然的和谐发展。

（四）辩证法与改革开放的持续性

所谓"持续性"，简单地讲就是事物的一个进步要为下一个进步创造条件和开辟道路，使事物的发展具有连续性和渐进性。对改革开放来讲，强调全面性、系统性、协调性，归根结底是为了实现经济社会发展的持续性，因此持续性就显得更加重要。

---

① 习近平：《谈治国理政》第 2 卷，外文出版社 2017 年版，第 209 页。

共同富裕的经济规律及其制度

从经济发展的持续性来讲,就是要转变传统的经济增长方式,由高速度发展向高质量发展转变。这里的关键是要"坚持质量第一、效率优先,以供给侧结构性改革为主线,推动经济发展质量变革、效率变革、动力变革,提高全要素生产率"①以实现我国经济的持续、稳定、健康发展。从政治制度的持续性来讲,就是要"坚持党的领导、人民当家作主、依法治国有机统一。党的领导是人民当家作主和依法治国的根本保证,人民当家作主是社会主义民主政治的本质特征,依法治国是党领导人民治理国家的基本方式"②,只有三者的协调统一,有机结合,才能促进民主政治的可持续发展。从文化发展的持续性来讲,核心就是要"牢牢掌握意识形态工作的领导权"③,实现文化上的继承性和创新性的高度统一。从生态文明的持续性来讲,最重要的就是要尊重自然、顺应自然、保护自然。要实现保护生态环境和经济建设的协调发展,就要求我们"坚持节约优先、保护优先、自然恢复为主的方针,形成节约资源和保护环境的空间格局、产业结构、生产方式、生活方式,还自然以宁静、和谐、美丽"④。

三、运用矛盾论深化改革开放

矛盾论是马克思主义哲学和方法论的思想精华和理论精髓,核心就是要正确认识和把握事物内部的对立统一关系,并按照客观规律要求促进事物发展。要全面深化改革开放和促进共同富裕,就要以习近平新时代中国特色社会主义思想和马克思主义矛盾论为指导,研究和解决当前一系列重大矛盾问题。

(一)不丢"老祖宗"和发展"老祖宗"

习近平总书记在党的二十大报告中指出:"必须坚持守正创新。"⑤这就要求我们既要坚持马克思主义的基本原理不动摇,又要紧跟时代步伐,顺应实践发展,不断创新和发展马克思主义。

首先,马克思、恩格斯创立了辩证唯物主义和历史唯物主义,并在此基础上

---

① 习近平:《决胜全面建设小康社会 夺取新时代中国特色社会主义伟大胜利——在中国共产党第十九次全国代表大会上的报告》,人民出版社 2017 年版,第 30 页。
② 习近平:《决胜全面建设小康社会 夺取新时代中国特色社会主义伟大胜利——在中国共产党第十九次全国代表大会上的报告》,人民出版社 2017 年版,第 36 页。
③ 习近平:《决胜全面建设小康社会 夺取新时代中国特色社会主义伟大胜利——在中国共产党第十九次全国代表大会上的报告》,人民出版社 2017 年版,第 41 页。
④ 习近平:《决胜全面建设小康社会 夺取新时代中国特色社会主义伟大胜利——在中国共产党第十九次全国代表大会上的报告》,人民出版社 2017 年版,第 50 页。
⑤ 习近平:《高举中国特色社会主义伟大旗帜 为全面建设社会主义现代化国家而团结奋斗——在中国共产党第二十次全国代表大会上的报告》,人民出版社 2022 年版,第 20 页。

创立了马克思主义政治经济学和科学社会主义的基本理论,这就为发展中国特色社会主义奠定了理论基础和提供了方法论来源。中国特色社会主义就是辩证唯物主义和历史唯物主义在中国科学运用的产物和结晶。

其次,列宁、斯大林在继承和发展马克思、恩格斯理论的基础上,成功完成了俄国的十月革命,建立起世界上第一个社会主义国家,使科学社会主义理论成为现实。苏联社会主义建设的成就和后来解体的悲剧,为中国特色社会主义的发展和完善提供了宝贵的经验教训。

再次,毛泽东把马克思主义的普遍真理与中国的具体实际相结合,取得了农村包围城市和建立新中国的伟大胜利,并且通过生产资料的社会主义改造和建立较为完整的工业化体系,为走上中国特色社会主义发展道路提供了政治前提、物质基础、理论准备。

最后,邓小平同样是坚持把马克思主义的普遍真理与中国的具体实际相结合,创立了中国特色社会主义。在党的十一届三中全会以后,纠正了极"左"路线和"文化大革命"给我们造成的损失和破坏,通过拨乱反正和改革开放,走出了一条具有中国特色的社会主义新路,并且取得了举世瞩目的伟大成就。

(二)坚持党的领导和尊重人民的首创精神

习近平总书记在党的二十大报告中指出,"坚持和加强党的全面领导"[①]和"坚持以人民为中心的发展思想"[②]。这就要深刻理解加强党的领导与以人民为中心的内在联系和相互关系。

第一,在改革开放中为什么要始终坚持加强党的领导?这是由改革开放的社会主义性质所决定的。首先,改革开放有一个方向道路问题。我们"既不走封闭僵化的老路,也不走改旗易帜的邪路"[③]。因此,只有加强党的领导,才能统一全党的思想,保证改革开放不偏离社会主义方向。其次,改革开放有一个攻坚克难的问题。习近平总书记指出,"发展不平衡不充分问题仍然突出"[④]。不仅国内新旧矛盾交织,而且国际环境复杂多变,因此只有加强党的领导,才能发挥举国体制的统筹效应,解决好改革开放中的复杂矛盾和深层次问题。最后,深

---

① 习近平:《高举中国特色社会主义伟大旗帜 为全面建设社会主义现代化国家而团结奋斗——在中国共产党第二十次全国代表大会上的报告》,人民出版社 2022 年版,第 26 页。
②③ 习近平:《高举中国特色社会主义伟大旗帜 为全面建设社会主义现代化国家而团结奋斗——在中国共产党第二十次全国代表大会上的报告》,人民出版社 2022 年版,第 27 页。
④ 习近平:《高举中国特色社会主义伟大旗帜 为全面建设社会主义现代化国家而团结奋斗——在中国共产党第二十次全国代表大会上的报告》,人民出版社 2022 年版,第 14 页。

化改革开放需要协调解决各种利益关系。习近平总书记指出,要"深入推进改革创新,坚定不移扩大开放,着力破解深层次体制机制障碍"①。因此,只有加强党的领导才能协调各方面的利益关系,突破利益固化的藩篱,不断把改革开放推向深入。

第二,在改革开放中为什么要强调尊重人民的首创精神?党的领导归根结底是要体现人民的意志和要求,实现立党为公、执政为民,"依靠人民创造历史伟业"②。因为只有人民才是历史的创造者,是推动社会进步的最根本动力,因而也是"决定党和国家前途命运的根本力量"③。在改革开放中,一切重大的历史性突破都是首先从基层开始的,都是我们党尊重人民首创精神的结果。如个体经营、土地承包、乡镇企业、对外贸易、引进外资等,无一不是由人民群众首创和率先突破,然后得到党和政府支持才全面推开的。因此,加强党的领导与尊重人民首创精神本质上是一致的。只有不断加强党的领导和提高党的执政能力,才能更好地尊重人民群众的首创精神;同样,只有充分尊重人民群众的首创精神,才能使党的领导作用更充分发挥出来。

第三,如何才能实现加强党的领导与尊重人民首创精神的有机结合?这就要克服和清除把党的领导与人民首创精神割裂开来和对立起来的错误思想和观念,充分认识和理解两者的内在联系和相互促进的积极作用,做好相应的各项工作。首先要加强党的自身建设。打铁必须自身硬,通过从严治党,提高党的执政能力和水平,更自觉地尊重和发挥人民群众的积极作用。其次要加强对人民群众的思想教育,提高人民参与改革开放的能力和水平,使人民群众热爱党和跟党走的积极性充分发挥出来。最后要形成民主协商制度,使加强党的领导和尊重人民的首创精神能够有机结合,成为制度和形成长效机制。

(三)坚持问题导向和目标导向相统一

习近平总书记在党的二十大报告中指出,"必须坚持问题导向"④。所谓"问题导向",就是要把实际问题作为突破口,通过解决典型问题来认识和掌握客观规律,从而推进和深化改革开放。首先,问题导向具有急迫性。问题常常是现实

---

① 习近平:《高举中国特色社会主义伟大旗帜 为全面建设社会主义现代化国家而团结奋斗——在中国共产党第二十次全国代表大会上的报告》,人民出版社2022年版,第27页。
②③ 习近平:《决胜全面建成小康社会 夺取新时代中国特色社会主义伟大胜利——在中国共产党第十九次全国代表大会上的报告》,人民出版社2017年版,第21页。
④ 习近平:《高举中国特色社会主义伟大旗帜 为全面建设社会主义现代化国家而团结奋斗——在中国共产党第二十次全国代表大会上的报告》,人民出版社2022年版,第20页。

矛盾的集中表现，因此只有紧紧抓住现实问题来谋划改革开放，才能取得显著成效。其次，问题导向具有典型性。解决实际问题实质是抓住典型解剖麻雀，可以发现具有普遍性的规律，为全面深化改革开放提供经验。最后，问题导向具有引领性。在改革开放中，我们遇到经济社会发展的突出矛盾和人民群众关切的热点问题。只有从这些问题出发进行谋篇布局，才能全面有效推进改革开放的不断深化。

所谓"目标导向"，就是按照事先制定的中长期目标来决定具体的方针和政策，推进改革开放的深入发展。首先，目标导向使前进方向更加明确。习近平总书记指出："全面深化改革的总目标是完善和发展中国特色社会主义制度，推进国家治理体系和治理能力现代化。"[①]这一总目标为全面深化改革开放指明了总方向。其次，目标导向使改革开放的全面性、系统性、协调性和持续性得到加强。目标导向有利于克服问题导向所带来的无序化，差异性和不协调所产生的新矛盾，有利于改革开放按照稳步推进的原则有序发展和不断深入。最后，目标导向具有突破重点和带动全局的功能，有利于充分发挥党中央集中统一领导和集中力量办大事的优越性，使改革开放和共同富裕的成效更加显著。

改革开放四十多年的实践经验表明，问题导向和目标导向并不是对立的，而是相互补充和相辅相成的，因而必须双管齐下。在改革开放初始阶段，由于我们缺乏实践经验，只能强调"摸着石头过河"，实质是注重问题导向。在改革开放深入阶段，我们已经取得了较多经验，开始强调战略部署和战略指导，实质是注重目标导向。在改革开放进入新时代，更要强调基层探索与顶层设计的互补作用，以实现问题导向与目标导向的高度统一和有机结合。

（四）坚持试点先行和全面推进相结合

在改革开放过程中，习近平总书记主张试点先行，在取得经验后再推广的做法。他在中央深改组第七次会议上指出："进行改革试点，对全面深化改革具有重要意义。"[②]在中央深改组第十三次会议上指出："试点是改革的重要任务，更是改革的重要方法。试点能否迈开步子、蹚出路子，直接关系改革成效。"[③]改革开放的实质是创新发展，要在新的历史条件下，走前人没有走过的道路，因此必

[①] 《十八大以来重要文献选编》（上），中央文献出版社2014年版，第512页。
[②] 《鼓励基层群众解放思想积极探索 推动改革顶层设计和基层探索互动》，《人民日报》2014年12月3日。
[③] 《树立改革全局观积极探索实践 发挥改革试点示范突破带动作用》，《人民日报》2015年6月6日。

须试点先行。矛盾论认为普遍性存在于特殊性之中,共性存在于个性之中。这里的试点就是以个别的、特殊的典型为代表,通过解剖麻雀和先行、先试,来发现普遍规律和找到科学方法,为全面推开创造条件、铺平道路。

全面推进是改革开放由特殊性向普遍性、个性向共性转化的过程,因此必须掌握转化的规律和制定相应的政策,使转化过程既要符合改革开放的总体目标,又要与各地区和各部门的具体情况紧密结合。这里的全面推开要抓好三个环节:一是明确责任主体。中央深改组第十九次会议指出:"要抓好部门和地方两个责任主体,把改革责任理解到位、落实到位,以责促行、以责问效。"[1]二是确定方法步骤。对于先行试点的经验也不能生搬硬套,而必须与本地区、本部门的特殊性相结合,制定出符合实际的方针政策和方法步骤。三是加强监督检查。中央深改组第五次会议指出:"要调配充实专门督察力量,开展对重大改革方案落实情况的督察,做到改革推进到哪里、督察就跟进到哪里。"[2]可见,以督察促落实是全面推进改革开放和实现共同富裕的重要方略和举措。

四、运用实践论深化改革开放

马克思主义哲学与其他哲学的本质区别之一,就是不仅要正确认识世界,而且要科学改造世界。由于认识世界和改造世界都离不开实践,因此实践在马克思主义哲学中具有特殊重要的地位和作用。在改革开放中,我们要深入探讨,实践是改革开放的动力源泉,是检验改革开放成功与否的标准,更是改革开放成果的集中体现等理论和实践问题。

(一)改革开放理论与实践的相互关系

在理论与实践的关系上,既要反对脱离实际的教条主义,又要反对脱离理论指导的经验主义。因此,马克思主义强调理论与实践的高度统一和紧密结合。在改革开放中,理论与实践的辩证关系集中表现在以下三个方面:首先,改革开放的理论来源于实践。没有改革开放的实践,就不会有改革开放的理论。邓小平关于改革开放的理论是在改革封闭僵化、高度集中的计划经济体制和纠正"文化大革命"错误的实践中产生和发展起来的。而习近平改革开放的理论是在中国特色社会主义进入新时代的实践中产生和发展起来的。因此,改革开放的实

---

[1] 《改革要向全面建成小康社会目标聚焦 扭住关键精准发力严明责任狠抓落实》,《人民日报》2015年12月10日。
[2] 《严把改革方案质量关督察关 确保改革改有所进改有所成》,《人民日报》2014年9月30日。

践是改革开放理论的唯一源泉。其次,改革开放的实践需要有正确理论指导。改革开放既不能走封闭僵化的老路,也不能走改旗易帜的邪路,因此只有以马列主义、毛泽东思想、邓小平理论为基础,以习近平新时代中国特色社会主义思想为指导,才能通过改革开放,走出一条中国式现代化和人民共同富裕的新路。最后,改革开放的理论创新和实践创新是相互促进的。在改革开放中,不仅要解决历史遗留下来的原有矛盾,而且要解决新的历史条件下出现的新矛盾。因此,改革开放的实践创新没有止境,同样改革开放的理论创新也没有止境,两者还要相互促进和相得益彰。

(二)实践是改革开放的动力源泉

实践不仅是改革开放的理论来源,而且是推动改革开放深化的强大动力。改革开放本身是创新发展,改革开放越深入,人们发现的社会矛盾和社会问题越深刻,就会对改革开放有更高的期盼和要求,就要使改革开放在更高层面上发展和创新。因此,实践是改革开放的直接动力和持久源泉。我国从计划经济向市场经济转变的过程,充分证明了实践对改革开放的推动作用。在改革开放初期,首先提出的改革方案是实行计划经济为主,市场调节为辅;然后在总结经验的基础上,提出了有计划商品经济的理论和政策;到了党的十四大时才明确提出建立社会主义市场经济体制;此后,先提出要使市场在资源配置中发挥基础性作用,最后在主客观条件成熟以后,才提出要使市场在资源配置中起决定性作用,这表明我国的市场化程度是在改革开放的实践中逐步提高的。从更高层面上看,改革开放的实践是推动中国特色社会主义发展的不竭源泉。以邓小平同志为核心的党中央通过拨乱反正的实践,解决了对社会主义本质的认识和确立党的基本路线的问题,形成了具有划时代意义的邓小平理论。以江泽民同志为核心的党中央通过深化改革开放的实践,解决了什么是社会主义、怎样建设社会主义的问题,形成了"三个代表"重要思想。以胡锦涛同志为核心的党中央通过建设小康社会的实践,解决了新形势下实现什么样的发展、怎样发展等问题,形成了科学发展观。以习近平同志为核心的党中央通过加快社会主义现代化建设的实践,深刻回答了新时代坚持和发展什么样的中国特色社会主义、怎样坚持和发展中国特色社会主义的问题,形成了习近平新时代中国特色社会主义思想。这一切充分证明了改革开放的实践是推动中国特色社会主义发展和实现共同富裕的根本动力。

(三)实践是检验改革开放成败的标准

改革开放成功与否应该如何判断?这里的检验标准不应是主观唯心的,而必须是客观唯物的,也就是说,改革开放的成败必须由实践来检验。邓小平发展了马克思关于实践是检验真理标准的理论,创造性地提出了判断改革开放正确与否的标准是"三个有利于",即"是否有利于发展社会主义社会的生产力、是否有利于增强社会主义国家的综合国力、是否有利于提高人民的生活水平"①。因此,有力地推动改革开放向着正确的方向前进。进入新时代以后,习近平总书记进一步提出:"把是否促进经济社会发展、是否给人民群众带来实实在在的获得感,作为改革成效的评价标准。"②从而把改革开放推向一个更高的发展阶段。可见,习近平"两个是否"与邓小平"三个有利于"的标准是一脉相承的,都是以生产力标准为出发点的,都是以人民生活水平和获得感的提高为基础的,充分体现了我国改革开放的理论创新和实践创新的一致性和延续性。

（四）实践是改革开放成果的集中体现

习近平总书记在庆祝改革开放40周年大会上的讲话,列举了我国改革开放取得的七大实践成果:第一,"从实行家庭联产承包、乡镇企业异军突起、取消农业税牧业税和特产税到农村承包地'三权'分置、打赢脱贫攻坚战、实施乡村振兴战略";第二,"从兴办深圳等经济特区、沿海沿边沿江沿线和内陆中心城市对外开放到加入世界贸易组织、共建'一带一路'、设立自由贸易区、谋划中国特色自由贸易港、成功举办首届中国国际进口博览会";第三,"从'引进来'到'走出去'";第四,"从搞好国营大中小企业、发展个体私营经济到深化国资国企改革、发展混合所有制经济";第五,"从单一公有制到公有制为主体、多种所有制经济共同发展和坚持'两个毫不动摇'";第六,"从传统的计划经济体制到前无古人的社会主义市场经济体制,再到使市场在资源配置中起决定性作用和更好发挥政府作用";第七,"从以经济体制改革为主到全面深化经济、政治、文化、社会、生态文明体制和党的建设制度改革,……一系列重大改革"。③这些成就充分说明改革开放是在实践中干出来的。因此,习近平总书记一再强调,"空谈误国,实干兴邦",要"撸起袖子加油干",要"一代接着一代干"。只要我们敢于实践和善于实践,就能不断取得改革开放和中国特色社会主义的新成就,顺利完成新时代赋予我们的历史使命和实现共同富裕的战略目标。

---

① 《邓小平文选》第3卷,人民出版社1993年版,第372页。
② 《理论》,中国共产党新闻网,2017年6月2日。
③ 习近平:《在庆祝改革开放40周年大会上的讲话》,人民出版社2018年版,第9～10页。

第四章

生产力是共同富裕的物质前提

生产力是生产关系的物质内容,生产关系是生产力的社会形式,生产力与生产关系的结合构成生产方式。在社会主义初级阶段,要实现共同富裕就必须大力发展社会生产力,不断增加物质财富和提高生活水平。现实表明,解放和发展生产力不仅是社会主义的根本任务,而且是共同富裕的物质前提和可靠保证。生产力是由人和物共同构成的,因而它具有社会属性和自然属性。因此,研究生产力的性质、作用和运行规律,以及加快发展新质生产力,成为推动经济发展和实现共同富裕的理论基础和现实需要。

第一节 生产力是一切物质财富的直接来源

就自然属性来讲,生产力是人与自然之间的物质变换关系,是人们改造自然取得生存资料、发展资料和享受资料的能力,因而生产力成为物质财富的直接来源,成为社会得以存在和发展的物质基础和前提条件。因此,深入研究生产力体系及其运动规律,对加快我国的现代化建设和提高人们的物质文化生活,实现中国特色的共同富裕具有决定性的理论意义和实践价值。

一、生产力体系及其运动规律

什么叫生产力?简单地讲生产力是人与自然之间的物质变换关系。哲学上把生产力定义为人们改造自然,创造物质财富和服务人类的能力。政治经济学进一步指出,生产力是人们生产使用价值和提高物质生活水平的能力。更仔细地分析,我们发现生产力是一个多层次的运动体系,由它的源泉、要素、结果和复归共同组成。① (1) 生产力的源泉。它可分成三个层次：首先是环境所提供的自然力，包括自然界的全部物质资源；其次是在环境中形成和发展起来的劳动力，即人的体力和智力，然后是人与环境进行物质交换时，逐步发现自然规律与社会规律所形成的科学技术力。(2) 生产力的要素。生产力的源泉进一步转化为生产力的要素。自然力物化为劳动资料和劳动对象，劳动力人化为劳动者，科学技术力则渗透到劳动资料、劳动对象和劳动者三者之中。(3) 生产力的结果。生产力三要素结合形成现实生产力，其结果表现为劳动生产率，可用单位劳动时间生产的使用价值量，或生产单位使用价值所消耗的劳动时间来表示。可见，提高生产力实质是要以较少的物化劳动和活劳动，来获得较多社会需要的产品，因而是提高经济效益的根本途径。(4) 生产力的复归。生产力在提供生产者所需的必要产品以后还会有剩余，这些剩余产品可转化为新生产力的源泉，是扩大再生产的必要条件，使生产力成为有规律和可循环的过程，构成社会经济运行的物质基础。

深入研究表明，生产力规律实质是节约劳动规律，包括在微观上节约单位产品的劳动时间，以及在宏观上节约产品的总劳动时间这两个方面。

第一，就微观上节约单位产品的劳动时间来说，生产力与单位产品的劳动时间成反比关系。因此，要降低单位产品的劳动时间，就要改进技术，加强管理，提高企业生产力。其中包括节约产品中的物化劳动(生产资料)和活劳动(劳动力)。如果用机器代替人力，那么产品中物化劳动就要增加，活劳动就会减少。只有当产品中增加的物化劳动小于减少的活劳动，使产品的总劳动减少时，才表明劳动生产力提高；否则，当产品中增加的物化劳动大于减少的活劳动，使产品的总劳动增加，则表明劳动生产力下降。因此，使用机器并不是在任何情况下都能提高劳动生产力。如果把流通也考虑进去，那么节约单位产品的劳动时间还包括节约流通时间，即购买生产资料和销售产品的劳动时间。不论是节约单位产品中的生产时间还是流通时间，科学技术都具有特别重要的作用。科学技术可以突破人的身体器官限制，特别是智能化的机器人能够部分取代人的功能，成千上万倍地提高工作效率。在大数据、云计算和智能化的新时代，人们通过改革机器设备、改进生产工艺、采用新能源和新材料以及优化劳动组合等，极大地提高了劳动生产率，因而使科学技术成为第一生产力。

第二，就宏观上节约产品的总劳动时间来说，它要求产品的生产量符合社会需

---

① 张薰华：《生产力与经济规律》，复旦大学出版社1989年版，第3~4页。

求量。如果某产品的生产量大于需求量,那么大于部分包含的劳动就会成为多余,由此造成的损失表明生产力下降和劳动时间浪费。节约产品总劳动时间的实质是要按比例分配社会劳动,以提高社会生产力。与社会经济发展有关的重大比例关系很多,如物质资料再生产与人口再生产的比例,物质和人口再生产与环境负载能力的比例,社会必要劳动与社会剩余劳动的比例,积累与消费的比例等。就物质资料的再生产来说,最基本的比例是生产资料生产和消费资料生产这两大部类的比例,而两大部类的比例又进一步表现为农、轻、重的比例,第一、第二、第三产业的比例,以及细分为部门内部的比例。如果社会再生产各部门以及它们内部的比例协调,就会有力地促进社会生产发展,大大提高总劳动生产力。相反,如果这些重大的比例失调,就会出现经济发展的大起大落,甚至导致严重经济危机。可见,生产力规律就是要从宏观和微观两个方面,节约劳动时间,促进生产力全面发展。

总之,微观节约单位产品的劳动时间,实质是纵向提高经济增长的速度,而宏观节约社会产品的总劳动时间,实质是横向促进经济按比例发展,因此生产力规律就是速度和比例两者有机结合的经济规律,它不仅是最抽象、最本质、最全面的经济规律,而且是价值规律和价值增殖规律等其他经济规律,得以产生和发挥作用的前提和基础。

二、生产力规律与价值形成规律

实践表明,生产力不可能孤立地存在,它必然要同一定的生产关系结合起来形成特殊的生产方式才能发挥现实作用。同样,生产力规律也必须同其他经济规律结合起来,才能实现自己的本质要求。价值形成规律简称价值规律,是市场经济的基本经济规律。由于市场经济是生产力发展到一定历史阶段的产物,因此价值规律与生产力规律有着不可分割的必然联系。价值规律要求的两种含义的社会必要劳动时间,正好从微观和宏观两个方面反映着生产力规律的要求,成为促进生产力发展的形式和动力,具体表现在以下两个方面:

第一,价值规律中涉及的第一种含义社会必要劳动时间,反映生产力规律提高微观生产力的要求。马克思在《资本论》中指出:"社会必要劳动时间是在现有的社会正常的生产条件下,在社会平均的劳动熟练程度和劳动强度下制造某种使用价值所需要的劳动时间。"[①]价值规律之所以能体现生产力规律的要求,这

---

① 《马克思恩格斯选集》第2卷,人民出版社2012年版,第99页。

是因为在市场经济中,商品价值是由第一种含义社会必要劳动时间决定的。如果商品生产者的个别劳动时间高于社会必要劳动时间,就意味着有一部分劳动是不必要劳动,在实现商品价值时就会出现亏损;相反,如果商品生产者的个别劳动时间低于社会必要劳动时间,就意味着有一部分没有支出的劳动也会得到社会承认,在实现商品价值时会增加盈利。商品生产者为了避免亏损和增加盈利,就要努力改进技术,加强管理,提高个别生产力。随着社会生产力普遍提高,生产商品的社会必要劳动时间就会缩短,从而商品价值就会下降。因而,生产力规律所体现的生产力与单位产品的劳动时间成反比例变化的必然性,现在表现为生产力与单位商品价值成反比例变化的必然性。价值规律通过内在的利益机制和外在的竞争机制,促使商品生产者提高劳动生产率,实现了微观生产力的要求。

第二,价值规律中涉及的第二种含义社会必要劳动时间,反映提高宏观生产力的要求。这是因为在市场经济中,第二种含义社会必要劳动时间代表社会需要每一种商品总量所包含的劳动时间。当社会生产的商品少于社会需要造成供不应求时,价值规律就会通过价格高于价值的运动,促使生产者增加生产、消费者减少消费;相反,当社会生产的商品多于社会需要造成供过于求时,价值规律就会通过价格低于价值的运动,促使生产者减少生产、消费者增加消费。结果,价值规律好像一只"无形的手",自发地调节着生产资料和劳动力在各生产部门的分配比例,使每一种商品的生产量趋向社会的需要量,使社会总劳动按比例分配。价值规律再次通过内在利益机制和外在竞争机制,促使商品生产者只按第二种含义社会必要劳动时间生产商品,从而实现了宏观生产力的要求。

可见,在市场经济中,生产力规律的要求通过价值规律、价格波动和竞争机制的作用,在微观和宏观两个方面都得到了贯彻。

三、生产力规律与价值增殖规律

随着社会生产力发展,当个体劳动的小生产逐步被社会化大生产所代替,个体劳动者的私有制为资本主义的私有制所代替;当劳动力开始成为商品,劳动力的使用创造的价值,大于劳动力自身价值而带来剩余价值的时候,价值规律就转化为资本价值增殖规律。价值规律促进生产力发展的作用,就由资本价值增殖规律来实现。资本价值增殖规律对生产力发展的促进作用表现在两个方面:第一,资本家通过追求超额剩余价值,促进企业生产力提高。超额剩余价值来源于商品个别价值与社会价值的差额。当个别资本家率先改进技术,提高个别生产力,使其商品个别价值低于社会价值时,该资本家通过商品销售就可获得超额剩余价值。因此,资本价值增殖规律即剩余价值规律,恰好体现了生产力规律提高微观生产力的要求。第二,资本家获得的相对剩余价值,是全社会劳动生产力普遍提高的必然结果。无数资本家在追逐超额剩余价值过程中,促使社会生产力普遍提高,从而降低了必要生活资料价值和劳动力价值,缩短了工作日中的必要劳动时间,相对延长了剩余劳动时间,使整个资产阶级都获得相对剩余价值。因此,相对剩余价值的实现过程,恰好体现了生产力规律提高宏观生产力的要求。可见,价值规律促进生产力发展的两方面作用,完全由资本价值增殖规律所代替,并且在社会化大生产基础上,使生产力规律的要求得到更充分实现。社会主义代替资本主义,第一不会取消社会化大生产,第二在一定历史时期内还要大力发展市场经济。因此,只要撇开资本主义生产关系的特殊性,价值规律、价值增殖规律对生产力的促进作用,在社会主义市场经济中是同样存在和发挥作用的。由于社会主义生产关系与市场经济本质要求的一致性,价值规律、价值增殖规律更能反映生产力规律的要求,从微观和宏观两个方面促进社会生产力发展。

虽然价值规律、价值增殖规律与生产力规律的本质要求是一致的,但是价值规律、价值增殖规律的实现形式与生产力发展还是有矛盾的。由于市场竞争的作用,价值规律、价值增殖规律的实现,常常要以部分生产力的损失或破坏为代价,局部出现的企业倒闭和工人失业甚至全局性的经济危机和金融危机就是明证。因此,只有深刻认识生产力规律与价值规律、价值增殖规律的内在联系及其外在矛盾,才能自觉运用价值规律、价值增殖规律,实现生产力规律的客观要求。在社会化大生产和市场经济条件下,加快社会主义现代化建设和提高人民的物质文化生活水平,不断促进中国特色共同富裕的实现。

第二节 生产力是推动社会发展的根本动力

如前所说,生产力具有两重性:从它的自然属性来讲,生产力是一切物质财富的直接来源;从它的社会属性来讲,生产力又是推动一切社会发展和变革的根本动力。在社会基本矛盾中,生产力是物质内容,生产关系是社会形式,内容决定形式,形式反作用内容,因此两者紧密联系,相互作用,是不可分割的。要正确认识生产关系,首先要深刻认识生产力的社会属性,它是社会发展和变迁中最革命、最活跃的因素。由于社会主义的根本任务是解放和发展生产力,因此全面揭示生产力的社会属性,大力发展社会主义市场经济,对于从根本上改变我国经济落后状况,完成社会主义初级阶段历史使命,促进共同富裕具有极为重要的历史意义和现实作用。

为什么说社会主义的根本任务是发展生产力？这是由生产力本身的性质、要求和作用所决定的。发展生产力包括解放生产力和提高生产力两个方面,社会主义不仅是解放生产力的产物,而且只有通过提高生产力,社会主义才能得到巩固并向更高社会过渡。因此,发展生产力对建立和完善社会主义制度,建成强大的现代化国家和实现全民共同富裕,始终具有决定性的作用和意义。

第一,生产力是社会发展的最终动力和根本原因。人类社会有无自身发展规律？马克思经过长期科学研究得出如下结论:"人们在自己生活的社会生产中发生一定的、必然的、不以他们的意志为转移的关系,即同他们的物质生产力的一定发展阶段相适合的生产关系。这些关系的总和构成社会的经济结构,即有法律的和政治的上层建筑竖立其上并有一定的社会意识形态与之相适应的现实基础。物质生活的生产方式制约着整个社会生活、政治生活和精神生活的过程。……社会的物质生产力发展到一定阶段,便同它们一直在其中活动的现有生产关系或财产关系(这只是生产关系的法律用语)发生矛盾,于是这些关系便由生产力的发展形式变成生产力的桎梏。那时社会革命的时代就到来了。随着经济基础的变更,全部庞大的上层建筑也或慢或快地发生变革。……无论哪一个社会形态,在它所能容纳的全部生产力发挥出来以前是决不会灭亡的;而新的更高的生产关系,在它的物质存在条件在旧社会的胎胞里成熟以前是决不会出现的。"[1]这一段话说明了人类社会发展的最一般规律和根本动因,它是马克思历史唯物主义成熟的标志。列宁坚持了这一历史唯物主义结论,指出:"只有把社会关系归结于生产关系,把生产关系归结于生产力的水平,才能有可靠的根据把社会形态的发展看作自然历史过程。"[2]因此,只有掌握历史唯物主义的无产阶级及其政党,才会从社会发展的客观规律出发,把发展生产力作为自己的

---

[1] 《马克思恩格斯选集》第 2 卷,人民出版社 2012 年版,第 2～3 页。
[2] 《列宁选集》第 1 卷,人民出版社 2012 年版,第 8～9 页。

根本任务,自觉推动社会前进。

第二,解放生产力是社会主义革命的根本目的。历史上,资本主义不仅是生产力发展的产物,而且是生产力发展的动力。在资本主义社会,一方面,生产的社会化程度不断提高,创造出比以往任何时代更高的生产力;另一方面,生产力始终被限制在生产资料私有制的限度之内。这就必然形成社会化生产力与私有制生产关系的尖锐矛盾,导致经济危机和社会主义革命。因此,社会主义革命的根本目的,是把社会化生产力从私有制生产关系的束缚下解放出来,为其能在公有制生产关系中得到更大发展开辟道路。有人认为,社会主义革命应在生产力高度发达的资本主义国家首先胜利,而在生产力不发达的资本主义国家,特别是在半殖民地半封建国家进行社会主义革命,是违背马克思主义关于生产力决定生产关系的基本原理的。其实,他们是用机械唯物主义来代替辩证唯物主义,没有把社会发展的必然性与现实性区分开来。虽然发达资本主义国家已存在用社会主义代替资本主义的必然性,但是还不具备这一变革的现实性。这是因为:一方面,生产力的高度发展,迫使发达资本主义国家局部调整生产关系,提高对生产力的容纳程度;另一方面,发达资本主义国家有可能拿出一部分高额利润来收买工人贵族,改善劳动者的生产和生活条件,起到缓和阶级矛盾和延缓社会主义革命的作用。相反,由于帝国主义时代内治经济发展不平衡规律的作用,首先为落后的资本主义国家,包括半殖民地半封建国家,提供了社会主义革命的现实可能性。出现了统治者无法"照旧统治下去",被统治者无法"照旧生活下去"的状况,因而社会主义革命能在资本主义统治的薄弱环节首先开始,并取得成功。正是出于这一特殊原因,生产力落后的国家在社会主义革命成功之后,更要把发展生产力作为自己的根本任务,在无产阶级领导下补上生产力不发达这一课,为实现人民的共同富裕提供物质前提。

第三,提高生产力是巩固和完善社会主义制度的根本保证。根据历史唯物主义观点,资本主义社会"在它们所能容纳的全部生产力发挥出来之前,是决不会灭亡的";同样道理,社会主义在它所能创造的全部生产力超过资本主义之前是不会真正巩固的。因此列宁一再强调,社会主义就是要创造出"较资本主义更高的劳动生产率","劳动生产率,归根结底是使新社会制度取得胜利的最重要最主要的东西"[①]。理论上的社会主义有一个从空想到科学的转变过程,实践中的

[①] 《列宁选集》第 4 卷,人民出版社 2012 年版,第 16~17 页。

社会主义也有一个从幼稚到成熟的转变过程。如果说社会主义从空想到科学的转折点是认识了资本主义制度的本质,从而找到了改变资本主义的正确道路和社会阶级力量,那么社会主义从幼稚到成熟的转折点就是认识到提高生产力对巩固社会主义制度的决定性作用,从而找到在共产党领导下提高生产力的正确途径和方法。我国社会主义发展和苏联社会主义解体,从正反两方面证明了这一点。苏联社会主义解体的原因固然很多,但是在经济上的原因仍然是生产力发展比例失调,包括军事工业在内的重工业太重,而满足生活需要的农业和轻工业太轻,必然导致经济困难和社会动荡。

这方面,我国社会主义也经历了曲折过程。1956年生产资料的社会主义改造完成以后,我们犯过两大错误:一是阶级斗争扩大化。把过渡时期的阶级矛盾夸大为整个社会主义历史时期的主要矛盾,实行以阶级斗争为纲,扩大了打击面,挫伤了许多人的社会主义积极性,阻碍了生产力发展。二是盲目提高公有化程度,搞"穷过渡"。把马克思、恩格斯设想的,在生产力高度发达的基础上才能实现的单一公有制,拿到生产力还很低的现阶段来推行,违背了生产关系一定要适合生产力的规律,结果欲速则不达,反而使生产力遭到破坏。这两大错误的共同原因,都是没有认识到提高生产力对巩固和完善社会主义制度的决定作用,因而没有把提高生产力作为社会主义的根本任务来抓。党的十一届三中全会以后,经过拨乱反正,纠正了这两大错误,把党的工作重心转移到现代化经济建设上来,经过改革开放,有力地促进了生产力提高和社会主义制度巩固。习近平总书记在党的二十大报告中指出:"发展是党执政兴国的第一要务。没有坚实的物质技术基础,就不可能全面建成社会主义现代化强国。"[①]这段话也就是强调了发展生产力对巩固社会主义制度的决定性作用。只有社会主义制度的发展和完善,才能为全民的共同富裕提供可靠的制度保证。

可见,正确认识生产力的社会属性,深刻理解生产力对社会变革和发展的决定性作用至关重要。社会主义革命的根本任务是解放生产力,社会主义建设的根本任务是发展生产力。因此,只有不断解放和发展生产力,不断增强我国的综合国力和提高人民的生活水平,才能使社会主义建立在巩固的物质基础上,不断提高全民共同富裕的程度,充分显示社会主义制度的生命力和优越性。

[①] 习近平:《高举中国特色社会主义伟大旗帜 为全面建设社会主义现代化国家而团结奋斗——在中国共产党第二十次全国代表大会上的报告》,人民出版社2022年版,第28页。

第三节　科学技术是第一生产力

马克思在 150 年前就指出:"生产力中也包括科学"[①]"劳动的社会生产力……包括科学的力量"[②]。"科学在工艺上的应用形成技术力,技术是科学转化为直接生产力的中介。具体来说,科学通过教育和培训提高生产力主体要素(劳动力)的素质;又物化到机器设备和指定性能的原材料之中,使生产力客体要素(生产资料)成为具有科学'灵魂'的物,从而使生产力发生乘数效应。"[③]因此,重视科学研究和技术开发,对促进生产力发展具有决定性意义。

一、科学技术是生产力的首要源泉

科学技术在生产力中的地位提高有一个历史过程。在原始社会,生产力十分低下,人类直接利用自然物维持生存,还没有科学技术。进入阶级社会,由于生产力提高和剩余产品增加,因此一部分人专门从事脑力劳动才产生科学技术。直到资本主义社会,才使科学技术与社会化大生产紧密结合起来。如马克思所说,"只有资本主义生产方式才第一次使自然科学为直接生产过程服务"[④],从此科学技术成为生产过程的独立因素,成为生产财富的手段。

首先,科学技术是生产力的第一要素。生产力的发展是所有要素共同作用的结果,而科学技术作为第一要素渗透到其他要素之中,它的变化必然引发其他要素的变化,从而推动生产力水平的提高。当劳动者、劳动工具、劳动对象的科技含量普遍提高时,生产力就会发生质的飞跃,因此科学技术制约着整个生产力的发展。例如,在当代农业生产中,从品种的优化到土壤的改良,从化肥、农药的发明到农业机械、栽培技术的运用,处处体现着生物学、化学、物理学等科学技术对提高生产力的主导作用。

其次,科学技术已成为生产力发展的突破口或增长点。不同时代,生产力的发展有不同的突破口或增长点。在近代,蒸汽机的广泛使用直接推动了交通运

[①] 《马克思恩格斯选集》第 2 卷,人民出版社 2012 年版,第 777 页。
[②] 《马克思恩格斯选集》第 2 卷,人民出版社 2012 年版,第 792 页。
[③] 张薰华:《科学与生产力》,《解放日报》1991 年 9 月 11 日。
[④] 马克思:《机器、自然力和科学的应用》,人民出版社 1978 年版,第 206 页。

输业、纺织业、冶炼业的变革,以蒸汽为动力的工具机成为生产力发展的突破口或增长点。随着知识和信息成为新的经济资源,信息技术的发展不仅形成一个新的产业——信息产业,而且互联网、云计算、数字经济等成为带动传统产业升级换代的突破口或新的经济增长点。

最后,当代科学技术决定着生产力发展的方向、速度和规模。如果说在蒸汽机时代,科学技术对生产力发展产生的是"加数效应",电器化时代是"乘数效应",那么在信息时代就是"幂数效应"。由科技革命导致生产力的飞速发展,简直令人难以想象。据统计,在发达国家,科学技术对经济的贡献率,20世纪初只有5%~20%,20世纪中叶上升到50%。当代其贡献率一般为60%~80%,明显超过资本和劳动的贡献率。而在我国,传统产业的技术水平低下,高科技产业发展缓慢,科学技术对经济增长的贡献率只有50%~60%,使我国经济长期处于资源高消耗的状态。

当人类跨入21世纪的时候,科学技术作为第一生产力的重要地位更加突出,在未来日趋激烈的国际竞争中,谁能抢占高新技术的制高点,谁就能赢得主动权。实践表明,现成自然物的利用和劳动者直接经验的运用,对生产力的促进作用总是有限的,只有科学技术对生产力的促进作用才是无限的。正如马克思所说:"随着大工业的发展,现实财富的创造较少地取决于劳动时间和已消耗的劳动量,较多地取决于在劳动时间内所运用的动因的力量,而这种动因自身——它们的巨大效率——又……取决于一般的科学水平和技术进步,或者说取决于科学在生产上的应用。"[①]科学技术不仅能提高人的劳动技能,优化劳动组合,而且能用自然力代替人的体力和部分脑力,从而大大提高劳动生产力。科学技术越发展,对生产力的乘数效应和加速作用就越大。这是发达国家与落后国家生产力水平相距悬殊的根源。因而同生产力的其他源泉相比,科学技术取得了第一生产力的地位,成为生产力的首要源泉。特别是当今世界,科学技术飞速发展并迅速转化为现实生产力,科学技术也就愈益成为现代生产力中最主要的或者说第一位的"动因力量"。

我国要在本世纪中叶赶上和超过中等发达国家,最重要的是要充分发挥科学技术这个第一生产力的作用,切实把经济建设转移到依靠科技进步和提高劳动者素质的轨道上来;否则,我们就不可能在现有的耕地上生产出足够的粮食和

---

① 《马克思恩格斯全集》第31卷,人民出版社1998年版,第100页。

其他农产品,也不可能改变工业部门技术老化、设备陈旧、工艺粗糙、管理落后而造成的产品质量差、消耗高、效益低的状况;也就不可能使国民经济登上新台阶和取得高效益。走以科技进步为依托的内涵扩大再生产的道路,努力提高科技在经济增长中的地位和作用,促使生产经营由粗放型向集约型转变,是加快我国经济发展和实现共同富裕的根本途径。

二、实现科技与经济的一体化发展

"科学技术是第一生产力",揭示了科学技术对生产力发展的首要变革作用,但并不是有了科学技术,经济就会自然而然地得到发展。只有当科技与经济有机结合,使科技转化为现实生产力,才会使国民经济高质量发展和高速度增长。

科学技术从"间接生产力"到"直接生产力",再到"第一生产力",说明科技对生产力的作用在不断提高和深化。这是一个值得研究的重大理论问题,它揭示了现代社会发生巨大变化的根本原因。作为工人阶级的政党,一定要跟上时代的步伐,不但要认识生产力的关键作用,而且要把握当代的先进生产力。在马克思的时代,先进的生产力反映在传统的产业如钢铁、建筑、铁路等方面,而在今天,先进的生产力是以信息技术、生物工程、新材料和新能源为基础的高新技术产业。因此,现在关注发展生产力,不只是一般的生产力,而是要特别关注作为第一生产力的科学技术。

从生产力发展的需要看,科技与经济应该紧密联系。但是,长期以来由于科技工作与经济工作的必要分工,竟演变成科技与经济相互脱节的僵化管理体制。一方面,科学技术研究被禁锢在实验室里,许多对经济建设有用的成果被束之高阁;另一方面,渴望科学技术的企业和广大农村却只能望洋兴叹、束手无策。要解决科技与经济脱节的问题,根本出路在于科技体制与经济体制的配套改革。正如邓小平所说:"经济体制、科技体制,这两方面的改革都是为了解放生产力。新的经济体制,应该是有利于科技进步的体制。新的科技体制,应该是有利于经济发展的体制。双管齐下,长期存在的科技与经济脱节的问题,有可能得到比较好的解决。"[①]随着经济与科技体制改革的同步推进,大大促进了科技与经济的结合,对国民经济的发展起到极大的推动作用。据有关部门统计,全国科技成果推广应用率,已由改革前的 20%～30% 提高到目前的 50%～60%,显示出科技

[①] 《邓小平文选》第 3 卷,人民出版社 1994 年版,第 108 页。

进步在经济增长中的巨大作用。当然，科技与经济一体化的问题还没有根本解决，一种有利于经济发展和科技进步的新机制还没有真正形成。因此，树立"科学技术是第一生产力"的思想，在市场经济中建立起科技与经济有机结合的体制和机制，仍然是摆在我们面前的紧迫任务。

三、努力提高和加快发展新质生产力

2023年9月7日，习近平总书记在黑龙江考察调研时强调，要积极培育新能源、新材料、先进制造、电子信息等战略性新兴产业，积极培育未来产业，加快形成新质生产力，增强发展新动能。形成新质生产力是新时代对经济发展提出的更高要求，为中国式现代化建设指明了前进方向。这里，新质生产力与传统生产力已有质的区别，体现了生产力发展的飞跃和升迁，发生这一变化的根源在于科技创新。与传统生产力不同，涉及领域新、技术含量高，依靠创新驱动是其中的关键。新质生产力与新兴产业、未来产业密切关联，在数字经济时代更具融合性和普惠性。由于新时代的创新驱动战略，科学技术在生产力中的地位和作用得以进一步提升和拓展，并且深刻地改变了传统生产力中主要依靠资源投入、消耗能源和原材料的粗放型发展方式，形成了具有更高质量、更大融合性和新内涵的生产力。近年来，我国经济面临复杂的内外部环境，无论是当前提振信心、推动经济回升，还是在未来发展和国际竞争中赢得战略主动，根基同样在实体经济，关键在科技创新，方向是产业升级。加快形成新质生产力，将有效释放我国从高速增长阶段迈入高质量发展阶段的驱动力，具体表现在以下几个方面：

第一，科技含量更高。形成和发展新质生产力是新型工业化的必然要求和内在动力。所谓"新型工业化"，就是要坚持以数字化带动工业化，是科技含量高、经济效益好、资源消耗低、环境污染少、人力资源优势得到充分发挥的工业化。因此，工业化与数字化的融合是新型工业化的集中体现，是新发展阶段制造业数字化、网络化、智能化的必由之路，也是数字经济时代建设制造强国、网络强国和数字中国的契合点。在新型工业化的浪潮中，通过运用人工智能、云计算、区块链等技术，为工业的数字化、智能化提供创新产品和服务。智能制造整合了物联网、云计算、大数据等新一代信息技术，由集中式控制转向分散式增强型控制，并通过物联网与互联网的融合，实现智能化、社会化生产的新形态。

第二，创新驱动更强。要形成和发展新质生产力，关键就在于科技创新。2022年，我国全社会研究与发展经费总量首次突破3万亿元，占国内生产总值的比重达到 2.55%,成功进入创新国家行列。[1]但是创新无止境,面向前沿领域要早布局、早谋划,夯实人才培育、基础研究、成果转化这几个关键环节,以科技创新推动产业创新,以产业升级构筑新的竞争优势,更好地抢占制高点和赢得发展主动权。要不断完善创新体系建设,对各类创新主体进行整合优化,集中跨学科、跨领域、跨机构、跨部门的优势力量,建设一批能支撑高水平创新的基础设施和科技平台,促进要素融合,实现资源共享,提升创新效率。

第三,产业结构更优。产业是经济之本,优化产业结构是生产力变革的根本要求和具体表现。以新质生产力为动力,全面推动经济的高质量发展,关键在于培育和形成新的产业体系。当前,我国科技支撑产业发展的能力不断增强,为发展新兴产业和未来产业奠定了良好基础。大力支持电子信息、高端装备、新能源、智能汽车、新材料、节能环保等战略性新兴产业快速发展,超前谋划类脑智能、量子信息、基因技术、未来网络、"深海空天"开发、氢能与储能等未来产业的发展布局。大力建设现代化产业体系,在补齐短板弱项,加强长板强项的同时,着力抢占未来产业竞争的制高点,为高质量发展不断开辟新领域和新赛道,持续塑造新动能和新优势。

第四,人才队伍更强大。要站在更高起点实施科教兴国和人才强国战略。教育和人才是推动科技创新、促进生产力跃迁的基础支撑。要针对未来产业、战略性新兴产业的发展趋势,探索多元化人才培养模式,并利用数字化、智能化手段,建设全民终身学习的教育大国和学习强国,为新质生产力提供强有力的人才支撑。同时,要不断加强完善创新体系建设,对各类创新主体进行整合优化,集中跨学科、跨领域、跨机构、跨部门的优势力量,建设一批能够支撑高水平创新的基础设施和协同创新平台,促进要素融合,实现资源共享,提升创新效率。此外,还要加大知识产权保护力度,从保护鼓励创新的角度规划与新质生产力发展相适应的知识产权战略,在全社会营造尊重创新、保护创新的良好氛围。

第四节 物质生产力、精神生产力、人才生产力

从狭义上讲,生产力是人们改造自然,生产使用价值即物质财富的能力,但

---

[1] 《经济日报》,中国经济网,2023 年 2 月 25 日。

它有更广的含义。如果把人类精神财富的生产能力称为精神生产力,那么对人类智能的培养力则可称为人才生产力。因此,我们不仅要提高物质生产力,更要提高精神生产力和人才生产力。只有从广义上理解生产力,才能深刻认识物质生产力、精神生产力和人才生产力的有机联系和相互作用,以促进人的全面发展和实现全民的共同富裕。

一、物质生产力是基础

物质生产是人类存在和发展的基础,物质生产力决定和制约精神生产力和人才生产力。因此,研究物质生产力发展规律是揭示精神生产力和人才生产力发展规律的前提,这里有三个问题需要解决。

第一,物质生产与物质生产力的相互关系。人们常从现象出发,以为生产增加就是生产力提高,其实不然,甚至相反。因为生产与生产力既有联系又有区别。生产是生产力的实现过程,生产力是生产发展的效益体现,从联系上讲,两者互为前提,不可分离。但它们又有区别,生产同样的产品,不同生产者的能力会有差别,生产资料不同,差别会更大。判断生产增减的依据是产品的绝对量,它反映生产的规模和速度;判断生产力高低的依据,是产品与劳动消耗的相对量,它反映生产的效率和效益。如果生产规模扩大和速度提高,伴随着产品质量下降,则劳动消耗超常增加,资源大量浪费,生态遭受破坏。那么这种生产增加的同时会使生产力下降,这是造成生产与生产力对立运动的根源。因此,发展生产必须以提高生产力为核心,这就是我国经济要从高速度向高质量转变的根本原因。

第二,科学技术是第一生产力。物质生产力的源泉包括自然力、人力和科学技术力,它们进一步转化为生产力的要素。自然力物化为劳动资料和劳动对象,人力人化为劳动者,科学技术力则渗透到劳动资料、劳动对象和劳动者之中。科学技术在生产力中地位的提高有一个历史过程。"只有资本主义生产方式才第一次使自然科学为直接的生产过程服务"[1],成为生产财富的手段。实践表明,现成自然物的利用和劳动者直接经验的运用,对生产力的促进作用总是有限的,只有科学技术对生产力的促进作用才是无限的,它使生产力发展具有乘数效应和加速作用,这是发达国家与落后国家生产力水平相距悬殊的根源。特别是互联网、大数据、云计算、人工智能等的开发和运用,使科学技术第一生产力的作用

---

[1] 马克思:《机器、自然力和科学的应用》,人民出版社1978年版,第206页。

充分显现出来,成为生产力发展的首要源泉和关键动力,这就是我们要在新时代加快科技发展和实行创新驱动战略的出发点和根本原因。

第三,市场经济是物质生产力发展的动力和形式。在产品的品种、质量和数量符合社会需要的前提下,提高生产力集中表现为降低劳动消耗。因此,马克思指出,"真正的经济——节约——在于节约劳动时间"①,并用公式表示为:"节约劳动时间＝发展生产力。"②在市场经济中,价值规律涉及的两种含义社会必要劳动时间,恰恰反映了节约劳动时间和提高生产力的必然要求。在微观上,第一种含义社会必要劳动时间决定单位商品的价值量,它促使商品生产者运用科学,改进技术,加强管理,节约生产单位商品的劳动时间,提高个别生产力;在宏观上,第二种含义社会必要劳动时间决定能实现的商品总量的价值量,它促使商品生产者按社会需要生产,使社会劳动能够按比例分配,从而节约生产每一种商品的总劳动时间,以提高社会生产力。因此,市场经济从宏观和微观两个方面,全面促进了生产力提高和经济建设发展,有效实现了供需平衡和富裕程度提高,这就是发展社会主义市场经济的内在原因和客观依据。

二、精神生产力是主导

我们把知识分子从事科技研发的脑力劳动也看作一种生产,其产品就是人类的精神财富,即思想、文化、科技等的创新成果。物质生产主要是重复性劳动,而精神生产主要是创造性劳动,有其特殊规律。因此提高精神生产力本身就是一门科学,特别是我们这样一个发展中国家,如何发挥精神生产力的主导作用更具现实意义,这里需要解决三个问题。

第一,物质生产与精神生产的相互关系。一方面,物质生产决定并制约精神生产。主要表现在:(1)物质生产提供的剩余产品是精神生产的物质基础和前提条件。如果没有足够的剩余产品,就不能保证精神生产者生存和队伍扩大,精神生产就无法进行。(2)物质生产是推动精神生产发展的直接动力。正如恩格斯所说:"经济上的需要曾经是,而且越来越是对自然界的认识不断进展的主要动力。"③"社会一旦有技术上的需要,这种需要就会比十所大学更能把科学推向前进。"④(3)一方面,物质生产的发展不仅为科学研究提供实际资料,还为科学

---

①② 马克思:《政治经济学批判大纲(草稿)》第 35 册,人民出版社 1975 年版,第 364 页。
③ 《马克思恩格斯选集》第 4 卷,人民出版社 2012 年版,第 612 页。
④ 《马克思恩格斯选集》第 4 卷,人民出版社 2012 年版,第 648 页。

研究提供日益先进的技术手段,使"精神生产随着物质生产的改造而改造"[①];另一方面,精神生产又会促进物质生产发展,对物质生产具有强大的反作用。主要表现在:一是社会科学具有推动社会前进的能动作用,为物质生产发展创造有益的社会环境。二是自然科学是工艺改革、技术进步和开发新能源、新材料的源泉,是提高物质生产力的最有力杠杆。三是随着新科技革命的兴起,科学知识所蕴含的信息无疑是一种精神产品,它为开拓物质生产的新领域指示方向,成为提高物质生产力的主导力量。可见,物质生产和精神生产是相互促进、相互渗透、相辅相成的。物质生产是基础,精神生产是主导,为加速提高物质生产力,更须重视精神生产力的能动作用。

第二,知识分子是精神生产力的主体。知识分子是脑力劳动者,是科学技术的创造者和新生产力的开拓者。因此,要提高精神生产力,首先要尊重知识、尊重人才,发挥知识分子的积极性。毛泽东早在领导中国革命时,就一再强调知识和知识分子的重要作用。他说:"没有文化的军队是愚蠢的军队,而愚蠢的军队是不能战胜敌人的。"[②]并且在为中共中央写的《大量吸收知识分子》的决议中指出:"没有知识分子的参加,革命的胜利是不可能的。"[③]在社会主义建设时期,毛泽东进一步提出:"我国的艰巨的社会主义建设事业,需要尽可能多的知识分子为它服务。"[④]"没有知识分子,我们的事情就不能做好,所以我们要好好地团结他们。"[⑤]可是,新中国成立以后在对待知识和知识分子方面,我们走了不少弯路。党的十一届三中全会以来,经过拨乱反正,克服了"左"倾错误,使党的有关知识分子的政策得到贯彻。但是在分配方面,科学家、工程师、管理者和教师的收入不如各种明星的现象仍然十分普遍,直接影响了科技和教育事业的发展。

第三,价值规律是提高精神生产力的社会动力。调动知识分子的积极性,提高精神生产力,一方面要靠党和国家的方针、政策,以及强有力的政治思想工作;另一方面也要靠经济规律和经济杠杆。这里首先碰到的问题是:从事精神生产的脑力劳动是否也是价值的源泉?这里有两种情况:一种是与物质生产直接联系的精神生产,如研制新工艺和新技术。它们作为物质生产中整体劳动的一部分,无疑是形成价值的实体,而且是复杂劳动,其创造的价值等于多倍的简单劳

---

① 《马克思恩格斯选集》第1卷,人民出版社2012年版,第420页。
② 《毛泽东选集》第3卷,人民出版社1991年版,第1011页。
③ 《毛泽东选集》第2卷,人民出版社1991年版,第618页。
④ 《毛泽东文集》第7卷,人民出版社1999年版,第225页。
⑤ 《毛泽东文集》第7卷,人民出版社1999年版,第270页。

动,应支付较高的劳动报酬。另一种是与物质生产没有直接联系的精神生产,如自然科学和社会科学的基础理论研究等。它们的劳动虽然不直接创造价值,但也是复杂劳动,应比照生产性复杂劳动得到补偿,否则这类基础性科学研究难以发展。因此,价值规律对精神生产起着直接或间接的调节作用,是推动精神生产力发展的社会动力。首先,价值规律促使精神产品符合社会需要。其次,价值规律促使精神产品的生产者节约劳动。再次,价值规律促使精神产品更快转化为物质生产力。过去我们忽视价值规律对精神生产力的促进作用,特别是"对脑力劳动的产物——科学——的估价,总是比它的价值低得多"[①],结果阻碍了精神生产力发展,削弱了科技对经济发展的主导作用。

三、人才生产力是关键

人才包括科学家、教授、工程师、经济师、技术人员、管理干部和操作能手等。人才的生产包括对高、中级知识分子的培养,成人劳动者的培训,以及对青年、青少年、儿童的教育。因此,提高人才生产力实质是提高全民族的科学文化素质,使高等、中等、初等、幼儿和成人教育同步发展,培养出更多高、精、尖人才。这里也要解决三个问题。

第一,物质生产、精神生产和人才生产的相互关系。一方面,物质生产和精神生产是人才生产的基础。物质生产为培养人才提供物质条件,包括教学器材、设备、场所和费用等。精神生产为培养人才提供精神条件,包括文化知识,科学技术和理论方法等。同时人才的培养又要符合物质生产和精神生产的发展需要。因此,一方面,物质生产和精神生产决定和制约着人才生产的规模、水平和发展方向;另一方面,人才生产对物质生产和精神生产又有巨大的反作用。人才生产的基本形式是教育,教育通过传授知识,既实现科学技术的外延扩大再生产,又通过培养专门人才,促进科学技术的内涵扩大再生产。教育推动科技最终成为物质生产力。从这个意义上讲,教育与科技一样也是第一生产力。我们要在物质生产方面赶超发达国家,首先要在科技方面有所创新和突破,而科技创新和突破的前提是发展教育,是高、精、尖人才的培养和科技队伍的壮大。可见,百年大计,教育为本。

第二,教师是人才生产的主体。物质生产的主体是劳动者,精神生产的主体

---

① 《马克思恩格斯全集》第 26 卷(Ⅰ),人民出版社 1972 年版,第 377 页。

是知识分子,人才生产的主体是教师。学校是培养人才的"工厂",教师是人类灵魂的"工程师"。因此,提高人才生产力关键是培养一支道德品质好、学术水平高、教学能力强的教师队伍,这需要多方面的共同努力才能实现。首先,要形成"尊师重教"的社会风尚,为提高教师的事业心和责任感,创造良好的外部环境。其次,要给教师提供较好的工作条件和生活条件,发挥物质利益在提高教师积极性和创造性上的激励作用。最后,要为教师接受继续教育创造条件,通过不断提高教师的素质和水平,来达到提高教学质量的目标。因此,从根本上改变人才生产中"工作母机"生产落后的现状,已成当务之急。

第三,利益机制与竞争机制是提高人才生产力的动力和压力。提高人才生产力既要提高人才质量,又要节约培养费用,因此也要打破"大锅饭"和"铁饭碗",形成合理的人才培养机制。一方面,人才生产要有内在动力。培养费用不应由国家全包,部分费用可与人才的劳动收入挂钩,使利益机制成为人才生产的内在动力。另一方面,人才生产要有外在压力。要造成优胜劣汰、适者生存的社会环境,使人人感到只有努力学习,掌握高、新、深的科学文化知识,才能为社会所用,才有立足之地,使竞争机制成为人才生产的外在压力。因此,健全人才培养机制,包括内在的利益机制和外在的竞争机制,都是提高全民族的科学文化素质,提高学校和办学机构的教学质量,使高、精、尖人才脱颖而出的重要条件。

综上所述,物质生产力是基础,精神生产力是主导,人才生产力是关键。因此,只有正确认识三种生产与三种生产力之间的辩证关系,自觉遵循其中的自然规律和社会规律,充分运用价值规律和价值增殖规律,健全利益机制和竞争机制,才能有效发挥劳动者、知识分子和教师在提高物质生产力、精神生产力和人才生产力中的主体作用,才能使三种生产力有机结合,协调发展,才能更好地完成社会主义的根本任务,加快建成现代化强国和实现共同富裕的宏伟目标。

第五章
生产关系是共同富裕的制度保障

在研究了生产力及其运行规律与共同富裕的关系以后,需要进一步研究生产关系及其运行规律与共同富裕的关系。如果说生产力是实现共同富裕的物质基础和财富来源,那么生产关系就是实现共同富裕的经济基础和制度保障。因此,要加快实现全体人民的共同富裕,就必须在大力发展生产力和增加物质财富的同时,不断改革和完善社会主义生产关系和基本经济制度,以形成生产力与生产关系、创造财富与分配财富、经济发展与共同富裕相互促进的良性循环,使生产关系及其制度在实现和维护共同富裕中的积极作用充分发挥出来。

第一节 生产关系的体系及其本质特性

生产关系是人们在生产中形成的、不以人的意志为转移的必然联系,它体现了人与人之间最根本的社会关系即经济利益关系。生产关系不是孤立存在和独立发挥作用的,它必须与生产力相结合构成现实的生产方式和经济基础,并在一定上层建筑的制约下发挥作用。因此,在一定生产力水平上,在特定上层建筑的影响下,生产关系具有自身的性质、特点和规律,需要我们深刻认识和全面把握。在中国特色社会主义进入新时代以后,深入研究生产关系与共同富裕之间的内在联系和相互作用,对于深化经济体制改革,完善社会主义基本经济制度,加快我国的现代化建设和实现共同富裕具有重要的理论意义和实践价值。

生产关系不是一个简单的概念,而是一个与现实紧密联系和具有自身结构的经济体系。生产关系有狭义和广义之分。就狭义的生产关系来讲,它可以分为三个层次,即生产资料的所有制关系、人们在经济活动中的相互关系和消费资料的分配关系。生产资料的所有制关系是生产关系的核心,它的性质决定着生产关系的性质,并制约着人们之间的相互关系和分配关系。同时,人们之间的相互关系和分配关系也会反作用于生产资料的所有制关系,促进或阻碍它的发展和完善。而广义的生产关系是指生产、分配、交换、消费四个环节中包含的全部经济联系。政治经济学研究的生产关系,就是人们在生产过程中所有经济关系的总和。社会生产过程的四个环节即生产、分配、交换和消费之间,存在着相互联系、相互制约的辩证关系。其中,直接生产是再生产的起点,对分配、交换和消费起着决定作用。所谓"生产的决定作用"包括两方面的含义:一方面,分配、交换、消费的对象只能是生产的结果,生产的品种和数量决定了分配、交换、消费的品种和数量;另一方面,生产的社会形式即狭义的生产关系,决定了与之相应的分配关系、交换关系和消费关系。但是分配、交换、消费并不是完全被动的因素,它们也会能动地反作用于生产。所谓"反作用"包括促进或阻碍两个方面,如果分配、交换和消费适应生产的需要,就会促进生产发展;反之,就会阻碍生产发展。

生产资料的所有制以及生产资料与劳动者的结合方式,是人们进行物质资料生产的前提。在不同社会中,生产、分配、交换、消费的特点是由这一前提决定的,所以生产资料的所有制以及生产资料与劳动者的结合方式是生产关系的基础,它决定着生产、分配、交换和消费的社会性质,是生产关系的首要标志。生产资料的所有制总是要通过生产、分配、交换和消费等关系得到实现,而且后者对生产资料的所有制也有反作用。这表现在,当它们适应所有制的性质和要求时,对生产资料的所有制会起巩固和促进作用;反之,就会起削弱和瓦解作用。因此,只有在生产、分配、交换和消费的总过程中,才能正确认识和准确把握生产资料所有制的性质、特点和现实作用。

生产关系最本质的特征就是它的客观必然性。生产关系虽然看不见、摸不着,但是它确实存在,并且不以人的意志为转移,制约着人们的思想和行为,显示出它的不可抗拒性。马克思在《资本论》中引用了英国经济学家威克菲尔德在《英国和美国》一书中的实例说:"皮尔先生把共值5万英镑的生活资料和生产资料从英国带到新荷兰(澳大利亚的旧称)的斯旺河去。皮尔先生非常有远见,他除此以外还带去了300名工人阶级成员——男人、妇女和童工。可是,一到达目的地,'皮尔先生竟连一个替他铺床或到河边打水的仆人也没有了'。不幸的皮尔先生,他什么都预见到了,就是忘了把英国的生产关系输出到斯旺河去!"[①]马克思用皮尔的故事说明了生产关系具有客观必然性这一本质特点。正如,一个

[①] 马克思:《资本论》第1卷,人民出版社2018年版,第878页。

大力士无论他的臂力如何强大,都不能抓住头发把自己拎起来一样,因为他不借助外力,是无法克服地球引力这一客观必然性的。因此,生产关系是在一定物质生产力的基础上,历史地形成的社会经济联系,人们只能顺应、符合、遵循它,而不能人为地改变、取消、超越它。正如马克思在《资本论》的序言中所说:"我的观点是把经济的社会形态的发展理解为一种自然史过程。不管个人在主观上怎样超脱各种关系,他在社会意义上总是这些关系的产物。同其他任何观点比起来,我的观点是更不能要个人对这些关系负责的。"[1]因此,我们必须深入研究、深刻认识和准确把握生产关系的必然性及其客观规律。在研究中国特色社会主义生产关系时,更要把它与共同富裕紧密联系起来,充分认识和理解生产关系对共同富裕的促进作用,充分发挥改革和完善生产关系对生产力发展和共同富裕的推动作用。

政治经济学本质上是一门历史科学。随着生产力的发展和生产关系的相应变更,人类社会经历了原始社会、奴隶社会、封建社会和资本主义社会。有一些国家在推翻资本主义制度以后,建立起崭新的社会主义制度。由于社会主义社会不是一个独立的社会形态,因此这些国家可以说已经进入了共产主义社会的第一阶段。对五大生产关系即五种社会经济形态的分析,有利于我们从总体上把握人类社会由低级向高级发展的必然性,认识不同历史阶段生产关系及其经济制度产生、发展和灭亡的规律性。

综观人类社会发展的历史,就是一个从普遍贫穷,经过两极分化,最终走向共同富裕的曲折过程。首先,人类经历了普遍贫穷的无阶级社会,即原始社会:物质财富极度匮乏,人人自由平等,无剥削和压迫的无阶级社会。然后,人类经历了两极分化的有阶级社会:奴隶社会、封建社会、资本主义社会都是有阶级剥削和压迫的社会,因此不可避免地形成贫富差距和两极分化。社会主义社会出现了劳动者掌握政权和开始向无阶级社会过渡的时期,为共同富裕创造了条件和开辟了道路。最后,人类将进入共同富裕的无阶级社会,即共产主义社会:消灭了一切阶级剥削和压迫,随着生产力的发展和物质财富的涌流,进入更高级的无阶级社会,实现人的全面发展和共同富裕。可见,生产关系变更的历史就是人类从普遍贫困走向共同富裕的历史,生产关系的变革和完善则成为人类走向共同富裕的历史阶梯和制度保障。

---

[1] 马克思:《资本论》第1卷,人民出版社2018年版,第10页。

第二节　中国社会主义经济制度的建立

建立社会主义经济制度，是我国从贫穷落后走向共同富裕的政治前提和制度保证，因而具有重大的历史意义和变革作用。我国在无产阶级夺取政权以后，开始进入新民主主义社会向社会主义社会转变的过渡时期。无产阶级在过渡时期的基本任务，就是把资本主义私有制和个体劳动者私有制转变为社会主义公有制，建立社会主义的经济制度。我国建立社会主义经济制度的基本途径可分为以下三种：

第一，没收官僚资本，建立社会主义全民所有制。对于资本主义私有制，从原则上讲要通过"剥夺剥夺者"转变为社会主义公有制。就我国的具体情况而言，资本主义经济可分为官僚资本和民族资本两部分。根据官僚资本和民族资本在国民经济中的不同地位和作用，以及它们对待社会主义革命的不同态度，分别采取了没收官僚资本和赎买民族资本两种不同的方法。在旧中国，官僚资本依附于帝国主义并和封建主义相勾结，垄断了旧中国的经济命脉，它是国民党反动统治的重要经济基础，代表着最反动、最落后的生产关系，严重阻碍了中国经济发展。所以当我们取得新民主主义革命胜利以后，立即在全国范围内没收了全部官僚资本，并把它们变成社会主义全民所有制经济。在我国没收官僚资本具有双重革命意义：一方面，消灭了它的买办性和封建性，这是属于民主革命性质；另一方面，消灭垄断资本则属于社会主义革命性质。据统计，1949年前，官僚资本占工业、交通运输业固定资本总额的80%，对其进行无条件剥夺，为建立全民所有制经济和掌握国家经济命脉奠定了物质基础。

第二，赎买民族资本，壮大社会主义全民所有制。民族资本在民主革命和社会主义革命时期都具有两重性，既有积极的一面，又有消极的一面。与此相联系，民族资产阶级对待社会主义革命的态度也具有两面性，既有坚持和发展资本主义的一面，又有拥护共同纲领、接受共产党和人民政府领导的一面。因此，有必要和有可能对民族资本实行"和平赎买"。我国对民族资本赎买采取了利用、限制和改造的政策，即利用民族资本对国计民生有利的积极作用，限制其不利于国计民生的消极作用，并把民族资本主义经济逐步改造成为社会主义全民所有制经济。我国对民族资本主义工商业的社会主义改造，是通过国家资本主义形式实现的。这里的资本主义是指无产阶级国家能够加以限制,并规定其活动范围的资本主义。我国的国家资本主义经历了从初级形式到高级形式两个阶段。第一步是把资本主义工商业变成初级形式国家资本主义。在工业中主要是实行委托加工、统购包销,在商业中是搞经销代销。国家从流通领域入手,通过控制原料、产品和市场,削弱和限制民族资本的投机性和盲目性,造成其必须依赖国有经济才能生存和发展的条件,逐步将其生产和流通纳入国家计划轨道。第二步再把初级形式国家资本主义改造成高级形式国家资本主义,也就是实行公私合营。它又经历了个别企业公私合营和全行业公私合营的两步走。到1956年底,全行业公私合营基本完成以后,国家开始全面对资本家实行定息制度,这时资本家对生产资料的所有权只表现在按私有股份取得的定息上。企业的生产资料已完全由国家来占有和支配,生产经营活动必须按照国家计划进行,因而已成为社会主义性质的企业。到1957年,全行业公私合营企业已占原有私人企业总数的99%,基本上完成了对资本主义工商业的社会主义改造。到1966年9月,国家向资本家支付定息的年限已满,决定不再支付定息,这样公私合营企业就变成了完全社会主义性质的全民所有制企业。马克思和恩格斯都论述过,在一定条件下对剥削阶级占有的生产资料进行赎买的思想。他们认为:"假如我们能赎买下这整个匪帮(指当时资本主义国家的地主和资产阶级——引者),那对于我们是最便宜不过的了。"[1]我国在1956年底基本完成了对民族资本的社会主义改造,这是马克思主义的赎买理论与我国实践相结合的伟大成就,从而创造性地丰富和发展了马克思主义。

第三,改造个体劳动者私有制,建立社会主义劳动群众的集体所有制。我国的新民主主义革命胜利后,把广泛存在于农业和手工业中的个体劳动者私有制改变为社会主义公有制,引导个体农民和个体手工业者走上社会主义道路。按照马克思主义的原则,对个体劳动者不能剥夺,只能在自愿基础上,通过典型示范、思想教育和国家帮助,引导个体农民和个体手工业者走上合作化道路,建立起劳动群众的集体所有制。我国对农村个体经济的改造,是通过带有社会主义萌芽性质的互助组、半社会主义性质的初级合作社、完全社会主义性质的高级合作社,这样三个互相衔接、逐步提高的形式和步骤实现的。高级合作社的建立,标志着农村个体经济变成了劳动群众的集体经济。到1956年底,参加合作社的

---

[1] 《马克思恩格斯选集》第4卷,人民出版社2012年版,第375页。

农户已占我国总农户的96.3%,其中参加高级社的占87.8%,从而在全国范围内基本上实现了农业合作化。①我国对个体手工业的改造,也是通过合作化道路进行的。先从流通领域入手,采取了手工业供销小组、手工业供销合作社等形式,然后进入生产领域,建立了多种形式的生产合作社。到1956年底,我国基本上完成了对农业和手工业的社会主义改造。

总之,在我国无产阶级夺取政权以后,通过没收官僚资本和赎买民族资本,建立并壮大了全民所有制经济;通过合作化改造个体农业和个体工商业,建立并壮大了集体所有制经济。因此,对生产资料私有制改造的基本实现,完成了从新民主主义社会到社会主义社会转变的历史任务,建立起以公有制为主体的社会主义经济制度。社会主义经济制度的建立,为在中国消除两极分化和实现共同富裕开辟了道路,提供了经济基础和制度保障。

第三节 社会主义初级阶段的含义和特征

对于我国经济发展来说,认识社会主义初级阶段及其特点就显得格外重要,它不仅是发展和完善中国特色社会主义经济理论的基本前提,而且是我们制定和贯彻党和国家的路线、方针、政策的出发点。历史经验表明,我们过去所犯的"左"和右的错误,都与社会主义初级阶段如何选择发展道路和生产方式有关。因此,正确认识社会主义初级阶段及其主要特点和规律,摆脱"左"和右的错误干扰,是加快现代化建设和实现共同富裕的关键。

一、社会主义初级阶段的基本含义

社会主义是共产主义的第一阶段,而有市场经济的社会主义又是社会主义的第一阶段。当然,作为社会主义的第一阶段并不是不可再分。由于发达资本主义国家进入社会主义,与殖民地半殖民地等落后国家进入社会主义,在生产力和经济基础等方面会有很大差距,因此,社会主义的第一阶段仍然可以分为它的高级阶段和低级阶段。刚刚从落后国家脱胎出来建成的社会主义,由于生产力

---

① 高群:《政治经济学教科书》社会主义部分,吉林人民出版社1985年版,第17页。

水平更低,必须保持以公有制为主体的多种所有制形式和以按劳分配为主体的多种分配方式,必须发展社会主义市场经济和发挥政府宏观调控作用。因此,这时还处于社会主义第一阶段中的低级阶段,我们称为社会主义初级阶段。

说我国正处在社会主义初级阶段,有两个基本含义。第一,我国社会已经是社会主义社会。1956年对生产资料私有制的社会主义改造完成以后,我国已由新民主主义社会过渡到社会主义社会。它的基本标志是生产资料公有制和按劳分配制度的确立,并成为主要的经济基础和基本的经济制度。否认我国已是社会主义这一基本事实,就会迷失前进方向,社会主义初级阶段也就无从谈起。第二,我国是不成熟的社会主义社会。它的主要标志是生产力发展水平低,存在多层次和不平衡等特点。相对落后的生产力决定了生产关系的不完善,必须保留多种所有制形式和多种分配方式,还要利用资本主义的生产关系和物质技术条件,来补充社会主义经济不足和加快经济发展。因此,这一阶段的社会主义,必须始终把发展生产力作为中心任务。只有当生产力发展到发达国家的水平,可以不再利用资本主义的积极因素促进经济发展的时候,才能说社会主义完成了它在初级阶段的历史使命,开始进入社会主义第一阶段中的高级阶段。完成初级阶段的历史任务,在中国至少需要一百年或更长的时间,估计短了容易犯"左"倾错误,这是我们正确决策和实现共同富裕的基本前提。

二、社会主义初级阶段的四大特性

从党的十五大以来,党中央一再强调完成社会主义初级阶段任务的必要性和重要性。如何才能完成这些任务和实现这些目标?正确认识和科学把握初级阶段的基本特性至关重要。这些特性可概括为过渡性、兼容性、关键性、后盾性,下面将对这四大特性进行具体阐述,以加深对社会主义初级阶段的理解,为贯彻党的基本路线和实现共同富裕扫清思想障碍。

(一)初级阶段的过渡性

社会主义初级阶段的第一个特性是过渡性。过去,我们仅仅把1949年中华人民共和国成立,到1956年生产资料的社会主义改造基本完成称为过渡时期。现在看来,从1956年社会主义经济制度建立,到本世纪中叶经济实力达到中等发达国家水平,全面建成社会主义现代化强国,即整个社会主义初级阶段也是一个过渡时期。这是因为,马克思设想的社会主义是在发达资本主义国家建立的,而我国的社会主义是在半殖民地半封建国家建立的,由于生产力落后,建立的社会主义是不合格的。正如邓小平所说:"现在虽说我们也在搞社会主义,但事实上不够格。只有到了下世纪中叶,达到了中等发达国家的水平,才能说真的搞了社会主义。"①从不合格社会主义变成合格社会主义,必须经过一个初级阶段,补上生产力不发达这一课。因此,这个初级阶段实质是社会主义从不合格到合格的过渡时期。这个过渡时期又可分为两个阶段:第一阶段从1956年到2000年,初步实现中国式的现代化,是社会主义从温饱型向小康型过渡的时期;第二阶段从2000年到2050年左右,使生产力达到中等发达国家水平,是社会主义从小康型向富裕型过渡的时期,因而是使我国成为合格社会主义的时期。这个过渡时期的最大特点是两种生产关系并存:一方面要大力发展全民、集体、混合等公有生产关系,促进社会化大生产迅速发展;另一方面要充分利用个体、私营和外资等非公有生产关系,来促进多层次生产力共同发展,以弥补公有经济的不足。

过去,由于没有正确认识社会主义初级阶段及其过渡性,因此出现过两种错误。一是右倾错误,把1956年生产资料所有制改造完成前的主要矛盾,即无产阶级与资产阶级的矛盾、社会主义道路与资本主义道路的矛盾,夸大为整个社会主义历史时期的主要矛盾。这就必然导致阶级斗争的扩大化,导致"文化大革命"等一系列政治运动,打击了一大片,既搞乱了人们的思想,又阻碍了生产力发展,使社会主义遭受严重挫折。二是"左"倾错误,把马克思设想的,只有在社会主义成熟阶段才能实行的方法和措施,提前拿到它的不成熟阶段来推行。如取消商品、货币关系,建立单一公有制、单纯按劳分配、高度集中的计划经济等,结果欲速则不达,犯了"大跃进"、人民公社等试图跑步进入共产主义的"左"倾错误。正反两方面的经验教训表明,只有正确认识社会主义初级阶段的特殊性质,才能自觉克服"左"和右的错误干扰,制定出正确的路线和政策,形成坚强有力的组织领导;才能在人民政权保护下,坚持以经济建设为中心,贯彻以公有经济为主体,促进非公经济发展的两条腿走路的方针;才能在维护社会安定、深化改革开放和加强精神文明的同时,推动生产力发展、综合国力增强和人民生活改善,为建成现代化强国和实现共同富裕奠定基础和创造条件。

(二)多种经济成分的兼容性

社会主义初级阶段的第二个特性是多种经济成分的兼容性。其中包括国有经济与民营经济的兼容,公有经济与非公经济的兼容,以及国内经济与国外经济

---

① 《邓小平文选》第3卷,人民出版社1993年版,第225页。

的兼容,如引进外资和发展对外经济关系等。为什么社会主义初级阶段必须具有兼容的特性?归根结底是由生产关系一定要适合生产力的基本经济规律决定的。马克思指出:"无论哪一个社会形态,在它所能容纳的全部生产力发挥出来以前,是决不会灭亡的;而新的更高的生产关系,在它存在的物质条件在旧社会的胎胞里成熟以前,是决不会出现的。"[①]中国革命的成功表明,官僚资本所代表的最反动生产关系,所能容纳的生产力已经达到了它的顶点,不能再延续了,因而被全民所有制生产关系所代替。这一代替不仅具有必然性,而且具备现实性,因而取得了伟大胜利。但是,在中国建立单一全民所有制,或只有全民和集体两种公有制的条件还不成熟,勉强建立或强制推行反而会限制或阻碍生产力发展,改革开放前的历史证明了这一点。在社会主义初级阶段,外资、私营和个体等非公经济所代表的生产关系仍有生命力,仍能促进生产力发展,这不仅为生产资料改造完成前的历史所证明,而且为改革开放后的实践所证明。在世界范围内,特别是在社会主义与资本主义两种制度和平共处与平等竞争的时代,通过国家资本主义方式大量利用外国资本,加快本国经济发展,仍然具有促进生产力发展的积极作用。因此,多种经济成分兼容具有客观必然性。那么,怎样才能使多种所有制经济兼容呢?这里需要从企业外部与企业内部两个方面来分析。

就企业外部来讲,实现兼容的最好途径和方式是大力发展市场经济。因为市场经济本身不具有根本制度的属性,它的基本要求是商品属于不同所有者,而不问生产商品的要素归谁所有。这样,市场经济既可与生产要素的公有制结合,又可与生产要素的私有制结合;既可与本国的生产要素结合,又可与外国的生产要素结合。市场经济要求的等价交换,是各种经济成分都能接受的平等关系,价值规律和价值增殖规律是不同所有者都必须遵循的客观经济规律,因而是它们公平竞争、协调发展和互利共赢的根本动力。可见,市场经济是联系各种生产关系的桥梁和纽带,对促进多种生产力综合发展起着决定性作用。

就企业内部来讲,实现兼容的最好途径和方式是股份制。过去,我们把股份制仅仅看成资本主义企业的经营管理方式,这是一种错误。股份制是多种经济成分兼容的企业经营管理体制,因而也不具有根本制度的属性。在资本主义社会,它是大资本控制中小资本的有效形式;在社会主义社会,它可成为国有经济控制非国有经济、公有经济控制非公经济的重要途径。股份制可以兼容多种经

[①] 《马克思恩格斯选集》第2卷,人民出版社2012年版,第3页。

济成分,通过发行股票,广泛筹集资金,扩大生产规模,有力地促进了企业生产力提高。这里值得注意的是,兼容性并不否认国有经济的主导作用和公有经济的主体地位。国有经济的主导作用不在于它的企业数量,而在于它的实际作用。只要国有经济能控制国民经济的命脉,对关系国计民生的重要产品具有调节作用,并能保证国民经济沿着社会主义方向前进就具有主导作用。公有经济的主体地位是从全局来讲的,而对于某些地区如经济特区、开放城市和特别落后的地区等,对于某些行业如手工业、服务业和零售商业等,都可以使非公经济在局部成为主体。

总之,这种兼容性是由生产力水平、行业和地区的特点,以及不同的历史和现状综合决定的,是不以人们的意志为转移的。过去,我们一度忽视和否认社会主义初级阶段的兼容性,盲目提高公有化的程度,人为限制非公经济发展,结果违背了客观经济规律,严重阻碍了生产力发展,这样的教训是深刻的。

(三)经济建设的关键性

社会主义初级阶段的第三个特性是以经济建设为中心的关键性。搞马克思主义和社会主义能不能以经济建设为中心,是一个有争议的问题。按照辩证唯物主义观点,政治与经济的关系是会相互转化的。邓小平指出:"马克思主义的基本原则就是发展生产力。……社会主义的首要任务是发展生产力。"[1]他进一步指出:"什么是中国最大的政治?四个现代化就是中国最大的政治。"[2]可见,以经济建设为中心,并不违背马克思主义原理和社会主义原则。为什么发展生产力就是最大的政治?其理由如下:(1)只有大力发展生产力,才能实现社会主义的生产目的,解决现阶段发展不充分不平衡的主要矛盾,最大限度满足人民日益增长的美好生活需要,加快实现共同富裕。(2)只有大力发展生产力,才能不断提高人们的科学文化水平,加速赶超发达国家,显示社会主义制度能够集中力量办大事和为人民谋福利的优越性。(3)只有大力发展生产力,拥有雄厚的物质技术基础,才能巩固国家政权,维护社会稳定和民族团结,巩固"一国两制"、促进祖国和平统一。(4)只有大力发展生产力,才能真正提高我国的国际地位,不断走近世界舞台的中央。这样不仅能在经济交往、公平竞争和外交事务中取得主动权,而且能在反对霸权主义、维护世界和平和构建人类命运共同体时贡献中国力量和中国智慧。

---

[1] 《邓小平文选》第3卷,人民出版社1993年版,第116页。
[2] 《邓小平文选》第2卷,人民出版社1994年版,第234页。

总之,以经济建设为中心,大力发展生产力,是由社会主义初级阶段的性质和主要矛盾决定的,它制约着社会发展的一切主要方面和主要过程,因而具有关键性。正如邓小平所说:"离开了经济建设这个中心,就有丧失物质基础的危险。其他一切任务都要服从这个中心,围绕这个中心。"①改革开放前,我们一度偏离甚至否定以经济建设为中心,结果吃了大亏,不仅使生产力和生活水平难以提高,而且造成思想混乱和社会动荡。相反,改革开放的伟大成就和巨大变化,都是在以经济建设为中心的基本路线指引下取得的,这一经验大大丰富了马克思主义关于政治与经济关系的理论宝库,也为实现中国式现代化和共同富裕开辟了广阔的道路。

(四)政权巩固的后盾性

社会主义初级阶段的第四个特性是政权巩固的后盾性。早在新中国成立前夕,毛泽东在《论人民民主专政》一文中指出:"人民手里有强大的国家机器,不怕民族资产阶级造反。"②在整个过渡时期,我们之所以能以经济建设为中心,充分运用市场机制的调节作用,并且允许非公经济的发展,是因为有巩固的政权作后盾。在无产阶级掌握政权的条件下,个体、私营、外资等经济成分的性质已发生了根本变化,由从属于资本主义转变为从属于社会主义。无产阶级掌握政权,不仅使它们的消极作用得到有效限制,而且能使它们的积极作用充分发挥出来。非公经济在为国家创造财富、增加税收、促进就业和满足需要等方面,具有不可替代的显著作用,已越来越为人们所公认。初级阶段的实际表明,一方面巩固政权具有特别的重要性,直接关系到能不能保持社会主义性质的根本问题;另一方面也表现出巩固政权的艰巨性,需要克服国内外可能出现的种种风险和挑战。

在多种经济成分并存,以及对内改革和对外开放条件下,怎样才能巩固人民政权?决定的因素有三个:(1)要有正确的思想政治路线。由于社会主义是前无古人的崭新事业,没有现成的经验可以借鉴,加上各种"左"和右的思潮影响,产生过许多错误,造成严重挫折。直到党的十一届三中全会,经过解放思想,拨乱反正,才找到一条符合中国国情的正确道路,并取得改革开放的伟大成就。这一切充分说明正确的思想政治路线极其重要。(2)要有中国共产党的坚强领导。作为执政党面临的最大挑战是:在市场经济条件下如何克服权钱交易造成

---

① 《邓小平文选》第2卷,人民出版社1994年版,第250页。
② 《毛泽东选集》第4卷,人民出版社1991年版,第1477页。

的巨大危害？如何保证党组织的清正廉洁？如何实现从严治党？这些已成为重大的现实课题。这里要从两方面入手：一是改革和完善经济体制和政治体制，不断加强党的组织建设和思想建设，健全民主与监察制度，使制止和铲除腐败有坚强的组织保证和法律保障；二是注意培养和选拔优秀人才担任领导工作，并不断加强对党员和干部的思想教育和组织监督，使正确的政治路线和组织路线都能得到贯彻和落实。（3）要有一支强大的人民军队。"没有一个人民的军队，便没有人民的一切。"[①]军队不仅是巩固人民政权，维护国内安定的坚强柱石，而且是保卫国家主权，防止外来侵略的钢铁长城。在社会主义初级阶段更有其特殊的重要性，因此任何时候都必须坚持党指挥枪的原则，不断加强人民军队建设，充分发挥其在维护国家稳定、保卫领土安全上的决定性作用。

总之，社会主义初级阶段的四大特性是密切联系和相互制约的。最基本的是过渡性，它决定了多种经济成分的相容性、以经济建设为中心的关键性和巩固人民政权的后盾性；而相容性、关键性和后盾性又反作用于过渡性，制约着过渡时期的进程，为完成过渡时期的历史任务创造条件和提供保障。因此，只有充分认识这些特性及其相互关系，才能更好地坚持党的基本路线和完善基本经济制度，完成社会主义初级阶段的历史使命、加快中国式现代化和共同富裕的实现进程。

第四节　社会主义本质与初级阶段使命

习近平总书记在党的二十大报告中指出："坚持中国特色社会主义道路。"[②]中国特色社会主义是改革开放以来党的全部理论和实践的主题，是党和人民历经千辛万苦、付出巨大代价取得的根本成就。认真学好习近平新时代中国特色社会主义思想，正确认识和深刻理解社会主义本质与初级阶段使命，才能解决坚持社会主义方向和实现共同富裕的道路问题，因而具有重大现实意义和深远历史意义。

一、正确认识社会主义的本质

什么是社会主义的本质？邓小平说："社会主义的本质，是解放生产力，发展

---

① 《毛泽东选集》第3卷，人民出版社1991年版，第1074页。
② 习近平：《高举中国特色社会主义伟大旗帜　为全面建设社会主义现代化国家而团结奋斗——在中国共产党第二十次全国代表大会上的报告》，人民出版社2022年版，第27页。

生产力,消灭剥削,消除两极分化,最终达到共同富裕。"①可见,社会主义的本质可以用四个字来概括,就是"共同富裕"。它包括两方面的要求:一是从生产力方面讲,社会主义的根本任务是解放和发展生产力。社会主义要消除贫穷,使人民富裕起来,就必须大力发展社会生产力。只有创造出比资本主义更高的劳动生产率,才能体现社会主义制度的优越性,满足人民日益增长的美好生活需要。二是从生产关系方面讲,社会主义的本质特征是公有制和按劳分配。只有坚持公有制和按劳分配,才能从根本上消灭资本主义的剥削制度,实现劳动平等,使人民成为国家和企业的主人。因此,这两方面是缺一不可的,只有把它们结合起来,统一起来,才能最终实现共同富裕。

过去,我们对社会主义本质的认识有片面性,表现在两个方面:一是忽视了发展生产力对社会主义的决定作用,盲目批判唯生产力论,造成相对贫穷的社会主义;二是过分强调变革生产关系,盲目提高公有化程度,结果阻碍了生产力发展和社会主义制度巩固。直到党的十一届三中全会,经过拨乱反正,才克服了以上缺陷,深刻认识到社会主义的本质,进而把工作重心转移到社会主义现代化建设上来,才使中国特色社会主义有了质的飞跃,并取得前所未有的巨大成就。

过去,为什么不能正确认识社会主义本质,不能把发展生产力作为推动社会主义前进的根本动力,不能把共同富裕作为始终不渝的战略目标,直接原因是没有正确认识社会主义社会的主要矛盾,深层原因是没有正确认识社会主义初级阶段。从1956年对生产资料所有制的社会主义改造完成以后,到改革开放以前,一直认为社会主义社会的主要矛盾是无产阶级与资产阶级的矛盾,是社会主义道路与资本主义道路的矛盾。在"文化大革命"中,甚至提出阶级斗争要"年年讲,月月讲,天天讲"。这样做显然脱离了当时的客观实际,导致了"文化大革命"等一系列政治运动,扩大了打击面,挫伤了广大群众的生产积极性。社会主义的实践反复证明,在生产资料所有制改造完成以后,主要矛盾已经不是无产阶级与资产阶级、社会主义与资本主义之间的矛盾,而是落后的社会生产与人民日益增长的物质文化需要之间的矛盾。经过四十多年的改革开放,现阶段的主要矛盾已经转化为人民日益增长的美好生活需要和经济社会发展不平衡不充分的矛盾。因此,只有正确认识社会主义社会的主要矛盾,才会正确认识社会主义本质,自觉地把工作重心放到经济建设上来,才能调动起广大群众进行社会主义现

---

① 《邓小平文选》第3卷,人民出版社1993年版,第373页。

代化建设的积极性,加快实现中国特色的共同富裕。

进一步分析可以看到,对社会主要矛盾的认识错误,根源于对社会发展阶段的认识错误。我们对社会主义发展阶段的认识,曾犯过两种错误:一是"左"的错误,一度超越现阶段的物质基础和思想条件,试图跑步进入共产主义,因而发动了"大跃进"和人民公社运动,结果欲速则不达;二是右的错误,把过渡时期已经解决的主要矛盾,夸大为整个社会主义时期的主要矛盾。在较长的时期里,一直认为我国社会仍然处在两个阶级、两条道路激烈斗争的"过渡时期",坚持以阶级斗争为纲,最后发动"文化大革命"。这种形"左"实右的错误,严重阻碍了社会主义制度的巩固和发展,使国民经济滑到崩溃的边缘。两个错误的根源,都在于对基本国情作了错误的判断,脱离了社会主义初级阶段的实际。我国是从半殖民地半封建社会直接进入社会主义社会,因此必须经历一个很长时期的初级阶段,去实现工业化、市场化和现代化。这就要求我们,一方面不能离开社会主义方向,另一方面不能脱离初级阶段实际,要始终把发展生产力放在首位,作为中心工作来抓。可见,只有正确认识社会主义社会的主要矛盾及其初级阶段的实际,才能正确揭示社会主义本质,才会按照生产力与生产关系矛盾运动的客观规律,把中国式现代化和共同富裕不断推向前进。

二、深刻理解社会主义初级阶段的使命

社会主义初级阶段应该有哪些基本特征呢?第一,在生产力方面,与发达资本主义国家相比,存在较大差距。这种差距一方面是历史造成的,是帝国主义国家长期剥削和掠夺殖民地半殖民地等落后国家的结果;另一方面是科技落后造成的,科技对生产力的发展有乘数效应和加速作用,科技上的差距扩大,会导致生产力上的差距更大。因此,落后国家只有紧紧抓住科学技术这个第一生产力,实行科教兴国战略,才能缩短与发达国家的差距,并赶上和超过它们。第二,在生产关系方面,实行以公有制为主体的多种所有制结构和以按劳分配为主的多种分配方式。这里不排除部分地区和部分行业可以较多地利用资本主义的所有制关系和分配关系,在我国的经济特区就是如此。有限制地利用资本主义生产关系,将是社会主义初级阶段的显著特点。第三,在生产方式方面,要大力发展社会主义市场经济,提高生产社会化、市场化和现代化的程度。由于社会化大生产和市场经济是现阶段社会主义与资本主义的共性,因此更有理由充分利用价值规律和价值增殖规律这些社会化生产的形式和动力,加快社会主义经济发展。

第四，在政治法律方面，要建立人民民主专政的政治制度和完备的法律体系，实行中国共产党领导的多党合作制，坚持民主集中制和广泛的统一战线，使对人民的民主和对敌人的专政同步得到加强，逐步完善社会主义的全过程民主和全方位法治。第五，在意识形态方面，要大力加强以共产主义思想为核心的社会主义精神文明建设，不断提高全体人民的科学文化素养和思想道德情操，同时利用人类创造的一切精神财富，包括宗教教义中的合理部分，为社会的文明进步服务。

党的十五大把社会主义初级阶段的使命概括为"九个转变"：一是逐步摆脱不发达状态，基本实现社会主义现代化；二是由落后的农业国转变为先进的工业国；三是由自然经济、半自然经济转变为市场经济；四是由科技文化落后转变为科技文化比较发达；五是使人民生活由较低水平转变为比较富裕；六是缩小地区经济文化差距，实现地区间的合理布局和协调发展；七是通过改革建立和完善市场经济体制、民主政治体制和其他体制等；八是要实现物质文明与精神文明的协调发展；九是要缩小同世界先进水平的差距，实现民族复兴。可见，社会主义初级阶段的历史使命是伟大而艰巨的，需要几代人坚持不懈地努力才能完成。实践表明，只有正确认识社会主义初级阶段的基本特征和历史使命，才能克服"左"和右的错误倾向，找到正确的途径和方法，高质量地推动经济发展、实现共同富裕。

三、正确把握本质与使命的一致性

习近平总书记在党的二十大报告中指出："既不走封闭僵化的老路，也不走改旗易帜的邪路。"[①]在现阶段，我们既要坚持社会主义方向，又不能脱离初级阶段实际，既要保持社会主义本质，又要完成初级阶段使命，如何才能使两者统一呢？从根本上讲，社会主义的任务是解放和发展生产力，而初级阶段的使命是建成现代化强国和实现共同富裕。因此，它们在大力发展生产力这一基本点上统一起来，同时需要解决以下三个根本性问题：

第一，坚持社会主义方向，但不脱离初级阶段实际。怎样才能不脱离初级阶段的实际？关键要克服"左"倾路线影响，在所有制、分配制度和调节方式等方

---

① 习近平：《高举中国特色社会主义伟大旗帜 为全面建设社会主义现代化国家而团结奋斗——在中国共产党第二十次全国代表大会上的报告》，人民出版社2022年版，第27页。

面,采取更为灵活的政策和措施,使之符合初级阶段的实际。在所有制上,要坚持公有制为主体,但不能像过去那样搞单纯公有制,而必须坚持发展多种所有制经济。特别要根据经济发展的内在要求,建立多种所有制混合的经济形式。因此,在如何理解公有制为主体的问题上,在观念上必须有大的转变。从微观上讲,在一个股份制企业中,国家或集体所有的股份可以不超过半数,但只要所占比重较高,即取得股票控制额,从而掌握企业的领导权,就能保持企业的公有性质不变。从宏观上讲,以公有制为主体,并不要求公有企业在数量上占优势,只要公有企业所控制的生产资料和固定资产的总量占优势,并能掌握国民经济命脉就行。这样就能在不改变公有制性质前提下,充分利用各种非公经济,加快社会主义现代化建设。在分配制度上,既要坚持按劳分配为主,又要在法律允许的范围内,大力发展其他分配方式。这里特别要看到,按资分配对提高各种生产要素利用效率的积极作用。在克服原有企业"吃大锅饭"和搞平均主义的同时,不断改革分配制度,使按劳分配与按资分配同时发挥作用,适当拉开收入差距,并通过一部分人先富,来促进和带动共同富裕。在调节机制上,一方面要充分发挥市场在资源配置中的决定性作用,利用价值规律与价值增殖规律促进市场经济健康发展;另一方面要更好地发挥政府职能,加强国家对宏观经济的调控力度,积极利用财政政策和货币政策等经济手段,促进国民经济持续稳定协调发展。

第二,从初级阶段实际出发,但不背离社会主义方向。怎样才能坚持中国特色社会主义?关键是要克服右倾思潮影响。有些人认为,承认初级阶段实质是否认社会主义,重走资本主义道路,这是十分错误的。历史早就证明,中国不能走资本主义道路。正如邓小平指出的:"国民党搞了二十几年,中国还是半殖民地半封建社会,证明资本主义道路在中国是不能成功的。……如果不搞社会主义,而走资本主义道路,中国的混乱状态就不能结束,贫困落后的状态就不能改变。"[1]因此,在坚持社会主义方向这一根本点上,是不能动摇的。我们提倡解放思想,但必须实事求是;我们搞多种所有制形式,但必须以公有制为主体;我们搞多种分配方式,但必须以按劳分配为主体;我们要市场调节,但必须服从国家的宏观调控;我们要对外开放,但必须以自力更生为主;我们允许一部分人先富,但要以共同富裕为目标;我们强调社会主义的中国特色,但必须符合马克思主义的普遍真理。一句话,我们要从社会主义初级阶段实际出发,但不能背离社会主义

---

[1] 《邓小平文选》第3卷,人民出版社1993年版,第62~63页。

方向。应当注意,要坚持社会主义方向,必须首先分清什么是社会主义,什么不是社会主义。这里要克服两种倾向:一是把不是社会主义的东西当成社会主义来坚持,如过去把官僚主义和平均主义当作社会主义,结果严重挫伤了人民群众的积极性;二是把本来是社会主义的东西或者可以为社会主义利用的东西,看成资本主义而加以否定,如资本、市场和股份制等,结果严重阻碍了我国经济发展。当然,在区分是否社会主义的时候,又不能停留在姓"社"与姓"资"这种表层现象的争论上,而必须以实践为检验真理的标准,经过反复探索和创新,才能从理论和实践的结合上使两者真正区分开来。因此,在初级阶段坚持社会主义有其复杂性和艰巨性。

第三,坚持党在社会主义初级阶段的基本路线不动摇。如何才能做到坚持社会主义方向,而不脱离初级阶段实际?这就必须始终不渝地坚持党的基本路线,正确处理"一个中心"与"两个基本点"的相互关系,做好以下四方面的工作:(1)在经济上,要通过发展社会主义市场经济,来提高生产力和实现社会主义生产目的。过去,我们把市场经济与资本主义等同起来,与社会主义对立起来,是完全错误的。应该讲,大生产的市场经济是资本主义与现阶段社会主义的共性。消灭资本主义,不仅不应该消灭社会化大生产,而且也不应该人为取消市场经济。市场经济不仅能与私有制生产关系结合,推动资本主义经济发展,而且能与公有制生产关系结合,推动社会主义经济发展。改革开放以来,由于大力发展社会主义市场经济,有力地促进了生产力发展和物质基础加强,有效地巩固了社会主义制度。(2)在政治上,要不断发展和完善社会主义的民主与法治。社会主义是千百万人民群众的共同事业,仅仅依靠少数人的积极性是不行的,必须调动起全体人民的积极性,这就需要健全广泛的民主制度。可以说,整个社会主义的历史进程,就是一个不断健全和完善民主的过程。但是,社会主义民主必须是有组织、有领导、有法律、有纪律的全过程民主。离开民主集中制和社会主义法治的民主,将会演变成无政府主义和资产阶级自由化,最终破坏社会主义制度,损害人民群众的根本利益。(3)在思想上,要坚持历史唯物主义,坚持实事求是的思想路线。过去,社会主义几经曲折,思想根源都是历史唯心主义和形而上学。例如,割断了社会主义与资本主义的历史联系,否认它们有共性和继承性,把两者完全对立起来。结果一方面否认市场经济,反对引进和利用外资,搞闭关自守;另一方面脱离现有的物质和思想条件,盲目提高公有化程度,搞穷过渡,使生产力发展受到严重影响,使经济上与发达国家已经缩小的差距又加大了。因此,坚持唯物史观,克服形而上学,就要正确认识社会主义与资本主义的本质区别和历史联系。在生产力方面,要努力向发达国家学习,以赶上和超过资本主义;在生产关系方面,要在消灭资本主义制度的同时,有限制地利用资本主义生产关系,逐步巩固和完善社会主义的经济基础。(4)在行动上,要采取一系列"两手抓,两手都要硬"的方针,一手抓物质文明,一手抓精神文明;一手抓经济建设,一手抓民主法治;一手抓改革开放,一手抓惩治腐败;一手抓经济体制改革,一手抓政治体制改革。只有这样,才能使中国式现代化不脱离社会主义正确方向,使中国特色社会主义得到健康、稳定和高质量发展,使社会主义制度对共同富裕的保障作用充分显示出来。

第六章
社会主义市场经济与共同富裕的内在联系

社会主义市场经济的建立是一个伟大创举,对经济发展和共同富裕具有重大意义和促进作用。要以马克思的《资本论》为理论指导,深入研究社会主义与市场经济的内在联系,以及相互促进和有机结合的规律性。在社会主义初级阶段,要自觉遵循价值规律和价值增殖规律,不断深化经济体制改革和扩大对外开放,为社会主义向更高阶段过渡和实现共同富裕,奠定经济基础和提供制度保障。

第一节 《资本论》是社会主义市场经济的理论基础

马克思的《资本论》是社会主义市场经济的理论依据和思想来源,社会主义市场经济则是《资本论》在中国的实际运用和创新成果。资本主义经济的实质是大生产和私有制下的市场经济,只要撇开资本主义的特殊性质,《资本论》中关于市场经济一般规律的理论,对于社会主义市场经济是完全适用的,因而《资本论》仍然是创新社会主义市场经济和促进共同富裕的理论基础和思想指导。

一、《资本论》为社会主义市场经济提供理论依据

社会主义市场经济的建立,不仅有实践需要,而且有理论来源。马克思在《资本论》中揭示的关于市场经济一般规律的理论,如劳动价值论、剩余价值论等,为社会主义市场经济的创立和共同富裕的实现提供理论依据和思想指导。

(一)市场经济不是私有制而是原始公有制的产物

按照传统的政治经济学观点,市场经济是在私有制基础上产生和发展起来的,因此认为要消灭私有制,就要消除市场经济。由于理论上的这个错误,"十月革命"后的苏联和改革开放前的新中国都经历了一段消灭私有制和消除市场经

济,单纯发展公有制和计划经济而遭受挫折和失败的惨痛教训。事实上,市场经济不是私有制的产物,而是在原始公有制基础上产生的。正如马克思在《资本论》中所说:"商品交换是在共同体的尽头,在它们与别的共同体或其成员接触的地方开始的。"①也就是说,在私有制产生以前,原始共同体及其成员之间已经开始进行商品交换了。这一历史表明,是先有商品交换,后有私有制的形成和发展。由此可以推断,由于市场经济不是私有制的产物,而是原始公有制的产物,因此在消灭私有制以后,公有企业之间以及公有经济内部的经济主体之间,仍然可以进行商品交换。可见,在消灭私有制的同时消除市场经济既不符合历史进程,也没有现实必要。特别是在社会主义初级阶段,仍然存在公有制、私有制和混合所有制等多种所有制形式,更需要大力发展社会主义市场经济,促进多种经济成分的平等竞争和协调发展。

(二)市场经济是多种经济共同发展的有效形式

市场经济是使多种经济成分,包括公有制、私有制和混合所有制等不同所有者共同参与资源配置,实现平等竞争和取得合法收益的有效形式。马克思在《资本论》第1卷第2章中讲过,在商品交换中"人们彼此只是作为商品的代表即商品占有者而存在"②,而不问生产该商品的要素归谁所有。也就是说,在市场经济中,人们只关心交换商品的效用和价格,而不关心生产资料等生产要素的来源,不问这些生产要素究竟是公有还是私有。这一事实说明,经过市场实现的商品交换,对不同所有者都是公平的。这一规律表明,市场经济既可以与生产要素的私有制结合,又可以与生产要素的公有制结合,这就为发展社会主义市场经济提供了理论依据。邓小平正是从实践中认识到这一规律,明确指出:"不要以为,一说计划经济就是社会主义,一说市场经济就是资本主义,不是那么回事,两者都是手段,市场也可以为社会主义服务。"③这就从理论上彻底否认了只有资本主义才能搞市场经济的错误思想,有力地推动了社会主义市场经济的建立和发展。

(三)资本主义与社会主义在市场经济上的区别和联系

大家经常要问,资本主义搞市场经济,社会主义也搞市场经济,两者究竟有什么区别呢?有的人甚至说,社会主义市场经济就是挂着"社会主义"招牌的资本主义经济,两者没有区别。这实际上是没有读懂《资本论》的缘故,不了解资本

---

① 马克思:《资本论》第1卷,人民出版社2018年版,第107页。
② 马克思:《资本论》第1卷,人民出版社2018年版,第103~104页。
③ 《邓小平文选》第3卷,人民出版社1993年版,第367页。

主义市场经济与社会主义市场经济的本质区别和必然联系。马克思在《资本论》中指出:"资本主义的私有制,是对个人的、以自己劳动为基础的私有制的第一个否定。但资本主义生产由于自然过程的必然性,造成了对自身的否定。这是否定的否定。这种否定不是重新建立私有制,而是在……生产资料的共同占有的基础上,重新建立个人所有制。"[1]这就是说与市场经济相联系的所有制变化有一个辩证否定的扬弃过程。第一次否定,从小生产市场经济转变为资本主义市场经济,扬的是私有制,弃的是小生产;第二次否定,从资本主义市场经济转变为社会主义市场经济,扬的是大生产,弃的是私有制。两次否定,使得市场经济在大生产和公有制的基础上得到发展。《资本论》帮助我们理解了市场经济从本源、变异到复归的历史演变,解决了资本主义市场经济与社会主义市场经济既有本质区别,又有必然联系的问题。这说明社会主义市场经济是市场经济的本源在更高层面上的复归,为我们发展市场经济和促进共同富裕指明方向、铺平道路。

二、社会主义与市场经济的内在联系和外在矛盾

习近平总书记在党的二十大报告中指出:"坚持社会主义市场经济改革方向。"[2]关于社会主义和市场经济到底是对立的还是统一的,两者能否有机结合的问题,分歧很大,争论很多。这就需要我们进行深入的理论研究和实践探索,正确认识和全面揭示社会主义与市场经济的内在联系和外在矛盾,从而解决它们之间对立统一和有机结合的问题。

（一）社会主义与市场经济关系的三种理论

第一种是对立论,认为社会主义和市场经济是完全对立的,不能相容的。搞社会主义就要否定市场经济,搞市场经济就是恢复资本主义,把市场经济等同于资本主义。我们批判了这种观点,市场经济只是一种经济体制,不具有根本制度的性质,它可以与资本主义制度相结合,也可以与社会主义制度相结合,因而建立起社会主义市场经济体制。但是至今还有人认为,社会主义搞市场经济,实质是挂"社会主义"招牌走资本主义道路,说明对立论还有市场,仍在延续。

第二种是中性论,市场经济没有根本制度的属性,而是一种经济手段和生产方式,是生产力发展的动力和形式,因而是中性的。这就是邓小平理论的一个重

---

[1] 马克思:《资本论》第1卷,人民出版社2018年版,第874页。
[2] 习近平:《高举中国特色社会主义伟大旗帜 为全面建设社会主义现代化国家而团结奋斗——在中国共产党第二十次全国代表大会上的报告》,人民出版社2022年版,第28页。

要创新点,也是中国特色社会主义经济理论的一个重大突破。邓小平用战争的经验证明,市场经济跟打仗的武器一样,本身没有阶级性。市场经济只是手段和方法,资本主义可以用,社会主义也可以用,而且效果很好,使生产力显著提高了。由于生产力发展和人民生活改善,使社会主义优越性充分显示出来。

第三种是内在联系论,这是在中性论基础上的深化和发展。实践证明,我们既不能把社会主义和市场经济看成是对立的,也不能把市场经济仅仅看成是中性的,而要看到社会主义与市场经济的内在联系,以及它们能够有机结合的必然性。有的人认为市场经济是不公平、不合理的,会产生假冒伪劣、尔虞我诈等欺骗行为。其实,这种不公平、不合理的现象不是市场经济的本质要求,而是由市场经济的运动形式造成的,而市场经济的本质要求与社会主义的发展趋势是完全一致的。因此,大力发展市场经济不仅有充分的理论依据,而且是社会主义经济发展的迫切需要。

(二)社会主义与市场经济本质上的一致性

虽然社会主义与市场经济在现象上有许多矛盾和不相容的地方,但是它们在本质上具有一致性,因而是可以相融的,其客观依据有以下三个方面:

第一,满足需要。商品首先必须有使用价值,如果商品没有用,就不会有人去买,其价值就不能实现。所以市场经济第一个本质要求是商品有用,其使用价值能满足社会需要。而社会主义的生产目的就是满足需要,即满足全体人民日益增长的美好生活需要。所以在社会主义初级阶段通过发展市场经济来满足人民需要,成为实现社会主义生产目的的主要途径和基本方式。

第二,劳动平等。商品除了有使用价值外,还要有价值,并通过交换来实现其价值,所以市场经济第二个本质要求是劳动平等。商品交换本质上是等价交换,价值是抽象劳动的凝结,等价交换实质是等量劳动相交换,反映了商品生产者之间劳动平等的生产关系。而建立社会主义制度的根本目标之一,就是要消灭剥削,消除两极分化,在社会化大生产条件下实现劳动平等和共同富裕。因此,劳动平等是发展市场经济和健全社会主义制度的共同要求。

第三,发展生产力。从本质上讲,市场经济是生产力发展的动力和形式。价值规律和价值增殖规律从微观和宏观两个方面,促进了社会生产力提高。实践表明,有了市场经济,生产力就发展;否定市场经济,生产力就衰退。过去,计划经济时代生产满足不了需要,样样都要凭票供应。而搞了市场经济以后,出现了大多数产品供过于求的状况,人们满足需要的程度显著提高,社会主义优越性也充分显示。可见,发展市场经济成为实现社会主义根本任务,大力发展生产力和满足人民需要的有效途径和可靠方法。

（三）消除商品拜物教和货币拜物教的消极影响

市场经济不仅有与社会主义本质要求一致的优越性,而且有其实现形式与社会主义本质要求相矛盾的局限性。市场经济实现形式的最大特点,是人与人的关系要通过物与物的形式来实现。正如马克思在《资本论》中所揭示的,所有商品的交换,实质是人们在交换劳动,"但它在人们面前采取了物与物的关系的虚幻形式"[①],这就产生了物的关系掩盖人的关系的商品拜物教、货币拜物教、资本拜物教。在思想觉悟不高和监督管理不严的情况下,使人们产生了对商品、货币和资本的盲目崇拜,导致以权谋私和权钱交易等腐败现象,对经济社会形成消极破坏作用。这是在社会主义市场经济中,需要重视和解决的现实问题。现在党中央加大了反腐力度,一个重要原因也是为深化改革开放排除障碍。有些人依靠过去的改革开放获得不少利益,成为既得利益者,现在要深化改革开放他们就不愿意了。因此,要使全体人民都能分享改革开放的成果,就必须冲破这些人的利益藩篱,为改革开放清除障碍和铺平道路。从这个意义上说,研究《资本论》所揭示的商品、货币、资本拜物教原理,对解决社会主义市场经济中的权力拜物教等腐败问题,全面深化改革开放和加强法治建设,加快现代化建设和实现共同富裕都有重要的现实意义。

三、发展和创新中国特色社会主义经济理论

《资本论》的生命力不仅表现在经济学的基本原理上,而且体现在科学的研究方法上。因此,我们要从基本国情和当前实际出发,学习和运用《资本论》的科学方法,充分认识社会主义初级阶段经济的特点和规律,以促进中国特色社会主义经济理论的发展和创新。

首先,在所有制的基本制度上,要发展和创新"两个毫不动摇"的思想。在社会主义初级阶段,公有经济和非公经济都是社会主义市场经济的重要组成部分,因而它们不仅可以同时并存和平等竞争,而且可以相互促进和协调发展。一方面,公有经济对非公经济具有支持和引导作用;另一方面非公经济对公有经济具有促进和协调作用。因此,要在公平竞争的市场中,通过股份制、股份合作制和

---

① 马克思:《资本论》第 1 卷,人民出版社 2018 年版,第 90 页。

混合所有制等形式,发挥各种经济的优势和特点,使它们取长补短和有机结合。

其次,在收入分配的基本制度上,要发展和创新按劳分配与按要素分配相结合的思想。按劳分配和按要素分配并不是对立的,因而可以相互补充和相辅相成。按劳分配和按要素分配都是市场经济中不可或缺的收入分配途径。从当前来看,一方面要按照按劳分配的要求,提高劳动收入在国民收入中的比重;另一方面要按照按要素分配的要求,提高普通劳动者财产性收入的比重,使改革开放的成果能更加公平、合理地惠及全体人民,克服两极分化和促进共同富裕。

再次,在调节机制的基本制度上,要发展和创新市场调节和宏观调控有机结合的措施和方法。在社会主义市场经济中,市场调节和宏观调控同样具有对立统一关系。要全面深化改革,就要进一步解决好市场和政府的关系问题。一方面,要改革和完善市场经济体制,充分发挥市场机制在资源配置上的决定作用;另一方面,要改革和完善政府的行政管理体制,发挥好政府在克服市场失灵时的有效作用。这就要划清政府和市场的边界,凡是市场能发挥作用的,政府就要简政放权;凡是市场不能有效发挥作用的,政府就要积极干预,以弥补市场的缺陷。

最后,在社会主义经济的理论指导和科学运用上,要发展和创新中国特色的社会主义经济理论。要以马克思主义经济学为指导,同时吸收西方经济学和传统经济理论中的科学成分,以加快中国特色社会主义经济理论的发展和完善。强调马克思主义经济学的主导地位和指导作用,并不否认学习和借鉴西方经济学和传统经济理论的必要性和重要性。两者各有所长和各有所短,马克思主义经济学更注重本质、历史、规范和质的分析;西方经济学和传统经济理论更注重现象、现状、实证和量的分析。因此,两者可以取长补短有机结合,在不同层面上指导和促进经济发展与实现共同富裕。

第二节 市场经济的本源、变异和复归

有些人提出,为什么资本主义和社会主义都要发展市场经济?社会主义市场经济与资本主义市场经济有没有区别?社会主义与市场经济能否有机结合?产生这些问题的原因是不了解市场经济的历史演变。因此,揭示市场经济的本源、变异和复归的过程,对于理解社会主义市场经济与资本主义市场经济的区

别和联系,加快社会主义市场经济发展和促进共同富裕具有重要的理论和实践意义。

一、市场经济的本源——小市场经济

市场经济是与生产力的一定发展阶段相联系的生产方式,它介于过去的自然经济和未来的产品经济之间。市场经济产生的条件有两个:一是社会分工,二是利益均等。社会分工是生产力发展的产物,它一方面表现为劳动的专门化,使同量劳动能生产更多产品;另一方面又表现为需要的多样化,生产者相互需要对方产品,使交换成为必要。因此,劳动专门化和需要多样化是市场经济产生的一般条件。利益均等是所有权的产物和表现,最初生产者仅交换剩余产品,交换的比例有偶然性,因此利益均等不明显。当产品一开始就为交换而生产时,生产者势必要求效率与利益相一致,劳动与收益相统一。因此,不同所有者之间利益均等地交换产品,是市场经济产生的特殊条件。这里的所有者不一定是私有者,因为商品交换在私有制产生之前已经出现。正如马克思所说:"商品交换是在共同体的尽头,在它们与别的共同体或其成员接触的地方开始的。"[①]历史表明,商品交换不是私有制而是原始公有制的产物。所以,当社会主义用公有制代替私有制以后,不需要马上取消商品生产。不仅在不同公有制之间,即使在全民所有制内部,相对独立的经济实体之间仍然具有商品交换的可能性和必要性。

对市场经济产生条件的分析,可以看到它的本源有三个基本特征:第一,生产符合需要。在市场经济中,价值要以使用价值的存在为前提,只有他人需要的产品,其价值才能实现,价值规律促使社会生产符合社会需要。第二,劳动平等。在市场经济中,价值实体是一般人类劳动,等价交换实质是等量社会劳动相交换,体现了商品生产者之间劳动平等的生产关系。第三,发展生产力。提高生产力归根结底是要节约社会劳动,包括微观上节约单位产品的劳动和宏观上节约所有产品的总劳动。价值规律涉及的两种含义的社会必要劳动时间,恰恰反映了这两方面的要求。因此,价值规律实质是生产力发展的动力和形式。

可见,市场经济的本源是在小生产基础上,以物的交换为形式,满足需要为前提,劳动平等为实质的生产方式,体现了发展生产力的要求。当然,市场经济的本源与其运动形式存在矛盾,这恰恰是小市场经济得以发展的原因和动力。

---

① 马克思:《资本论》第1卷,人民出版社2018年版,第107页。

二、市场经济的变异——资本主义经济

市场经济的本源是满足需要、劳动平等和发展生产力。随着经济条件变化，它会走向自己的反面。资本主义经济取代小市场经济的过程，是使价值增殖成为生产目的，剥削平等取代劳动平等，生产力发展遇到人为障碍，使市场经济偏离本源的运动形式而取得统治地位的过程，这一演变称为市场经济的变异。

市场经济变异的条件有两个：一是生产过程社会化，二是生产资料私有制。生产过程社会化是生产力发展的要求。生产力的提高一方面要求改进生产资料和劳动工艺，提高技术水平；另一方面要求提高生产的社会化程度。生产社会化，一方面表现为社会分工的发展，要求加强企业之间的横向协作；另一方面表现为直接生产过程分工的细化，要求加强企业内部的纵向协作。因此，以集体劳动代替个体劳动，生产过程社会化是机器大生产的客观要求，也是资本主义经济产生的一般条件。资本主义私有制是劳动力与生产资料分离的产物，劳动力成为商品，生产资料成为资本是资本主义经济的起点，因而是市场经济变异的特殊条件。值得注意的是，劳动力成为商品虽然是货币转化为资本的前提，但不是产生资本剥削的根源。因此，社会主义在消灭私有制以后，如同无须消灭机器大生产一样，不必取消劳动力的商品形式。在生产资料公有制基础上，劳动力商品是增加社会积累和分配消费资料的现成形式。

市场经济的变异即资本主义经济有三个基本特征：第一，价值增殖。在小市场经济中，生产目的是使用价值即满足需要。在资本主义经济中，价值是资本运动的主体，价值增殖成为生产目的。第二，剥削平等。这里的"平等"指劳动力买卖是等价交换，符合价值规律。剩余价值来源于劳动力创造的价值大于其自身价值的差额。因此，资本家对雇佣工人的剥削是在平等形式下实现的。第三，限制生产力发展。在资本主义经济中，生产力虽然仍在发展，但是遇到了难以逾越的障碍，具体表现为：（1）当新技术、新设备的成本高于所能代替的劳动力价值时，资本家会阻止它们的使用，限制科技生产力提高。（2）当增加投资不能增加利润时，资本家会限制投资或转移投资，阻止企业或国内生产力发展。（3）当生产增长与有支付能力的需求严重脱节时，就会通过经济危机强制实现平衡，使社会生产力遭受破坏。可见，生产力发展受到资本价值增殖规律的限制。

在小市场经济中已产生的市场经济的本源与它的运动形式的矛盾，在资本主义条件下得到充分展开，使商品价值规律转化为资本价值增殖规律，形成生产

社会化和生产资料私有制的尖锐矛盾,显示出资本主义的局限性和历史暂时性。

三、市场经济的复归——社会主义经济

如果说市场经济由满足需要转化为价值增殖,由劳动平等转化为剥削平等,从而生产力发展受到限制称为变异,那么再由价值增殖转化为满足需要,由剥削平等转化为劳动平等,为生产力发展开辟道路,即由社会主义经济替代资本主义经济,就可称为复归了。

市场经济复归的条件有两个:一是社会化大生产,二是生产资料公有制。社会主义代替资本主义,不仅不改变社会化大生产,而且由于生产力发展,分工更细致,协作更广泛,生产的社会化程度更高。因此,社会化大生产是使市场经济复归的一般条件。社会主义公有制的建立,一方面消灭了剥削制度,铲除了市场经济变异的根源;另一方面还存在全民、集体和混合等多种公有制形式,企业仍然是独立或相对独立的经济实体,还要求利益均等地交换产品。因此,社会主义公有制是市场经济复归的特殊条件。

市场经济复归即社会主义经济有三个基本特征:

第一,生产目的是满足人民需要。在社会主义初级阶段,生产目的只有在市场经济中才能实现。因为,一方面人民对物质和文化的需要是无限的,另一方面现实所能提供的物质资料总是有限的,要使两者统一必须提高经济效益。商品使用价值代表劳动成果,商品价值反映劳动消耗,市场经济使提高经济效益渗透到它的每个细胞。所以只有大力发展市场经济,才能最大限度地实现社会主义生产目的。

第二,社会化大生产条件下的劳动平等。这里需要解决两个问题:(1)企业之间的劳动平等。由于生产资料等客观条件效能特别高,而实现的超额利润不代表该企业的实际劳动,而是从生产力较低的企业转移来的,因此这部分利润应该通过价格、税收、利息等经济杠杆,转为国家所有和全民分享。(2)职工之间的劳动平等。由于集体劳动而创造的生产力所体现的利润不代表个别生产者劳动的增加,因此这部分利润应归企业集体所有,转化为企业积累基金和公共福利基金。对职工来说,只能根据各自的必要劳动获得报酬。只有这样,才能创造出公平的经济环境,促进企业之间和劳动者之间的合理竞争。

第三,运用商品形式促进生产力发展。由于社会主义生产目的是满足人民需要,这就突破了资本主义的狭隘眼界,使价值增殖规律促进生产力的作用得以

充分发挥。在这里应该把商品形式与它的资本主义运用区别开来。例如,劳动力商品是大生产市场经济的共性,只是它的资本主义运用才使劳动者受剥削。在社会主义社会,由于公有制使剩余劳动转化为公共财富,劳动者不再受剥削,因此消灭剥削制度以后并不需要马上取消劳动力商品。相反,劳动力商品的社会主义运用,不仅成为公共财富积累和按劳分配的形式,而且有利于劳动力的合理流动,实现人尽其才。因此,充分运用劳动力、生产资料、资本、土地、管理和信息等生产要素的商品形式,既可以提高它们的使用效率,又能为运用经济手段加强宏观调控创造条件。

综上所述,社会主义与市场经济结合不是偶然的,而是生产力与生产关系发展的产物和表现。只有认识市场经济的本源,才能理解社会主义与市场经济的内在联系;只有认识市场经济变异的根源,才能理解社会主义必将代替资本主义的历史使命;只有认识市场经济复归的必然性,才会充分利用市场机制促进社会主义经济发展和加快实现全体人民的共同富裕。

第三节 社会主义与市场经济的有机结合

改革开放以来,人们开始认识到社会主义与市场经济具有内在联系的必然性,因而提高了使它们相互促进和有机结合的自觉性。但是,仍有少数人认为,现在搞市场经济,只是挂"社会主义"招牌,走资本主义道路。因此,能否彻底消除传统的错误观念,正确认识社会主义与市场经济的并存性和相容性,对加快发展市场经济和促进共同富裕,具有重要的理论价值和实践意义。

一、社会主义与市场经济的内在统一性

要发展和完善社会主义市场经济,首先要正确认识和理解社会主义与市场经济的内在联系和有机结合的必然性。与传统观点不同,我们认为社会主义与市场经济不是相互排斥和完全对立的,而是内在统一,可以相容的。

(一)社会主义不排斥市场经济

首先,市场经济是社会主义低级阶段,特别是它的初级阶段经济发展的必然方式。市场经济是由现阶段公有制的不完全和不成熟决定的。所谓"不完全",

是指还不能建立马克思、恩格斯设想的单一全民所有制。所谓"不成熟",是指全民所有制还带有集体所有制的因素。因此,在经济实体的利益差别不可忽视的条件下,社会主义只能是市场经济。

其次,市场经济与社会主义的本质要求有一致性,具体表现在三个方面:(1)生产符合需要。在市场经济中,只有他人需要的产品才有价值,价值规律促使生产符合需要。社会主义也要求生产符合需要,因此发展市场经济成为实现社会主义生产目的的基本途径。(2)劳动平等。在市场经济中,等价交换反映了生产者之间劳动平等的生产关系。同样,社会主义用公有制代替私有制,铲除了阶级剥削的根源,使市场经济要求的劳动平等成为现实。(3)促进生产力发展。在市场经济中,价值规律和价值增殖规律是生产力发展的形式和动力。同样,社会主义的根本任务是发展生产力。社会主义把全体人民的根本利益统一起来,为自觉利用价值规律和价值增殖规律开辟了更广阔的道路。

最后,社会主义初级阶段要求市场经济的充分发展。这是因为:现阶段的公有制发展程度低、范围小、形式多,经济实体间的利益差别大。除了公有经济以外,还要大力发展个体、私营、外资和合资等多种形式的非公经济。因此,只有商品交换才是企业间保持经济联系的适当形式,才能促进多种经济公平竞争、相互促进和协调发展。

(二)市场经济也不排斥社会主义

首先,市场经济是一种能与不同所有制,从而能与不同生产关系相结合的生产方式。随着生产力的发展,市场经济经历了不同发展阶段。它与小生产私有制结合形成小市场经济,与大生产私有制结合形成资本主义经济,与大生产公有制结合形成社会主义经济,从而使市场经济具有不同的社会性质。

其次,市场经济与公有制有着不可忽视的历史联系。(1)商品交换是原始公有制的产物。在原始社会后期,共同体之间开始平等地交换剩余产品,这是市场经济的起源。(2)大生产的公有制使市场经济发展到新阶段。市场经济的发展是辩证否定即扬弃的过程。资本主义经济代替小市场经济,扬的是私有制,弃的是小生产;社会主义经济代替资本主义经济,扬的是大生产,弃的是私有制。经过两次否定,使市场经济重新建立在公有制的基础之上。

最后,市场经济是社会主义经济发展不可逾越的历史阶段。市场经济是生产力发展到一定历史阶段的产物,它将随着社会主义高级阶段的到来而消亡。但是在社会主义低级阶段,特别是它的初级阶段,生产力发展还不可能达到这样的高度,实现单一全民所有制。因此,市场经济是社会主义发展的必经阶段,它将为市场经济消亡创造条件。

二、社会主义与市场经济外在的矛盾性

社会主义与市场经济的统一不是绝对的,而是有矛盾的,即一方面具有内在统一性,另一方面又具有外在矛盾性,因而是对立统一的。社会主义与市场经济的外在矛盾,存在于社会主义的本质要求与市场经济的运动形式之间,以及市场经济的本质要求与社会主义的实现形式之间,具体表现在以下两个方面:

(一)市场经济的运动形式与社会主义本质要求的矛盾

在经济改革中出现的一系列矛盾,集中表现在市场经济运动形式与社会主义本质要求的差别上。(1)社会主义要求生产符合需要,但是实际的商品生产常常脱离社会需要。虽然市场经济的实质,也要求生产符合需要,但是价格偏离价值的运动,正是生产与需要不一致的表现。在社会主义市场经济中,如果没有宏观调控和计划调节,则这种生产与需要脱节的现象,同样会发展到十分严重的地步。(2)社会主义要求劳动平等,但是市场经济的运动形式常常表现为劳动不平等。因为商品交换中等量社会劳动是以不等量个别劳动为前提的,所以等价交换一开始就包含着不等量劳动交换的可能性。由于供求关系和价格体系等因素,不等量劳动交换的可能性转化为现实性。(3)社会主义要求生产力按比例协调发展,但是价值规律自发调节实现的平衡,是以个别生产力盲目发展为前提的。因此,过剩产品丧失其价值是部分生产力遭受损失的表现。(4)社会主义要求在提高物质文明的同时提高精神文明,但是商品、货币、资本则以物的形式掩盖人的关系,腐蚀人们的思想。商品、货币和资本拜物教成为贪污、盗窃、抢劫等犯罪活动的原因,它的转化形式权力拜物教是行贿受贿、以权谋私、丧权辱国等罪行的重要根源。

(二)原有的计划经济体制与市场经济本质要求的矛盾

改革开放之前,我国企业活力不足,管理体制弊端累累,症结在于国民经济的实现形式不合理,传统的计划经济体制与市场经济的本质要求相矛盾。(1)市场经济要求企业成为独立的或相对独立的生产者和经营者,但是在计划经济体制下,企业由国家直接经营管理,成为国家行政机构的附属物,从而丧失了自主权和经营活力。(2)市场经济要求产权明确,但是计划经济体制使企业产权不落实。名义上由国家代表全民掌握所有权,使每个公民都成为所有者。但是他

们并没有直接的权利,势必造成不关心、不爱惜甚至侵吞国有财产的状况。(3)市场经济要求完善的利益机制,但是计划经济体制用行政命令代替利益机制,削弱了生产力发展的内在动力。企业则对职工实行平均主义分配,严重挫伤了广大职工的积极性和创造性。(4)市场经济要求健全的竞争机制,但是原有的计划经济取消了市场竞争,国家实行高度集中的行政管理和单一的计划调节,使企业和职工都失去了与经济利益相联系的外部压力,造成资金、土地、设备、原材料等生产要素利用效率低下,资源浪费严重。

可见,社会主义与市场经济的确存在矛盾,但这种矛盾不是内在的和不能克服的。不论是市场经济运动形式与社会主义本质要求的矛盾,还是计划经济体制与市场经济本质要求的矛盾,都是外在形式与它们共同本质的矛盾。

三、社会主义与市场经济相融的规律性

上述分析表明,社会主义与市场经济是矛盾统一的关系,从本质上看两者有统一性,但从形式上看两者又有矛盾性。那么,怎样才能在本质统一的基础上克服形式上的矛盾,使它们有机地融为一体呢? 要从以下两方面加以努力。

一方面,社会主义生产关系决定市场经济的特殊性质,从而成为社会主义市场经济。社会主义市场经济既有一般市场经济的共性,又有社会主义生产关系决定的个性,因而是共性与个性的统一。这种统一构成社会主义市场经济的基本特征:以公有制为主体的所有制形式和以按劳分配为主体的分配方式,计划指导下的市场调节,国家宏观控制下的企业自主经营,互助合作基础上的竞争,符合社会整体利益下的局部利益,在社会主义生产目的指导下增加企业利润等。这表明社会主义把全体人民的根本利益统一起来,使国家能够实行有计划的宏观调控,从而使市场经济能够按照社会主义的生产目的,按比例地协调发展,避免利益对抗和生产的无政府状况。

另一方面,市场经济的本质要求反作用于社会主义经济体制,要求其与市场经济的发展规律相适应。社会主义经济体制归根结底是由生产关系的性质决定的,但同样是社会主义国家,可以有不同的经济体制。在社会主义市场经济中,最好的经济体制应该能反映社会主义和市场经济的一致要求和共同本质。改革开放之前,我们搞的是政企合一,高度集中的计划经济体制。这种体制与产品经济是相适应的,但与市场经济存在着深刻矛盾。因此,社会主义与市场经济相融的过程,同时又是从市场经济的一般要求出发,改革经济体制的过程。市场经济

的基本要求是企业具有自主经营权,使它们成为独立的或相对独立的市场主体。这就要求重新构造公有企业的产权关系,使产权主体明晰化,使企业具有自我发展的动力和压力。同时,为了兼顾国家、集体、个人三者利益,要求产权主体多元化,使不同经济主体具有相应的产权,形成经济利益的自我约束。

第四节 社会主义市场经济的两重性和相容性

习近平总书记在党的二十大报告中指出:"必须完整、准确、全面贯彻新发展理念。"[①]因此,我们既不能走封闭僵化的老路,也不能走改旗易帜的邪路,要走出一条中国特色社会主义经济发展的新路。这就必须以马克思主义的经济理论为指导,深刻认识和全面理解社会主义市场经济的两重性特点和相容性规律,为加快现代化建设和实现共同富裕创造条件、开辟道路。

一、社会主义市场经济的两重性和相容性具有必然性

中国是从半殖民地半封建社会直接进入社会主义社会的,不仅生产力水平低下,而且资本主义发展也不充分,这对新中国成立后的经济发展和现代化建设造成极大的困难和挑战。因此从国情出发,我国将长期处于社会主义的初级阶段,在大力发展公有经济的同时,还要充分利用资本主义经济的积极因素来加快社会生产力发展,为向社会主义的更高阶段过渡准备物质条件。因此在这一历史时期,必须充分认识社会主义市场经济的两重性和相容性,同时反对两种错误倾向:一是追求纯而又纯的社会主义经济发展,二是重新恢复资本主义的私有制和自由化,历史经验表明两者都将把中国经济引向歧途。

为什么不能走纯而又纯的社会主义经济发展道路?1957年社会主义改造完成以后,一直到改革开放以前,我们就是在走这样一条道路,结果失败了。原因很简单,就是脱离了中国的基本国情,脱离了当时的物质基础和人们的觉悟程度。在物质条件和精神条件还不具备的前提下,走纯而又纯的社会主义经济发展道路,必

[①] 习近平:《高举中国特色社会主义伟大旗帜 为全面建设社会主义现代化国家而团结奋斗——在中国共产党第二十次全国代表大会上的报告》,人民出版社2022年版,第28页。

然会脱离实际,产生严重的"左"倾错误。照搬苏联的经济发展模式、单纯的公有制形式、单一的按劳分配方式、高度集中的计划管理体制,结果严重脱离了现实的生产力水平和人们的觉悟程度,使经济发展遇到了无法逾越的障碍,使人们的生活水平难以提高,使社会主义的优越性不能发挥,给我们留下了深刻的历史教训。

为什么同样不能走纯而又纯的资本主义经济发展道路?新中国成立前的历史已经证明,中国不可能走资本主义的经济发展道路。如果要走,只能像亚洲和非洲的一些落后国家一样,沦为帝国主义的殖民地和附属国。改革开放以后,有些人试图全盘否定社会主义制度,全面向西方资本主义学习,实行单一的私有制,建立脱离政府干预的市场经济,实现完全的经济自由化,结果使社会主义经济受到严重破坏,造成国有资产的大量流失,产业结构严重失衡,失业人口显著增加,贫富差距加大和两极分化加剧,引起广大人民群众的强烈不满。由于受到党和政府的及时干预和有效制止,才没有造成全国性的经济危机和社会动乱,这样的历史教训也是极其深刻的。

因此,正反两方面的实践经验和历史教训告诉我们,坚持中国特色社会主义经济发展,必须反对"左"和右的两种错误倾向和路线,只有正确认识和全面理解社会主义市场经济的两重性和相容性,才能走出一条符合中国国情和体现人民利益的经济发展道路,不断把社会主义经济推向前进和实现共同富裕的战略目标。

二、社会主义市场经济的两重性和相容性的具体表现

现实表明,社会主义市场经济的两重性和相容性具有必然性和普遍性,这种两重性的特点和相容性的规律,在生产资料的所有制关系、消费资料的分配关系、宏观经济的调节机制和经济发展的理论指导等方面都有具体的表现,需要我们深入研究和深刻理解。

(一)公有经济与非公经济的两重性和相容性

社会主义初级阶段的基本经济制度规定,要坚持以公有制为主体,多种经济成分共同发展。这里明确提出了公有经济与非公有经济并存的两重性和相容性。因此,我们一方面要反对私有化的倾向,不能走改旗易帜的资本主义邪路;另一方面又要反对单纯公有制的倾向,不能走封闭僵化的计划经济老路。在处理公有制与非公有制的关系时,首先要解决的问题是如何判断公有制为主体。是以企业数量、就业人数、产值、利润和税收等为标准,还是以基本生产资料的实际数量和比重为标准?由于评判标准不同,其判断的结果也是完全不同的。如

果以企业数量、就业人数、产值、利润和税收等为标准,就全国来讲,公有制的主体地位早就不存在了。如果以生产资料的实际数量和比重为标准,那么在全国范围内公有制仍然有很大的优势,就会得出非公经济的发展还有很大空间和余地的结论。特别是以用于生产的土地来讲,城市土地的所有权全部是国有的,农村土地的所有权全部是集体的,因此无论它们的使用权或经营权如何流转,土地的公有制性质和主体地位都是不会改变的。新中国成立以来,公有固定资产的数量和比重,如民航、铁路、公路、桥梁、港口、机场、码头,以及煤、水、电、汽、油等基础设施的投资和建设,公有制始终处于主体地位和发挥主导作用,至今也没有发生根本性的改变。

为了防止人为改变和取消基本经济制度,党中央提出了"两个毫不动摇"的战略思想,也就是要"毫不动摇地巩固和发展公有制经济和毫不动摇地鼓励、支持、引导非公有制经济发展"[①]。这不是搞折中主义,而是反映了经济的两重性特点和相容性规律,是反"左"防右的现实需要。有些人把公有经济和非公经济看成是完全对立和此消彼长的,提出只有通过削弱非公经济,才能壮大公有经济。我们认为,这样的认识是主观片面的。现实表明,只要制定合理的政策措施和健全的法律制度,公有经济和非公经济不仅不是完全对立和此消彼长的,还是可以平等竞争,相互促进和有机结合的。因此,我们要同时反对单纯发展公有经济或单纯发展私有经济这两种错误倾向。要在坚持生产资料公有制为主体的前提下,有效利用和加速发展非公经济,使它们在发展生产、满足消费、扩大就业、增加税收和共同富裕等的积极作用充分发挥出来。

(二)按劳分配和按要素分配的两重性和相容性

在社会主义市场经济中,按劳分配和按要素分配这两种分配方式,不仅不是完全独立和相互对立的,还是可以同时并存和有机结合的,因而体现了在分配关系上的两重性和相容性。因此,要使社会主义与市场经济有机结合,就必须使按劳分配与按要素分配有机结合,使它们相互补充,共同发挥促进生产力和完善生产关系的积极作用。

在现实中,按劳分配难以贯彻和效果不好的原因,主要是没有找到实行按劳分配的正确途径和科学方法,特别是在如何确定劳动的质和量时,难以制定统一

[①] 胡锦涛:《高举中国特色社会主义伟大旗帜 为夺取全面建设小康社会新胜利而奋斗——在中国共产党第十七次全国代表大会上的报告》,人民出版社2007年版,第25页。

的计量标准,容易形成"吃大锅饭"和平均主义的倾向,从而阻碍了生产力的发展。因此,在社会主义初级阶段,需要不断发展马克思的按劳分配理论和创新按劳分配的实现形式。在建立生产资料公有制以后,虽然劳动者已经成为企业的主人,但是并没有改变劳动力成为商品的前提条件,劳动者还必须向公有企业出卖劳动力。因此,以决定商品价值的社会必要劳动时间为标准,来贯彻和实现按劳分配,不仅符合价值规律和价值增殖规律,而且符合社会主义的资本积累规律和按劳分配规律。现实表明,以社会必要劳动为尺度的按劳分配既能克服平均主义,也不会导致两极分化,因而可以取得调动生产者积极性和促进生产力发展的良好效果。

在按要素分配中,由于不同生产要素的地位和作用各不相同,对它们的评价标准和取得的要素报酬会有很大差异,因此容易造成要素所有者的收入差距过大。为了避免和克服按要素分配可能形成的两极分化,必须以马克思的劳动价值论为指导,正确评价生产要素的实际作用,从而确定其所有者的合理报酬。就现状来说,收入分配中存在的主要问题是劳资收入的差距过大,在国民收入中劳动报酬明显低于资本报酬,资本的强势地位与劳动的弱势境遇十分明显。在非公企业中部分劳动报酬被资本利润侵占的现象较为普遍,因而打击和制约了劳动者的生产积极性。这些问题都需要通过发展和创新马克思主义的分配理论,正确认识中国经济的两重性特点和相容性规律,深化改革经济体制和完善分配制度来加以解决。

(三)政府调控和市场调节的两重性和相容性

在社会主义市场经济中,自觉遵循价值规律和价值增殖规律的客观要求,充分发挥政府调控和市场调节的两重作用至关重要。

首先,要充分认识政府与市场的不同职能和不同作用,从而解决好它们的科学分工和合理运用的边界问题。凡是市场能够自发解决的问题,如市场通过价格波动来调节供求平衡,政府就不应越俎代庖,横加干预;凡是市场不能自发解决的问题,如宏观调控、环境保护和长远规划等问题,政府就必须主动承担责任和运用行政手段来加以解决。

其次,政府要在充分发挥市场作用的同时,发挥好服务功能、调节功能和保障功能。其中包括:(1)制定经济发展的长远规划和短期计划,加强对宏观经济的调节和管理;(2)运用金融、财政、价格、汇率等经济杠杆的调节作用,促进宏观经济的稳定、持续发展;(3)健全和完善公平竞争和保护生态的市场环境和法律制度,以维护市场经济的健康、协调发展。

最后,要正确处理政府与市场的关系,使两者的结合更加符合国情和现代化建设的需要。在资本主义发达国家,普遍实行"强市场、弱政府"的管理模式;在我国传统的计划经济中,主要实行"强政府、弱市场"的管理模式;在当前的社会主义市场经济中,则要求克服前两种管理模式的缺陷和弊端,发展和创新中国特色社会主义的经济理论和实践,努力创建符合国情的"强市场、强政府"的双强管理新模式。

三、掌握和运用两重性和相容性的理论和方法

马克思创立了历史唯物主义,提出了关于社会基本矛盾和基本经济规律的理论。马克思认为,生产力与生产关系的矛盾是社会的基本矛盾,因而是推动社会发展的根本动力。这就克服了历史唯心主义的思想束缚,揭示了一切社会共有的基本经济规律,成为创新中国特色社会主义政治经济学的重要理论基础。新中国成立以后的历史经验表明,我们既经历了因公有化程度过高,脱离了人们的觉悟水平,反而导致平均主义和阻碍经济发展的教训;也感受到了改革开放以后,因调整了生产关系的公有化程度,实行多种经济共同发展,结果有力地促进了社会生产力提高。可见,在社会主义初级阶段,充分利用资本主义经济的积极因素加快社会主义经济发展,是符合基本经济规律要求的。

在正确认识社会主义市场经济的两重性和相容性的过程中,要掌握正确方法和学会科学运用。以农村土地制度的改革为例,当发现农村的土地集体所有制并不能充分调动农民的生产积极性时,我们通过改革,把农村土地的集体所有制与家庭联产承包责任制结合起来,既坚持了土地的集体所有制,又把土地的使用权交给农民,使他们的劳动与收益直接挂钩,有力地调动了他们的生产积极性,有效地促进了农业生产的发展。但是一家一户的个体经营,难以进行大规模的机械化生产和取得现代科技创造的规模效益。因此,党中央进一步提出了农村土地"三权"分置的改革方案,在保持土地集体所有制不变的前提下,把土地的使用权一分为二,分为土地承包权和土地经营权。这样可以通过土地经营权的合理流转,既能保证农民取得部分财产权的收益,也能使土地不断向农业专业户和生产能手集中,实现土地的规模化经营和取得机械化生产的更高效益。这是成功运用经济两重性和相容性规律的典型范例,是需要不断加以总结和推广的有效途径和科学方法。

第二篇

基本经济制度与共同富裕

第七章
共同富裕的所有制结构

共同富裕不仅要求发展生产力,而且要求完善生产关系和分配制度。生产资料所有制是生产关系的基础,它决定生产关系和分配关系的性质,因而对发展生产力和实现共同富裕至关重要。习近平总书记在党的二十大报告中指出:"坚持和完善社会主义基本经济制度。"[①]这就要求在以公有制为主体和以国有经济为主导的基础上,深刻揭示公有经济与非公经济的相互关系,以促进社会主义的现代化和实现全体人民的共同富裕。

第一节　社会主义初级阶段的所有制理论

在社会主义初级阶段,确立以公有制为主体,多种经济共同发展的所有制基本制度,不仅是对马克思主义经济理论的创新,而且是对新中国成立后正反两方面历史经验的总结,更是深化经济体制改革和加快经济发展的需要。因此,深刻理解我国基本经济制度对所有制性质和结构的规定,对于巩固社会主义制度,加快现代化建设和实现共同富裕具有重大的理论意义和实践意义。

一、对所有制结构的规定是马克思主义的理论创新

对所有制结构的规定,就是关于多种所有制的性质、地位和作用的规定,是生产关系制度化的体现。在社会主义初级阶段,我国基本经济制度规定要建立以公有制为主体,多种经济共同发展的所有制结构。现实表明,这些有关所有制

---

① 习近平:《高举中国特色社会主义伟大旗帜　为全面建设社会主义现代化国家而团结奋斗——在中国共产党第二十次全国代表大会上的报告》,人民出版社2022年版,第29页。

结构的规定是对马克思主义经济理论的坚持、发展和创新。

首先,对我国所有制结构的规定,是对马克思关于生产力决定生产关系理论的坚持。一方面,作为社会主义国家,要建立和发展全民和集体等公有制经济,体现无产阶级所代表的先进生产力;另一方面,由于我国是从半殖民地半封建社会进入社会主义社会的,不仅存在以社会化大资本为代表、以机械化和半机械化为主的社会生产力,而且存在以小手工业、小农业和小商业为代表,以手工劳动为主的个体生产力,因此,根据生产关系一定要适合生产力发展的基本经济规律,在社会主义初级阶段,必须建立和完善与较落后、多层次、不平衡的生产力相适应的生产关系,建立和健全以公有制为主体,多种经济共同发展的所有制结构和制度。

其次,对我国所有制结构的规定,是对马克思关于公有制理论的发展。因为马克思是从资本主义基本矛盾出发,揭示用公有制代替私有制的必然规律及其一般原理的。但是,马克思并没有亲眼看到和亲身经历这样的变革过程,所以他设想的未来社会只能是理想的、单纯的公有制。而我国所有制的基本制度是在进入社会主义初级阶段以后建立的,现实生产力的差别性以及社会阶层的复杂性,不仅决定了公有经济的多样性,而且决定了与非公经济的并存性。因此,强调公有制的主体性和多样性,以及公有经济与非公经济的并存性和互补性,是对马克思公有制理论的深化、细化和具体化,是从理想公有制转变为现实公有制的产物和表现,因而是对马克思关于公有制理论的丰富和发展。

最后,对我国所有制结构的规定,更是对马克思所有制理论的创新。在我国所有制的基本制度中,既要强调公有制的主体性,又要强调多种所有制的并存性,并且要把两者有机结合起来,充分体现了马克思关于所有制理论的创新。马克思只有资本主义社会的生活经历,没有社会主义社会的实践经验,更加无法预见在落后国家率先建立社会主义必须经历的初级阶段,因而不可能提出公有经济与非公经济相互促进和有机结合的思想和理论。因此,我国所有制的基本制度提出以公有制为主体,多种经济共同发展的要求,不仅是对马克思关于公有制理论的坚持和发展,而且是对多种经济同时并存和相互促进的所有制理论的重大创新。

二、对所有制结构的规定是历史经验的科学总结

我国基本经济制度对所有制的规定,不仅是发展和创新马克思所有制理论

的产物,更是总结正反两方面历史经验的结晶。从新中国成立到改革开放之前,我国经历了几个不同发展时期,为最终确立所有制的基本制度提供了宝贵经验。

新中国成立初期(1949—1952年),在新民主主义经济纲领指引下,形成了以国营经济为主导,个体、私营经济为主体,多种经济并存的所有制结构,使国民经济很快得到恢复和发展。"1952年的工农业总产值超过1936年(国民党统治时期的最高水平)的20%。同1949年相比,1952年全国职工工资平均提高70%,农民收入增长30%以上。"①社会主义改造时期(1953—1957年),形成了以国有经济为主导,公有经济为主体,个体、私营、合资等多种经济并存的所有制结构,也使国民经济得到了迅速发展和壮大,"年均GDP增长率达到11.3%"②。"1949年全国农业生产总值是326亿元,1956年上升到583亿元,比1949年增长了79%。随着农业总产值的增长,农民的购买力也大大提高了。1950年全国农民的购买力是81亿元,1956年上升到191亿元,比1950年增长了136%。1952年全国职工年平均工资是每人446元,1956年提高到610元。在4年间,提高了将近37%。"③比较新中国成立初期和社会主义改造这两个时期,我们发现虽然它们的经济主体有所不同,前者以私营、个体为主体,后者以国营、集体为主体,但它们的共同特点是多种所有制并存,这种所有制结构是与生产力发展相适应的,因此有力地促进了国民经济的恢复和壮大,体现了多种经济共同发展的互补性和优越性。

但是,到了"大跃进"和"文化大革命"时期(1958—1976年),由于极"左"路线占据主导地位,因此把马克思设想的在社会主义高级阶段才能建立的单纯公有制拿到社会主义初级阶段来推行。在脱离现实生产力水平和人们思想觉悟基础上,盲目提高生产资料公有化程度,并且实行高度集中的计划管理体制和平均主义的分配制度,因而极大地限制了经济主体追求自身利益的积极性和主动性,导致生产效率低下,发展速度缓慢,资源浪费严重等问题,甚至出现"三年困难时期"和"文化大革命"时期那样严重的经济衰退。"1958年提出跑步进入共产主义,基建投资比上年增长87.9%,积累率从24.9%急剧上升到33.9%,1959年又高达43.8%。结果1958—1960年赤字累积近200亿元,农业生产从1959年起连续3年大幅度下降,平均每年下降9.7%,轻工业生产也连续3年下降,陷入严

---

① 《中国近现代史纲要》,高等教育出版社2008年版,第179页。
② 《中国经济60年道路、模式与发展》第26卷,上海人民出版社2009年版,第18页。
③ 《1957年国务院政府工作报告》,中央政府门户网站,2006年2月23日。

重的经济困难。"①

新中国成立后正反两方面的经验告诉我们：在社会主义初级阶段，不发达的生产力状况决定了在公有制为主体和国有经济为主导的前提下，发展多种所有制经济的必要性和重要性，而脱离现实物质基础和人们的觉悟程度，人为地强制推行单纯的公有制和高度集中的计划管理具有极大的盲目性和危害性。可见，实行公有制为主体、多种所有制经济共同发展的基本经济制度，是总结历史经验和教训的必然产物，是党和人民经过艰辛探索得出的科学结论。

三、对所有制结构的规定是深化改革的现实需要

我国基本经济制度对所有制结构的规定，是在改革开放中逐步建立和完善起来的。1997年在党的十五大报告中第一次明确提出："以公有制为主体、多种所有制经济共同发展，是我国社会主义初级阶段的一项基本经济制度。"②在这一基本经济制度的保障和相关理论的指引下，我国改革开放和经济发展取得显著成效。

到了21世纪，我国进入全面建设小康社会的关键时期，它既是战略机遇期，又是矛盾凸显期。在公有经济与非公经济并存情况下，如果不能正确处理好两者的关系，或重回单纯公有制的老路，或误入私有化的歧途，都可能威胁我国的经济安全，甚至出现苏联、东欧那样的社会动荡和经济衰退。因此，现实要求我们坚持和完善社会主义初级阶段的基本经济制度，准确地为公有经济与非公经济定位，为国民经济持续、稳定和快速发展提供制度保障。

党的十六大提出"两个毫不动摇"的指导思想，即"毫不动摇地巩固和发展公有制经济，毫不动摇地鼓励、支持和引导非公有制经济的发展"③。党的十七大提出："坚持平等保护物权，形成各种所有制经济平等竞争、相互促进的新格局。"④党的十七届四中全会进一步提出，要自觉划清"基本经济制度同私有化和单一公有制的界限"⑤。党的十八大和十九大再次强调和细化了"两个毫不动摇"的思想，这就使所有制的基本制度不断丰富和完善。党的十八大以来的十年中，我国

---

① 黄泰岩：《我国实现"赶超"的战略选择》，《中国人民大学学报》1989年第5期。
② 《江泽民文选》第2卷，人民出版社2006年版，第19页。
③ 《十六大以来重要文献选编》（上），中央文献出版社2005年版，第19页。
④ 胡锦涛：《高举中国特色社会主义伟大旗帜 为夺取全面建设小康社会新胜利而奋斗——在中国共产党第十七次全国代表大会上的报告》，人民出版社2007年版，第25页。
⑤ 《学习贯彻党的十七届四中全会精神》，人民出版社2009年版，第11页。

经济保持中高速增长,在世界主要国家名列前茅。"国内生产总值从 54 万亿元增长到 114 万亿元,我国经济总量占世界经济的比重达 18.5%,提高 7.2 个百分点,稳居世界第二;人均国内生产总值从 39 800 元增加到 81 000 元。谷物总产量稳居世界首位,14 亿多人的粮食安全、能源安全得到有效保障。城镇化率提高 11.6 个百分点,达到 64.7%。制造业规模、外汇储备稳居世界第一。"[1]这些成就表明,实行公有制为主体、多种所有制经济共同发展的基本经济制度,不仅是对马克思主义所有制理论的坚持、发展和创新,还是符合现实生产力发展要求和有利于促进共同富裕的,因而是正确的。

然而,坚持和完善公有制为主体、多种所有制经济共同发展的基本经济制度不是一帆风顺的。近年来,随着市场经济规模扩大和对外开放程度提高,特别是由于某些传统思想回潮,以及西方新自由主义影响,使人们对这一基本经济制度的认识产生两种错误。一是"左"的倾向,那些还没有从单纯公有制思想束缚下解放出来的人认为,目前非公经济在国民经济中的比重已接近或超过 50%,国有经济已降到不足 30%[2],担心公有制的主体地位可能动摇,因此主张打击和限制非公经济发展;二是右的倾向,一些持有西方新自由主义观点的人认为,公有经济产权不清,效率低下,浪费严重,与市场经济不能兼容,因而主张恢复和推进完全的私有化。这两种错误倾向从不同角度对我国所有制的基本制度提出疑问。因此,坚持公有制为主体、多种所有制经济共同发展的基本经济制度必须反对"左"和右的两种错误,划清公有制为主体、多种所有制经济共同发展的基本经济制度与单纯公有制和完全私有化这两个根本界限,才能使公有制为主体、多种所有制经济共同发展的基本经济制度不断巩固、发展和完善,使公有经济与非公经济在促进经济发展和实现共同富裕中的两重积极性充分发挥出来。

第二节　坚持公有制为主体与反对单纯公有制

在社会主义初级阶段,要坚持公有制为主体、多种所有制经济共同发展的基

---

[1] 习近平:《高举中国特色社会主义伟大旗帜　为全面建设社会主义现代化国家而团结奋斗——在中国共产党第二十次全国代表大会上的报告》,人民出版社 2022 年版,第 8 页。
[2] 张宇:《完善中国特色社会主义经济理论体系需要深入研究的若干问题》,《经济学动态》2008 年第 7 期,第 25 页。

本经济制度,首先要正确认识公有制的主体地位和国有经济的主导作用。一方面要反对实行单纯公有制的"左"倾路线,防止重走封闭僵化的老路;另一方面又要反对实行完全私有化的右倾路线,防止走上改旗易帜的邪路。因此,坚持公有制的主体地位和发挥国有经济的主导作用,对于坚持社会主义方向和促进共同富裕具有决定性意义,是决不能动摇的。

一、公有制的实质与多种实现形式

所谓"公有制",就是全体或部分劳动者共同占有生产资料的所有制形式。建立生产资料公有制的实质是要消灭资本主义的剥削制度,使劳动者成为生产资料的主人,形成劳动平等的生产关系,为共同富裕提供经济基础和制度保证。具体来讲:(1)用社会主义公有制代替资本主义私有制,是生产关系一定要适合生产力性质规律作用的必然结果,它标志着资本主义剥削制度的瓦解,以及社会主义崭新制度的诞生。由于各国经济和社会状况不同,存在许多历史和地域上的差别。因而在公有制代替私有制过程中,必然会形成纷繁复杂的形式和发展阶段上的差异,因此各国的变革不能强求统一和机械照搬。(2)所有制是生产关系的基础,它决定人们之间的相互关系和分配关系,也就决定了生产关系的性质和发展方向。因此,社会主义公有制的建立,意味着人与人的剥削关系被平等互利关系代替,按资分配为主被按劳分配为主代替,使生产关系性质发生了根本变化,使公有制所代表的生产关系成为人民整体利益和长远利益的集中体现。(3)公有制决定社会主义生产目的,是满足全体人民日益增长的物质和文化需要。在社会主义市场经济条件下,虽然所有经济主体的直接目的仍然是增加产值和获取利润,但是它们的最终目的或者说最终结果必然是满足社会需要。可见,公有制是社会主义主要经济规律产生和实现的前提条件,它制约着其他经济规律发挥作用的程度和范围。因而只有在公有制条件下,才能限制收入上两极分化和促进共同富裕。(4)公有制是国家政权和民主制度最重要的经济基础。只有坚持公有制,才能增强综合国力和完善上层建筑;在充分发挥市场作用的同时,充分发挥政府的宏观调控作用;在积极提高物质文明的同时,努力提高精神文明程度,推动经济和社会全面发展。可见,加强和完善公有制至关重要,它决定着经济发展的正确方向和劳动者的主人地位,是巩固人民政权和民主制度的根本保证。有些人把资本主义的国有企业,也看成"公有制"这是不正确的。虽然这些企业不归资本家私人所有,但是他们的政权掌握在垄断资产阶级手中,他们的国有企业是为整个资产阶级的根本利益和长远利益服务的,因此是社会化的"私有制",与社会主义的国有企业有本质区别。

如何保持公有制性质和提高公有经济地位?必须从以下几个方面努力:(1)要保持公有制的主体地位。主体不是全体,不能搞脱离生产力水平的纯而又纯的公有经济,而要与非公经济共同发展。通过平等竞争,公有经济不仅要在固定资产的投资数量上,而且要在产品质量和产出效益上取得优势,显示出公有经济的优越性。(2)要保持国有经济的主导地位。主导不等于主体,更不能包办一切,国有经济的主导作用主要表现在对国民经济的控制力、调节力和影响力上。因此,从总体上讲,国有企业在数量上要减少,特别是那些规模小、效益差、无发展前途的企业,要通过关、停、并、转等形式进行剥离,真正提高国有企业的素质、规模和效益,使之更好地发挥主导作用。(3)要加快包含公有成分的混合经济的发展。混合经济是公有经济与非公经济在企业内部融合的途径和方式,它有利于多种经济相互促进,取长补短,共同发展,也是通过股份制和股份合作制等方式,扩大公有经济对非公经济控制、引导和影响的重要途径。

要巩固和加强公有制的主体地位,必须加快公有经济发展,不断丰富和完善公有经济的实现形式。过去人们认为公有制只有全民和集体两种,其实是不正确的。在社会主义初级阶段,由于生产力发展水平的多层次和不平衡,要求公有制的实现形式多样化,以适应生产力的发展需要。公有制的实现形式,不仅要有全民或集体等单一性质的公有制形式,而且要有全民与集体,集体与集体,以及全民、集体与非公经济混合的实现形式。实现这种混合经济的基本途径,是股份制和股份合作制。首先,股份制能否成为公有经济的实现形式是一个有争议的问题。过去,人们总是把股份制看成资本主义私有经济的实现形式,其实股份制是社会化大生产和市场经济的产物,本身不具有根本制度的属性,因而它既能与私有制结合,成为资本主义企业的经营管理制度;又能与公有制结合,成为社会主义企业的经营管理制度。股份制是一种比较完善的企业经营管理制度,具有所有权与经营权相分离,法人治理结构严密,经营管理机制合理,资产运作经济高效等特点。股份制对克服原有公有制企业,特别是国有大中型企业在经营体制上的弊端,有很强的针对性和实用性。其次,股份合作制是股份制与合作制相结合的产物,它既融合了这两种经营管理制度的优点,又弥补了它们的缺陷,因而是一种新型集体经济的实现形式。股份合作制既解决了股份制下所有者和劳动者不统一,劳动者与生产资料相分离的问题,又解决了传统集体所有制下劳动者的产权和主人地位不落实的问题,从制度上保障了劳动者合法权益和主人地位。因此,发展股份制和股份合作制,成为公有企业经营管理制度改革和完善的主要途径。

二、划清公有制为主体与单纯公有制的界限

划清所有制的基本制度与单纯公有制的界限,实质是要划清公有制为主体与单纯公有制的界限。而划清这一界限的关键是在发展公有经济的同时,能否为非公经济营造良好的环境和创造有利的条件,使公有经济与非公经济能够平等竞争、相互促进和协调发展。

改革开放四十多年来,党和国家出台了一系列的政策、措施和法规,为非公经济发展营造了良好的政治、法律和舆论环境,使非公经济取得迅速发展。但是,由于在传统的单纯公有制下形成的"轻私""疑私""怕私""防私"等思想观念影响,以及由此而致的体制障碍,非公经济面临不少困难。主要表现如下:(1)所谓的"玻璃门"和"弹簧门"现象。2005年国务院颁布了《关于鼓励、支持和引导个体、私营等非公有制经济发展的若干意见》(以下简称《意见》),允许非公企业进入电力、电信、铁路、民航、石油等垄断行业和领域。由于受传统观念和旧体制的影响,非公经济仍然遇到"看得见、进不去"的"玻璃门",或者"一进去就被弹回来"的"弹簧门"。如非公经济参与国防工业建设,有人担心它们靠不住,会给国家安全造成隐患,致使非公经济很难进入,即使进入也难以长期生存。(2)关于融资困难的问题。2005年国务院颁布的《意见》提出,要加大对非公经济的财税金融支持。但银行仍对非公经济存在融资歧视,严重制约了它们的发展。"如四大国有银行在贷款发放、审批程序、不良贷款处理、信贷人员责任等方面,对民营企业的要求极为苛刻,远远超过国有企业。"[①](3)关于税负不公的问题。虽然费已改税,但在实施上仍存在"所有制歧视"。如传统军工企业可免去增值税,而非公企业不能享受同等待遇,使它们在竞争中处于不利地位。(4)关于"国进民退"的问题。为使部分国企退出竞争性行业,同时加快非公经济发展,我们曾提出"国退民进"的口号,并取得很好效果。但是在应对美国金融危机以后,却出现了"国进民退"的相反现象,如中粮入主蒙牛、中化收编民营化肥厂、五矿和中钢兼并民营钢厂、航空业中民营企业全军覆没、高速公路行业民营资本被集体清退,以及央企进军房地产市场等,对非公经济发展造成不利影响。出现此类现象的原因

---

① 《民企贷款受歧视》,中国经济网,2009年3月9日。

是多方面的。首先,由于国家政策导向和国有银行的偏爱,国企得以凭借政策和资金优势,进军一般性竞争行业和股市、楼市等,从而挤占了非公经济的发展空间;其次,这一系列兼并、重组又加固了国企的垄断地位,使得非公经济更加难以进入;最后,由这一现象所带来的不良舆论环境使得非公经济不愿或不敢参与打破垄断的投资和竞争。

可见,在某些领域单纯公有制的传统观念仍在延续。一方面,它使非公经济不敢放开手脚大力发展;另一方面,又限制了非公经济的健康成长。这就要求我们划清公有制为主体与单纯公有制的界限,时刻警惕"左"的错误倾向回潮和蔓延,不断完善维护非公经济的政策和法规,并制定相应的配套措施和管理方法,使非公经济在加快经济发展和促进共同富裕中的积极作用充分发挥出来。

第三节 多种所有制共同发展与反对私有化

在社会主义初级阶段,要坚持公有制为主体、多种所有制经济共同发展的基本经济制度,一方面要坚持公有制的主体地位和发挥国有经济的主导作用,另一方面还要坚持多种所有制经济的共同发展。也就是说,坚持公有制为主体并不能否定或代替多种所有制经济的共同发展,同时坚持多种所有制经济共同发展也不等于搞私有化。

一、非公经济的性质与现实作用

在社会主义初级阶段,由于生产力水平低、多层次和不平衡等特点,要求公有经济与非公经济相互补充,共同发展。这里的非公经济包括:个体、私营、外资等。在对非公经济性质和作用的认识上,有一个转变观念和逐步提高的过程。改革开放前,由于"左"倾路线的影响,几乎把所有非公经济都看成资本主义经济,或是滋生资本主义的土壤,全部被纳入消灭之列,结果严重阻碍了生产力发展。其实,即使在资本主义条件下,劳动者的个体经济与有剥削的私营经济之间,民族资本主义经济与垄断资本主义经济之间,都有着质的区别,不能"一视同仁"。在社会主义条件下,它们原有的性质已发生根本变化,即由资本主义经济或从属于资本主义经济的性质,转变为社会主义市场经济的重要组成部分,取得了从属于社会主义经济的性质。因此,看不到这一根本性的变化,就会犯"左"倾错误,否认非公经济在经济发展和共同富裕中的必要性。经过改革开放的实践,才使我们逐步认识到公有经济与非公经济共同发展的重要性,因而党的十五大把多种所有制经济共同发展作为基本经济制度确定下来。

为什么在社会主义条件下,仍然要大力发展非公经济?原因是多方面的:(1)这是大力发展市场经济的需要。个体、私营和外资等非公经济都是市场经济的产物,它们与市场经济可以说是与生俱来的,有着不可分割的历史联系。因此,市场经济存在的必要性,也就决定了非公经济存在和发展的必要性,因而它们也是社会主义市场经济不可缺少的重要组成部分。(2)壮大非公经济是加快国民经济发展的需要。首先,非公经济已成为国民经济新的增长点,生产出大量物质产品和精神产品,在满足人民物质和文化需要方面发挥了重要作用。其次,非公经济的发展,有效扩大了劳动者的就业领域,大量吸纳公有企业下岗职工和农村剩余劳动力,为缓解就业矛盾和保持社会稳定做出重要贡献。再次,非公经济有效地把大量闲散资金,吸收到生产领域,转化为生产经营资本,特别是通过引进外资,大大加快了我国经济发展速度,同时为国家财政提供了大量税收,有力促进了综合国力增强。最后,非公经济发展也有利于我国现有产业结构的调整和优化。非公经济发展首先弥补了我国第三产业严重落后的现状,特别是随着民营科技企业的迅速发展,也促进了产业结构的升级换代。(3)非公经济对公有经济的发展有借鉴和鞭策作用。非公企业的某些长处,恰恰是许多公有企业的缺陷,因而有利于取长补短。非公经济的共同特点是产权关系明晰,经营机制灵活,不仅对市场反应灵敏,而且利益机制体现得更为充分。其中,不同所有制形式都有其特点。个体经济具有经营规模小,对市场的适应性强,常常起着拾遗补漏的重要作用。私营经济把私有制与社会化生产经营结合起来,既能获得集体劳动所创造的较高劳动生产力,又能把私人老板那种精打细算,严格监督和时时处处追求利益最大化的特点发挥出来,因而能创造出比部分公有企业更高的经济效益。"三资"企业把发达国家先进的生产技术和管理经验引入国内,并能利用国际市场取得资金、原材料的来源和产品的销路等,创造出更高的劳动生产力和经济效益。特别是它们之间的平等竞争会形成巨大压力,鞭策公有经济的改革和发展。当然,非公经济发展也不可避免地会带来一些负面影响,如有些私有企业偷漏税收,生产假冒伪劣商品,任意排放"三废",破坏生态环境等。其实这些违法乱纪现象在公有企业中也是屡见不鲜的,因此主要是如何加强教育,严格监督和完善法治问题。在这里,我们决不能采取因噎废食的态度,抓住非公经济在局部上的缺陷和不足,而否定它们在经济发展和共同富裕中的重要地位和积极作用。

二、划清多种所有制经济共同发展与私有化的界限

划清公有制为主体、多种所有制经济共同发展的基本经济制度与私有化的界限,实质是要划清多种所有制经济共同发展与私有化的界限,而划清这一界限的关键在于:能否在多种所有制经济共同发展的同时,坚持公有制的主体地位和发挥国有经济的主导作用。

(一)认识公有制主体地位的必要性和重要性

对公有制的主体地位和国有经济的主导作用,以及它们的必要性和重要性都要有一个唯物辩证和科学全面的认识,需要解决以下三个问题:

第一,以公有制为主体,是保持社会主义性质的需要。在这里,我们对公有制为主体要有全面、深刻和辩证的理解。首先,以公有制为主体是从全局来讲的,并不排斥在部分落后行业和地区、沿海开放城市和经济特区,实行以非公经济为主体的管理体制。其次,以公有制为主体,不能简单地理解为在企业数量、就业人数、注册资本,以及产值、税收、利润上占多数。事实上,非公经济在这些方面已达到或超过了公有经济。统计资料显示,截至2023年4月初,我国民营企业数量超过5 000万家,在企业中的占比达到92.4%。民营企业"贡献了50%以上的税收,60%以上的国内生产总值,70%以上的技术创新成果,80%以上的城镇劳动就业,90%以上的企业数量"[①]。以公有制为主体的根本标志,是看最重要的生产资料——土地和固定资产的数量和比重,是否在全国范围内占据优势和处于统治地位。在我国,城市土地归国家所有,农村土地归集体所有,因此土地的全民所有和集体所有是我国公有制为主体的最根本标志。我国固定资产的公有比重也是相当高的,这是因为:一方面由于改革开放之前,长期实行计划经济,几乎全部固定资产的投资都是属于全民和集体公有的;另一方面由于国家掌握了税收的主要来源,因此,在过去主要依靠投资拉动经济的体制下,国家积累了大量的优质资产,其中包括道路、交通、水利建设等基础设施,成为公有固定资产的重要来源和必要组成部分。由此可见只要土地的公有制性质不变,以及

[①] 《习近平在民营企业座谈会上的讲话》,《光明日报》2018年11月2日。

公有固定资产的比重占据优势,那么无论在企业数量以及产值、税收、利润上公有比重如何变化,公有制的主体地位都是不会动摇和改变的。最后,上层建筑对经济基础有巨大的反作用。国家不仅拥有能够控制国民经济命脉和规模庞大的优质资产,而且拥有调控宏观经济和再分配国民收入的权力和能力,可以通过相关政策、法律和制度来维护公有制,因而国家政权成为巩固公有经济主体地位的决定性力量。

第二,坚持公有制的主体地位,就要充分发挥国有经济的主导作用。随着经济体制改革深化,国有企业逐步从一般竞争性行业退出,因而在数量上显著减少。但是经过改制的国有大中型企业,由于经营机制转变和经济效益提高,使它们在国民经济中的主导作用不断增强。由于国有经济是公有经济的中流砥柱,因此不断提高它们的经济实力和控制能力,是维护公有制主体地位和发挥国有经济主导作用的根本保障。国有企业在规模、质量和效益上都具有做强、做优、做大的基础和能力。据统计,2023年国有企业总营收为75.6万亿元,占全国GDP的66%。我国进入世界500强的企业总数是115家,其中八成以上是国有企业,充分证明了国有企业的强大实力和巨大潜力,也显示了国有经济在稳定经济和共同富裕中的中流砥柱作用。

第三,坚持公有制的主体地位,是对非公经济进行正确引导的可靠保证。非公经济作为一种不同于社会主义性质的经济成分,既有积极的一面如增加就业、扩大税收、满足需要和促进生产力发展等,但也有消极的一面如增大剥削、唯利是图、偷税漏税、阻碍生产力发展等,因而需要对它们进行正确引导。所以在多种所有制经济共同发展的同时,保持公有制主体地位和发挥国有经济主导作用至关重要。实践表明,只有坚持公有经济主体地位和发挥国有经济主导作用,才能保证国民经济沿着正确方向和道路不断前进,充分显示了公有经济对共同富裕的决定作用。

(二)坚决反对和有效制止各种私有化倾向

20世纪90年代以后,随着非公经济发展和实力增强,一股代表资产阶级根本利益,主张私有化的思潮甚嚣尘上,公有制的主体地位不断受到冲击。主要表现在:(1)"市场决定论"。有些人认为,主体地位不是谁封的,哪种经济成分行就应占据主体地位,而符合"自私本性"的私营经济效率高,对市场适应性强,理应成为国民经济的主体。(2)"均分国有资产论"。有些人认为,国有经济产权不清,所有者虚置,只有将国有资产分解到个人,产权才能明晰,甚至提出要向苏联学习,将国家的外汇储备均分到个人。①②(3)"消极保障论"。当中央提出对国有经济进行战略调整时,有人公开主张对非公经济应"有需就让",要求公有经济退缩到单纯提供保障的地位,让非公经济发挥主导作用。(4)"贱卖论"。在国企民营化过程中,掀起了一股挑战国有资产的歪风,许多国有企业被"贱买贱卖""半卖半送",甚至"假卖真送",从而造成国有资产的大量流失。

允许私有经济的存在和发展并不等于恢复和重建私有制。现实中出现的各种私有化的右倾错误,要求我们进一步划清多种所有制经济共同发展与私有化的界限,从理论和实践两个方面坚决反对和有效制止形形色色的私有化倾向。现实表明,我们提出公有经济与非公经济共同发展,并不是要用非公经济来取代公有经济的主体地位,更不是要全面恢复私有制。相反,我们的目标是要通过公有经济与非公经济的平等竞争和相互促进,更好地巩固公有制的主体地位和实现共同富裕的决定作用,为过渡到社会主义的高级阶段,最终消灭私有制及其剥削制度创造物质基础和社会条件。

第四节 公有经济与非公经济的有机结合

在社会主义初级阶段,公有经济与非公经济不仅具有同时并存的两重性,而且具有相互促进的相容性。如何才能在坚持公有制主体地位和发挥国有经济主导作用的同时,使非公经济得到发展和壮大?如何才能在非公经济发展和壮大的同时,不动摇公有制的主体地位和发挥国有经济的主导作用?这里的关键是要找到公有经济与非公经济有机结合的途径和方法,使它们在经济发展和共同富裕中的积极作用都能充分发挥出来。

一、公有经济对非公经济的支持和引导作用

要使公有经济与非公经济协调发展,这里的重要环节是要加快转变经济发展方式。过去的经济发展方式比较落后,主要特点是粗放型、外延型、投资和出

---

① 赵华荃:《坚持公有制为主体的基本经济制度之我见》,《马克思主义研究》2006年第11期,第31页。
② 《俄罗斯每人分一万卢布的教训与启示》,中国经济评论新闻网,2009年5月14日。

口拉动型。这样的发展方式不仅投资大、产值低、效益差,而且容易形成重复建设、产能过剩、结构失衡、资源浪费和环境破坏等不良状况。落后的经济发展方式不仅阻碍了国民经济的健康发展,而且致使许多企业无处投资,只能将大量资金投入房市、股市和债市等,引发经济泡沫和导致金融危机。所以,要使公有经济与非公经济协调发展,最根本的方法是转变经济发展方式,加快各类企业向新能源、新技术、新材料和生态环保等新兴产业发展。只有这样公有经济与非公经济才不会互相挤占市场,才会在转变经济发展方式的过程中,不断以技术创新和管理创新为动力,找到各自更广阔的投资领域和发展空间。

有人认为,公有经济发展会挤压和限制非公经济发展,这样的观点是片面的。只要路线正确和政策对头,公有经济发展就会对非公经济产生积极影响。这是因为:(1)公有经济对非公经济有支持和促进作用。一方面,公有经济的壮大可以通过政府的财政金融政策,为非公经济发展提供物质基础;另一方面,非公企业在发展中,始终需要公有企业在原材料、机器设备、人才技术、信息咨询、供销渠道等方面的支持。(2)公有经济对非公经济有指导和引导作用。一方面,公有经济为执行国家的宏观政策,在某些重点行业和关键领域的投资会带动非公经济的发展;另一方面,公有经济为保持国民经济持续、稳定发展,需要大量投资新兴产业,如新能源、新技术、新材料等,这些新的经济增长点,也为民营资本拓宽了发展空间。因此,我们要充分利用公有经济的优势,发挥它们对非公经济的支持和引导作用,有效限制非公经济可能造成的贫富差距和两极分化问题。

二、非公经济对公有经济的促进和协调作用

要充分发挥非公经济对公有经济的促进和协调作用,前提是要调整和优化所有制结构,改变过去公有经济比重过高,非公经济比重过低,难以协调发展的局面。所有制结构不合理的根源之一是产业结构不合理。因为产业结构体现的是生产力发展的要求,而所有制结构体现的是生产关系完善的要求,因此所有制结构的调整也必须符合产业结构调整的需要。过去,产业结构不合理,主要表现在第一、第二产业比重过大,第三产业的比重过小,因而限制了非公经济的发展和壮大;在第一产业中的农业、能源和原材料产业又不能满足第二、第三产业的发展需要;这些瓶颈部门存在,不仅限制了整个国民经济的协调发展,而且限制了公有经济和非公经济的有机结合。随着现代化建设发展和数字经济时代的到来,对科技、教育、金融、信息、交通、运输等第三产业的需要日益加强,因此产业

结构要按照三、二、一的顺序加以调整,这就为非公经济发展打开了空间,为公有经济和非公经济有机结合和协调发展创造了有利条件。只有通过产业结构调整和优化,特别是加快第三产业发展,才能使非公经济的比重显著提高,使非公经济有更大的发展空间和回旋余地,充分发挥它们对公有经济的促进和协调作用。

有人认为,私营和外资等非公经济有剥削性质,其发展会影响公有经济的主体地位,这样的认识也有失偏颇。虽然私营、外资等非公经济具有剥削性质,以及强烈的自发性和功利性,因此需要对其加以引导和管理,但在社会主义初级阶段,只要路线和方针正确,非公经济不仅不会动摇公有经济的主体地位,反而有利于公有经济的发展和壮大。这是因为:(1)非公经济有促进作用。非公经济进入的领域,使市场竞争加剧,这就增强了公有企业的紧迫感,迫使它们改革管理体制、转换经营机制和加快科技创新等,这对公有经济的长远发展是有利的。(2)非公经济有协调作用。一方面,非公经济可以协助和配合公有经济改革。如非公经济参与国有资产重组,为公有企业的联合、兼并、嫁接、租赁和拍卖等提供有利条件和有效途径。另一方面,非公经济把相关的配套和辅助工作做好,使公有经济能集中力量进行开发和创新,提高它们在高端技术方面的核心竞争力。因此,我们不应人为地限制非公经济发展,而要通过对非公经济的正确引导和管理,充分发挥它们对协调公有经济和促进共同富裕的积极作用。

三、公有经济与非公经济的相互促进

党的十六大报告指出:"各种所有制经济完全可以在市场竞争中发挥各自优势,相互促进,共同发展。"[①]公有经济壮大可为非公经济提供物质基础,而非公经济壮大可促使公有经济改革深化。因此,要充分发挥各自优势,使它们能够取长补短,相得益彰。

第一,深化国有企业改革,发挥国有经济的主导作用。国有企业的改革必须朝着适当减少数量,提高效益和强化功能的方向发展。国有经济的功能是发挥主导作用,而这种作用是通过调控能力显示出来的。因此,在关系国计民生的重要部门和领域,必须加大对国有企业的投入,使其主导作用能够显示出来。同时,在一些新兴产业中有高科技含量和广阔发展前景的,国有企业也必须积极参与,在竞争中壮大自己,显示出自己的实力和优势。但是在一般性竞争的加工

---

① 《十六大以来重要文献选编》(上),中央文献出版社2005年版,第19页。

业、零售业和服务业中,国有企业要尽可能退出来,使非公经济有更大的发展余地。当然,国有企业的进入和退出,都必须遵循市场经济的运行规律,实现生产要素的合理流动和高效配置,实现产业结构的调整和优化,使国有经济对共同富裕的决定性作用充分显示出来。

第二,按照市场经济的要求,发展多种形式的集体经济。其中包括:(1)使集体经济成为普遍的公有制形式。公有制为主体实质是集体经济为主体,因为国有经济主要是掌握经济命脉,提高控制能力,因此在数量上不必成为多数。但是集体经济有较强的适应能力,可以与不同的生产力相适应,因此可以成为普遍的公有制形式。过去认为集体经济只能与生产力较低的行业和部门相联系,这其实是错误的。实践表明,集体经济也能与规模较大的行业和部门相联系,因此不断提高集体经济的现代化程度,仍然是紧迫的战略任务。(2)集体经济是能与市场经济直接联系的经济形式。首先,集体经济的产权是独立而明晰的。集体的生产资料和产品属于每个集体企业的劳动者共同所有,它们具有独立的经营自主权,因而是真正的市场主体。其次,集体经济有权通过市场获得生产资料,对其产品具有占有、支配和处置的权利,因而是独立的交易主体。再次,产权收益的确定性决定集体企业能从自身利益出发,积极参与市场竞争,追求利益的最大化。最后,集体经济能以较低成本,形成内部的约束机制。集体企业的劳动者对财产享有平等权利,因而有权参与民主管理,即每个职工都有参与重大决策和行使民主监督的权利。(3)加强农村统分结合,双层经营的家庭联产承包责任制。家庭联产承包责任制,是改革开放以来中国农民的一大发明,是符合国情并能促进集体经济发展的好形式。它有利于调动广大农民的积极性和主动性,因此必须长期坚持。但是家庭承包经营规模狭小,在抗御自然灾害,兴修水利和发展规模经营上存在许多困难。因此,在发展家庭承包经营的同时,不能忽视集体经营的重要性。要利用集体力量建立产前、产中和产后的服务体系,来弥补个体生产和经营的缺陷。许多农村在实践中创造出反租和倒包等形式,使土地向种田专业户集中,这样既能维护家庭承包和农民的切身利益,又能扩大规模经营和取得规模效益,值得推广和运用,为全体农民的共同富裕奠定基础和创造条件。

第三,在加强引导和管理的前提下促进非公经济健康发展。这里要做好以下工作:(1)更新观念。要按照党的二十大精神,充分认识民营经济是社会主义市场经济的重要组成部分。克服那种认为公有经济与非公经济是彼此消长的错误观念,正确认识它们之间相互促进和共同发展的内在要求。目前,非公经济规模小,技术装备差,投资比重偏低仍然是主要倾向。因此,必须提高认识,积极鼓励和引导个体、私营和外资等非公经济健康发展,使它们与公有经济能够取长补短,协调发展。(2)完善政策。要调整对非公经济的政策,其中包括:提倡和鼓励不同经济之间的平等竞争,克服歧视性政策对非公经济的不利影响;要通过信贷等手段,支持私人投资,利用有效的激励机制,促使它们改造技术,更新设备,完善管理等,使非公经济取得更自由的发展空间;对于非公经济中已有较大规模和生产能力,有独特工艺技术和较强国际竞争力的企业,应尽快赋予它们进出口的权力,支持它们从事外贸业务和对外投资。(3)制度保证。要加强市场的规范化和法治化建设,使不同所有制经济都能平等竞争和有序发展。非公经济的发展,不是权宜之计,而是长久之策,应从法律和制度上给予保障。要利用经济、行政和法律等手段加强宏观调控,使非公经济在促进现代化建设和实现共同富裕中的作用充分发挥出来。

  第四,发展和完善公有经济与非公经济有机结合的混合所有制经济。混合所有制经济是坚持社会主义的基本经济制度,贯彻"两个毫不动摇"思想路线的产物和结晶,实现公有经济和非公经济相融合的重要途径。从现实看,公有经济和非公经济都是各有所长和各有所短的,因此它们可以取长补短和有机结合。像水泥、黄沙、石子和钢筋可以混凝成坚固的钢骨水泥制品一样,公有经济和非公经济通过在企业内部的融合,更有利于发挥各自的长处,克服各自的不足,以形成互补的优势和融合的强势,成为更具现代企业特征和公私混合特性的新型企业。在2016年12月召开的中央经济工作会议上,明确提出要把混合所有制改革作为国企改革的重要突破口,要在电力、石油、天然气、铁路、民航、电信、军工等垄断行业和部门取得实质性进展。这样的改革,不仅有利于打破国有企业"一股独大"的垄断局面,提高它们的经营活力和经济效益,而且可以吸引更多的非公经济参与基础性、资源性和新兴产业的建设,提高这些部门的规模经济、创新能力和国际竞争力。因此,不论是公有制企业和非公有制的企业,都可以通过混合所有制形式,使它们成为社会主义经济的创新主体,进而使它们在共同富裕中的协调配合作用充分发挥出来。

第八章

共同富裕的按劳分配

习近平总书记在党的二十大报告中指出："分配制度是促进共同富裕的基础性制度。"①在社会主义初级阶段，建立以公有制为主体，多种所有制经济共同发展的基本经济制度，必须相应地建立以按劳分配为主，多种分配方式并存的分配制度。要实现共同富裕，不仅要发展生产力和增加物质财富，而且要完善生产关系和实现公平分配。因此，只有以习近平新时代中国特色社会主义思想为指导，坚持、发展和创新马克思主义的劳动价值论，才能克服分配中的平均主义和两极分化，加快现代化建设和实现共同富裕。

第一节　按劳分配的本质要求和实现形式

在研究社会主义初级阶段的基本分配制度时，首先要研究和解决作为分配主体的按劳分配问题。为了在社会主义市场经济中遵循按劳分配规律和健全按劳分配制度，我们不仅要深刻认识按劳分配的本质要求，而且要努力探索它的实现形式。因此，在完善公有制实现形式的同时，完善按劳分配的实现形式是加快经济发展和实现共同富裕必须解决的现实课题。

一、按劳分配的本质要求及其萌芽形式

什么是按劳分配？简单地讲就是按劳动的数量和质量分配消费品，使劳动贡献成为劳动收益的直接依据。马克思设想的按劳分配要具备下列条件：(1) 形成

---

① 习近平：《高举中国特色社会主义伟大旗帜　为全面建设社会主义现代化国家而团结奋斗——在中国共产党第二十次全国代表大会上的报告》，人民出版社 2022 年版，第 47 页。

"自由人的联合体",即建立单一的生产资料全民所有制。(2)商品、货币已经消亡,个人劳动"直接作为总劳动的组成部分存在着"①。(3)在对总产品"作了各项扣除之后",可以按"各个生产者的个人劳动时间"②分配消费品。显然,社会主义的实际进程与马克思的设想距离甚远。特别在社会主义初级阶段,不仅有全民、集体和混合等多种公有制形式,而且要与个体、私营和外资等非公经济共同发展。由于生产资料与劳动力还处于分离状态,因此我们不能直接按劳动分配消费品。

因此,有人认为按劳分配只是社会主义高级阶段的分配方式,在社会主义初级阶段是无法实行的。这里应该把按劳分配的本质要求与它的实现形式区分开来。在社会主义时期,按劳分配的本质要求是由生产资料公有制决定的,因而具有普遍性和长期性。但是按劳分配的实现形式,会因生产力水平和社会条件的差异,表现得非常丰富和繁杂。正如马克思所说:"这种分配的方式会随着社会生产有机体本身的特殊方式和随着生产者的相应的历史发展程度而改变。"③虽然马克思设想的按劳分配与现阶段的实际不相符,但是我们可以探索符合实际的实现形式。其实不论是货币工资还是劳动券,都不会改变按劳分配的本质要求,反而能显示出它的发展阶段和历史进程。

按劳分配是社会主义的分配制度,但是作为它前身的资本主义,不仅为按劳分配准备物质基础,而且提供萌芽形式。只要仔细分析就会看到,资本主义的按劳动力价值分配,与社会主义的按劳分配具有同一性:(1)不论是按劳动力价值分配还是按劳分配,都不是按全部劳动分配,结果都是用必要消费资料再生产劳动力。(2)按劳动力价值分配包含按劳分配因素。因为按劳动力价值分配,就是按再生产劳动力的必要劳动分配,实质是按劳分配的萌芽。(3)按劳动力价值分配与按劳分配会相互转化。既然在资本主义社会按劳动力价值分配已部分反映了按劳分配的要求,那么在社会主义社会也可利用劳动力商品来实现初级形式的按劳分配。现实表明,以劳动力商品形式实现的按劳分配,既能克服平均主义,又能防止两极分化,因此是促进共同富裕的有效途径和可靠方法。

二、劳动力商品的延续性和必要性

通过劳动力商品形式实现按劳分配,碰到的关键问题是:在社会主义阶段,

---

①② 《马克思恩格斯选集》第3卷,人民出版社2012年版,第363页。
③ 马克思:《资本论》第1卷,人民出版社2018年版,第96页。

劳动力商品是否具有延续性和必要性？为了说明这一问题，必须从分析资本主义生产关系的变革开始。

要生产，一方面需要生产资料，另一方面需要劳动力。因此，不仅有生产资料所有制，而且有劳动力所有制。在资本主义社会它们是分离的，生产资料归资本家所有，劳动力归劳动者所有。要使它们结合，资本家与劳动者必须发生经济联系。在"商品形式成为劳动产品的一般形式"①的资本主义社会，这种联系的适当方式是买卖劳动力。资本家支付的工资实质是劳动力价值，劳动力的使用价值即劳动，创造出的大于劳动力价值的部分，即剩余价值为资本家无偿占有。这种在等价交换条件下实现的剥削关系，根源于资本主义私有制。社会主义革命铲除了这一根源，实现了私有制向公有制的转变。但是劳动力个人所有以及它的商品性质，会不会随公有制建立而消失呢？

过去，人们总是把消灭生产资料私有制与取消劳动力个人所有看成是同步完成的。事实并非如此，劳动力个人所有向社会所有转变，也要具备客观的经济条件。对社会来说，没有劳动力不行，特别是社会化大生产，需要自由支配劳动力；对劳动者来说，劳动力不用就毫无用处，它会随时间流逝而消失。因此，劳动力客观上具有让社会支配的必要性和可能性，但这并不等于具备了现实性。因为劳动力的存在要以劳动者的生存为前提，当人们的必要生活资料，还要依靠个人劳动才能得到时，劳动者就会把劳动力作为"私有财产"。社会要完全占有和自由支配劳动力，就必须无条件向全体劳动者提供必要生活资料。也就是说，只有实现按需分配，劳动力个人所有才会消失。事实上，在社会主义时期生产力还达不到按需分配的水平，因此"它默认，劳动者的不同等的个人天赋，从而不同等的工作能力，是天然特权"②。

当然，社会主义同资本主义相比，劳动力个人所有已经发生变化。在资本主义社会，劳动力所有者与雇佣工人与生产资料所有者，即资本家，处于剥削与被剥削的对立中。在社会主义社会，劳动力的所有者与个人与生产资料所有者，即国家或集体，处在根本利益一致的基础上。随着工农差别和干群差别的缩小，特别是在教育、卫生、社保、福利等方面按需分配因素的增加，劳动力部分社会所有的条件已经出现，这是在社会主义社会发扬共产主义精神的经济基础。虽然按

---

① 马克思：《资本论》第 1 卷，人民出版社 2018 年版，第 75 页。
② 《马克思恩格斯选集》第 3 卷，人民出版社 2012 年版，第 364 页。

需分配还不占主体地位,但它反映了在劳动力所有关系上,社会主义同资本主义的区别,以及同共产主义的联系。

过去有人认为,生产资料公有制使劳动者成为企业的主人,因而不能再把自己的劳动力卖给"自己"。这里,他们的缺陷是忽视了个人与集体的区别。其实不论是个人的劳动力,还是企业的资产或产品,在市场经济条件下都不能无偿"调拨"。只要仔细分析就会发现,社会主义革命消灭了剥削制度,但是并没有消除劳动者与生产资料相分离的状况。在社会主义时期,除小生产者外,劳动者个人没有生产资料,他们作为劳动力的所有者与国家或集体所有的生产资料仍然是分离的。那么,要进行社会生产,就要求公有企业向劳动者购买劳动力。在社会主义市场经济中,商品仍然是产品的普遍形式,等价交换是国家、集体、个人都能接受的平等关系。因此,劳动力商品具有历史延续性和现实必要性,它不会随资本主义私有制的消灭而消失。

过去人们总是把劳动力商品与劳动者受剥削等同起来,其实不全然,要作具体分析。在资本主义社会,雇佣工人是受剥削者,他们创造的剩余价值成为资本家的财富和扩大私有资本的源泉。但在社会主义社会,工人剩余劳动创造的价值转化为公共必要价值,成为国家或集体的财富和扩大再生产的手段,最终是为全体劳动者谋利益。因此在公有企业中,劳动力虽然是商品,但是劳动者已不再受剥削。如果说在资本主义社会劳动力成为商品是被迫的,那么在社会主义社会劳动力成为商品已有很大的自觉性。因为国家和集体是劳动者整体利益和长远利益的代表,所以劳动者应该树立"俯首甘为孺子牛"的思想,当好公有企业的雇员。

社会主义市场经济的实践证明了劳动力商品的必要性。首先,只有承认劳动力个人所有,才能在现有物质和思想基础上,实现多劳多得,充分调动劳动者的生产积极性。其次,只有把劳动力作为商品,才能促使劳动者努力学习,不断提高自身文化素质和劳动技能,从而提高劳动者的劳动力价值。再次,为了实现劳动力价值和提高劳动者生活水平,就必须充分发挥劳动力的使用价值,为社会创造更多物质财富。最后,只有健全劳动力市场,才能完善社会主义市场体系,促进劳动力合理流动,更好地配置劳动力资源。过去,我们否认劳动力市场,限制劳动力合理流动,结果加剧了劳动力的供需矛盾,出现有的地方缺乏人才,求才若渴,而有的地方却人才积压,用非所长,甚至外流。可见,劳动力商品化不仅是完善社会主义市场体系和合理配置人力资源的需要,而且是健全社会主义分配制度,实现按劳分配的前提条件。

三、劳动力商品与按劳分配的有机结合

生产资料公有制的建立,为实行按劳分配奠定了基础。但是实践表明,按劳分配的积极作用并没有充分显示出来。就按劳分配本身来讲,我们遇到三大困难:(1)劳动计量没有统一的标准和尺度;(2)对国民收入在分配前要扣除多少没有准确的界限;(3)由于产品价格受市场波动影响较大,因此劳动收入难以稳定。要解决以上困难,可靠办法是通过劳动力商品来实现按劳分配。

第一,劳动力作为商品,按劳分配就有了统一的标准和尺度。由于劳动者提供的劳动与补偿劳动力价值的必要劳动成正比,因此按劳动力价值分配,实质也是按劳分配。这里补偿劳动力价值的必要劳动,又是由再生产劳动力的社会必要劳动时间决定的。这样,社会必要劳动时间不仅决定一般商品的价值,而且决定劳动力价值,因而它成为实行按劳分配的统一标准和共同尺度。这样,劳动工资与商品价格一样,只能围绕商品价值上下波动,不会过度偏离社会必要劳动时间这条中心线,因而解决了我们遇到的第一个困难。

第二,劳动力作为商品,使国民收入用于按劳分配的部分有了明确的界定。劳动者的劳动可分为两部分:一部分是个人必要劳动,另一部分是公共必要劳动。由于只有个人必要劳动部分用于按劳分配,这样就把国民收入中作为按劳分配的部分与公共基金的部分区分开来了。虽然这个界限是可以变动的,当必要生活资料价值下降时,用于按劳分配的部分会相对减少;当必要生活资料的品种和数量增加时,用于按劳分配的部分会相对增加。但在一个国家的一定时期里,用于再生产劳动力的费用是可以确定的,这样按劳分配的第二个困难就会迎刃而解。

第三,按劳动力价值分配消费品,能使劳动者的生活保持相对稳定。在市场经济中,如果劳动报酬与企业盈亏直接挂钩,则势必引起劳动者的收入波动过大。克服这种状况的途径有两个:一是使企业的经营状况符合广义按劳分配的要求,即企业投入的总劳动要符合社会需要,不会造成产品供过于求或供不应求的状况,那么劳动者按狭义按劳分配取得的报酬,就不会波动过大。二是把劳动报酬作为劳动力价值打入产品成本,首先从产品收益中扣除。这样,在产品价格高于成本的情况下,虽然企业利润会波动较大,但是职工的工资可以保持稳定,我们遇到的第三个困难就自然解决了。

总之,在社会主义市场经济中,劳动力商品形式的运用符合三大经济规律的

要求：(1) 劳动力价值由再生产劳动力的社会必要劳动时间决定，在劳动力买卖中符合商品等价交换的价值规律；(2) 劳动创造的价值要大于劳动力价值，带来的剩余价值转化为公共必要价值，成为公共积累、增加集体福利和扩大再生产的来源，符合公有资本的价值增殖规律；(3) 工资体现的劳动力价值与劳动者提供的必要劳动成正比，符合多劳多得的按劳分配规律。因此，只有正确揭示按劳分配与劳动力商品的内在联系，才能使社会主义分配原则与市场经济有机结合，既能克服平均主义，又能防止两极分化，使按劳分配促进经济发展和实现共同富裕的积极作用充分显示出来。

第二节 管理劳动及其按劳分配

随着社会化生产规模扩大，专业化程度加深，生产力提高和社会进步，管理已经成为不可缺少的生产要素。在这里重点研究和阐述管理劳动的价值创造和价值分配问题，从而使马克思的管理劳动价值论得到丰富、发展和完善，使管理劳动者也能实现按劳分配和达到共同富裕。

一、劳动和管理劳动的二重性

劳动是人类谋求自身的生存和发展，运用劳动能力和劳动资料向自然界索取能量的一种创造性活动。在此过程中，一方面发生人与自然的关系，即劳动具有自然属性；另一方面发生人与人之间的关系，即劳动具有社会属性。古典经济学者就已经通过对劳动的深入剖析，从个别劳动出发，抽象出"劳动一般"的概念；又从劳动的同一性出发，指出一切个别劳动都是创造财富与价值的源泉。

马克思在前人的基础上，从商品两因素入手，发现了劳动的二重性，即具体劳动创造使用价值（财富的物质形式），抽象劳动创造价值（财富的社会形式）。两者的区别在于：具体劳动是创造使用价值的源泉，但不是使用价值的唯一来源，自然力、科学技术等因素也参与使用价值的创造；抽象劳动是价值的源泉，并且是价值的唯一来源。

随着企业内部分工和社会大分工的细化，管理已成为一种独立的劳动形式，成为整个社会劳动的一部分。因此，管理劳动与一切劳动一样，也具有两重性即自然属性和社会属性。一方面，管理劳动是由社会分工产生的一种特殊劳动，需要与自然物质相结合。处于不同企业、行业和政府部门的管理活动都有不同的形式和方式,因而也有不同的过程和结果,具体的管理劳动必须与具体的环境相适应,这是管理劳动的自然属性。另一方面,撇去各种不同的形式和方式,管理劳动总是在协调人与人之间关系,正如马克思所说:"一切规模较大的直接社会劳动或共同劳动,都或多或少地需要指挥,以协调个人的活动,并执行生产总体的运动……"[①]管理劳动必然是一定生产关系的反映,在不同的生产方式下呈现出不同的性质和特点,这就是管理劳动的社会属性。

二、管理劳动与价值创造

社会中的管理劳动可归于两类:一类是参与产品生产的经营性管理;另一类是不参与产品生产的行政性管理,这里的行政性管理主要指政府部门的有关职能。在本质上这两类管理劳动是相同的,都是以脑力劳动为主,只要管理活动是合理和有效的,那么最终都能增加社会福利。这两类管理的区别,不但在层次、范围、职能和目的上有所不同,而且在价值创造上也不相同。

现代意义上的生产经营性管理,是社会分工以及协作的结果。正如马克思所说:"一切规模较大的直接社会劳动或共同劳动,都或多或少地需要指挥,以协调个人的活动,并执行生产总体的运动——不同于这一总体的独立器官的运动——所产生的各种一般职能。一个单独的提琴手是自己指挥自己,一个乐队就需要一个乐队指挥。"[②]从分工协作的角度出发,马克思提出了"总体工人"的概念,即"随着劳动过程的协作性质本身的发展,生产劳动和它的承担者即生产工人的概念也就必然扩大。为了从事生产劳动,现在不一定要亲自动手,只要成为总体工人的一个器官,完成他所属的某一种职能就够了"[③]。因此在分工协作的情况下,生产经营性管理成为生产劳动的有机组成部分。

随着体力劳动与脑力劳动的分化,生产经营性管理成为独立的以脑力劳动为主的生产劳动。管理者要处理好企业内部以及与外界的各种关系,要把生产安排得井井有条,要在众多可能性中做出正确的判断和选择,要平衡好企业所面临的风险与收益;同时,管理者承担的责任与生产工人相比也要大得多,他们的每一个决定都可能关系到企业的兴衰,这就决定了他们的付出不是简单的体力

[①][②] 《马克思恩格斯选集》第 2 卷,人民出版社 2012 年版,第 208 页。
[③] 《马克思恩格斯选集》第 2 卷,人民出版社 2012 年版,第 236 页。

消耗,而是复杂的脑力劳动。

而行政性管理就不同了,政府公务员履行管理职责是独立的,有特定的程序与方法。政府的主要职能是管理公共事务,对国民经济进行宏观调控等,其目的就是维持社会稳定和正常运行,保证国民经济的增长,最终使社会福利达到最大。因此,政府部门的各种行政性管理主要是为各类组织与个人的经济、政治、社会、文化等活动提供服务和法律保障。

政府官员的行政管理过程有的很复杂,有的却十分简单,但都是在法律、法规、行政命令等许可的范围内行使自己的职权,处理相关的社会事务,他们的活动不与特定的商品生产相联系。在这个过程中,政府官员除了收取一定的工本费,如资料费等,并不收取服务费用,也就是说,他们并没有与被服务者形成交换关系,他们的报酬来自国家的税收(属于再分配范畴),而且在岗位、职位既定的情况下,他们无论提供多少次服务,报酬基本是不变的。从政府行政管理的职能和公务员行使管理职能的过程可以看出,政府部门的管理不与任何商品的生产直接有关,所以行政性管理劳动不创造价值。

三、管理劳动的衡量及其价值实现

马克思说:"结合劳动的效果要么是单个人劳动根本不可能达到的,要么只能在长得多的时间内,或者只能在很小的规模上达到。这里的问题不仅是通过协作提高了个人生产力,而且是创造了一种生产力,这种生产力本身必然是集体力。"[1]这种由协作产生的生产力是劳动的社会生产力。分工协作创造了一种生产力,但这种生产力能否发挥作用,或者说能发挥多少作用,这一点却不像它的产生那么容易和直接。企业是一个有机的组合体,本身就比个体劳动者有着更高的生产力,但如果缺少必要的管理,企业中的个人就会各行其是,真正的协作就无法达成,这样不仅各人的工作无法顺利完成,还会造成内部矛盾重重,使企业陷于混乱和危机。所以说,分工协作创造了一种生产力,但这种生产力并非在任何状态下都能发挥出来,管理在这时起着关键作用,显示了强大力量。

另外,有效的管理不仅能使协作产生的生产力发挥威力,还能在此基础上提高生产力。马克思认为:"劳动生产力是由多种情况决定的,其中包括:工人的

---

[1] 《马克思恩格斯选集》第 2 卷,人民出版社 2012 年版,第 207 页。

平均熟练程度,科学的发展水平和它在工艺上应用的程度,生产过程的社会结合,生产资料的规模和效能,以及自然条件。"[①]这五个方面或多或少都与管理有关。工人的平均熟练程度,对社会来讲就是平均受教育的水平,保证适龄人口得到义务教育是政府的职责;对企业来讲,职工培训已经是现代企业管理的基本组成部分。科学的发展要靠政府投资及政策引导,属于政府管理的范围;特定的科学技术在生产中是否被应用、如何应用则是企业管理的重要内容。生产过程的社会结合,对社会来讲,就是各行业如何平衡发展,属于国家宏观调控的范畴;对企业来讲,就是各部门之间的协作关系如何,很明显这就需要管理。生产资料的规模和效能,对社会来讲,就是社会资源配置如何?资源利用是否有效?这一部分靠市场竞争,一部分也要靠宏观调控;对企业来讲,生产资料的规模是企业投资决策的重要内容,资源利用是否有效则要看企业整体的管理是否合理。自然条件的维护与改善,需要全社会的共同参与,政府的立法、监督与管理是必不可少的。

四、管理劳动者的价值分配与再分配

劳动创造的价值只是分配的对象,而不是分配的依据。因此,不论是哪一类管理劳动,不论它们有没有创造价值,只要这些劳动是社会必需的,它们创造了使用价值或提供了社会福利,管理者就有权参与价值分配。由于管理劳动是复杂的脑力劳动,在同样劳动时间内能创造出更多的价值和提供更多的社会福利,因此管理者应该得到更多劳动报酬,也要实现共同富裕。

(一) 经营性管理者的价值分配

随着科学技术进步和生产力发展,管理劳动创造的价值在商品总价值中的比重越来越大。生产经营管理者通过自己的劳动间接地创造价值,对他们进行分配应该考虑以下因素。

第一,要根据经营管理者在生产中的作用,即他们的业绩实行按劳分配。一方面,考虑管理者所承担的职责,要参考在现有的正常条件下,在社会平均的工作熟练程度和工作强度下,该项管理劳动能创造的价值量,从而确定在职者应得的报酬;另一方面,还必须考虑管理者工作的出色程度,即他的工作能否使本企业产品的个别价值低于社会价值,从而在相同的时间里使企业生产出更多的使用价值。

[①] 《马克思恩格斯选集》第2卷,人民出版社2012年版,第100页。

第二,在价值分配时,必须考虑管理者对自身的投资。一般而言,人力资本是指人们受教育的程度和工作中积累的知识和经验。越是高水平的人才,其对自身的投资越多,可能做出的贡献越大,其要求得到的报酬就越高。因此,作为高级管理人才这种稀缺的社会资源,他们对企业经营管理做出的贡献越大,所要求的回报和补偿就越多。

第三,作为企业的经营管理者,他们工作面临大量的风险和不确定性,与一般工人相比,他们必须随时做出种种决策,随后又必须面对成功或失败、企业盈利或亏损、个人声望提升或受损等种种风险,因而他们要求的收益就相应较高,这些也必须在分配中得到体现。

(二)行政性管理者的价值再分配

在现代社会中,不论是个人、家庭的正常生活,还是各类企业、社会团体等组织的正常运作,以致整个社会的稳定、发展,都离不开有效的社会管理。行政性管理的特殊性质,决定了管理者的价值补偿只能来源国家的税收,因而是对公共价值的再分配。

在多数情况下,行政管理者可以通过改变工作进度来调节自己的工作量,而收入却不会有太大变化。在原来的计划经济下,普通行政管理者的收入不高,差距不大,干好干坏、干多干少都一样,极大地影响了一些人的积极性;并且部门内部和社会上几乎不存在竞争,不存在失业的威胁,因而造成办事效率低下。现在,要建立和完善社会主义市场经济,政府部门的体制改革势在必行。与发达国家相比,我国公务员的收入是偏低的,因而增加公务员工资并在一定范围内拉开差距,成为政府工作改革中必要且重要的一环。这样在一定程度上能提高公务员的被认同感和责任心,在激烈的社会竞争中,增加他们的危机感,促使他们努力工作,提高办事效率和提供优质服务。

此外,行政管理人员的工作是社会必需的,他们是具备一定专业知识和管理能力的人才,而且多少都掌握一点权力。如果他们的收入与地位不相称,对他们的价值体现不够,那么他们就有可能利用手中的权力从其他途径获取报酬。如果这种"以权谋私""雁过拔毛"的情况发生,那么不仅会降低政府部门的工作效率,还会引起"寻租"等贪腐行为,使社会财富被不合理和不合法地再分配。因此,必须实行全面的政治体制改革,不断完善监察体制和健全法治,在加强政治思想教育的同时,加强社会监督和执法力度,才能保证行政管理者清正廉洁和全心全意为人民服务,才能有效防止贪污腐败和两极分化。

第三节　科技劳动及其按劳分配

马克思的《资本论》问世一百五十多年了,科学技术已取得突飞猛进的发展,尤其是知识经济、数字经济和人工智能的出现,使形成价值的劳动发生了很大变化。这些新变化要求深化对劳动价值论的研究,深刻认识科技劳动及其价值的重要性和普遍性,使劳动价值论成为推动现代科技发展的强大理论武器,使科技劳动者也能实现共同富裕。

一、科技产品和科技劳动的二重性

根据是否参与物质产品生产,科技劳动可分为研究型(科学家的劳动)和生产型(工程师的劳动)两类,也可分为研究型、开发型和应用型三类,它们具有不同的性质和特点。因此,作为科技劳动的结晶——科技产品,如科学原理、专利技术等创造发明,与一般商品相比更有其特殊性。

（一）科技产品的两因素

一般商品的两因素是由生产商品的劳动二重性决定的,作为具体劳动生产商品的使用价值,作为抽象劳动形成商品的价值。同样,科技产品的两因素也是由科技劳动的二重性决定的,但是科技产品的两因素与一般商品的两因素又有显著的区别。

第一,科技产品的使用价值。一般商品的使用价值即能满足人们某种需要的属性,是由该商品的自然属性决定的。但是,科技产品的使用价值即能满足人们提高工作效率和取得经济效益的属性,不仅取决于它的自然属性,而且有赖于一定的社会关系,如知识产权和技术专利等。因此,科技产品和一般商品的使用价值又有差别,不能将它们混为一谈。

（1）有些科技产品的使用价值具有延续性。这主要是针对科技产品中的新理论、新原理而言的。因为理论和原理可以作为人们的思想被长期的记忆、保存和延续。而一般商品往往要受到物质使用寿命的限制,不能永久地发挥作用。

（2）有些科技产品的使用价值具有时效性。这类科技产品主要是指新工艺和新技术等的发明。因为当更新、更好的科技产品被发明创造出来以后,原有的科技产品就会失去它的现实有用性。

第二,科技产品的价值。科技劳动的成果作为产品和其他商品一样也有价值,但是科技产品价值的决定与一般商品不同,其特点表现在以下两个方面:

(1)由于生产一般商品的个别劳动时间差异很大,因此商品价值只能由社会必要劳动时间决定。但是,科技成果是单一产出,科技产品只有一个创造主体,因此科技产品的价值只能由创造它的个别劳动时间来决定。

(2)科技产品在一定时间内可以多次出卖或转让,所以科技产品每出卖一次只能实现其价值的一部分,到更新、更好的科技产品出现之前所能实现的价格总额,才是其全部价值的货币表现。因此,科技产品中包含的实际劳动量与它实现的价值量之间会有很大的差别。

(二)科技劳动的二重性

科学和技术是两个不同的概念。科学是发现,是人类对客观世界固有规律认识而形成的理论体系;而技术是发明,是科学在生产过程中运用的产物和结晶。因此,我们可以将科技劳动分为两类:一类是从事基础理论研究,这类科技劳动无特定功利目的,其成果主要以学术论文、专著的形式表现出来;另一类是从事开发和应用研究。这类科技劳动是运用科技知识,为获取某一领域的应用性成果、达到某种商业化目的而进行的劳动,其成果形式可以是学术论文,也可以是专利技术或原理模型等。这是一个由科学到技术,再由技术到生产的开发、应用过程,是将潜在生产力转化为现实生产力的过程。这两类科技劳动的区别表现在与实际生产的联系上,前者没有直接联系,而后者的联系密切。但是,这两类科技活动都具有劳动的两重性,都是具体劳动和抽象劳动相统一的发明创造过程。

一方面,每一种科技活动通过自身的具体形式,形成具有不同使用价值的科技产品,可称其为具体劳动;另一方面,一切科技活动都是脑力和体力的耗费,形成具有价值的科技产品,可称其为抽象劳动。但是,抽象的科技劳动与一般抽象劳动在创造商品价值方面有很大的不同。一般抽象劳动创造商品价值,虽然也是脑力和体力的结合,但往往偏重体力,以机械地重复劳动为主。相反,科技劳动者的活动往往偏重脑力,以创造性的劳动为主,是更高级的复杂劳动。这种高级的复杂劳动不是简单劳动的倍加,而是简单劳动的倍乘。从这个意义上说,科技劳动者在同样的时间里能创造出更多的新价值。

二、科技劳动与价值创造的关系

要深入理解科技劳动与价值创造的关系,首先要明确科学技术与财富创造的关系,把科学技术与科技劳动区分开来,把物质财富的创造与商品价值的创造区分开来。在此基础上,才能得出科学技术本身不创造价值,只有生产性科技劳动才能创造价值的结论。

(一)科学技术本身不创造价值

科学技术本身不是创造价值的源泉,而是促进物质财富增长的动因力量,成为提高物质生产力的首要因素。按理说,随着科技进步和机器设备的增加,整个社会所使用的活劳动大为减少,企业获得的利润总量应随之下降。但是,事实上绝大多数企业仍然是盈利的,整个社会的利润总量也在增大,主要原因如下:

第一,机器人也是生产资料,不会直接创造价值。所谓"无人工厂",实际上存在大量与直接生产相关的其他活劳动。马克思指出:"为了从事生产劳动,现在不一定要亲自动手,只要成为总体工人的一个器官,完成他所属的某一职能就够了。"[①]也就是说,与"无人工厂"相关的设计、制造、维修、保养等间接生产产品的劳动显著增加了,这类劳动也是生产劳动,也在创造商品的价值。

第二,随着科学技术的发展,资本有机构成不断提高,劳动者在一定时间内使用的生产资料会越来越多。从单个产品所包含的活劳动来讲,必然呈下降趋势,但是劳动的复杂程度在不断提高,同样时间内创造的价值不但没有减少,反而增加了。正如马克思所说:"生产力特别高的劳动起了自乘的劳动的作用,或者说,在同样的时间内,它所创造的价值比同种社会平均劳动要多。"[②]

第三,科学技术在生产过程中的运用可以转化为巨大的生产力,可以使一定时间内生产的产品数量增加,同时使单位产品中包含的活劳动减少。因此,在物质财富增加的同时,商品的价值总量可以相对减少或绝对减少。但是,社会总是用不变价格或现有价格(包含了通货膨胀的因素)来计量物质财富的总量。因此,随着劳动生产力的提高,必然表现为社会价格总量的绝对增加。

所以在商品生产中,只有人的活劳动才是价值的唯一源泉,科学技术只有人化为复杂劳动,才能在生产过程中凝结为新价值。那么,科技劳动创造价值与普通劳动创造价值有何区别呢?这就需要我们进行深入的研究。

(二)科技劳动与价值创造的相互关系

分析科技劳动是否创造价值,可以从分析一般劳动形成价值的两个必要条

---

① 《马克思恩格斯选集》第2卷,人民出版社2012年版,第236页。
② 马克思:《资本论》第1卷,人民出版社2018年版,第370页。

件入手。第一个条件是这种劳动必须有用,能够生产出满足社会需要的产品。第二个条件是这种产品必须用于交换,能够满足市场需求。因此,科技劳动只要符合上述两个条件,它就应当是创造价值的劳动。下面将对科技研究、科技开发和科技应用这三种劳动形式进行具体分析。

第一,科技研究者的劳动。如果科技劳动者处于独立的科研机构,那么其科技劳动是否形成价值有两种情况。如果研究出来的成果不能为企业利用或不能在市场上交换,那么这些科技劳动就不能转化为价值。这种科研成果可能将来对人类非常有用,但其潜在价值暂时还无法实现,或者这种研究的结果完全是错误的,没有任何使用价值,那么期间投入的科技劳动就不会形成商品价值。

第二,科技开发者的劳动。处于企业科研部门的劳动者,虽然不直接参加企业的实际生产,但他们的研究是有针对性的,是研究和解决本企业生产中的技术问题,以及如何开发新工艺、新产品等。此类科技劳动的成果将直接为企业所用,这样的研究部门成为企业发展不可缺少的组成部分。可以说,这些科技人员与生产工人共同创造了商品价值。

第三,科技应用者的劳动。这类劳动者如工程师、技术员等,将科学技术应用于生产过程,直接为企业的生产服务。具体表现为在生产中运用新技术、新工艺,使用具有较高科技含量的原材料和机器设备等。虽然科技应用者不像科技研究者和开发者那样,会创造出独立的科技成果,但此类劳动将作为一般人类劳动物化到产品中去,不断形成新价值并使社会价值总量增大。

三、科技工作者的收入分配

现在理论界存在一种误区,认为按劳分配是符合劳动价值论的,而按要素分配是违反劳动价值论的。事实上,按劳分配与按要素分配不是完全对立的,在市场经济中它们统一于价值规律与价值增殖规律。因此,科技劳动者的收入不仅是按劳分配的体现,而且是按要素分配的结果。

(一)生产要素参与价值分配的必然性

既然劳动以外的要素不创造价值,那为什么它们也要参与价值分配呢?这就要深入分析生产要素参与价值分配的理论根据和现实需要。

第一,价值创造和价值分配的性质和作用是不同的。价值创造解决的是价值来源问题,只与生产商品的劳动相关。而价值分配解决的是要素所有权的实现问题,只与要素所有者的利益相关。我们实行按劳分配和按要素分配相结合的基本分配制度,就是因为目前实行的是以公有制为主体,多种所有制经济共同发展的基本经济制度。其中,按劳分配主要是由生产资料公有制决定的;按要素分配则是由多种所有制并存的市场经济决定的。在市场经济中,非劳动要素的所有者也要取得相应的收入,以实现他们的所有权。

第二,分配方式要有利于生产发展和财富增加。虽然从表面上看,分配采取的是价值形态,但价值只是一种体现劳动平等的生产关系,我们不能用抽象的生产关系来满足人们的现实需要。因此,社会分配的最终对象只能是可以满足人们需要的使用价值,而使用价值又是多种要素共同作用的结果。因此,依据生产要素的贡献,使它们的所有者取得相应的报酬也是理所当然的。同样,科学技术也是生产要素,而且在现代化建设中显得更为重要。因此,知识产权、技术专利的所有者按科技要素的投入取得收益,也是按要素分配的具体体现。

(二)按科技劳动与科技要素分配的必要性

改革开放以来,贯彻让一部分人和一部分地区先富起来的政策,形成了城乡之间、地区之间、行业之间的收入差距。特别是使高科技产业密集的地区,知识含量较高的生产部门,以及广大科技劳动者先富起来是贯彻执行这一政策的结果,也是按劳分配和按要素分配相结合原则的践行和落实。

第一,从科技劳动取得收入角度分析,这是按劳分配的具体表现。科技劳动参与价值创造,并且作为高级的复杂劳动,能创造出更多的价值。同时,科技成果的运用又创造出大量的使用价值,促进了生产力发展和生活水平提高。因此,根据按劳分配原则,使科技劳动者取得较高的报酬不仅是必要的,也是可能的。同时,科技劳动作为高级的复杂劳动,其劳动力的形成要比一般劳动力花费更多的时间和成本。如果维持和再生产科技劳动力的耗费得不到补偿,那么这种劳动力的供给就会萎缩,其直接后果是阻碍现代化建设和生产力提高。因此,对科技劳动者进行收入分配时,一方面要根据按劳分配的原则,按其劳动的数量和质量进行分配;另一方面也要从劳动力价值的合理补偿,以及对复杂劳动的特殊奖励出发,给予科技劳动者较高的报酬,以激励他们做出更大的贡献。

第二,从知识产权、技术专利取得收入的角度分析,这是按要素分配的具体表现。科学技术作为生产要素参与社会财富创造,其贡献率越来越大。根据按要素分配的原则,作为科学技术的投入者,能够凭借知识产权、技术专利等参与价值分配。虽然在科技成果的形成中凝结着科技工作者的大量劳动,使知识产权、技术专利等具有很高的出卖或转让价格,但是与科技成果实际运用所能取得的经济效益相比,它们又是一个相对较小的价值。因此,对科技成果的价值补偿往往是不充分的,这在一定程度上影响了科技工作者发明创造的积极性。由此可见,通过知识产权、技术专利等形式,对科技工作者进行价值补偿和物质奖励,即按科技要素投入进行价值分配的制度,还需要在实践中不断健全和完善。

(三)提高科技劳动者收入水平的重要性

第一,引起人们对教育投入的重视程度。以前,我国长期存在"脑体收入倒挂"和知识贬值等不良现象,严重阻碍了生产力发展和生活水平提高。改革开放以后,党中央采取了一系列政策措施,使收入分配逐渐向科技工作者倾斜,使他们的工作条件和生活水平都有了明显改善和提高,有力促进了我国科技事业的发展和壮大。由于提高了教育的收益率和科技劳动者的富裕程度,从而提高了人们对智力开发重要性的认识,因此这为我国走上依靠科技发展的道路提供了有力保证。

第二,充分发挥收入差距形成的激励作用。区别复杂劳动与简单劳动,熟练劳动与非熟练劳动,创新劳动与重复劳动,并给予它们不同的劳动报酬,同时坚持效率优先、兼顾公平的分配原则,将有利于调动劳动者的生产积极性,努力提高自身的科技文化素质,提高劳动的熟练程度和适应复杂劳动的能力。因此,建立和健全按科技劳动,以及按知识产权、技术专利等进行分配的制度,将促使科技劳动者努力工作和不断创新,为生产力发展和促进共同富裕做出更大贡献。

第四节 服务劳动及其按劳分配

随着社会主义市场经济发展,经济现代化和全球化进程加快,第三产业中服务劳动的地位和作用不断提升。因此,在阐明管理劳动和科技劳动问题的基础上,还要深入研究和探讨服务劳动的价值创造及其分配,以促进服务行业的发展和完善,使其更好地为工农业生产、科技振兴和对外开放,提供优质、高效和周全的服务。

一、服务商品的两因素与服务劳动的二重性

当代发达资本主义国家的共同特征是服务业(也称第三产业)在 GDP 中的比重越来越大,并与制造业的疲软成了鲜明反差。因此,要认真总结这方面的经验教训,深刻认识现代制造业与服务业的内在联系和相互关系,按照经济规律的

要求,加快现代服务业的健康协调发展。

(一)服务商品的两因素

服务劳动之所以成为商品,是因为它和其他商品一样具有使用价值和价值。服务商品之所以显得神秘,是因为它和物质形态的商品有很大不同,主要表现在以下方面:

第一,服务商品是无形的,因此难以捉摸。一般物质商品是有形的,具有颜色、气味、重量等外在特征,人们可以直接触摸到它的存在,并能在一定时期内保存它。服务商品作为"无形的消费品",虽然看不见、摸不着,但它是客观存在的,就像物理学中的电磁场一样在现实生活中起作用。

第二,服务商品的生产与消费是同时实现的,也就是说,服务商品的生产过程,同时就是它的消费过程;而一般物质商品在消费前就已经被生产出来,因此它的生产和消费在时间和空间上是分离的。

服务商品与物质商品的这些差别,只是来源存在形式上的不同,而非本质上——用来交换的劳动产品——的差别。服务商品在服务劳动的过程中被它们的购买者消费掉了,而不像物质商品那样,生产过程、交换过程及消费过程是明显分开的。但是,这种表面上的差异并不能抹杀服务劳动的商品性质。

(二)服务劳动的二重性

马克思认为,生产商品的劳动具有二重性——具体劳动和抽象劳动,具体劳动创造商品的使用价值,抽象劳动形成商品的价值,商品的两因素来源劳动的二重性。同样,服务商品也具有二重性,服务商品的两因素来源服务劳动的二重性。在现代社会中,服务商品的具体形式五花八门,层出不穷,满足了人们的不同需要。例如,教育、医疗、法律、会计、审计、统计、金融、管理、咨询,以及娱乐、餐饮、旅游等服务行业,都是提供服务商品的重要部门。

这里要特别指出的是服务劳动和服务商品有着本质的区别,就像一般生产劳动与它的物质产品,即商品的区别一样。首先要明确的是:商品是劳动的产物,不仅包含劳动创造的价值,而且具有满足他人需要的使用价值。服务商品是一种特殊的无形产品,它的使用价值看不见、摸不着,但可通过消费者取得的满足来证实,就像人们证实电磁场的存在一样。而服务劳动是劳动者体力和脑力的耗费过程,服务劳动的不断输出来源劳动力的耗费,而这种劳动力的生产和再生产,则需要耗费生活资料以及接受教育和训练。因此,服务商品不能等同于服务劳动,只有用于交换的服务劳动才能取得服务商品的性质。

二、服务商品的价值创造和价值增殖

从上面的论述可知,生产性服务劳动是创造价值的。生产者在提供服务商品的过程中,一方面转移了生产资料的旧价值,另一方面用活劳动创造出新价值。例如,理发师在劳动时,理发工具的价值会按照其损耗程度转移到服务商品中去,而理发师的活劳动创造了新价值。但是,理发师的劳动是否会使价值增殖呢?这倒不一定。因为并非所有的生产性服务劳动都能形成价值增殖。例如,个体理发师的服务劳动不能使价值增殖,而受雇用的理发师却能使价值增殖。对于个体理发师而言,没有雇佣他人劳动,因而他生产的服务商品只包含转移的生产资料价值和自己劳动新创造的价值,无法实现价值增殖;对于受雇用的理发师而言,他创造的新价值除了用于弥补劳动力价值外,则以剩余价值的形式被雇用他的资本家所占有,因而实现了价值增殖。这时,服务商品的价值就可分为三部分:不变资本价值、劳动力价值和剩余价值。攫取剩余价值是资本主义生产方式的必然要求,这一点对于分析服务商品生产中的雇佣劳动是同样适用的。

在社会主义大生产条件下,服务劳动者如何创造价值和实现价值增殖呢?在社会主义市场经济中,国有经济、集体经济和私营经济同时并存,其中国有经济发挥主导作用,公有经济处于主体地位,非公经济成为重要的组成部分。对于个体劳动者来说,如个体医生、个体理发师等是生产劳动,也创造了价值,但不能实现价值增殖。因为他们提供服务而获得的收益,仅相当于他们所创造的价值,没有为他人提供剩余价值。对于私营企业主来说,他们雇用的劳动者不但创造了价值,而且创造了剩余价值,因而能够实现价值增殖。对于公有企业来说,劳动者在剩余劳动时间创造的剩余价值已转化为公共必要价值,他们已经不再受剥削。因此,公有企业的劳动者不仅要在必要劳动时间为自己谋利益,而且要在剩余劳动时间为社会做贡献。

三、服务劳动的收入分配与再分配

由于生产性服务劳动是创造价值的,而非生产性服务劳动是不创造价值的,但它们都是社会所必需的,因此要通过国民收入的分配与再分配,来保证这两类服务劳动都得到健康发展。

(一)价值在生产性服务领域的初次分配

对于生产性服务者而言,其提供的服务劳动创造了价值,因而要参与价值的初次分配。在服务业中，个体劳动者和公有企业的员工都是社会主义劳动者，都创造了价值，因此要根据他们提供服务劳动的质量和数量进行按劳分配。在按劳分配的同时，还必须考虑市场供求规律对劳动者收入的影响。例如，在大多数劳动者中，科学家、教授、高级管理者和技术人才等类型的劳动者所占比例很小，而他们创造价值的能力却很大，因此常常出现供不应求的状况，于是给他们的报酬就会显著提高。在服务业中，除了劳动力之外，还要投入其他生产要素。因此，在以技术、资本、土地、设备等生产要素入股的合作制企业中，也必须实行按要素分配。因为这些生产要素作为经济资源，必须得到合理的价值补偿，否则，它们的所有者就不愿意提供这些生产要素。随着经济增长和服务性行业的发展，对这些资源的需求会越来越多，而供求矛盾的扩大将阻碍该行业服务能力提高。因此，在社会主义条件下对于生产性服务业的价值分配，既要实行按劳分配，又要实行按要素分配；既要维护劳动者创造价值的收益，又要维护其他所有者提供生产要素的权益；既要体现分配的公平原则，又要体现分配的激励效果，使它们有机地结合起来。

（二）价值在非生产性服务领域的再分配

我们知道，非生产性服务劳动不创造价值，因而不能参与初次分配，但可以参与再分配。作为非生产性服务的劳动者，如政法、教育、卫生、体育、环保等国家机关和事业单位的工作人员等，他们提供的服务劳动具有以下特点：第一，在同一工作时间内，他们服务的对象是不固定的，可以为几个人服务，也可以为很多人服务；第二，他们提供的是公共服务，而不是以交换为目的的商品服务，因此他们的劳动是不创造价值的；第三，他们的服务劳动是经济和社会正常运转所必不可少的，并不因为不创造价值而显得不重要。非生产性服务劳动的这些特点，决定了他们的劳动报酬不可能来自国民收入的初次分配，而只能通过国民收入的再分配来实现。

对非生产性服务者进行再分配也要遵循按劳分配原则。但是按劳分配不等于平均分配，按劳分配与平均主义并不相容。在计划经济时代，我们对按劳分配原则认识不清，造成了非生产性服务者的收入过于平均，以致形成不了竞争和激励机制，造成办事效率低下、人浮于事、官僚主义等不良后果。在社会主义市场经济高速发展的今天，为了提高这些劳动者的积极性、主动性和创造性，应该以服务劳动的办事效率、复杂程度、贡献大小为标准，将收入差距适度拉大，形成有效的激励和竞争机制，使他们能提供优质高效的服务，以满足经济和社会的发展需要，促进和实现服务劳动者的共同富裕。

第九章
共同富裕的按要素分配

习近平总书记在党的二十大报告中指出："完善按要素分配政策制度，探索多种渠道增加中低收入群众要素收入，多渠道增加城乡居民财产性收入。"[①]在阐述了按劳分配与共同富裕的关系以后，就需要进一步阐述按要素分配与共同富裕的关系。劳动以外的生产要素包括资本、土地、技术、管理、信息等，它们的所有者都需要参与价值分配，以维护自己的切身利益。因此，按要素分配与按劳分配一样，也要符合价值规律和价值增殖规律，避免分配不公和两极分化。

第一节 按要素分配的地位和作用

有的人提出，在确立了按劳分配的主体地位以后，为什么还要强调按要素分配？这是因为，在生产过程中只有劳动一种要素是不行的，必须有资本、土地、技术、管理、信息等其他要素的配合，才能形成现实生产力和创造出物质财富。因此，按要素分配与按劳分配一样，是维护要素所有者权益和满足社会再生产的需要，也是改革和完善分配制度的重要方面，因而是增加劳动者财产性收入和实现共同富裕的必要途径，必须加以深入研究和有效贯彻。

一、按要素分配的含义和分类

生产要素是指人们进行物质生产必须具备的各种因素，其中包括劳动、资本、土地、技术、管理、信息等。按要素分配，就是根据要素投入的数量和质量给予要素所有者相应的报酬，使要素所有者共同参与产品的收入分配。

---

① 习近平：《高举中国特色社会主义伟大旗帜 为全面建设社会主义现代化国家而团结奋斗——在中国共产党第二十次全国代表大会上的报告》，人民出版社2022年版，第47页。

第一,按劳动力要素分配。按劳动力要素分配就是现行的按劳分配。因为在市场经济条件下,按劳分配只能通过劳动力商品形式来实现,即劳动者向企业提供劳动,企业依据劳动力价值向劳动者支付报酬,包括工资、奖金和津贴等。

第二,按资本要素分配。按资本要素分配即按资分配,具体包括:一是个人或企业在银行储蓄所获取的利息;二是人们买卖债券、股票等有价证券,获取红利、股息等;三是以独资、合资等形式从事企业投资获取的利润等收益。

第三,按土地等自然资源要素分配。在我国,土地属于国家或集体所有,不能自由买卖,但它在一定时期内的使用权可以为不同的经济主体占有、支配、使用和转让等。因此,集体或个人可因拥有土地使用权而获取各种收入。

第四,按技术要素分配。技术要素所有者将自有的技术投入生产,获取相应报酬,具体包括:一是以专利权的形式获得的收益;二是以技术入股的形式获取的利润;三是以人力资本的形式获取的额外收入。

第五,按管理要素分配。管理是经济发展的重要因素,将管理才能投入企业并为其做出贡献,企业家和管理者就应获得相应的劳动报酬。由于这种管理需要承担极大的经营风险,因此他们应该取得比一般生产者更高的收入和回报。

第六,按信息要素分配。在现代经济中信息的地位越来越高,作用也越来越大。企业只有掌握全面和精准的信息,做出准确的判断和决策,才能在激烈的市场竞争中处于不败之地。因此,对信息提供者也要给予合理的报酬。

二、正确认识价值创造与价值分配的关系

有些人不理解按劳分配与按要素分配的内在联系,因而人为地把它们割裂开来和对立起来。他们认为只有按劳分配才符合劳动价值论,因为劳动是价值的唯一源泉;相反,承认按非劳要素分配就是违背劳动价值论,等于承认多要素共同创造价值。这说明他们并不了解价值创造与价值分配之间的区别和联系。

首先,价值创造与价值分配是价值规律不可分割的两个方面。价值创造是基础、是前提,没有价值创造也就不会有价值分配;反过来,价值分配反作用于价值创造,它不仅会影响形成价值的劳动,而且会影响劳动的物质条件(其他生产要素)。因此,要深刻认识价值创造与价值分配之间的内在联系和相互作用,不能人为地把它们分割开来和对立起来。

其次,价值创造与价值分配所要解决的问题是不同的。价值创造是解决价值的来源问题。根据马克思主义经济学原理,价值只有一个来源,就是一般人类

劳动,其他生产要素是创造价值的物质条件,但不是价值的直接来源。价值分配是解决要素所有权的实现问题。也就是说,虽然价值是活劳动创造的,但不等于新创造的价值必须全部按劳分配。因为商品的使用价值是由所有生产要素共同创造的。如果没有使用价值,价值就会因失去物质承担者而无法存在。因此,其他要素的所有者也要从商品价值中取得报酬,否则他们将不愿意投入生产要素,商品的再生产就无法进行。因此除了支付劳动报酬之外,还要给其他要素所有者支付报酬,以实现他们的所有权和维持商品的再生产。

最后,按要素分配也必须符合价值规律和价值增殖规律。例如,利润是资本这一要素的收入,它是新创造价值中扣除了劳动力价值以后的剩余部分。而产业利润、商业利润和银行利润,则是根据平均利润率在不同部门的分配,这是价值规律通过市场竞争,转化为生产价格规律的结果。地租是土地这一要素的收入,它来源于剩余价值中大于平均利润的部分。由于农业有机构成较低,且受土地数量和位置的限制,农业资本不能参与利润的平均化,因此农业劳动创造的剩余价值高于平均利润的部分,成为绝对地租的来源。作为级差地租,来源于中等或优等土地的较高生产力所提供的超额剩余价值。因此,按非劳动要素分配,实质是对商品中的剩余价值进行再分配,因而必须符合价值规律和价值增殖规律。

可见,所有生产要素的收入都体现了价值创造与价值分配之间的必然联系。那种认为按要素分配是违背劳动价值论和不符合价值规律的看法,是完全错误的。因此,按劳分配与按要素分配并不矛盾,它们都是劳动价值论在分配领域的实际运用,因而它们不仅同时存在,而且相互制约,共同促进经济发展和共同富裕。

三、按资分配与优化资源配置

按资分配是按要素分配的基本形式,因为有了资本就可以转化为其他生产要素,所以在多种经济共同发展中,资本起着越来越重要的作用。按资分配是维护和实现资本所有权的需要,它的必然性表现在以下方面:(1)维护资本的所有权和使用权。资金用于消费可满足生活需要,资金投入生产和经营就转化为资本,可满足投资需要。利息是资本所有权的实现形式,利润是资本使用权的实现形式。(2)提高资本的利用效益。因为大量的生产和经营资本是通过借贷取得的,所以使用者不仅要取得利润,而且要还本付息,这就迫使资本的使用者精打细算,合理安排,提高利用效益。(3)有利于资本的合理配置。利润是资本使用权的报酬,利润越高,就会吸引更多的资本向该行业转移;反之则反是。利息是资本所有权的收益,它与利润有着不可分割的必然联系。利润越高,就会吸引更多的资本投入,造成资本供不应求,使利息上升;相反,就会使资本供过于求,导致利息下降。因此,利润通过利息,调节着资本在不同行业和部门的供求比例,起着合理配置资源和促进生产力发展的积极作用。

在市场经济中,按资分配涉及国家、集体和个人三者的所有权关系。国家作为国有资本的所有者和国有企业的投资者,要求从国有企业的利润中取得一份收益,即企业以国有资本占用费或股息形式上缴给国家。集体企业的资本收入,大部分用于企业积累和扩大再生产,小部分作为股息或红利分配给股东或职工。因此,公有资本的收益成为共同富裕的主要经济来源。个体经营者,由于他们既是劳动者,又是投资者,因此他们的收入具有劳动收入与资本收入的双重属性。由于劳动所形成的收益差距是有限的,因此个体经营者在收益上的较大差距常常是由投资数量和投资方向的差别所造成的。对于私营企业和外资企业来讲,他们的所有者取得的利润是按资分配的收入。虽然有一部分所有者同时又是经营管理者,利润中的一小部分,可看作是从事管理劳动的报酬,但是利润中的绝大部分仍然是资本所有权和使用权的收益,从性质上讲是剥削收入,但在现阶段是合法的和必要的。因此,在社会主义市场经济中,私有资本的收益也是实现共同富裕的重要组成部分。

四、正确处理公平与效率的关系

要使按劳分配与按要素分配有机结合,就必须解决好公平与效率之间的关系。西方有些经济学家认为,公平与效率是此消彼长的一对矛盾,坚持公平就会牺牲效率,坚持效率就会牺牲公平,两者如"鱼与熊掌不可兼得"。其实,这样的认识有失偏颇,因为只有当公平与效率的关系发展到极端,才可能形成此消彼长的状态。在正常情况下,公平与效率是对立统一和相辅相成的。

从对立的角度讲,公平属于人与人关系的范畴,其衡量标准会随着生产关系的变化而变化;效率属于人与自然关系的范畴,其衡量标准会随着生产力的变化而变化,因此两者之间的区别是明显的。但是,两者之间也有不可分割的内在联系。这种联系表现在两个方面:一方面是效率决定公平,效率为公平的产生和发展提供物质基础,可以说没有效率也就没有公平。在原始社会,生产力水平低下,没有任何剩余产品,只能勉强维持生存,也就无所谓公平分配。随着生产效率的提高,产生了剩余产品和不同生产资料的所有者,人们之间才有了维护所有者利益,要求合理分配产品的公平观念。可见,效率是公平的物质基础,公平是效率的产物和表现,公平会随着效率提高,不断演变和发展。另一方面是公平反作用于效率。具体表现为两种情形:一是公平分配促进效率提高;二是分配不公阻碍效率提高。就微观经济而言,个人对分配公平与否的判断,将直接影响其生产和经营的积极性,影响其投入生产要素的数量和质量。不论是生产者还是经营者,只要认为投入要素所取得的报酬是合理的、公平的,他就会坚持和扩大投入;相反,会减少投入或转移投入。可见,收入分配的公平与否,会直接影响微观经济效率。就宏观经济而言,收入分配公平与否会影响总供给与总需求的平衡,以及影响国民经济增长与资源配置。如果一个国家出现收入分配严重不公,就会导致两极分化。那么,少数高收入阶层的收入就会比消费需求提高得更快,而绝大多数的低收入阶层又无力提高消费水平,从而使社会的总需求相对减少。与此同时,社会生产能力却在急剧提高,使社会总供给不断增加,必然导致生产过剩的经济危机。相反,如果一个国家推行平均主义分配原则,使收入差距过小,就会挫伤人们生产和经营的积极性,从而减少要素投入和降低生产效率。与此同时,平均主义分配在制约经济发展的同时,会促使消费需求增长,导致总需求超过总供给,引起通货膨胀和经济短缺。可见,只有当收入分配较为合理时,才比较容易达到总供给与总需求的平衡。

总之,公平与效率既不是完全对立的,也不是没有矛盾的,而是对立统一的。因此,我们既要大力发展市场经济,提高生产要素的利用效率,又要加大收入调节的力度,限制分配不公,做到两面兼顾与突出重点有机结合,使效率与公平都能落到实处,在促进共同富裕和防止两极分化中发挥各自的积极作用。

第二节　提高劳动者的财产性收入

习近平总书记在党的二十大报告中提出,要"多渠道增加城乡居民财产性收入"[①]。所谓"居民财产",是指具有所有权、占有权、支配权、使用权和收益权的

[①] 习近平:《高举中国特色社会主义伟大旗帜 为全面建设社会主义现代化国家而团结奋斗——在中国共产党第二十次全国代表大会上的报告》,人民出版社2022年版,第47页。

个人资产,包括消费性资产和投资性资产。所谓"投资性资产",是指一种能给个人带来收益的资产,或者说,它是为了获得盈利的资产。这种投资性资产是对个人储蓄的支配和运用,是居民取得财产性收入的必要条件,因而也是改革和完善收入分配制度,促进劳动者共同富裕的重要途径之一。

一、个人资产的形成和选择

在社会主义市场经济中,要实现共同富裕,一个重要途径就是要提高劳动者的财产性收入,使他们在取得劳动收入的同时,也能取得投入其他要素的收入,使存款利息、投资利润、股票红利、房屋租金和土地收益等财产性收入更多地惠及普通劳动者及其家庭。

(一)个人资产的形成

个人的证券投资、储蓄存款和农户的投资,形成多种形式的个人资产。城乡中的个人作为投资者,首先就面临一个资产形式的选择问题。我国现阶段,可供个人投资选择的资产形式包括:(1)个人证券投资形成的资产,包括购买国库券、公债、企业债券、股票等有价证券。居民在选择这些资产形式时,个人可得到利息或股息、红利等资产收入。(2)个人直接从事生产经营形成的资产,如个人承包经营、农户承包经营、个体工商业经营购置的各种生产资料。在选择这种资产形式时,个人将得到生产经营的收入。(3)个人购买或投资建造的房地产和其他建筑物,以及通过出售或出租取得的资产收入和租金收入。(4)个人在银行等金融机构的存款、理财产品等,包括个人的外币存款可得到利息收入。(5)个人购买保值增值商品,如金银饰品、名人字画、古玩珠宝以及珍稀邮票等。古董由于其不可再生性和稀缺性,是国内外个人投资的一种形式和途径。(6)手持现金。现金是个人资产的一部分,它既可转为消费支出,也可转为储蓄存款,并且还可以转化为投资。但是现金并不能直接带来收入,而且要承担没有利息的损失,以及通货膨胀造成的贬值风险。

(二)资产形式的选择

对资产形式的选择,必须了解各种资产作为投资工具在安全性、风险性、获利性和变现性等方面的不同特征。同时,还要了解这些方面相互关联的程度,结合市场变化和投资机会,权衡其利弊。影响资产选择主要有以下三个因素:

第一,收益率。这是指某种资产可能带来的报酬或收入的比例,即预期的收入增量。通过各种资产形式的权衡比较,将选择预期收入增量最大的一种。预期收益率,是个人选择投资品必须考虑的首要因素,其中包括市场前景、利息率高低、商品价格变动、企业利润率,以及对税收和税率等的预期,因而是能给投资者带来最大收益的比例。

第二,风险性。资产投资必然会面对各种风险,包括财务风险、市场风险、利率风险和通货膨胀风险等。投资的风险性,是指在投资活动中可能产生的变化和不确定性。由于我国存款和国库券的利率变动小、资信度高、期限和利率固定,因此风险性较小。如若投资生产经营活动,由于市场瞬息万变,可能达不到预期收益,甚至发生亏损,因此其风险性较大。

第三,流动性。资产的流动性,是指一种资产转化为另一种资产的便利程度和实现程度。在正常情况下,现金具有最大的灵活性,货币作为一般等价物其流动性最好。而艺术品由于鉴别的专业性强,市场价格确定难度较大;房地产由于受地段、地价、房屋设计等因素的影响,不容易迅速找到买主。因此,这些投资品的实现性和流动性比较差。

个人的投资,是指运用自己收入的一部分直接或间接地参与生产和经营活动,并取得一定报酬或收入的经济行为。从我国的现实情况出发,个人投资可分为五种形式:(1)证券投资;(2)购房投资;(3)储蓄和理财;(4)农户投资;(5)其他投资。

二、证券投资

证券即有价证券,是一种金融资产。个人投资的证券,可分为股票和债券两大类。股票是股份公司筹资时发行的一种凭证,个人购买了股票,就成为股份公司的股东,除了其他管理方面的权利以外,还可以凭入股凭证取得股息和红利。债券,包括国家债券和企业债券,是政府和企业按照法定程序,约定在一定期限内还本付息,但不享有股利分配的有价证券。在社会主义市场经济中,有价证券在动员和集中闲散资金,推动经济发展和提高生产力等方面都有重大作用。

(一)债券投资

债券,可分为政府债券、企业或公司债券、银行和金融机构的融资债券三类。发行债券是为了各自的需要向社会筹集资金。个人购买债券,则是为了利用闲置资金寻求保值增值的机会。债券作为个人投资的一种形式,不同于股票投资,主要在于它的偿还性。债券是一种债权证书,规定偿还日期,按期还本付息,其风险性较小。

债券作为一种投资品,其票面价值是它所代表的货币额,它的价格是指债券发行与转让时的价格,直接决定于债券市场的供求关系。从表面上看,债券的价格由债息率决定,但实质上是由市场利率决定的。这是因为,人们衡量债息率高低的标准,主要是以市场利率为尺度的。当债息率高于或至少等于市场利率时,投资者才愿意按此价格购买债券;反之,就不愿买进。

在债券投资中,市场利率的变动对其收益率有直接影响。市场利率的波动,对债券投资者意味着债券价格的变化,也即市场利息的变化使债券投资者直接承担利率风险。一般来说,持有债券的期限越长,投资者承受的风险就越大。个人的债券投资应采取分散的方法,长中短期债券要合理搭配。这样,既可以保持短期投资流动性的长处,又可获得长期投资利息高的收益,还能分散市场利率波动带来的风险。

(二)股票投资

购买股票进行投资,是一种高收益、高风险、高流动性的投资行为。股票不具有可偿还性,只能在股市上按市场价格转让。由于每一种股票的价格具有较大的波动性,投资者购入股票的价格低于卖出股票的价格,就可以获得价差收益;反之,则将蒙受投资损失。因此,股市行情的变动,时刻牵动着股民的神经。

股市行情,是各种上市公司股票价格变化的"晴雨表"。它是包括股票种类、股票价格、成交量、价格指数、市盈率、升跌率等走势的集中反映;其中,综合反映股市行情的是股票价格指数。目前,各国证券市场大多采用加权指数法计算股票价格指数,即以若干种股票为计算依据,以每种股票的价格乘以交易数量的综合为分子,以每种股票的基期价格乘以发行数量的总和为分母,除得百分比。我国的深圳股价指数和上海股价指数也是按此法计算出来的。由于股市上个股的价格波动不一致,股价指数只能反映整个股市价格的变动情况,是个人股票投资决策时的重要依据。

股票投资的目的是增值,通过投资获得股票价差或分享投资公司的收益。因此,股票投资中最关键的两个环节:(1)确立投资策略。股票投资策略,是指个人根据股市形势而制定的行动方针、方式和决策原则。它从整合和长期两方面规定了个人如何进行投资,投资什么股票,投资多少,怎样安排进出,如何在不同股票之间进行分配,以求得风险最低和收入最大的总体布局。(2)确定投资方法,选好投资对象。股票投资方法是指实施投资的步骤和策略,如研制股市行情、投资时点和股票选择等。个人进行股票投资时必须认清股票的类型,力求降低风险和增加收益。

三、购房投资

住宅房地产具有双重性,既是消费资料,又是资产投资,随着房地产的价格上涨,购买的房产也会增值。在居民家庭的总财富中,住宅资产占有相当大比重,因此也是体现人们富裕程度的重要指标。

(一)房地产的投资特征

房地产投资具有固定性、长期性、增值性等特征,因此在房地产投资中要充分认识和把握其特点和规律,以增加收益和减少亏损。

第一,固定性。房地产投资对象是不动产、土地及其地上建筑物,这些都具有固定性和不可移动性。一是土地的地理区位和交通位置是固定的;二是在土地上的建筑物及其附属物一旦建成,也不能移动,成为不动产的一部分。房地产投资的固定性和不可移动性将给房地产供给和需求带来较大影响。

第二,长期性。房地产投资的长期性,一方面是房地产投资过程要经过许多中间环节,从土地所有权或使用权的获得、建筑物的建造,一直到建筑物的投入使用需要相当长的时间;另一方面是房地产投资的资金回收期长,因为房地产投资大部分是通过收取租金实现的。由于租金积累的速度缓慢,使房地产投资的回收期延长。

第三,增值性。房地产投资具有稳定的增值性,较其他投资方式,如股票投资、期货投资、外汇投资、贵金属投资等,是一项风险中等、收益较高的投资。这是因为房地产是一项固定的、相对永久的财产,在我国加速城镇化的过程中,房地产供给刚性和房地产需求猛增,导致房地产价格节节攀升,投资房地产收益大幅增加。

(二)房地产的投资类型

房地产投资有多种形式和类型,可分为住宅投资、商业地产、旅游地产等,因此需要因地制宜和合理安排,以较低的投资成本取得较大的投资收益。

第一,住宅投资。广义的住宅投资,包含自住购房和投资购房两种。房产是个人和家庭的固定资产,居民购房居住是一种消费行为,但由于住房的资产特性,购房后形成家庭资产,因此自住购房也是一种投资行为。狭义的住宅投资,可以有两种方式:一种是购房后出租,获取租金收入;另一种是投机性购房,即从事房屋买卖。将先期购买的住房以高于前期的价格卖掉,从而赚取差价。这种投机性炒卖住房会形成房地产泡沫,影响房地产市场的正常运行,妨碍居民居住水平的提高。正如习近平总书记所说,房子是用来住的,不是用来炒的,所以必须加以制止。住宅投资,除了考虑地理位置、自然环境、基础设施、交通条件等硬件之外,教育、医疗、文化、体育等公共服务的软件,也是重要的决定性因素。

第二,商业地产。商业地产是指各种非家用、居住性物业,包括写字楼、酒店、旅馆及商业服务业经营场所等。这里专指零售、餐饮、娱乐、健身、休闲设施等商业服务的物业形式。投资商业地产也可有两种方式:一种是用来出租,收取租金获取商业地产收入;另一种是用来自己或家庭经营,如开杂货店、餐饮店等,获取经营性收入。选择何种方式,取决购房者自身的经营水平和掌控能力。

第三,旅游地产。旅游地产是指依托周边丰富的旅游资源而建的,有别于传统的住宅功能,具有融旅游、休闲、度假、居住为一体的置业项目。主要集中在旅游城市、沿海地区和比较发达的大中型城市周边。目前,旅游房地产呈快速发展之势,国内目前涉足该领域的公司超过两百家,各路开发商均看好未来的旅游房地产市场。个人或家庭购买旅游房地产,既可以作为旅游休闲的居住地,也可用来出租和经营,赚取租金和旅游收入。

(三)房地产的投资风险

房地产泡沫是指由房地产过度投机等因素所引起的房地产价格持续上涨的过程或状态。在经济繁荣期,人们为了赚取土地价格上涨的收益,将大量资金投入房地产,加速了房地产价格的上升。当价格达到一定高度后,由于市场需求和金融市场发生变化,因此房价急剧下降和房地产泡沫随之破灭,甚至导致经济危机和金融危机。但是,房地产泡沫会在哪个时刻破灭,是很难准确预测的。因为房地产泡沫的破灭,除了受市场体系的内在因素影响以外,还常常受到一些随机的、偶然的外在因素影响,这就是房地产的投资风险。

四、储蓄和理财

个人存款储蓄作为一种投资行为,具有内在原因。储蓄动机是多方面的,如保留消费动机、保值获利动机、安全动机和投资动机。个人储蓄存在消费动机,是因为储蓄从性质上说是一种延期消费,储蓄的目的是实现今后更好的消费,即为了提高和改善今后消费的数量和质量,而牺牲即期的消费。储蓄的保值获利动机,指个人选择储蓄这种投资形式,是为了抵消物价上涨带来的损失,获取存款利息收入,以保值获利。储蓄包含安全动机,是因为储蓄可以为生活中一些意外支出做好准备,货币存入银行既安全又有利息收入,基本上没有风险。个人储蓄的投资动机,主要是指为了积少成多,取得投资获利的动机。马克思说过:"小的金额是不能单独作为货币资本发挥作用的,但它们结合成为巨额,就形成一个货币力量。"[1] 随着个人收入水平的提高,大多数家庭的收入超过了当前的消费支出,收入中用于储蓄的部分将日益增长并成为一种主要的个人投资方式。现在,在银行的资金来源中大约有70%是由居民储蓄存款提供的。这充分表明,个人储蓄投资已成为我国宏观经济中一个重要的经济变量。

五、农户投资

在实行家庭联产承包责任制条件下,我国农户既是农业生产单位,又是家庭消费单位。这里所说的农户投资行为,专指农户作为生产单位对广义农业(包括种植业、畜牧业、林业、渔业等)的生产投资行为,也包括近年来大力发展的家庭农场。

由于农业生产的特点,农户投资具有以下特点:(1)投资的风险较大。农业生产是自然再生产和社会再生产过程的统一。农作物是有生命的植物,它本身具有生长发育的自然规律,受土壤、气候等自然条件的影响特别大。因此,农业投资要冒双重风险,不仅要经受市场风险,而且要经受自然灾害的风险。这个特点,使农户在市场竞争中处于不利地位。(2)投资的收益率较低。由于历史形成的工农业产品价格剪刀差,农产品价格低于其价值,使得经营农业的收益率较低,农业的投资效益较差。据估算,同量资金投入农业与投入工业相比,农业投资效益只及工业的十分之一。1979—1984年,国家通过提高农产品收购价格,缩小价格剪刀差,以及推行农业生产责任制等措施,调动了农民的生产积极性,增加了农业投资,曾使农业出现了快速增长的局面。(3)投资目的的多重性。农户的投资动机具有明显的两重性:一方面是为了出售农产品而获得更多的纯收入,另一方面是为了满足自己及家庭对农副产品的生活需要。

随着农业现代化和农业规模经营的发展,农村中出现了家庭农场,除了自身的承包地外,通过土地流转,集中数百亩土地进行投资经营。虽然仍以家庭为单位经营,但采取机械耕作,现代化的规模经营,属于一种发展了的农户投资。

---

[1] 《马克思恩格斯全集》第25卷,人民出版社1974年版,第453~454页。

第三节　收入分配中的主要问题

改革开放四十多年来,社会经济发生了巨大的变化,在政府收入增长的同时居民收入也增加了,但其速度一直落后于经济增长。这一问题以前更为突出,近几年已有所改观。在 2013 年到 2018 年的五年中,GDP 的年平均增长率为 7.1%,而居民的可支配收入的年平均增长率为 7.4%,高出了 0.3 个百分点。[①] 然而,个人所得税和财政收入则长期超过经济增长,最终导致居民收入在国民收入中所占份额持续下降,影响了消费水平提高和共同富裕的推进,究其原因主要表现在以下几个方面:

一、在初次分配中劳动报酬的比重偏低

一般来说,劳动报酬是居民收入的主体,改革开放以来,尽管我国居民劳动报酬不断增长,但是与 GDP 的增长速度相比是偏慢的。在收入的初次分配环节,劳动者的工资水平主要是由企业决定的。为了实现利润最大化,企业会尽可能压低劳动者工资,而劳动者长期处于弱势地位,缺乏同企业讨价还价的能力,最终只能被动接受较低的工资。我国劳动力市场长期处于供过于求的状态,劳动力价格即工资被迫降到劳动力价值以下。这种强资本、弱劳工的局面将会长期存在,并且受到市场供求关系的限制,是我国居民收入在国民收入中比重偏低的主要原因。特别是在私营企业中,劳动报酬偏低及趋降问题的延续和恶化,会使资本收益和劳动报酬的差距进一步拉大,形成"富者更富""贫者更贫"的"马太效应"。一方面,资本拥有者的消费能力越来越强,但消费倾向越来越低;另一方面,劳动者及其家庭的消费能力弱化,面临"上不起学,买不起房,看不起病,养不起老"等多种风险。这就使劳动与资本的矛盾加深,以及消费"鸿沟"扩大。

二、政府对国民收入再分配的力度不够

目前,在国民收入的再分配中,存在着许多问题。主要是当前的转移支付制

---

① 李克强:《政府工作报告——在第十三届全国人民代表大会第一次会议上》,人民出版社 2018 年版,第 2~3 页。

度仍不健全,对城乡贫困人口的救助投入不足。作为调节收入分配重要手段的税收政策,并没有充分发挥它在二次分配中的积极作用。众所周知,纳税是稀释居民收入水平的一个过程,也是调节贫富差距的重要手段。而政府的纳税政策对低收入者的保护力度不够,这就影响了他们收入水平提高。与此同时,我国的社会保障制度覆盖面小,保障水平低,尤其是对低收入群体和外来务工人员而言,缺乏获得保障的途径与措施,致使他们中的大部分人无法充分享受社会保险的待遇。因此,为了加快经济发展和促进共同富裕,政府必须加大再分配的改革力度,调整和完善税收制度和社会保障体系。

三、相对来说居民的财产性收入更低

财产性收入是指家庭拥有的动产如银行存款、有价证券,以及不动产如房屋、车辆、土地、收藏品等所获得的收入。财产性收入包括出让财产使用权所获得的利息、租金、专利收入等,也包括财产营运所获得的红利收入、财产增值收益等。目前,我国居民获得财产性收入比较少,途径比较狭窄,主要是因为金融制度、财产制度不完善,个人理财意识不强也制约了居民收入的提高。因此,为了使财产性收入成为城乡居民收入新的增长点,我国必须进行金融制度改革,制定更加完善的政策措施和法律法规,不断提高普通居民的金融知识、理财意识和投资能力,使他们拥有更多的获得财产性收入的途径和方式,以分享改革开放成果和加快实现共同富裕。

四、居民的贫富差距有扩大的趋势

我国城乡、地区、行业收入存在严重差异,整个社会的贫富差距悬殊。从城乡差距看,1985年,城镇居民人均可支配收入为农村居民人均纯收入的1.86倍,2007年达到3.33倍的高位。近几年来,虽然农村经济快速发展,城乡收入差距有所下降,但在2021年仍有2.50倍。从地区差距看,中国最发达省份的人均GDP是最低省份的4倍,2022年上海市居民人均可支配收入达7.96万元,居全国首位,而西藏地区人均可支配收入是2.67万元,差距将近3倍。从行业差距看,垄断性行业与竞争性行业之间的工资差距在扩大。以金融、保险业为例,在1990年,其平均工资与制造业的平均工资大体相当,到了2022年,其平均工资竟高于制造业的平均工资2.35倍。不仅如此,垄断性行业的实际收入远远高于其工资。据权威人士估计,垄断性行业与其他行业的实际收入差距为5~10倍。

再从贫富差距看,城乡均按五等分收入组进行比较,城镇的最高收入组与最低收入组的收入差距,在 2000 年、2014 年、2015 年、2016 年分别是 3.6 倍、5.5 倍、5.3 倍、5.4 倍;农村的最高收入组与最低收入组的收入差距,对应以上 4 个年份,分别是 6.5 倍、8.7 倍、8.4 倍、9.5 倍;城镇最高收入组(约 1.6 亿人)与农村最低收入组(约 1.2 亿人)的收入差距,则由 2000 年的 14.1 倍急剧扩大到 2016 年的 23.4 倍。以上情况说明我国不仅面临怎样收敛收入差距问题,而且面临如何避免两极分化,导致社会风险的考验。

五、隐性收入加剧分配不公问题

所谓"隐性收入",主要包括城镇偏向型补贴、非正常收入和灰色收入等。(1)城镇偏向型补贴。在原有的城乡二元结构和计划经济体制下,我国长期实行城市偏向的福利补贴,即使在经济改革和社会转型时期,这种政策和做法有些还在沿袭。这种"重城市、轻农村""重市民、轻农民"的福利补贴,事实上形成了城镇居民的隐性收入,包括住房补贴、医疗补贴、教育补贴、社会保障和实物收入五个方面。(2)非正常收入。部分国有企业收入分配的透明度低,工资外收入和福利过多,企业高管年薪畸高、职务消费不规范等。部分事业单位资金来源混乱,突破标准或自定标准,随意发放津贴或补贴等。(3)灰色收入。在现实生活中有些收入,因制度或法律上没有明确界定,尚处在合法与非法的中间"地带";还有些收入,因来源不明而不能认定其非法性的都是灰色收入。实际上,相当一部分灰色收入是尚未"曝光"的非法收入。灰色收入的获取,往往同钱权交易、以权谋私、公共投资违规、土地收益分配等密切相关。

因此,提高居民收入在国民收入分配中的比重,确实提高中下层人群的收入水平,已成当务之急,是我国现阶段社会主义建设的主要目标之一。所以,政府应该从根本上改变观念,从人民群众的切实利益出发制定相应的政策措施,监督各方遵守实施,从操作层面上提高居民收入和促进共同富裕。

第四节 构建三层次的分配体系

习近平总书记在党的二十大报告中指出:"坚持按劳分配为主体、多种分配方式并存,构建初次分配、再分配、第三次分配协调配套的制度体系。"[1]在社会主义市场经济条件下的收入分配可分为三个层面,初次分配是基础,再分配是主导,第三次分配是补充。这就需要对现有的分配制度进行调整、改革和完善,努力构建一个由"基础+主导+补充"相结合的三层次分配体系,为公平分配和共同富裕提供制度保障。

一、国民收入初次分配的调整和创新

初次分配是居民收入的主要渠道,是与市场联系最紧密的分配途径。为改善劳动者及其家庭的消费状况,就必须有效提高劳动报酬在国民收入中的比重,更好地调动起广大劳动者的生产积极性和创造性。以提高劳动报酬的比重为重心,调整和创新初次分配要做到以下三点:

(一)重视市场效率的决定性作用

在我国,坚持市场经济的改革取向,体现在政策上就是要自觉维护和积极发挥市场在资源配置中的决定性作用。在初次分配中,收入主要是依据市场效率来取得的。每个所有者按其提供生产要素的数量和质量,只有经过市场检验与认可,方可取得相应的报酬和收益。初次分配通行的原则是:效率越高,效益越大,收入也越多;反之,效率越低,效益越小,收入就越少。因此,有关初次分配的政策必须以不损害效率为前提,使物质利益对经济发展的促进作用充分发挥出来。要积极利用市场机制包括价格机制、供求机制、竞争机制等的激励作用,使国民收入的初次分配成为引导人们努力工作、积极进取、不断创新的内在动力和外在压力,成为加快经济发展和促进共同富裕的基础性和决定性因素。

(二)提高劳动报酬比重的政策

针对初次分配中存在的"三个集中"倾向(财富向政府集中,财富向资本集中,财富向垄断行业集中),而导致居民收入和消费总体偏低的问题,应当在确保劳动报酬每年增长的前提下,制定提高劳动报酬比重的政策,并通过实施使劳动者收入与他们的贡献相匹配。要坚持劳动报酬增长和劳动生产率同步提高,对于长期以来劳动报酬严重偏低的行业和企业,要争取在生产经营改善的基础上,使劳动报酬的增速略高于劳动生产率,以改变劳动报酬滞后或"垫底"的状况。

---

[1] 习近平:《高举中国特色社会主义伟大旗帜 为全面建设社会主义现代化国家而团结奋斗——在中国共产党第二十次全国代表大会上的报告》,人民出版社 2022 年版,第 47 页。

当前,提高劳动报酬份额,要注重相关政策的合力:要形成能反映市场供求和企业效益的工资决定机制、增长机制和保障机制;要加强对企业的工资分配指导,提高劳动者最低工资标准,完善工资指导线制度,建立统一规范的企业薪酬调查和信息发布制度;要健全各项劳动工资的政策法规,政府主要通过税收杠杆和法律法规进行调节和规范;要完善和落实各类劳动者教育培训的政策指导,增强职业技能培训的针对性、实效性,侧重提高劳动者素质和技能,形成工资持续增长的动力机制。

(三)确立工资集体协商的政策

在初次分配关系中,劳动和资本关系是核心。为扭转劳动报酬严重偏低的状况,形成劳动报酬与资本收益的合理格局,我们要在坚持劳资互利的基础上,构建工资集体协商机制及相关政策措施,强化劳动者的维权意识和工会组织的维权作用。通过工会的"集体发言机制"影响企业或出资方,以确保职工收入能随企业发展和资本收益提高而相应增长。在分配制度上,要改变强资本、弱劳工的不合理、不公平的状况,使劳动者的自身权益得到更充分地维护和保障,推动初次分配从失衡走向均衡,从不公平走向相对公平。

二、国民收入再次分配的调整和创新

我国再分配面对的基本问题是初次分配失衡,而部门垄断、权钱交易和贪污腐败等对市场的深度扭曲,又推进了收入差距的扩大。因此"国家必须运用税收和转移支付政策,实行再分配"[①]。针对现实问题,在再分配中更要注重社会公平,着力完善税收政策和转移支付政策,全方位地缩小收入分配差距,提高全民共同富裕的程度。

(一)改革和完善税收制度

税收是一种有效的再分配手段,因此要健全以个人所得税为主的税收体系。(1)完善个人所得税政策。要实行综合与分类相结合的个人所得税制度,全面考虑家庭综合税负能力,以家庭为单位进行计征和抵扣。个人所得税既要坚持调高起征点的方略,又要强化对税率和税源的调整。要坚持低收入者不纳税,中收入者少纳税,高收入者多纳税的指导原则,切实缩小不同阶层的收入差距。(2)适时出台房产税政策。在我国,家庭收入与房产状况有关联性。而房地产

---

① K.F.齐默尔曼主编,孙静等译:《经济学前沿问题》,中国发展出版社 2004 年版,第 322 页。

领域又是腐败收入与灰色收入的滋生地。因此尽快出台房产税政策,有利于解决房地产领域腐败和分配不公难题。同时,对个人拥有的多套非自住房征收房产税,拓展了来自富人的税源,还可将部分房产收入,用于经济适用房和廉租房的建设。(3)择机开征遗产税与赠与税。改革开放以来,高收入阶层逐步壮大,财富不断增多,富人财产转移和"富二代"问题正在延续社会不公和代际不公。因此,不仅要择机开征遗产税,还要开征赠与税。要适当提高财产转移的税负水平,既增加国家税源,又防止收入差距在代际扩展。此外,还可推出社会保障税,完善消费税等。要实施以个税为主的综合调节,把居民收入差距缩小到合理程度。

(二)完善转移支付政策

在我国城乡、地区和不同群体的收入中,隐含着由公共服务导致的差距,这与政府转移支付和政策不到位有关。因此,要以基本公共服务均等化为目标,完善政府转移支付政策,这里要突出两个重点。(1)优化转移支付结构政策。目前,中央政府对地方政府的转移支付主要有三种方式:即返还性支出、财力性支付和专项支付。其中,财力性支付以基本公共服务均等化为目标。我们要据此推进转移支付结构优化:缩小税收返还规模,清理、归并专项支付项目,着力提高财力性支付规模和比例,增强地方政府,特别是县级政府公共服务的能力。(2)实施转移支付倾斜政策。政府转移支付要有利于缩小居民收入差距和地区发展差距,坚持向农民倾斜,向农民工倾斜,向城市低薪阶层和弱势群体倾斜,向落后地区倾斜。在全社会有序营造收入分配公平化、公共服务均等化、消费关系和谐化的美好生活状态。

三、国民收入第三次分配的调整和创新

第三次分配是对初次分配和再次分配中的缺陷和不足,加以弥补和矫正。在第三次分配中,有些社会成员,特别是富人的慈善捐赠、公益义举,资助了弱势群体或落后地区,这是道德、信念等驱动的个人收入转移,有助于缩小社会收入分配差距和防止两极分化,以发挥和体现第三次分配在共同富裕中的积极作用。

(一)培育和健全慈善组织和机构

慈善公益事业及其活动,主要依靠民间组织的规范运作。据统计,截至2021年底,在我国有各类慈善组织11 592个;截至2022年底,慈善基金会有9 369家,其中相当一部分是"官办"或"半官办"的。各类慈善组织在公益活动中发挥了积极作用,做出了不小的贡献。但是损害慈善公信的事件也时有发生,因

此它们的健康发展仍然是任重而道远。要按照发展公益事业的要求和慈善组织自身的成长规律,来健全和完善相关政策。通过培育与规范慈善组织和机构,推进慈善公益事业健康发展。

（二）完善慈善捐赠的税收优惠政策

要开启和利用政策资源,构建与慈善公益事业相匹配的税收优惠,对从事各种慈善捐赠和社会公益捐助的个人、企业等实施税收减免,尽快提高免税比重,以鼓励和引导社会成员,尤其是富裕阶层自愿将一部分收入和财富,向低收入者、弱势群体和遭受特殊危难的人们进行友情转移,使收入差距和贫富差距得到收敛,实现共同富裕中不同阶层的利益和谐,以及消费水平的普遍增长。

第十章
共同富裕的劳动价值

在社会主义市场经济条件下促进共同富裕，仍然要以马克思的劳动价值论和剩余价值论为理论基础，自觉遵循价值规律和价值增殖规律。马克思的劳动价值论和剩余价值论是建立在劳动两重性学说基础上的两大理论创新，是创立和发展马克思主义经济理论的两大基石，因而对发展中国特色社会主义经济和健全市场经济体制具有指导作用。因此，正确认识《资本论》与西方经济学在价值理论上的区别和联系，在劳动价值、剩余价值和公共价值历史演变的基础上，阐明价值规律和价值增殖规律的丰富内涵和积极作用，对促进社会主义经济发展和实现共同富裕有重大的现实意义。

第一节 《资本论》与西方的价值理论比较

马克思的《资本论》与西方经济学在价值理论上的分歧，是从价值决定论开始，在工资、利润和地租等的论述中逐步深化，并通过均衡与非均衡导出两种对立的历史观。因此，对两种价值理论的分析和比较，是正确认识社会主义市场经济与资本主义市场经济的本质区别和历史联系的基本前提和关键所在。

一、价值决定论的区别

商品的价值规律总是要以一定的形式表现出来，并为人们所认识和利用。通常我们不会怀疑钻石比大米贵的事实，问题是如何透过现象揭示本质，看清楚价值的实质及其来源。

（一）劳动价值论与效用价值论

《资本论》主张客观价值论，认为价值是凝结在商品中的人类劳动，由供给方的社会必要劳动时间决定。西方经济学却坚持主观价值论,认为钻石的价值高于大米是因为它的效用更大,商品价值由需求方的边际效用所决定。马歇尔的折中主义虽然试图融合主、客观两种价值论,但是没有改变效用决定论的倾向。

用社会必要劳动时间计量价值,不论实际操作有多困难,从理论上讲都是可行的,因为时间能够简单相加。劳动价值论虽然比较抽象,但简洁明了,有说服力。相反,西方经济学用效用计量价值却遇到难以逾越的障碍。在微观经济学的教科书中,既可看到颇费周折的效用最大化原理,又可发现大量"无差异曲线",常常不得不混用基数效用和序数效用两种方法。其实,量化主观效用既讲不通,也行不通。首先,消费者购买经常以非理性的个人偏好为依据,难以解释为数学上精确的效用论。其次,效用不存在同质的可比性,只能用价格推想效用,再用效用说明价格,必然陷入同义反复,难以自圆其说。最后,人们的消费需求有顺序性,首先是生存,然后是其他,因此很难想象谁会同时把所有商品都纳入他的效用函数。

(二)价值与价格的关系

进一步比较发现,《资本论》和西方经济学关于供求变化引起价格波动的理论是大致相同的,但通过价格揭示的价值大相径庭。马克思的劳动价值论认为,除非劳动生产率变化,商品价值是稳定的,市场供求造成的价格波动应以价值为中心,这样理解价格与价值,含义是清晰的,区别是明显的。西方经济学认为,商品的价格决定于供求关系,供取决于边际成本,求取决于边际效用。生产者对价值的影响是被动的,消费者对效用的主观评判才是价值的决定因素。这样,由效用决定的"价值"与供求决定的价格就没有区别了,因而是含混不清的。

(三)价值规律与供求曲线

虽然《资本论》和西方经济学对供求导致价格波动的论述是一致的,但是由于价值论的区别,两者在说明供求曲线变动原因时产生了分歧。西方经济学把供给曲线看作是向上倾斜的,其理由是"边际成本递增",即供给量越大,新增成本越高。因此,随着需求曲线左右移动,价格会上升或下降,达到"新的均衡",说明需求变化会引起商品价值变动。马克思认为价值是社会必要劳动时间,不承认"边际成本递增"。即使短期内因供不应求使价格上升,但随着供给量增加,只要社会必要劳动时间不相应增加,价格就会回落到原来水平,从长期看,平均价格趋向价值,这就用劳动价值论科学解释了供求曲线的变动规律。

为什么西方经济学要放弃简洁明了的劳动价值论,绕着圈子去建立一套晦涩难懂、似是而非的效用价值论呢？原因很明显，西方经济学不仅没有揭示剩余价值规律的要求，而且有掩盖它的必要，所以把商品的客观价值与它的主观效用加以混淆，仅仅阐述到价格这一层面也就足够了。

二、关于工资、利润和地租

《资本论》与西方经济学在价值决定上的分歧，通过工资、利润和地租等价值分配形式，更具体地表现出来。

（一）对工资的不同认识

马克思认为工资是劳动力价值，它小于工人实际创造的价值，因而产生剩余价值。西方经济学则认为工资是"劳动价格"，等于最后被雇佣的工人的边际产出，并将劳动供给画成一条向上倾斜的曲线。事实上，劳动者不可能像资本家和土地所有者那样，根据价格（工资）信号潇洒地决定是否"出租"自己的要素。在工资下降时，他们只要还能维持部分生计，劳动供给就不会减少，甚至增加。因此，马克思认为工资水平不能决定劳动供给；相反，产业后备军的规模才决定了工资水平。西方经济学的劳动供求理论，只有在劳动供不应求时才有合理性，而产业后备军的存在使它失去了现实意义。严格区分"劳动"和"劳动力"，深刻揭示劳动力商品的特殊性是《资本论》的一大贡献。如果像西方经济学那样把劳动力与其他要素混为一谈，简单套用供求规律，就会导致宏观就业政策的失误。

（二）剩余价值与要素收益

马克思阐明劳动价值论的深层原因，是为了揭示剩余价值的真正来源。这里要区分两个极易混淆的论点。一是使用价值与价值的不同源泉。正如马克思所说："劳动并不是它所生产的使用价值即物质财富的唯一源泉。"[①]说明其他要素（包括土地）也是使用价值的源泉，因此各种要素所有者都有权参与价值分配。但是马克思又说，"商品价值体现的是人类劳动本身"[②]，说明其他要素都不是价值的源泉。可见，价值创造和价值分配不能等同，在要素属于不同所有者时，生产者只能凭劳动力的所有权取得部分价值，剩余部分将在其他要素所有者中分配。二是资本与生产资料的区别。虽然资本常以生产资料的形式出现，但是生产资料并不是资本，只有当它用于生产剩余价值时才成为资本。因此，资本以生产资料名义取得的收益，掩盖了其对劳动的剥削和对剩余价值的占有。西方经

---

①② 《马克思恩格斯全集》第23卷，人民出版社1972年版，第57页。

济学否认以上两个区分,认为劳动、资本、土地是等同的生产要素,而价值和剩余价值是它们共同创造的。这样,就把创造剩余价值与分割、占有剩余价值混为一谈了,从而否认了资本对劳动的剥削关系。其实,这种多要素共享收益只是漂亮的原理主义。从这种假设的前提出发,随便加入多少种"要素"(如企业家才能、技术、商誉等),都可在数学上算出它们各得其所的收益,实质是把雇佣劳动提供的剩余价值算到资本头上。可见,《资本论》和西方经济学都承认超过劳动收入的价值,但前者称它为剩余价值,而后者把它"包装"成为资本的合理收益。

(三)在地租理论上的统一

《资本论》和西方经济学在地租理论中有许多共同之处,原因在于土地是唯一存在供给垄断的要素。马克思较多地继承了李嘉图的级差地租理论。大卫·李嘉图认为:"农产品的价值之所以上升,只是因为所获产品的最后一部分在生产中使用了更多的劳动,而不是因为对地主支付了地租。谷物的价值是由在不支付地租的那一等土地上,或用不支付地租的那一份资本进行生产时所投入的劳动量决定的。"①西方经济学也基本同意这种级差地租理论(反映行业内竞争),劳动价值论和边际产出论在这里取得了形式上的统一。对于绝对地租(反映行业间竞争),西方经济学认为这是一种"纯剩余",是超出"合理收益"以上的部分。《资本论》则透过现象揭示了地租的本质,指出只要土地所有权存在,就不会有"不支付地租的那一等土地"。两者都主张用国有化的方法占有绝对地租。

三、均衡与非均衡

经济学中的均衡与非均衡,绝不是单纯对经济运行状态的描述,其中隐含着深刻的阶级关系和对历史发展的不同见解。

(一)均衡观与非均衡观的本质区别

西方经济学从效用价值论出发,费尽心机地推导出:"均衡"是完全竞争市场的永久状态。非均衡只能短期存在,经过"看不见的手"调节又会恢复均衡。这种贯穿始终的均衡观,实质是缓和劳资对立,指导阶级合作,为维护资本主义制度服务的。与之相反,马克思强调资本主义的"非均衡"性。通读《资本论》,除了论述价值规律时略显"均衡观"外,其余篇幅始终在揭示这样的道理:在阶级地位不平等的社会里,永久"均衡"是不可能的,或者只有那种少数人掌握巨额财富,多数人

---

① 大卫·李嘉图:《政治经济学及赋税原理》,商务印书馆1962年版,第61页。

聊以果腹的均衡。马克思从剩余价值出发,一针见血地指出,只要生产资料私有制存在,资本家和劳动者就不可能超脱剥削关系,其结果一方面是剩余价值率提高和工人相对贫困;另一方面则是资本主义固有矛盾的激化、缓和、再激化的反复循环,在促进资本主义发展的同时,为新社会的诞生准备物质基础和阶级力量。

(二) 对利润的不同认识

均衡观的差异源于对利润认识的差异。西方经济学的"利润"概念与《资本论》是不同的。马克思认为利润是剩余价值的转化形式,是资本家无偿占有的工人劳动,它包括平均利润和超额利润,是剥削关系的产物和表现。而新古典主义把"企业经营要素"的收益称为利润,资本家的收益称为利息,新古典综合派则认为平均利润是"资本要素投入的合理收益",只有超额利润才能称为"利润"。不论怎么阐述,西方经济学都是为了说明资本家获得平均利润是合理的,在微观经济学的收支相抵点上,已经包括了平均利润。只有超额利润才被认为是不合理的,因为它影响了资源的配置效率。

(三) 两种对立的历史观

马克思从历史唯物主义出发,揭示了资本主义从起源、发展到消亡的必然趋势。而西方经济学以实证主义为特征,将资本主义视为永恒制度,这就免不了要把经济关系看成是凝固不变的。在资本主义已走向垄断的年代,仍然把"自由竞争、信息完全"等假定作为研究的起点,把资本主义初期的形态作为千古不变的"正常状态",而把垄断归为"特例",不承认资本主义的变化和资本集中的趋势。就像中世纪的欧洲人用繁复的本轮-均轮模型为地心说辩护一样,由于根本假定的错误,使这种辩护往往会骑虎难下,无法立足。因此,马克思的劳动价值论与西方经济学的效用价值论,是两种对立历史观的产物和结果。

总之,马克思的劳动价值论和剩余价值论,为我们发展和完善社会主义市场经济,遵循价值规律和价值增殖规律加快经济发展和促进共同富裕,奠定了理论基础、提供了思想指导。

第二节 劳动价值、剩余价值和公共价值

劳动价值即商品价值是在以个体生产为基础的小市场经济中产生,进而在社会化大生产的市场经济中转化为剩余价值。由于生产资料所有制不同,在资

本主义社会形成私有剩余价值;在社会主义社会形成公有剩余价值即公共价值。因此,可以分成三个历史阶段,即小生产的市场经济、资本主义市场经济和社会主义市场经济,来探讨劳动价值怎样从个体商品价值异化为私有剩余价值,再向社会公共价值转变的历史过程,以加快社会主义市场经济发展和共同富裕的实现。

一、劳动价值的本源——商品价值

马克思主义认为,劳动价值是历史范畴,劳动创造价值是市场经济的产物和表现。要全面理解劳动价值论,就必须对劳动创造价值的前提条件,客观原因和实际作用有一个准确的了解。

第一,劳动创造价值是生产力发展的必然产物。随着生产力水平的提高,形成了以个体劳动为基础的社会分工,不同生产者之间劳动的专门化和需要的多样化,要求相互交换他们的产品,这就为产品转化为商品提供了前提条件。资本主义大生产取代个体劳动小生产,进而社会主义大生产取代资本主义大生产,都没有改变这种分工体系,相反使分工更细,专业化程度更高,因而更要通过全面的商品交换来满足生产和消费需要。

第二,劳动价值是商品生产者之间交换劳动的关系和表现。在生产资料私有制条件下,个体劳动者为了维护私有权,要求利益均等地交换产品。这种等价原则从愿望到实现,经历了漫长的历史过程。人们首先是不自觉地行动,最后才认识其中的必然,特别是认识价值实体是等同的社会劳动,几乎凝聚了人类近两千年的智慧。直到近代,资产阶级古典经济学家才猜到商品的等同性根源于劳动,但是仍然不明白不同的劳动为什么可以相等的道理。直到马克思创立劳动二重性学说,才揭示出抽象劳动形成价值的原理,使劳动价值论建立在科学基础之上。

第三,劳动价值的形成反过来有力地促进了生产力发展。这一作用通过价值规律的要求显现出来。在微观上,价值规律以产品个别劳动必须等于或小于社会必要劳动则可盈利的方式,促使商品生产者不断改进技术,加强管理,以提高个别生产力;在宏观上,价值规律以过剩产品不能实现其价值的方式,促使资源的合理流动和按比例配置,以提高社会生产力。可见,价值规律是生产力发展的动力,是通过利益机制推动经济发展的形式。因此,正确理解劳动价值论实质是要科学认识和自觉遵循价值规律。由于现阶段社会主义取代资本主义,不仅没有改变大生产的性质,而且要大力发展市场经济,因此价值规律仍然是生产力的形式和动力。所以,马克思的劳动价值论不仅没有过时,而且要在社会主义市场经济中得到发展和创新,充分显示其指导意义和现实作用。

二、劳动价值的变异——剩余价值

劳动价值实质是市场经济关系,这种关系会随着生产力发展而产生质的变化。资本主义市场经济取代小市场经济,使个体劳动价值转变为私有剩余价值,从而使小生产者之间的平等关系变成资本家对雇佣工人的剥削关系,是市场经济的第一次质变。这里要深刻理解劳动价值转变为剩余价值的前提条件、根本原因、转化过程和实际作用。

第一,生产力发展为劳动价值转变为剩余价值,提供了物质前提和生产方式。随着社会分工的发展和生产技术的进步,以手工作坊为起点的简单协作为许多人共同使用生产资料和扩大生产规模提供了可能性,因而促进了个体劳动向集体劳动的转化。正如马克思所说,协作"创造了一种生产力,这种生产力本身必然是集体力"[1]。资本主义的工场手工业以及机器大工业,正是在这一基础上发展起来的。社会主义的建立,不仅不会取消社会化大生产,而且要把它提高到新阶段。因此,生产力发展始终是市场经济壮大的根本动力。

第二,劳动力成为商品,是使劳动价值转变为剩余价值的直接原因。小市场经济发展造成了社会的两极分化。一方面,使少数人积累起巨额财富,以至于可以购买他人劳动力来从事生产;另一方面,使多数人丧失生产资料,不得不出卖劳动力来维持生存,这就为形成资本主义剥削提供了现实条件。社会主义取代资本主义之后,虽然消灭了资本主义剥削制度,建立起社会主义公有制,但是没有消除劳动力个人所有与生产资料公共所有之间的界限,劳动者与公有生产资料的结合仍然要采取买卖劳动力的形式。因此,劳动者在公有企业中提供的剩余价值取得了公共价值的性质。

第三,劳动价值转变为剩余价值的过程,实质是价值规律向价值增殖规律转化的过程。一方面,由于劳动力买卖符合等价交换原则,并不违反价值规律;另一方面,劳动力的使用即劳动,能创造出大于劳动力价值的剩余价值,从而使价值规律转变为价值增殖规律。因此,我们不能把价值规律与价值增殖规律割裂开来和对立起来。可以说,价值规律是价值增殖规律产生的根源,而价值增殖规

---

[1] 《马克思恩格斯选集》第 2 卷,人民出版社 2012 年版,第 207 页。

律是价值规律演变的结果,因而价值增殖规律是特殊的价值规律。在社会主义市场经济中,由于公有制使私有资本的价值增殖转化为公有资本的价值增殖,从而使私有剩余价值转化为公有剩余价值即公共价值。

第四,价值增殖规律反过来又促进了生产力发展。在资本主义社会,价值增殖规律对生产力的促进作用表现在两个方面:其一,资本家通过追求超额剩余价值,促进企业生产力提高。超额剩余价值来源于商品个别价值与社会价值的差额。当部分资本家率先改进技术,提高企业生产力,使其商品的个别价值低于社会价值时,就可获得超额剩余价值,体现了价值增殖规律提高微观生产力的要求。其二,资本家获得的相对剩余价值,是全社会劳动生产力普遍提高的结果。无数资本家在追逐超额剩余价值过程中,促使社会生产力普遍提高,从而降低了必要生活资料价值和劳动力价值,缩短工作日中的必要劳动时间,相对延长剩余劳动时间,使整个资产阶级都获得相对剩余价值,体现了价值增殖规律提高宏观生产力的要求。以前价值规律促进生产力发展的作用,现在被价值增殖规律所代替,并且在社会化大生产基础上得到更充分的实现。

三、劳动价值的复归——公共价值

在资本主义条件下,剩余价值促进生产力发展遇到不可逾越的障碍,受到私有制生产关系的束缚,这就要求建立社会主义生产关系及其经济制度。社会主义公有制的建立,使剩余价值转变为公共价值,这是市场经济的第二次质变。如果说由个体生产为基础的劳动价值,向大生产为基础的剩余价值转化是第一次否定,那么在大生产基础上,剩余价值向公共价值转化就是第二次否定,即否定之否定,表明劳动价值在一个更高发展阶段上得到了复归。这里我们要深刻理解剩余价值向公共价值转变的前提条件、根本原因、特殊性质和现实作用。

第一,生产力发展是实现这一转变的前提条件。一方面,生产力发展要求以生产资料公有制取代私有制,从根本上克服资本主义社会的基本矛盾;另一方面,现有生产力水平要求默认劳动者的个人能力是"天赋特权",即承认劳动力个人所有,企业只能通过购买劳动力商品,按职工提供的必要劳动进行"按劳分配"。因此,劳动者在剩余劳动时间提供的剩余价值,就合乎规律地转变为公共价值,即上缴国家的税收和企业留存的利润,使公共价值成为剩余价值的转化形式,成为劳动者不再受剥削的直接原因和现实表现。

第二,社会主义公有制是使剩余价值转变为公共价值的根本原因。大生产和市场经济是社会主义与资本主义的共性,只是生产资料所有制性质的改变,才使它们具有不同的个性。社会主义公有制的建立,决定了剩余劳动创造的价值只能归集体或全民公有,使私有资本的价值增殖规律转变为公有资本的价值增殖规律,形成公共价值。因此,我们在改变生产资料私有制以后,过早否定市场经济是十分错误的,实质是人为否定生产力发展的形式和动力,因而受到经济规律的惩罚,结果吃了大亏。

第三,公共价值改变了剩余价值的剥削性质,使劳动价值在更高社会阶段得到复归。公共价值的形成,不仅表明劳动者摆脱了受剥削地位,而且使劳动者剩余劳动创造的价值可以用于满足社会公共需要,为劳动者的整体利益和长远利益服务。可见,公共价值与剩余价值实际是同一价值量——工人剩余劳动创造的价值,在不同生产关系中的表现形式,前者代表公共利益,后者代表私人利益。因此,如果说私有剩余价值是资本剥削劳动的体现,那么,公共价值则是劳动平等关系的再现。

第四,公共价值对生产力的促进作用得到更广阔的发展空间。在微观上,企业可以利用公共价值进行技术改造和扩大生产,以及改善职工的工作条件和提高他们的福利水平,加快提高企业生产力;在宏观上,国家可以集中大量公共价值用于基础建设和重点项目,用于调整产业结构和扶持落后地区,以及改善全体人民的公共福利和生活质量,提高社会生产力的整体水平。因此,公共价值成为促进经济发展和实现共同富裕最重要的经济基础和财富来源。

四、社会主义初级阶段表现为三种价值的综合

当然,要使社会主义完全取代资本主义,从而使私有价值增殖规律完全转化为公共价值增殖规律,需要一个长期而复杂的历史过程。特别是在经济相对落后国家建立的社会主义,要经历一个以经济建设为中心任务的初级阶段,必须允许公有经济和私有经济在市场经济中平等竞争和共同发展,使劳动价值、剩余价值和公共价值有机结合,协调促进共同富裕,这就需要解决一系列新问题。

第一,在以公有经济为主体的前提下,使多种经济成分共同发展。怎样才能使公有、私营、个体和外资等多种经济成分相互融合,协调发展?这就要从企业内部和外部两个方面改革和完善经济体制。具体来讲,在企业内部要建立和完善股份制和股份合作制,使不同所有制的生产要素可以在同一企业中有机结合;在企业外部则要健全市场经济体制,因为只有市场才能使不同所有制企业,在等

价交换原则下平等互利地联系起来。虽然,不同经济实体的经营目标和现实利益不同,公有企业要求获得公共价值,私营企业要求获得剩余价值,个体生产者要求获得劳动价值,但是这三种价值都要遵循价值规律,通过商品交换来实现。因此,市场经济为多种经济成分有机结合创造了有利条件。

第二,在以按劳分配为主的前提下,使按劳分配、按资分配和按其他要素分配相互补充。有些人认为,如果承认按劳分配,就必须否定按要素分配;如果承认按要素分配,就必须否认按劳分配,把两者完全对立起来。产生这一错误的理论根源,是没有把价值创造与价值分配区分开来。由于劳动是商品价值的唯一源泉,因此在市场经济中,劳动者按必要劳动取得报酬是必然的。但是由于商品使用价值是价值的物质承担者,因此其他要素对生产使用价值的作用,必须在价值分配上得到体现,以实现其他要素的所有权。这就要求在实行按劳分配的同时实行按要素分配。可见,按劳分配与按要素分配的结合,是商品价值与使用价值统一的客观要求,是多种经济成分共同发展的现实需要,也是劳动价值论在社会主义初级阶段的创新发展。

第三,要兼顾公平与效率,适当拉开收入差距,通过一部分人和地区的先富,来带动后富和促进共同富裕。这里要解决几个具体问题:(1)私营业主的劳动及其收入问题。过去在批判资本主义剥削时,常把资本家的经营活动单纯理解为剥削行为,否认他们的管理劳动是片面的。根据劳动价值、剩余价值和公共价值可以并存的原理,他们的利润应该分成管理劳动报酬、经营风险收入和上缴国家税收三部分,以保证合法的私营业主有稳定和丰厚的收入。(2)科技劳动者的贡献和分配问题。科技劳动不仅是复杂劳动,而且是创造性劳动,因此其劳动特别艰辛,难以准确计量。从历史上看,对科技人员的劳动补偿是不充分的,在我国甚至有过脑体收入倒挂的经历。因此,从复杂劳动的补偿和科技投入的回报两个方面,完善对科技劳动者的分配制度和奖励方法已成当务之急。(3)实体经济与虚拟经济的关系问题。劳动价值是实体经济的产物,它要求我们严格遵循价值规律和价值增殖规律,促进实体经济发展。但是,价值形式的超实体运行,即利用市场机制进行筹集资金和再分配利益,却是形成股票、债券和期货等虚拟经济的根源。因此,一方面要充分发挥虚拟经济对实体经济的推动作用;另一方面也要防止虚拟经济的过度膨胀,反过来对实体经济产生破坏作用。

第四,充分发挥公共价值的主导和调节作用。公共价值的形成是社会主义优越性的集中体现,为价值增殖规律在公有制条件下,推动生产力发展和促进共同富裕打开了广阔的空间。(1)为了实现社会主义生产目的,在坚持公有经济为主体,国有经济为主导的前提下,可以充分发挥三种价值同时促进生产力发展的合力作用。(2)在坚持公共价值的主导地位和发挥其调节作用的同时,充分利用其他价值的特点和优势,使它们相互补充,相得益彰,以达到合理配置资源和优化产业结构的目的。(3)在公有经济为主体的条件下,不仅有利于完善社会主义经济体制,而且可以通过健全社会主义法治和加强精神文明建设,来限制市场经济运行方式可能产生的消极作用和负面影响。

第三节　价值规律、价格机制和驾驭能力

社会主义市场经济和其他市场经济一样,价值规律要通过价格机制得到贯彻,价格机制又要通过人们对市场的驾驭能力来发挥作用。因此,在社会主义初级阶段,正确认识价值规律、价格机制和驾驭能力之间的内在联系,是发展和完善社会主义市场经济的关键环节,也是加快经济发展和现实共同富裕的重要途径。

一、价值规律的实质、内容和作用

第一,要正确认识价值规律的实质。从总体上讲,价值规律实质是商品生产者之间物质利益均等的生产关系。这里有几个关节点:(1)商品生产者是指不同生产资料的所有者,是独立或相对独立的经济实体,否则他们的产品就不会作为商品来交换。(2)物质利益均等,不仅指相互交换的使用价值可以满足对方需要,而且价值所反映的社会劳动也应相等。(3)这里的生产关系是广义的,包括生产关系和交换关系两个方面。因为商品和产品的区别在于交换,从这个意义上讲,商品的交换关系制约商品的生产关系。所以价值规律的实质可以概括为,商品生产者之间等量劳动相交换的生产关系。

第二,要全面了解价值规律的内容。价值规律的内容极其丰富,其中包括:生产中的价值规律,即价值形成规律和价值增殖规律;交换中的价值规律,即等价交换规律;分配中的价值规律,即价值转型规律;以及在价值实现中所形成的各种规律,如货币流通规律、价格规律和竞争规律等。随着生产力的发展,分工协作范围扩大,特别是社会主义初级阶段多种经济成分并存使得价值规律的运动形式变得更加错综复杂。因此,价值规律是一个大学校,只有让千百万人都进入这

个学校深造,才能学会运用价值规律,促进社会主义经济发展和经济效益提高。

第三,要充分理解价值规律的作用。虽然价值规律的运动形式千变万化,但它最基本的作用是促进生产力发展。提高生产力归根结底是要节约社会劳动,包括在微观上节约生产单位产品的劳动时间,以及在宏观上节约各种产品的总劳动时间。价值规律涉及的两种含义的社会必要劳动时间,反映了从宏观和微观两个方面节约劳动时间的要求,使价值规律成为生产力发展的形式和动力。如果违反价值规律,实质是违反生产力规律,就会造成经济发展的困难和经济资源的浪费。因此,在社会主义市场经济中,正确认识和遵循价值规律是深化经济体制改革,加快现代化建设和实现共同富裕的迫切需要。

二、价格机制的现实表现

商品价格不仅反映商品价值,而且反映供求关系,因而是价值规律的表现形式。价格机制就是在价格运动中表现出来的价值规律,它体现在生产、交换、分配和消费等环节中,起着自发配置经济资源和调节商品供求的积极作用。因此,要学会运用价值规律,必须密切联系实际深入研究价格机制。

第一,价格机制反映生产中的价值规律,是价值形成规律和价值增殖规律的表现。这里有三个现实问题值得注意:(1)按值论价与按质论价的关系。过去不少人从经济学原理出发,认为价值是价格的基础,因此只承认按价值论价格,不理解按质量论价格。其实决定价值的社会必要劳动时间是生产一定质量产品的劳动时间,因而按质论价是按值论价的前提。过去我们忽视按质论价,使生产优质产品的较多劳动没有得到社会的承认,从而造成优质产品供不应求,劣质产品充斥市场,这是违反价值规律,并通过价格机制反映出来的负效应。(2)价格与生产力的关系。价值规律表现为价值与生产力成反比例变化的规律。随着生产力提高,商品的生产时间减少,其价值就会下降。如果个别企业率先提高劳动生产力,使个别价值低于社会价值,在市场价格不变时,就会使该企业获得超额利润;在销售价格适当降低时,不仅仍有超额利润,而且能提高企业的竞争能力,这是价值规律通过价格机制产生的正效应。(3)改进技术与增产增收的关系。不少企业为了提高劳动生产力,不断改进技术,用机器代替人力。但是,他们常常只看到单位时间内产量的增加,而不了解如果产品中过去劳动的增加超过活劳动的减少,就会导致生产力下降和利润减少。因此,要正确运用价格手段,严格核算生产成本,以避免增产减收。

第二,价格机制反映流通中的价值规律,是等价交换规律的表现。价值规律通过价格围绕价值上下波动,促使平均价格趋向价值。仔细分析发现,价格机制会对产品的供求产生正向或逆向调节。当价格趋向价值,从而使供给量趋向需求量时,价格起正向调节作用;相反,当价格偏离价值,从而使供给量脱离需求量时,价格起逆向调节作用。在自由竞争条件下,价格机制的正反向调节会自动转换。过去,由于不适当地限制价格波动,造成长线产品短不下来,而短线产品又长不上去。这种人为扭曲的价格会影响生产的持续健康发展。

第三,价格机制反映分配中的价值规律,是价值转型规律的表现。不同部门企业的竞争,会使利润率趋于平均化,从而使利润转化为平均利润,价值转化为生产价格。当剩余价值中的超额利润,作为地租加到生产价格上去以后,便形成垄断价格。价值转型是价格机制对生产要素以及利益关系进行调整的结果。我们看到,现实中存在的虚假利润影响企业进步。一方面,由于土地产品没有按劣等土地的个别价值计价,许多原料、燃料价格偏低,从而使土地产品的超额利润变成加工企业的虚假利润;另一方面,由于固定资产折旧率偏低,部分折旧费也转化为企业利润,这不仅影响了企业设备更新和技术进步,而且削弱了它们发展的动力和压力。改革开放之前,由于资金和土地的无偿使用,不仅使国家失去了两笔重大的财源,而且造成了经济资源的巨大浪费。改革开放以后,虽然实现了资金的有偿使用和土地的有偿转让,但是虚拟资本的过度膨胀和地价的飞速上涨,也直接影响了实体经济的发展和壮大。因此,按价值分配规律改革价格体系,对合理配置资源和提高实体经济的效率和效益具有重要作用。

第四,价格机制反映价值实现中的规律,是按比例发展规律的表现。价值实现规律是如何通过价格机制来调节社会生产的呢?一方面,第一种含义社会必要劳动时间决定商品的价值量,从而决定该商品的供给量;另一方面,第二种含义社会必要劳动时间决定该部门应投入的劳动总量,从而决定社会对该商品有支付能力的需求量。只有在需求与供给相等时,价格才与价值相一致。否则供过于求时价格下跌,使一部分价值不能实现,从而会限制该部门的生产;供不应求时价格上涨,一部分价值超额实现,从而会刺激该部门的生产。因此,价格机制会通过调节供求,促使社会生产的按比例发展。

三、提高驾驭市场经济的能力

习近平总书记在党的二十大报告中指出:"充分发挥市场在资源配置中的决

共同富裕的经济规律及其制度

定性作用,更好发挥政府作用。"[1]这就要求我们自觉遵循价值规律,不断提高驾驭市场经济的能力。认识市场经济及其规律的目的,是要促进国民经济的持续健康发展。因此,在深刻理解价值规律及其价格机制的基础上,还要更好地发挥政府宏观管理的积极作用,努力提高驾驭市场经济和解决现实问题的能力。

第一,在生产力方面,要解决可持续发展的问题。其中包括:(1)转变经济发展方式。要逐步实现经济发展由外延型、粗放型和投资拉动型,向内含型、集约型和消费推动型转变,真正提高产品的科技含量和国际竞争力。(2)调整和优化产业结构。我国产业结构不合理,主要表现是第一、二产业比重过大,而第三产业比重过小。因此,要以科技创新为动力,按照三、二、一的顺序来调整和优化产业结构。(3)发展循环经济和节约经济资源。我们不能走西方发达国家先污染后治理的老路,要合理开发和利用有限资源,按照低投入、高产出、重效益的原则,达到既保护生态环境又促进经济可持续发展的双重目标。

第二,在生产关系方面,要解决深化改革和完善体制的问题。其中包括:(1)探索公有制的实现形式,加强国有经济的主导地位。这里的关键是要落实公有产权,使股份制成为公有制的主要实现形式,并通过混合所有制等形式,加大国有经济的控制力和影响力。(2)加快非公经济的发展。个体、私营和外资等非公经济,在提高产值、增加税收、扩大就业、促进外贸、满足需要等方面发挥了积极作用。因此,要使它们在与公有经济的平等竞争中得到发展和壮大。(3)完善分配制度,防止两极分化。在改革初期,由于平均主义严重,必须强调效率优先。当前,局部出现收入差距过大,因而要更加注重公平。总之,在市场经济发展中,要有效限制贫富两极分化,促进部分先富向共同富裕转化。

第三,在宏观调控方面,要解决用经济手段调节经济、正确处理速度与效益的关系、稳定物价和扩大就业等问题。过去,我们用宏观调控的方法,有效解决了经济过热时出现的通货膨胀,以及在经济疲软时出现的通货紧缩。目前,在能源、原材料和交通运输等基础性行业中,出现了物价增长过快,但在日用消费品领域仍然存在供大于求的状况。上游产品的价格变化不能及时地在下游产品上反映出来,使国家的货币政策和财政政策难以把握方向和力度。特别是股市的长期低迷、房市的过度升温、车市的冷热交替,都对宏观调控提出了更高要求。

---

[1] 习近平:《高举中国特色社会主义伟大旗帜 为全面建设社会主义现代化国家而团结奋斗——在中国共产党第二十次全国代表大会上的报告》,人民出版社 2022 年版,第 29 页。

第四,在意识形态方面,要解决上层建筑对经济基础的反作用问题。其中包括:批判商品拜物教和克服权钱交易、提高勤政廉政和执政为民的思想、增强民主和法治观念,以及加强精神文明建设等方面。市场经济是法治经济,要求建立完善的法律、法规体系,形成有法必依、执法必严、违法必究的法治氛围,为市场经济的健康发展提供良好的法治环境。此外,要加强思想道德和科技文化教育,提高全社会的精神文明程度,为发展和完善市场经济创造良好的社会环境,在促进人的全面发展的同时,提高全民的共同富裕程度。

第四节　发展完善劳动价值论的现实意义

劳动价值论的研究不能只停留在理论层面,而必须深入到经济运行的实践中去,充分发挥其对社会主义经济建设和促进共同富裕的指导作用。有些人认为劳动价值论是在资本主义条件下产生的,现在已经过时了,这是完全错误的。只要人类社会还存在商品、货币和资本关系,劳动价值论所揭示的市场经济规律就必然存在,它依然能指导我们认识和解决社会主义市场经济和共同富裕中的新问题。

一、对社会主义市场经济的指导作用

劳动价值论科学揭示了市场经济的基本规律即价值规律和价值增殖规律。因此,只要撇开资本主义的特殊性质,劳动价值论所阐明的生产、交换、分配和消费等方面的规律,对社会主义市场经济同样具有指导意义。

第一,在生产方面,理解劳动价值论的科学内涵,遵循它所揭示的客观规律,就能极大地促进生产力提高和国民经济增长。

早在两百多年前,西方经济学的鼻祖亚当·斯密就在其代表作《国富论》中提出了"看不见的手"的原理,详细论述了市场机制在实现资源配置和提高生产力方面的积极作用。但是,亚当·斯密及以后的经济学家没能对市场机制的根源给出合理解释,直到马克思劳动价值论的出现才提供了科学答案。

在马克思看来,反映市场机制的"看不见的手"就是价值规律的要求和表现。正是价值规律的作用,才使市场中的个人或企业在追逐私利的同时,提高了社会生产力和增进了公共福利。根据马克思劳动价值论的基本原理,任何商品都是

使用价值和价值的统一体,使用价值用于满足人的某种需要;而价值则是决定商品交换比例的内在尺度。由于形成价值实体的劳动是相同的人类劳动,因此只有社会必要劳动时间才能决定商品价值。这就导致一部分商品生产者因为个别劳动时间大于社会必要劳动时间而遭受损失,而另一部分商品生产者因为花费了较少的个别劳动时间而获得超额收益。在这种情况下,生产力低的企业为了免遭损失,就会通过各种途径如提高工人的熟练程度或采用新技术等,来缩短个别劳动时间;而技术领先的企业为了巩固其优势,或在竞争中争取更大收益,也会通过技术创新或设备改进来缩短个别劳动时间,结果使社会生产力普遍提高。可见,在市场经济中,企业自发的利己行为终将导致公共福利的增加。

第二,在交换方面,正确理解和全面把握劳动价值论的内涵,有助于健全和完善商品市场和要素市场,充分发挥市场机制对国民经济的促进作用。

商品是使用价值和价值的统一体。买者要想取得商品使用价值;卖者要想让渡他的商品,并实现其中的价值和剩余价值都必须通过交换。在市场经济中,交换和生产具有同等重要的地位。由于交换既是企业生产的起点,又是它的终点和目的,因此营造一个诚信有序的市场环境,对于企业生产的正常进行乃至整个市场经济的健康发展都有举足轻重的影响。

形成诚信有序的市场环境的第一个要求,就是要在商品交换中充分反映等价交换原则,它是价值规律的具体体现。等价交换要求所有商品都按社会必要劳动时间进行交换。如果不按这一原则交换,就会使一些原本盈利的企业遭受损失,挫伤它们的生产积极性;或者使一些生产技术落后,应该淘汰的企业仍能苟延残喘,阻碍社会生产力提高。

形成诚信有序的市场环境的第二个要求,就是要建立和完善各类商品和要素市场,形成完备的市场体系。企业要想实现价值增殖,必须从市场上购买到两类商品:一类是能够创造新价值的劳动力;另一类是生产产品的生产资料。只有同时获得这两类商品,企业才能进行生产和实现价值增殖。

第三,在分配方面,深入研究劳动价值论,有利于认识按要素分配的必要性,充分调动要素所有者的积极性,最大限度地提高社会生产力。

马克思认为:劳动虽然是商品价值的唯一源泉,但商品的"使用价值,简言之,种种商品体,是自然物质和劳动这两种要素的结合"[①]。同时,由于商品价值

[①] 马克思:《资本论》第 1 卷,人民出版社 2018 年版,第 56 页。

要以使用价值为载体,而各种生产要素又是形成使用价值的物质条件,因此在进行价值分配时,除了按照劳动分配必要价值以外,还要根据其他生产要素的贡献分配剩余价值。其他生产要素如资本、土地、技术、管理、信息等都是形成使用价值的重要源泉,如果不对这些生产要素给予必要肯定和合理补偿,就会影响它们的所有者参与生产的积极性,进而影响生产力和经济效益提高。

第四,在消费方面,全面把握劳动价值论的科学内涵,有助于形成科学、合理的产业结构,避免重复投资、重复建设,以提高资源的利用效率。

正如消费是生产的出发点和最终目的,而生产又决定消费的结构和数量,两者紧密联系一样,马克思对社会必要劳动时间的分析也是从内在联系出发,逐步扩展的。按照马克思的论述,商品价值的实现取决于当时的社会需要,也就是生产者和消费者具有支付能力的需求。如果实际投入某商品的劳动时间高于社会需要的数量,那么即使该部门每个商品的个别劳动时间都等于第一种含义社会必要劳动时间,其商品价值也不能按照第二种含义社会必要劳动时间来实现,整个行业的一部分劳动时间,会由于超出社会需要而被浪费掉。因此,这就要求政府在市场经济运行中,实施必要的引导和调控,通过资源优化配置,形成合理产业结构,促使社会消费水平稳步提高。

二、对改革和发展国有企业的指导意义

如何增强国有企业的活力,提高国有经济的效益,是关系我国经济持续、稳定、健康发展的重要环节,也是社会主义市场经济体制改革的重要任务。劳动价值论揭示的经济规律,不但对建立和完善社会主义市场经济具有指导作用,而且对国有企业的改革和发展也提供了真知灼见。

第一,从直接生产过程看,每个企业都要遵循价值形成规律,努力提高劳动生产力。所以企业在进行生产管理和经济核算时,必须同时从以下两个方面入手,寻求降低商品个别价值的途径:

(1)提高生产资料等物化劳动的利用效率,使同量生产资料能生产出更多产品,其中包括:① 通过广泛搜集市场信息,尽可能地降低劳动对象和劳动资料的采购成本,进而降低生产资料转移到产品中的价值;② 通过采用新的工艺和技术,提高劳动对象的使用效率,尽可能地减少非生产性的原材料耗费;③ 通过提高固定资产等劳动资料的利用效率,使其在寿命周期内生产更多产品。

(2)提高工人的生产效率,使同量活劳动消耗能生产出更多产品,其中包

括：① 通过劳动力市场,选择高素质、懂业务的人就职上岗,同时利用劳动力市场上的竞争,尽可能降低企业的劳动成本;② 通过加强对企业员工的技术培训,提高劳动的熟练程度,缩短生产单位产品的劳动时间;③ 通过合理设置工作岗位、科学设计工艺流程、普及流水操作等方法,提高员工协作劳动的生产力。

第二,进入流通领域,各个企业都要遵循价值实现规律,按照市场需要安排生产,因此从实际出发解决好以下几个问题:

(1)加强对市场需求的调查和预测,并求助于专业的咨询公司和大数据等技术手段,准确地把握社会需求及其变化趋势。

(2)切实遵循"以销定产"的原则,科学制订各项生产计划,采取积极有效的措施,应对市场的各种变化。

(3)要在企业中广泛推行弹性制造系统。通过开发和使用标准化程度高且适用面广的设备,来替代原来使用范围狭窄的专用设备,减少由于产品落伍可能导致的损失。

第三,从再生产的角度看,企业必须提高生产资料利用效率,避免和减少无形损耗。企业必须从以下几方面着手,加强对现有存货和固定资产的管理:

(1)对于企业原材料要采取定量采购的方式,严格控制存货数量。既要保证生产有序进行,又要防止存货过多,占用大量资金或遭受贬值损失。

(2)对于企业的产成品要做到"以销定产",按照市场需求安排生产,避免生产过多无法销售造成的价值损失。

(3)对于企业固定资产,因为其价值昂贵可能遭受的损失较大,所以加强管理尤为重要。企业可以采取以下措施:① 在新设备投入生产的初期,提高它的利用效率,缩短回收期限。② 对固定资产制定恰当的折旧期限和折旧率。不仅要考虑固定资产的物质使用寿命,更要考虑它的技术和经济使用寿命。

第四,国有企业必须提高生产的专业化程度,可从以下几个方面加以改进:

(1)生产的专业化分工有利于提高生产者的劳动熟练程度和技术水平,降低生产单位商品的劳动时间。

(2)通过生产的专业化,减少企业产品系列,把力量集中于某几项核心技术和关键环节,不但有利于避免经常调整设备和工艺造成的生产中断,还有助于培育企业核心技术,增强市场竞争力。

(3)实行专业化生产有利于企业提高经营管理水平。由于企业减少了生产的品种,经营也不像全能企业那样复杂,因此有利于总结管理经验,形成科学的管理方法。

三、正确认识和解决新时代的新问题

如今与马克思创立劳动价值论所处的时代相比,已经发生了翻天覆地的变化。所以不少人认为,马克思的劳动价值论已经过时,无力再对现实经济中出现的新问题做出令人满意的解答。其实不然,只要市场经济还存在,劳动价值论就不会过时,还能对许多新问题做出科学合理的解答。

第一,虽然现在工人的直接生产劳动呈下降趋势,工作时间也大为缩短,而社会财富却呈几何级数增长,但是这一切都不能否定劳动价值论。早在生产自动化刚刚得到普及,无人工厂和机器人逐步取代工人出现在生产第一线时,就有许多人提出:马克思的劳动价值论已无法解释这一现象。其实,只要是全面了解劳动价值论的人都能得出正确结论——无人工厂或机器人都必须在人的操控下才能完成特定工作任务。离开人任何自动化机器设备都只能是废铜烂铁,又怎么能生产商品和创造价值呢?同时,尽管生产第一线直接劳动的工人减少了,但是为了保证生产的顺利进行,必须有一大批工人专门从事机器设备的制造、维修、保养和检测等工作。

第二,科学技术之所以能够逐步替代劳动和资本成为第一生产力,是因为先进的科学技术能在很大程度上节约活劳动耗费,降低单位产品成本,提高劳动生产率。虽然科学技术的生产需要投入大量复杂劳动,科学技术本身也具有较大的价值,但是与它投入使用后所节约的劳动相比,其本身的价值显然是微乎其微。马克思曾经说过:"随着大工业的发展,现实财富的创造较少地取决于劳动时间和已耗费的劳动量,较多地取决于在劳动时间内所运用的动因的力量,而这种动因自身——它们的巨大效率——又和生产它们所花费的直接劳动时间不成比例。"[①]这里的"动因的力量"就是指科学技术及其运用。可见,科学技术在提高劳动生产力方面的重要性。

第三,从近年来的经济发展状况看,第一、第二产业等物质生产部门在整个国民经济中的比重不断下降,取而代之的是第三产业的异军突起。这要求我们结合新的形势,发展马克思的劳动价值论,做到坚持与发展相结合,从而更好地指导实际工作。我国第三产业之所以落后于发达国家,重要原因之一就是在理

[①] 《马克思恩格斯全集》第46卷(下册),人民出版社1975年版,第217页。

论上不承认服务业也创造价值,导致对第三产业重视不够和投入太少。尤其是在经济全球化的趋势下,与世界经济联系和交往更为密切的今天,在咨询业、金融业、电信业等第三产业发展上的落后,不仅影响我国在世界经济中的地位和作用,更给我国经济安全和稳定带来不小的隐患。

第四,在生产高度社会化的今天,经营管理者对企业发展和经济增长的作用越来越大。在分配时应给予他们相称的报酬,激励他们做出更大贡献,同时减少和抑制腐败现象。随着市场经济体制建立,企业成为独立的经济实体,拥有相应的自主权。在这种情况下,企业的生存和发展,在很大程度上取决于经营管理者的正确决策和科学管理。因此,企业的经营管理者肩负的责任重大,付出的劳动也远比一般工人更多、更复杂。同时,优秀的经营管理者通过敏锐地捕捉市场机遇、合理地配置企业的经济资源、有效地组织和协调企业内部的各项事务,往往能够极大地提高劳动生产力。因此,在对经营管理者进行收入分配时,不但应该考虑其工龄、职称等因素,更应该结合其对企业的实际贡献,把收入分配与企业的经营业绩挂钩,才能真正做到公平合理。

第十一章
共同富裕的资本增殖

在社会主义市场经济中,出现了国外的私有资本、国内的民营资本、国家或集体的公有资本并存和竞争的经济状况。如何正确认识各类资本的性质和特点?如何使它们遵循价值增殖规律,加快现代化建设和促进共同富裕成为现实课题。这里重点研究为什么公有资本也要遵循价值增殖规律,公有企业如何按照现代企业制度进行改革和完善,大型国有企业如何发挥投资主体和市场主体的两重经济职能从而使公有资本在经济发展和共同富裕中的决定作用充分发挥出来。

第一节 公有资本的价值增殖规律

在社会主义市场经济中,公有资本与私有资本具有不同的性质和特点,但是公有资本作为市场主体与私有资本一样,也要遵循价值增殖规律,促进生产力发展和创造社会财富。有些人看不到公有资本与私有资本的本质区别,看不到公有资本最终要取代私有资本的历史必然性,这是错误的;而有些人看不到公有资本与私有资本的共性要求,看不到它们在社会主义初级阶段的并存性和相容性,也是错误的。因此,在社会主义市场经济中,公有资本与私有资本一样,都要遵循价值规律和价值增殖规律,促进企业生产发展和产值利润增加,为社会主义现代化建设和实现共同富裕创造物质财富、奠定经济基础。

第一,正确认识马克思关于私有资本的论述:(1)私有资本是生产力发展的产物和表现,也是生产力发展的动力和形式。私有资本极大地推动了生产力提高和资本主义经济发展。马克思指出:"资产阶级在它不到一百年的阶级统治中所创造的生产力,比过去一切世代创造的全部生产力还要多,还要大。"①这也是我们在社会主义初级阶段,需要大量引进外资和大力发展民营经济的重要原因。(2) 私有资本是社会化大生产和私有制相结合的产物,体现了私有资本对雇佣劳动的剥削关系。马克思在《资本论》中指出:"资本来到世间,从头到脚,每个毛孔都滴着血和肮脏的东西。"②可见,私有资本既是生产力发展的动力和形式,又是劳动者受剥削和受压迫的根源。(3) 私有资本是能够增殖的价值,剩余价值是劳动力商品创造的价值大于劳动力本身价值的余额。马克思具体说明了剩余价值的来源,他认为商品价值是由(C+V+M)构成的,其中C代表生产资料价值,V代表劳动力价值即工资,M代表剩余价值即利润,是资本家剥削的产物和表现。因此,剩余价值(M)来源于劳动力创造的价值(V+M)大于劳动力价值即工资(V)的部分。(4) 资本主义剥削的根源是私有制。这里值得注意的是,虽然劳动力成为商品是货币转化为资本的前提,但它并不是产生资本剥削的根源,产生资本剥削的根源是生产资料的私有制。因此,当我们消灭了生产资料私有制以后,并不需要马上取消劳动力商品,还需要利用劳动力商品为公有资本的价值增殖服务。(5) 资本家是资本的人格化,资本价值增殖的无限性,决定了资本家贪欲的无限性。马克思在《资本论》中引用了邓宁的话,"资本害怕没有利润或利润太少,就像自然界害怕真空一样。一旦有适当的利润,资本就大胆起来。如果有10%的利润,它就保证到处被使用;有20%的利润,它就活跃起来;有50%的利润,它就铤而走险;有100%的利润,它就敢践踏一切人间法律;有300%的利润,它就敢犯任何罪行,甚至冒绞首的危险。"③这也是有些人在改革开放中反对大量引进外资和大力发展私营经济的原因。(6) 资本主义不能克服生产社会化和生产资料私有制这一基本矛盾,表现为个别企业生产有组织和社会生产无政府的矛盾,以及生产增长的无限性和劳动者消费能力有限性的矛盾,导致生产过剩的经济危机和不断激化的阶级斗争,形成资本主义必然灭亡和社会主义必然胜利的历史趋势。

第二,正确认识社会主义市场经济中的公有资本。由于马克思没有经历过社会主义社会,因此他不可能对社会主义市场经济中出现的公有资本做出具体的论述,这就需要我们以马克思关于私有资本的理论为指导,对社会主义的公有资本进行分析和论述。(1) 公有资本是指国有企业或集体企业等公有经营主体

---

① 《马克思恩格斯选集》第1卷,人民出版社2012年版,第405页。
② 马克思:《资本论》第1卷,人民出版社2018年版,第871页。
③ 马克思:《资本论》第1卷,人民出版社2018年版,第871页,注释(250)。

的投资。因此,公有资本已经不再反映剥削关系,而是反映大生产条件下劳动平等的社会主义生产关系。过去为了与私有资本划清界限,就把公有资本统称为公有资产。其实这样的表达并不科学,公有资本的实物化是公有资产,公有资产的货币化是公有资本。公有资本和公有资产是公有财富的两种表现形式,因此回避公有资本的提法完全没有必要。(2)公有资本及其价值增殖规律消除了对劳动者的剥削,体现了劳动平等的生产关系。在私有资本的价值增殖中,资本家获得了剩余价值,因而使劳动者受剥削。但是,在公有资本的价值增殖中,劳动者创造的剩余价值转化为公共价值,成为公有企业扩大再生产和提供公共福利的来源,因而劳动者已不再受剥削。(3)劳动者不仅能在必要劳动时间里为自己谋利益,而且能在剩余劳动时间里为社会做贡献。有些人认为劳动力成为商品,劳动者就失去了主人地位,这样的看法是错误的。其实,在公有制条件下,劳动力商品并不影响劳动者成为企业的主人,作为生产资料所有者的成员,参与企业经营管理和发挥主人翁作用。同时,劳动力商品充分肯定了劳动者又是劳动力的主人,有权维护劳动力的所有权和使用权,维护劳动者的人身权利和切身利益。(4)公有资本使资本增殖的无限性受到了有效的制约和有力的限制。在资本主义社会,私有资本的生产目的不是满足需要,而是价值增殖,因此满足需要成为实现价值增殖的手段,导致私有资本的盲目扩张,形成生产过剩的经济危机。在社会主义社会,公有资本的生产目的不是价值增殖,而是满足需要,因此价值增殖成为满足需要,实现社会主义生产目的的手段。由于生产目的与手段的地位和作用的改变,价值增殖的无限性和贪婪性得到了有效的制约和有力的限制。(5)公有资本也是发展生产力和增加财富的动力和形式。劳动者不仅可以通过劳动力价值来增加个人收入和提高生活水平,而且可以通过公共价值和扩大再生产,来增加公共福利和实现共同富裕。这样既能克服分配的平均主义,又能防止贫富的两极分化,体现了社会主义制度的生命力和优越性。

第三,正确认识资本及其价值增殖规律的共性与个性。在社会主义市场经济中,既有公有资本又有私有资本,因此要正确认识它们的共性和个性及其区别和联系。公有资本与私有资本都是资本,因此价值增殖是它们的共性规律,都需要劳动力成为商品,使劳动力创造的价值大于劳动力的价值,从而提高产值和增加利润,但是它们又有不同的个性。私有资本是能够带来剩余价值的价值,反映资本剥削劳动的生产关系;公有资本是能够带来公共价值的价值,反映劳动平等的生产关系。由于公有资本与私有资本的性质和作用不同,因此不能一概而论。

共同富裕的经济规律及其制度

更仔细地分析可以看到,资本主义的私人资本与社会主义的私人资本,也发生了部分质的变化。虽然它们都有剥削劳动和无偿占有剩余价值的共性,但是社会主义的私人资本,由于受到社会制度约束和爱国主义思想影响,它会对国家和人民做出更大的贡献。例如,华为的任正非和福耀玻璃的曹德旺就是新型私人资本的典型代表,他们的私人资本包含了更多科学和道德的因素,发挥出有利于经济发展和满足社会需要的积极作用。因此,只有正确区分资本及其价值增殖规律的共性和个性,才会自觉遵循社会主义经济规律,发展国民经济和促进共同富裕。

第四,国资委要从管理国有资产向管理国有资本的方向转变。过去,认为国家投资只能称国有资产,不能称国有资本,把资本看成资本主义独有的东西。其实这是错误的,社会主义也可以有国有资本和集体资本等公有资本。过去国资委以管理国有资产为主,导致行政干预过多,削弱了企业自主经营的主动性和积极性,影响了企业生产力和经济效益的提高。现在提出,国资委的管理要从管资产向管资本的方向转变,进一步提高国有企业的经营效益和国资委的管理效率。因此,只有自觉遵循公有资本的价值增殖规律,才能促使公有资本,特别是其中的国有资本充分地发挥作用和提高效益,创造出更多的物质财富和提供更全面的社会服务,为实现中国特色的共同富裕做出更大贡献。

第二节　改革和完善现代企业制度

习近平总书记在党的二十大报告中指出:"完善中国特色现代企业制度,弘扬企业家精神,加快建设世界一流企业。"[①]改革开放以来,我们突破了股份制仅仅是资本主义企业经营管理制度的思想束缚,不仅使股份制成为公有制的主要实现形式,而且通过建立和健全国有控股公司,使企业公有制与股份制的积极作用都得到体现,使国有企业作为投资主体和市场主体的两重经济职能,以及在经济发展和共同富裕中的中流砥柱作用都得到发挥。

一、现代企业制度的来源与发展

在改革开放之初,引入现代企业制度还是一个全新的课题。虽然经过四十

[①] 习近平:《高举中国特色社会主义伟大旗帜　为全面建设社会主义现代化国家而团结奋斗——在中国共产党第二十次全国代表大会上的报告》,人民出版社2022年版,第29页。

多年的实践探索,已在公有企业的改革上取得了突破性进展,但是仍有许多现实问题需要解决。因此,弄清现代企业制度的本质特征和基本要求,对于深化公有企业改革和发挥国有经济的主导作用,都有重要的理论意义和实践价值。

(一)现代企业制度的产生

近代公司制是现代企业制度的萌芽,源于18世纪的民间合股公司。当时的合股公司未经政府特许,股票可以自由转让,股东只承担有限责任,由股东集体授权的经理人经营。鉴于这种公司具有筹集资金多,所有权转让容易、经营有连续性和由非所有者管理等优点,受到投资者们的欢迎。1834年,英国承认合股公司的法人地位。1837年,美国康涅狄格州颁布第一部公司法,规定标准的公司注册程序。1844年,英国议会通过公司法,规定只要通过简单程序就可建立公司。1856年,英国议会确认注册公司对债务只负有限的赔偿责任。公司制基本框架的确立,为现代企业制度的产生奠定了基础。

从公司制向现代企业制度转变的标志,是所有权与经营权的分离。随着公司制的发展,越来越多的高层经理,不再由他们的股份数量而是由管理能力来决定。直到20世纪50年代,市场招聘的经理在高层管理中占支配地位,这类公司才被称为现代企业。从此,现代企业制度成为大中型公司普遍采用的基本制度。现代企业制度分为两种:有限责任公司和股份有限公司。有限责任公司是指不通过发行股票,而由为数不多的股东集资组成的公司。股份有限公司则是指把全部资本划分为等额股份,发行代表股份的有价证券——股票,而且可以自由转让的公司形式。

(二)现代企业制度的本质特征

现代企业制度是一种不同于传统的业主制、合伙制以及其他公司制的新型制度。规范的现代企业制度具有系统性,其本质特征有三个:一是可靠的法人财产制度,二是健全的法人治理结构,三是有效的管理和制衡机制。其中,法人财产是现代企业的重要前提,治理结构和制衡机制是现代企业运行的有效保证。

1. 可靠的法人财产制度

法人财产制度是现代企业制度的基础,是以企业法人而非出资人(股东)作为财产主体的法律制度。该制度将企业财产分解为终极所有权和法人财产权,出资人(股东)只能通过一定的组织程序,才能控制和支配企业资产。法人财产包括三个要点:(1)独立的法人资格。现代企业具有独立的法人资格,而企业产权则是衡量其法人资格的根本标志。(2)只需承担有限责任。在法人财产和出资人财产之间有明确的界限,出资人在获取资本损益的同时,只以股金为限承担偿债责任。(3)股权可以自由让渡。股权买卖与公司资产运行相分离,股权买卖不影响公司的独立运营,从而确保股份公司具有永续的生命力。

2. 健全的法人治理结构

法人治理结构是现代企业制度的核心。健全的法人治理结构,既能让经理层放手经营,又能确保所有者的最终控制。法人治理结构是在所有权、财产权与经营权分离的条件下,由股东大会、董事会、经理层和监事会组成的管理机构和制约机制,主要包括以下四个方面:

第一,股东大会。股东大会是由全体股东组成的最高权力机构,是股东借以行使自身权力和维护自身利益的主要方式。公司的重大决策均须得到股东大会批准,对于股东大会的决定,董事会必须执行。不过,股东大会只是非常设的决策机构,对外不代表公司,对内不经管业务。股东大会的职责包括:决定公司的经营方针和投资计划;审议批准公司的年度财务计划、利润分配和亏损弥补方案;对公司增减注册资本和发行债券等做出决议;选举和更换董事及由股东代表出任的监事;对公司的合并、解散和清算等事项做出决议,以及修改公司章程等。

第二,董事会。董事会是公司的常设权力机构和决策机构,是公司的法定代表。董事会的职责包括:执行股东大会的决议;决定公司的经营目标、重大方针、经营计划、投资方案和管理原则;制订公司的年度财务预决算方案、利润分配和亏损弥补方案;拟订公司的合并、分立、解散的方案;决定公司内部管理机构的设置;挑选、委任和监督经理人员,掌握经理人员的报酬和奖惩,并根据总经理提名聘任或解聘公司副总经理、财务负责人等;协调公司与股东、管理部门与股东之间的关系;提出盈利分配方案供股东大会审议等。

第三,经理层。经理层是公司的执行机构,由总经理、副总经理和常务董事等高层经理人员组成。这些人员由董事会聘任,并在董事会授权范围内负责公司的经营管理工作。执行机构的负责人被称为首席执行官,通常由总经理或者董事长担任。首席执行官需要履行的职责:执行董事会的决议;对外签订合同或处理业务;组织实施经营计划和投资方案;拟定内部管理机构和管理制度;提请董事会聘任或解聘副总经理、财务负责人;定期向董事会报告业务并提交工作报告等。

第四,监事会。为监督董事会及经理层的工作,公司还要设立监事会。监事会由股东大会选举产生,一般不少于3人,有独立行使其职责的权利和义务。监事会的职权包括：检查公司财务；列席董事会议；监督董事、经理是否违法、违规，并对损害公司利益的行为予以纠正；提议召开临时股东大会等。

3. 有效的管理和制衡机制

有效的管理和制衡机制是现代企业制度的可靠保障，它促进不同部门各负其责，协调运转。健全的现代企业制度包括两种制衡机制：一是股东大会与董事会之间的信托机制，二是董事会与管理层之间的委托代理机制。

第一，股东大会与董事会的信托机制。股东大会与董事会之间是一种信托关系，董事作为股东的受托人，接受股东大会的信任托管法人财产。董事会作为公司的法定代表全权负责公司经营，拥有支配法人财产的权利，并有权任命和指挥经理人员。这种信托关系具有以下特点：其一，股东大会决定董事会人选。一旦委托董事会经营公司，它就成为公司的法定代表。之后股东不再干预公司事务，也不能因非故意的失误解聘董事，但可因玩忽职守、未尽责任等理由起诉董事，或通过股东大会罢免他们。其二，受托经营的董事只领取津贴。在股东人数较少的有限责任公司，董事会成员多半具有股东身份，而在股东人数较多的股份有限公司，董事会主要由经营专家及社会人士组成。其三，在大股东占主导地位的公司，往往派出代表充当董事。

第二，董事会与经理层的委托代理机制。董事会与经理层之间是一种委托代理关系。董事会依据管理知识和经营能力等，挑选和任命公司经理。经理层拥有董事会授予的管理权和代理权。这种委托代理关系具有以下特点：其一，经理层的权力受限于董事会的委托范围，超越权限的决策都要报请董事会批准；其二，公司对经理层进行有偿委任，经理层有义务和责任经营好公司，董事会有权监督经理层的绩效，并做出奖励或解聘的决定。

（三）我国建设现代企业制度的基本要求

在计划经济向市场经济转型过程中，我们借鉴和吸收西方发达国家在现代企业制度上的优点和长处，改革和完善公有企业。特别是国有企业的管理体制和经营机制，提出了产权清晰、权责明确、政企分开、管理科学等基本要求，并在实践中积累了宝贵经验和取得了显著成效。

1. 产权清晰

产权制度是现代企业制度的核心，产权清晰是公有企业改革的基本要求。产权清晰是影响产权功能，以及企业效率的关键因素。这种清晰主要表现为：一是主体清晰，即要有特定的机构代表国家或集体行使法人财产的权利；二是结构清晰,即多元化的投资主体依其投资的比例享有相应的责任和利益;三是关系清晰,即资产的归属、权益的享用等要清晰,要弄清公有资产在实物、价值、权利上的边界;四是作用清晰,即投资者要按其投资的比例规范运行,充分发挥其对公司监督与激励的作用。

2. 权责明确

要求合理区分所有者、经营者和劳动者的责任和利益,既要充分调动各方的积极性与创造性,又要确保他们的权利不受侵蚀,包括以下两个方面:

一是权利明确。所有者按其出资额享有资产受益、重大决策和选择管理者的权利,企业破产时则对债务承担相应的有限责任。企业在其存续期间对法人财产拥有占有、支配、使用和处置的权利,并对其债务承担责任。经营者受所有者(董事会)的委托,在一定时期和范围内拥有经营企业资产,并获取相应收益的权利。劳动者按照合约拥有就业和得到收益的权利。

二是责任明确。严格来说,权利和责任不仅要明确,而且要相互匹配。因此,权责明确意味着,除了明确界定所有者、经营者、劳动者及其他利益相关者的权利和责任外,还必须使权利和责任相对应或相平衡。为体现出这种效果,在所有者、经营者、劳动者及其他利益相关者之间,还应建立起相互依赖和相互监督的制衡机制。

3. 政企分开

政企分开是我国建立现代企业制度的前提。政企不分是原有计划经济体制的特点和弊端,政企分开就是将政府的行政管理职能与企业的经营管理职能分开。也就是政府将经营管理的职能还给企业,如"放权让利""扩大企业自主权"等,而企业则将原来承担的住房、医疗、养老等职能还给政府和社会。国家只是股东之一,政府只能在拥有股份的董事会上,代表国有资产参与决策,而不再插手企业经营管理的具体事务。因此,政企分开的程度也标志着我国现代企业制度改革的成熟程度。

4. 管理科学

管理科学就是要采取科学的制度和手段,取得更高的管理效益。严格来讲,管理科学包括人事管理、质量管理、生产管理、经营管理、研发管理等的科学化,是对一切大中企业的共同要求。我国将其纳入现代企业制度范畴,反映出不少企业存在"重技术轻管理"的不良倾向。为此,党中央提出"三改一加强"(把改革同改组、改造和加强管理有机结合)的号召,要求企业围绕"科学管理"苦练内功,积极采取有利于生产经营、技术进步的管理模式和组织方法,凝聚和培养一支敏锐果敢、大胆创新、年富力强的管理和技术人才队伍。

第三节　股份制成为公有制的实现形式

党的十六届三中全会指出:"大力发展国有资本、集体资本和非公有资本等参股的混合所有制经济,实现投资主体多元化,使股份制成为公有制的主要实现形式。"[①] 习近平总书记在党的十九大报告中提出:"要深化国有企业改革,发展混合所有制经济,培育具有全球竞争力的世界一流企业"。[②] 这些都是对公有制实现形式和混合所有制经济的重大理论突破,有力地推动了公有经济和国有经济的健康发展,使它们在共同富裕中的主体和主导作用都发挥出来。

一、我国推行股份制的进程

改革开放以来,我们突破股份制仅仅是资本主义企业经营管理制度的传统思想束缚,开始学习和引进发达国家通行的现代企业制度,从公有企业尝试建立股份制,到确认股份制是公有制的主要实现形式,经历了从试点到推广这样一个长期而曲折的过程,大致可分为三个阶段。

（一）正确认识股份制及其适用范围

过去,人们总是把股份制与私有制相联系,而与公有制相对立。产生这一错误的根源在于,把股份制这种企业经营管理制度与资本主义经济制度画了等号。其实,企业经营管理制度与社会经济制度是两个不同层次的范畴,股份制是体现企业经营管理的具体制度,而社会经济制度则是体现生产关系的根本制度,两者不能等同。股份制所以出现在资本主义社会,是适应大生产和市场经济的需要。现实表明,社会主义不仅不会取消大生产和市场经济,而且要加快它们的发展。因此,不但资本主义企业需要建立和健全股份制,而且社会主义企业更需要发展和完善股份制。

[①] 《中共中央关于完善社会主义市场经济体制若干问题的决定》,中央政府门户网站,2003 年 10 月 14 日。

[②] 习近平:《决胜全面建成小康社会 夺取新时代中国特色社会主义伟大胜利——在中国共产党第十九次全国代表大会上的报告》,人民出版社 2017 年版,第 33 页。

（二）国企改革显现股份制的优越性

在正确认识股份制的性质后，国有企业开始尝试实行股份制。党的十四大报告指出："股份制有利于政企分开、转换企业经营机制和积聚社会资金，要积极试点，总结经验，抓紧制定和落实有关法规，使之有秩序地健康发展。"[1]这就为国有企业的股份制改革创造了有利条件。统计数据显示，从1984年至1991年底，全国试点股份制的3 200个国有企业，每年产值和税利都有较大幅度的增长，明显高于其他未实行股份制的企业。[2] 实践是检验真理的唯一标准，股份制试点给国有企业带来的效益证明，股份制确实有其无法替代的优越性，它促进了国有企业经营机制转换和经济活力增强。

（三）股份制成为公有制的主要实现形式

党的十六大报告指出："要深化国有企业改革，进一步探索公有制特别是国有制的多种有效实现形式。"[3]党的十六届三中全会则提出："要大力发展……混合所有制经济，实现投资主体多元化，使股份制成为公有制的主要实现形式。"[4]这一重大的理论突破，是对公有企业股份制改造经验的科学总结，必将对公有经济的发展产生深远影响。党的十五大以来，股份制已逐渐成为公有制的主要实现形式。习近平总书记在党的十九大报告中进一步提出："要完善各类国有资产管理体制，改革国有资本授权经营体制，加快国有经济布局优化、结构调整、战略性重组，促进国有资产保值增值。"[5]这就为深化国有企业的股份制改革指明了前进方向。

二、用股份制改造公有企业的必要性

在社会主义条件下，只要国有资本或集体资本掌握控股权或取得支配地位，那么这样的股份制企业就具有公有制性质。因此，大力发展股份制，使之成为公有制的主要实现形式，既有利于市场经济发展壮大，又有利于公有经济发挥共同富裕的主体作用。

---

[1] 江泽民：《加快改革开放和现代化建设步伐 夺取有中国特色社会主义事业的更大胜利》，人民网，1992年10月12日。
[2] 《对公有制实现形式认识的重要发展》，新华网，2003年11月12日。
[3] 江泽民：《全面建设小康社会 开创中国特色社会主义事业新局面》，人民出版社2002年版，第26页。
[4] 中国共产党十六届三中全会通过的《中共中央关于完善社会主义市场经济体制若干问题的决定》，中央政府门户网站，2003年10月14日。
[5] 习近平：《决胜全面建成小康社会 夺取新时代中国特色社会主义伟大胜利——在中国共产党第十九次全国代表大会上的报告》，人民出版社2017年版，第33页。

（一）明晰公有产权和完善治理结构

股份制是一种产权明晰的企业管理制度。近年来的实践表明，股份制发挥了越来越重要的作用。用股份制改革公有企业，使其资产股份化，是既能保持公有制性质，又能发挥市场主体作用的最佳选择。党的十四届三中全会和十六届三中全会，都把健全现代企业制度，完善法人治理结构，作为改造国有企业、巩固和发展公有制的主要途径。对国有企业实行股份制改革，明确产权主体，理顺产权关系，既有利于保护国有资产，又有利于实现政企分开。同时，股份制要求完善公司的法人治理结构。在这种形式下，既能保证所有者对经营者的有效监督，又能保证经营者享有自主权，使企业保持自我发展、自我完善的动力和活力。

（二）提高公有企业资源利用的能力

股份制可以突破不同所有制的约束，使资金、资源、土地、技术、信息等生产要素优化组合，不断形成新的生产力，并且在"利益共享、风险共担"的原则下，使生产要素充分发挥效用。股份制以其强大的资金实力和灵活的经营机制，有效地聚集各种要素，有利于形成新的经济增长点，为巩固和壮大公有经济开辟道路。例如，东北钢琴集团是营口最早实行改革的国有企业，也是最早实行股份制和经营者年薪制的企业之一。由于管理体制和经营机制的转变，仅用了4年时间就从一个破产企业变成明星企业，成为全国最大的三角钢琴生产基地。

（三）有利于增强公有经济的竞争力

专家学者们认为：股份制成为公有制的主要实现形式，对全面理解和把握公有经济提供了新思路，为解放和发展生产力开辟了新道路。使股份制成为公有制的主要实现形式，有利于增强公有经济的生命力，形成市场竞争的优势，从而加强公有经济的主体地位和发挥国有经济的主导作用。股份制企业能集中资金优势，分散投资风险，使企业形成自主经营、自负盈亏的经营机制，从而取得更好的整体效益。因此，把股份制与公有制结合起来，就能提高企业的竞争力和创新能力，增强公有经济的活力和实力。

（四）增大公有资本的渗透力和控制力

通过股份制和股份合作制，公有企业可以联合其他所有者，实现资本的聚集和集中，巩固公有经济的主体地位和增强国有经济的主导作用。股权的分散并没有削弱公有经济的优势地位，通过公有经济与其他经济互相参股，使其支配的资本增大，渗透力和控制力加强。习近平总书记在党的十九大报告提出："要深化国有企业改革，发展混合所有制经济，培养具有全球竞争力的世界一流企业。"[1]这就为通过国有控股等有效途径，做强、做优、做大国有企业，更好发挥国有经济在共同富裕中的主导作用开辟道路和指明方向。

三、公有企业在股份制改造中的问题

近年来，尽管公有企业的股份制改造发展很快，并在改革管理体制和经营机制上取得显著成效，但是仍然存在一些现实问题，需要采取积极的措施和方法加以解决，主要表现在以下几个方面：

（一）产权界定中的问题

现有的股份制，多数是由国有企业或集体企业改造而成的。在实际工作中，有的企业将发明权、商标权等无形资产排除在国有资产之外，也有企业将投入其他单位的资产不计入国有资产，这两种情况均导致了国有资产的流失。对国有资产的评估没有科学标准和严格程序，甚至有些企业为了吸引外资而低估国有资产。集体资产形成的历史复杂性导致在改制中如何将其量化到个人，意见不一。不少企业将集体资产作为集体股搁置起来，甚至成了无主财产。因此，这些产权界定不清的问题，需要在股份制改革中逐步加以解决。

（二）政府行政干预问题

从理论上讲，国有企业实行股份制以后，拥有了完全的自主权，因而能够避免行政干预。但在实际中，政府部门仍习惯于过去的管理方式，对股份制企业进行各种干预。目前突出的问题是股权结构不合理，有些企业的国有股或集体股占80%以上，这就为行政干预提供了现实基础。这里的行政干预，主要是指代表国家控股的一些部门没有转变职能，沿袭计划经济的办法管理和支配企业，使政企难以分开。这种局面不改变，新机制就不能发挥作用，改制企业将重新陷入困境。当前，部分企业股份制改造后，效益下滑、亏损增加的事实也证明了这一点。

（三）"内部人控制"问题

作为股份制企业，资本所有权和经营权的分离，使委托-代理关系成为必然。由于信息不对称和契约不完整，代理人有可能逃避委托人的监督，形成内部人控制问题。在国有企业中主要表现为：（1）成本外溢，如过分的职务消费；（2）短期行为，如盲目投资和耗用资产；（3）收益内化，如大幅提高工资、奖金和集体福

---

[1] 习近平：《决胜全面建成小康社会 夺取新时代中国特色社会主义伟大胜利——在中国共产党第十九次全国代表大会上的报告》，人民出版社2017年版，第33页。

利;(4)转移国有资产等。尽管内部人控制问题并不是中国特有的现象,但由于国有股权的所有者缺位,加之资本市场和经理人市场的不健全,因此这方面的问题比西方发达国家更为严重。

四、公有经济股份制的规范化

在股份制成为公有制实现形式的过程中,出现的以上问题具有普遍性,因此要采取科学态度加以分析和研究,找到正确解决的途径和方法,并采取相应的政策和措施,对公有的股份制经济实行规范化改造,要做好以下几个方面的工作:

(一)规范政府行为,实现政企分开

在原有的计划经济体制下,政府直接介入企业的经营管理,使企业难以发挥能动作用。因此,在我国推行股份制就"要按照社会主义市场经济的要求,转变政府职能,实现政企分开,把企业生产经营管理的权力切实交给企业"[①]。在现行的体制中,国企领导(经营者)无论是由上级委派还是由职工民主选举,都具有与企业地位相应的行政级别,其管理权力和工资高低与行政职务成正比,这样的人事体制无法适应股份制要求。为促进股份制发展,国企的经营管理者必须从官员队伍中分离出来,形成具有独立利益和地位的企业家阶层。

(二)遵循股份制发展的基本原则

股份制发展必须坚持基本原则,主动与国际接轨。我国的股份制改造要遵循以下原则:(1)股份制要依法设立和依法运行;(2)产权界限明晰、责任明确;(3)做到同股、同权、同责、同利;(4)股东大会、董事会、监事会的权利和责任明确,做到相互制约;(5)公司财务、章程及其他重要信息要向股东和社会公开;(6)外资股东可依法进入并享受国民待遇等。这些都是股份制正常运行、健康发展的基本原则,是各国资本相互融合的共同基础,也是我国股份制企业必须遵循的基本准则,因此必须在股份制改造中得到有效贯彻和落实。

(三)形成健全的法人治理结构

在法人治理结构中,股东大会是最高权力机构,主要行使重大问题的决策权、资产收益权、经营者选择权。董事会是股东大会的常设机构,它与股东大会是信任托管关系,行使资产经营的权力,承担资产增殖的责任。经理层与董事会

[①] 《高举邓小平理论伟大旗帜胜利前进——学习党的十五大会议精神》,新华出版社1997年版,第30页。

是委托代理关系,实际上也是一种建立在契约基础上的雇佣关系。经理层主要负责企业的日常经营活动,承担实现利润最大化的责任。监事会则受股东大会的指派,负责监督企业的财务状况和董事、经理的职务行为。有了这样一个既有明确分工、又有相互制约的法人治理结构,就能使股份制企业保持协调和高效运转。

第四节　国有控股公司的两重经济职能

习近平总书记在党的二十大报告中指出:"深化国资国企改革,加快国有经济布局优化和结构调整,推动国有资本和国有企业做强做优做大。"[①]要充分发挥国有控股公司的两重经济职能:一是国有控股公司作为政府的投资主体,必须发挥主导作用;二是它作为市场的竞争主体,必须不断提升创新能力和综合实力。这就需要把国有控股公司的两重经济职能发挥出来,并使它们有机结合形成合力,成为实现共同富裕的坚实基础。

一、国有控股公司的主导作用及存在问题

国有控股公司是国有资本与股份制结合的产物。现代公司制企业的出资人,可以是自然人、法人,也可是代表全民的国家。事实上,政府出于稳定经济和保障民生,必须控制一部分重要的经济活动。"国有控股公司的组建,正是在现代公司制度基础之上,国家直接干预社会经济活动的结果。"[②]

（一）国有控股公司的主导作用

作为政府的投资主体,国有控股公司应在国民经济中占据领导地位和发挥主导作用。由于市场经济具有先天的缺陷,市场规模越大,竞争程度越高,其自发性和盲目性就越大。因此,加强政府的宏观调控是经济运行的必要手段,而国有控股公司则是实现宏观调控的直接载体和重要力量。

国有控股公司发挥主导作用具有先天优势。国有控股公司拥有雄厚的社会资本和物质基础,掌握许多的子公司和孙公司,并对相关企业和行业起着引导作

[①] 习近平:《高举中国特色社会主义伟大旗帜　为全面建设社会主义现代化国家而团结奋斗——在中国共产党第二十次全国代表大会上的报告》,人民出版社 2022 年版,第 29 页。
[②] 马姆德·阿尤布等著,罗尤等译:《公有制工业企业成功的决定因素》,中国财经经济出版社 1987 年版,第 58 页。

用。因此,国有控股公司具有实现政府宏观调控要求的可能性和现实性,其落实政策的能力和效率远远高于其他企业;国有控股公司与政府联系密切,有助于经济政策的制定和执行;它们拥有的高层次人才,能为政策的贯彻落实提供可靠保证。实践表明,通过国有控股公司实现宏观调控具有事半功倍的效果。

(二)国有控股公司存在的问题

国有控股公司在发挥主导作用中存在的困难和障碍,可以从宏观和微观两个层面来分析。

在宏观上,中央和地方在权力和利益上会有矛盾。地方政府为了保证财政收入稳定,形成和维护"诸侯经济",割裂了经济发展的内在联系,限制了国有控股公司的主导作用。地方保护主义和低水平重复建设,使得产业结构趋同,市场空间变小,规模经济难以实现。同时,"诸侯经济"加剧了地区和行业间的不平衡,使国有资产的配置效益下降。

在微观上,国有控股公司的管理体制存在缺陷。首先,委托-代理问题。国有控股公司的委托-代理链过长,其中包括国资委与国有控股公司、董事会与经理层,以及国有控股公司与下属子公司的关系,在这些关系中经常会有矛盾和冲突,导致各种机会主义蔓延。其次,约束激励问题。国有控股公司的代理人,拥有强大的资产支配权,因此产生内部人控制问题,使国有资产的利用效率下降;同时,委托人在更长的链条中成为代理人,就会降低对剩余索取权的追逐,甚至放弃对经营效率最大化的追求。

可见,要发挥国有控股公司的主导作用,既要充分利用它们的优势,更要解决现存的矛盾和问题。

二、国有控股公司的市场主体作用及其困境

竞争是驱使企业改善经营、提高效益的外在压力。只有在市场竞争的环境里,企业才会不断增强创造力和管理效率,从而立于不败之地。国有控股公司作为市场竞争的主体,也必须接受市场的考验,按照市场信号配置经济资源和调整产业结构,追求产出和利润的最大化。

(一)国有控股公司作为市场主体的积极作用

国有控股公司作为市场主体,能有效避免过度的行政干预。

第一,有效的市场竞争是投融资体制改革的前提。国有控股公司的投融资活动只有在激烈的竞争中,才能实现社会资本的最优配置,形成投融资行为的良

性循环。

第二,有效的市场竞争是企业并购优化的关键。国有控股公司的并购只有在双方自愿、互惠互利的条件下按照市场原则运作,才有助于生产和资本的集中,从而在更大规模和更高层次上获取利益。

第三,有效的市场竞争是建立企业退出机制的必要条件。当国有控股公司面临破产时,只有遵循市场运行规律,按照破产程序规范操作,才能减少国有资产的损失。因此,通过在融资、并购、退出上引入竞争机制,可避免政府过度干预而产生不良后果。

(二)国有控股公司作为市场主体面临的困境

由于市场经济的外部环境不健全,以及公司内部的制度障碍等因素,国有控股公司市场主体职能的发挥受到了影响。

第一,外部环境不健全主要指资本市场,以及经理人市场的缺陷,制约了国有控股公司的市场化进程。资本市场最原始和最根本的功能是融资。在现实中,投资者和筹资者的信息不对称,弱化了资本市场的资源配置功能。同时,我国还没有建立充分竞争的经理人市场,因而公司的高层领导大多是上级委任,真正实现市场化配置的很少。并且使一些平庸无能的人仍然占据领导岗位,而许多精英却无法取得展现才华的舞台。

第二,内部制度障碍是指公司治理结构不完善,以及经营和决策的透明度低。国有控股公司的"三会"(股东会、董事会、监事会)效率不高。由于国家股占绝对优势,小股东的参与度很低,因此股东大会常常流于形式;董事会通常由政府任命,因而也受到行政干预;监事会的成员较少,并且大多不具备专业知识,其作用也受到质疑,以上缺陷导致的"内部人控制"问题严重。另外,由于公司的治理信息不能按规定及时公布,存在"暗箱操作"的弊端。

因此,国有控股公司只有置身于市场竞争中,真正发挥市场主体的作用,才能克服体制上的障碍,在市场经济中实现优胜劣汰。

三、两重经济职能的有机结合

现实表明,国有控股公司的两重经济职能是缺一不可的。如果把国有控股公司的两重经济职能对立起来,其结果不是过度的政府干预,就是过度的放任自流。这就违背了建立国有控股公司的初衷,也难以解决自身目标与政府目标之间的冲突。其实,国有控股公司的两重经济职能,不仅不是对立的,而且可以相互补充、相互促进和相得益彰。

一方面,国有控股公司作为市场的竞争主体,不仅可以发挥主导作用,而且能克服相关问题。首先,市场主体的职能有利于提高公司的经营效率和盈利水平。市场竞争能打破"诸侯经济"的割据状态,促使企业不断调整产业结构,改善经营管理,达到保值增值的目的,进而巩固国有控股公司的主导地位。其次,市场主体的职能有利于提高公司素质。只有经过市场的考验,才能发现自身的缺陷和不足,并且加以弥补和克服。再次,竞争性市场可以为出资人提供较为完整的经济信息,有利于加强对公司的监督力度,形成良好的外部环境。最后,经理人市场能为公司选择高素质的管理人才,有效弥补国有控股公司委托-代理关系的缺陷,强化它们的领导地位和主导作用。

另一方面,国有控股公司作为投资主体,不仅可以发挥其市场主体的作用,而且能够摆脱现有的困境。首先,国有控股公司拥有政府投资的雄厚财力和物质基础,使其在市场竞争中能够占据制高点和取得主动权,这是它们的先天优势。其次,作为政府的投资主体,更能得到政策的支持和相关部门的指导,可以帮助它们摆脱市场现象的迷惑或干扰,得到长期、稳定和持续的发展。再次,随着经济体制改革的深化和市场化程度的提高,国有控股公司受到政府部门的干预会越来越少,自主经营、自负盈亏的能力会不断加强。最后,随着国有控股公司的壮大,与其他行业和部门的联系更广,市场主体的作用也会更充分地发挥出来。

可见,国有控股公司的两重经济职能不是对立的,而是相互补充,相互促进的。国有控股公司发挥投资主体的职能,可以提升其市场主体的竞争能力,而市场竞争能力的提升可以使其主导作用得到更好的发挥。但是,国有控股公司两重经济职能的良性关系不是一蹴而就的,必须在长期实践中不断磨合才能形成。这就需要加强对国有控股公司的科学治理,既包括政府对外部环境的改善,又包括公司内部治理结构的完善。实践表明,只有充分认识国有控股公司的两重经济职能相互促进的内在要求,采取切实可行的办法和措施,才能实现两者的有机结合和良性循环。

第十二章
共同富裕的宏观调控

习近平总书记在党的二十大报告中指出:"充分发挥市场在资源配置中的决定性作用,更好发挥政府作用。"[①]也就是说,在社会主义市场经济中,既要充分发挥有效市场的调节作用,又要充分发挥有为政府的调控作用,并且要使它们相互补充和有机结合。因此,正确认识和处理政府调控与市场调节的相互关系,对发展和完善社会主义市场经济,促进中国式现代化和实现共同富裕至关重要。

第一节 市场调节、计划指导与宏观调控

计划与市场是两种不同的资源配置手段,具有各自的优点和缺点,因此它们可以同时并存和相互补充。发展和完善社会主义市场经济,就是要充分发挥市场在资源配置中的决定性作用,同时更好地发挥政府的宏观调控作用,使它们相互补充和有机结合,为经济发展和共同富裕创造良好的经济秩序和社会环境。

一、发挥市场在资源配置中的决定性作用

我国经济体制改革的伟大成就,与建立市场经济体制和扩大市场调节范围是紧密联系的。改革开放前,我国长期处于生产难以满足需要的状态,有些人把它看作是社会主义的必然现象,认为"短缺经济"不可改变。可是,改革开放后,经过几十年的努力,绝大多数产品出现供过于求,"短缺经济"已不见踪影。为什么市场经济有如此大的作用和魅力?这是因为:(1)市场机制是生产力发展的强大推动力。在市场经济条件下,企业成为独立的或相对独立的经济实体和市

---

① 习近平:《高举中国特色社会主义伟大旗帜 为全面建设社会主义现代化国家而团结奋斗——在中国共产党第二十次全国代表大会上的报告》,人民出版社2022年版,第29页。

场主体,利益机制成为企业面向市场,努力生产的内在动力和外在压力,这就显著提高了企业生产力,促进了国民经济的加速发展。(2)市场机制对供求的调节具有灵活性。社会的供给和需求是不断变化的,在市场经济中价格是供求关系的晴雨表,会及时发出市场变化的信号。同时,企业又都面向市场,具有独立决策的自主权,因而可以及时做出反应,促使生产与需求平衡发展。(3)市场机制的调节作用具有普遍性。市场机制不仅对公有经济有调节作用,而且对非公经济也有调节作用,因而能与不同层次生产力相适应,有利于多种经济共同发展。(4)市场机制对资源配置具有决定性作用。在市场经济中,人、财、物都可自由流动,实现资源合理配置和资产优化组合,促进国民经济按比例地协调发展。正是由于市场机制具有以上积极作用,因而大大促进了生产力发展和物质财富增加。

怎样才能使市场机制在资源配置中起决定性作用?必须从以下几个方面加以努力:(1)加快企业改革,使公有企业特别是国有企业真正成为自主经营、自负盈亏、自我发展、自我约束的法人实体和市场主体。按照市场经济的要求建立现代企业制度,是完善市场经济体制的基本前提。(2)健全市场体系,使所有生产要素都能经过市场得到合理配置。这里不仅要健全消费资料和生产资料市场,而且要健全资金、技术、人才、信息和房地产等生产要素市场,克服资源分布不均的状况。(3)完善法律体系,使所有的经济活动都能纳入法治轨道,在法律制度保障之下安全高效运行,形成诚实守信的市场环境和遵纪守法的社会氛围。(4)扩大市场机制对相关领域的调节作用。与经济发展密切联系的领域如教育、科技、卫生和环保等,也要从实际出发,积极引进市场机制,不断优化资源配置,使它们更好地为经济建设服务。(5)加快经济发展,为完善市场经济体制提供物质保障和经济基础。经济体制改革是一个循序渐进过程,改革每前进一步都促进了生产力发展,而生产力提高又为深化改革创造条件和提出更高要求。因此,要形成改革经济体制与发展生产力相互促进的良性循环。

二、发挥计划在资源配置中的指导作用

用市场经济代替计划经济,使市场机制在资源配置中起决定性作用,不等于否定计划指导及其调节作用。我们要改革的是与市场经济相对立的计划经济体制,而我们要建立的是有计划指导的市场经济体制。在市场经济条件下,为什么必须充分发挥计划的指导作用?这是因为:(1)计划调节与市场调节有共性。

所谓"计划调节",是通过自觉的、有组织的计划指导来实现社会劳动(包括物化劳动和活劳动)的分配比例。所谓"市场调节",是由自发的、无组织的市场机制来实现社会劳动的分配比例。按比例分配社会劳动则是它们的共同要求,这是最基本的经济规律之一。按比例分配社会劳动不仅是价值规律的客观要求,而且是有计划发展的出发点和归宿点,从而是计划调节与市场调节可以结合的共同基础。(2)有利于克服企业间盲目竞争造成的经济损失。市场调节是经济运行的事后调节,要以部分生产力的破坏和损失为代价。而计划调节是经济运行的事前调节,如果计划能正确反映经济规律,预测到市场变化的趋势,给企业提供事先的计划指导,那么就能加速经济发展,避免不必要的损失和浪费。(3)有利于宏观经济的协调发展。市场调节是由微观导向宏观,实质是没有宏观调控能力。当宏观经济比例严重失调时,只能通过经济危机强制实现平衡。而计划调节是由宏观导向微观,是要自觉保持宏观经济的协调发展。因此,计划调节可以通过制定经济发展战略,中长期计划和运用各种经济手段来弥补市场调节的缺陷,避免宏观比例失调而导致经济危机。(4)有利于限制分配不公。市场调节以既定的生产条件占有关系为前提,等价交换掩盖了由生产条件差别造成的不平等关系。市场调节不仅不能克服由此产生的利益差距,反而会扩大并导致两极分化。相反,计划调节可利用各种计划手段和价格、税收、信贷等经济杠杆来调节生产和分配,限制和缩小由此产生的分配不公,以促进经济发展和实现共同富裕。

怎样才能充分发挥计划指导的积极作用?(1)明确计划调节的必要性和重要性。合理的计划应该是能反映国民经济发展目标,对企业生产和经营有指导作用的中长期计划,从而使计划调节与市场调节有机结合,促进社会生产的协调发展。事实上,不仅在社会主义国家,而且在发达资本主义国家也越来越重视计划指导的积极作用。(2)调整计划指导的内容。就指导性计划的内容来讲,不仅要有总量增长计划,而且要有结构调整计划,从而使国民经济的总量增长与结构优化相互促进,相辅相成。(3)改革计划调节的方法。在市场经济条件下,由于计划不再是行政命令,因此必须运用价格、税收、信贷和汇率等经济杠杆来实现宏观计划。要强化政府部门在宏观调控方面的作用,学会运用经济手段实现政策导向。具体来讲,就是要通过政府规范市场,市场引导企业的方式,使宏观经济计划合乎市场规律地转化为企业行为,实现计划指导与市场调节的有机结合。

三、加强政府对宏观经济的调控作用

在发挥计划指导和市场调节作用的同时,为什么还要加强对国民经济的宏观调控?其原因在于:(1)这是社会化大生产的客观要求。社会化大生产是一个错综复杂的有机整体,如果没有宏观调控,各生产部门难以保持平衡和协调发展。(2)这是克服市场调节缺陷的需要。市场调节有其局限性,即滞后性、盲目性和短期性,因而决定了加强宏观调控的必要性。(3)这是实现计划调节的需要。在市场经济中,计划调节是对市场调节的修正和补充。由于宏观计划对企业有指导性,但无约束力,因此为了实现计划调节,必须加强宏观调控。可见,宏观调控是社会化大生产和市场经济的共同要求,为了加强政府对宏观经济的有效调控,必须做好以下几方面的工作。

第一,正确制定调控目标。宏观经济的调控目标,主要包括经济总量目标和经济结构目标。总量目标是在供需平衡基础上的经济增长目标。当总供给小于总需求即供不应求时,会引起物价上涨,形成卖方市场,造成短缺经济,因而需要通过宏观调控来刺激生产和限制消费。当总供给大于总需求即供大于求时,会引起物价下跌,形成买方市场,造成过剩经济,需要通过宏观调控来刺激消费和限制生产。因此,总供给与总需求的平衡是保证国民经济稳定增长的前提。必须从全局出发,制订符合实际的总量增长计划,避免经济过冷或过热的偏向,保持国民经济健康、稳定、持久的发展。结构目标是在总量增长的前提下,优化经济结构的目标。经济结构包括产业结构和地区结构。调整产业结构就是要调整三大产业之间的比例关系,特别是要加快第三产业发展,使其更好地为第一、第二产业服务。在调整产业结构的同时,还要进一步调整地区结构,克服地区间条块分割所造成的盲目投资、重复建设和产业结构趋同的状况,按照不同地区的经济特点和资源优势,根据经济发展的内在要求形成互补的地区结构,以促进国民经济的稳定协调健康发展。

第二,合理运用调控政策。在市场经济中加强宏观调控,最基本的是要运用好财政政策和货币政策。在20世纪90年代初期,我国一度出现投资规模过大,经济增长过快,使财政收支和供需总量失衡,并引起严重的通货膨胀。中央政府及时采取有力的宏观调控措施,实行适度从紧的财政政策和货币政策。经过几年的调整,使国家的财政收支状况和金融形势都出现好转,不仅抑制了通货膨胀,而且保持了较高的经济增长速度,实现了宏观经济运行的"软着陆"。20世纪末,由于亚洲金融危机影响了对外贸易,国内也出现产品积压和市场疲软现象,限制了经济总量增长。为了加快经济发展,政府采取积极的财政政策,加大能源、交通和农业的资金投入,这对启动市场拉动内需起到积极作用。特别是运用货币政策,通过银行多次降息,不仅减轻了企业贷款的利息负担,而且使居民存款开始分流,更多地转化为投资和消费,从而拉动了国民经济的快速增长。可见,要充分发挥计划指导的积极作用,必须正确运用财政政策和货币政策,以保证宏观经济目标的实现。

第三,综合运用多种调控手段。在市场经济条件下,加强宏观调控必须以经济手段为主,利用各种经济杠杆来贯彻和落实宏观调控政策。这里的经济杠杆包括:税收、利率、价格、汇率、工资和财政补贴等。经济手段的特点是通过利益机制来引导、调节和控制企业的经济活动,使其符合宏观调控的目标和要求。由于使用经济手段必须遵循市场运行规则,又与企业的经济利益紧密联系,因此合理运用就能取得良好的调控效果。当然,在运用经济手段的同时,还要辅助采用法律手段和行政手段等。法律手段是依靠国家政权力量,通过经济法规来调节经济活动。经济手段与法律手段是紧密联系的,经济法规的制定要符合经济规律,经济法规的执行具有强制性,因而可以弥补经济手段的不足。行政手段是通过强制性命令、指示和规定等,按行政系统来调节经济活动。行政手段具有直接、强制和速效的特点,因而在特殊时期处理特殊问题时,具有经济手段和法律手段不能替代的积极作用。但是,行政手段不能超越合理使用的范围,否则会重犯政企不分的错误。总之,每一种手段都有其长处和优点,又有其短处和不足,因此必须取长补短,综合运用,才能取得好的效果。

第二节　计划调节与市场调节相结合

有些人认为,搞计划经济就不需要市场调节,而搞市场经济也就不需要计划调节了。这种把计划调节与市场调节完全割裂开来和对立起来的看法是有失偏颇的。在社会主义市场经济中,发展公有经济要求计划调节,而发展多种经济就要求市场调节。因此,揭示计划调节与市场调节的内在联系和外在矛盾,有助于在更深层面上解决公有经济与非公经济的有机结合问题,以协调经济发展和促进共同富裕。

一、计划调节与市场调节的内在统一性

有些人否认公有制与市场经济相容的根据之一,是计划调节与市场调节的不相容性。他们认为:或者按马克思、恩格斯设想搞单纯公有制的产品经济,实行统一的计划调节;或者重建私有制的商品经济,实行全面市场调节。如果两者结合,必然形成不"社"不"资",不伦不类的状况,并把有些经济秩序的混乱现象,归咎于两者的结合。其实,计划调节与市场调节的客观要求不是对立的,而是一致的。现实的社会主义经济不可能是纯粹的产品经济,也不可能是完全自由化的市场经济,而只能是有计划指导的市场经济。因此,作为计划指导不能脱离市场需求;作为市场经济要加强计划指导。只有让计划调节与市场调节有机结合,相互补充,才能克服经济秩序的混乱,使社会主义经济持续、稳定、协调地发展。

第一,计划调节与市场调节的客观要求一致。所谓"计划调节",是通过自觉的、有组织的计划机制来实现社会劳动(包括物化劳动和活劳动)的分配比例。所谓"市场调节",是由自发的、无组织的市场机制来实现社会劳动的分配比例。虽然不同的调节机制,在体现生产目的、调节范围、满足需求、发展速度等方面会有差异,但是按比例分配社会劳动则是它们的共同要求和必然结果。按比例分配劳动的规律是最一般,因而是最基本的经济规律之一。它不仅是市场经济中价值规律的客观要求,而且是公有经济有计划发展的出发点和归宿点,从而是计划调节与市场调节能相容的基础和前提。

第二,社会主义经济的计划指导要求发挥市场调节的积极作用。这是因为:(1)有利于弥补计划调节的不足之处。现阶段的社会主义经济还不具备把一切经济活动,纳入统一计划的物质技术手段和科学管理水平。由于资源分布很不平衡,产品名目极其繁杂,社会需要千变万化,因此还要充分利用市场机制来自发调节商品生产和需求,来填补计划顾及不到的方面。(2)有利于克服计划调节可能产生的盲目性。计划形式是主观的,计划对象是客观的,要避免主观脱离客观,必须依靠市场提供的丰富信息。市场是供求关系的集中表现,计划只有源于市场,反映市场变化趋势,才能发挥其积极作用;反之,会造成供求比例失调和经济发展失衡。(3)有利于客观反映企业间的利益差别。现实经济不是单一全民所有,还有集体、个体、私营和外资等多种经济成分,每个经济实体都有特殊利益。所有经济活动只有经过市场才能对其效益做出评价,使利益机制成为企业的内在动力和外在压力。

第三,社会主义市场经济要求发挥计划调节的积极作用。这是因为:(1)有利于克服盲目竞争造成的经济损失。市场调节是经济运行的事后调节,要以部分社会生产力破坏和企业经济损失为代价。而计划调节是经济运行的事前调节,如果计划能正确反映经济规律,预测到市场变化的趋势,那么就能加速经济发展,避免不必要的损失和浪费。(2)有利于加强宏观经济调控。市场调节是由微观导向宏观,实质没有宏观调控能力。因此,当宏观比例严重失调时,只能通过经济危机强制实现平衡。而计划调节是由宏观导向微观,实质要自觉保持宏观经济的协调发展。因此,计划调节可以通过制定经济发展战略、中、长期计划和运用各种计划手段,来弥补市场缺陷和避免经济危机。(3)有利于限制不平等交换造成的利益不公。市场调节以既定生产条件的占有关系为前提,等价交换掩盖了由客观生产条件的差别带来的不平等关系。市场调节不仅不能克服由此产生的分配不公,反而会使其扩大并导致两极分化;相反,计划调节可利用各种计划手段和价格、税收、信贷等经济杠杆来调节生产和分配,限制和缩小由此产生的不公平。

二、计划调节与市场调节的外在矛盾性

在社会主义条件下,计划调节与市场调节有内在的统一性,因而它们的结合不仅可能,而且必要。但是在现实经济运动中,为什么常常不能有机结合起来?说明它们的统一不是绝对的,而是有条件的。一方面它们有内在的统一性,另一方面还有外在的矛盾性,所以是对立的统一。

第一,传统的高度集中的计划管理体制限制了市场机制积极作用的发挥。这种管理体制与产品经济及其计划机制是相适应的。自新中国成立以来,我们曾利用这种体制集中经济资源,保证重点建设,初步建成了较为完整的工业体系。但是,随着经济的发展和建设规模的扩大,它与市场经济及其市场机制形成尖锐的对立。具体表现为:(1)不能及时反映市场需求的变化。由于计划调节具有划一性和强制性,而实际需求具有多样性和灵活性,因此,这种体制常使供需脱节,紧俏商品供不应求,滞销商品堆积如山,严重阻碍了经济发展和人民生活水平提高。(2)压抑企业的经营积极性。这种体制片面强调国家的整体利益,忽视地方和企业的局部利益,使企业变成国家行政机构的附属物,丧失了商品生产者应有的独立性,这是长期以来国有企业活力不足的重要原因。(3)易于导致全局性的经济失误。由于脱离了市场这个供求关系的"晴雨表",因此计

划中的错误往往难以及时发现和纠正。特别是计划指导思想错误，造成全局性比例失调，常常需要较长时期的调整才能恢复，新中国成立以来几次大的失误证明了这一点。可见，要充分发挥市场在调节供求，增强企业活力，及时纠正计划工作中的错误等方面的积极作用，就必须改革传统的高度集中的计划管理体制。

第二，完全由市场自发调节的管理体制，会限制计划调节积极作用的发挥。为了克服高度集中的计划管理体制的弊端，我们曾经提出"国家调节市场，市场引导企业"的目标模式，即按市场经济和价值规律的要求，逐步用间接的市场调节来代替直接的计划调节，建立与市场机制相适应的管理体制。这种体制对增强企业活力，克服供需脱节等弊端起着积极作用。但是，在市场还不完善和不健全的条件下，就放手让市场去引导企业，在实践中暴露出许多新问题：（1）企业过分强调局部的经济利益，而忽视或不顾国家的整体利益。有的企业盲目追求利润，只讲产品数量，不顾产品质量，严重损害了消费者利益；有的企业为了增发奖金，不惜降低折旧率，虚报产品成本，减少上缴税收，扣压紧俏商品，哄抬市场物价；有的技术落后的中、小企业与技术先进的大企业拼抢能源和原材料，甚至污染环境，破坏生态，影响社会效益。（2）削弱了国家对宏观经济的调控能力。特别是在改革开放的前期，由于不适当地简政放权，减税让利和实行价格双轨制等，使地方和企业盲目增加投资，导致经济过热，计划外基建规模过大，社会消费基金畸形膨胀，使总需求大大超过总供给，造成严重的比例失调和通货膨胀。（3）市场机制的消极作用充分显现。在没有严格的市场管理和法律制度的有效保障之下，放手让市场自发引导企业，势必造成经济秩序混乱，偷税漏税，投机倒把，贪污盗窃，行贿受贿等经济犯罪大量涌现，引起人民的极大不满。实践表明，改革高度集中的计划管理体制，不能否定或削弱计划调节的积极作用。否则单纯依靠市场调节，不仅不能提高社会经济效益，甚至会偏离社会主义方向。

三、计划调节与市场调节有机结合的规律性

以上分析表明，一方面计划调节与市场调节有内在的统一性，可以扬长避短，相得益彰；另一方面这两种管理体制之间又有外在的矛盾性，限制了两种机制的互补作用。因此，要解决两种机制内在要求相容与外在管理体制相斥的矛盾，就必须从改革管理体制入手，建立起与双功能复合机制相适应的新管理体制。

所谓"双功能复合机制"，就是同时具有计划调节和市场调节两种功能，并能相互补充、有机结合的调节机制。它既不同于"单一式"的计划机制或市场机制，

也不同于计划与市场机械分割的"分立式"机制。这种机制具有以下特点：(1)计划调节与市场调节各有侧重。在宏观上要加强计划调节，在微观上要加强市场调节；对关系国计民生的重要商品的生产，必须受计划调节，对一般的商品生产，可以完全由市场调节，使两种功能都可扬长避短。(2)计划调节与市场调节互补。一方面，计划调节具有整体利益，预先安排，自觉调节和直接控制的优点，可克服市场调节中利益不公，事后惩罚，自发调节和宏观失控等缺点；另一方面，市场调节具有多元利益，分散决策，横向传导和效率较高的优点，可克服计划调节中利益不直接，决策易失误，效率低下和活力不足等缺点。因此，这种双功能复合机制，如同人体中呼吸系统与血液系统一样，既有分工，又有联系，相互促进，这就从根本上克服了"单一式"和"分立式"机制的种种弊端，使计划调节与市场调节如水乳交融，有机结合。

这种双功能复合机制，不是任何人主观意志的产物，而是由客观经济条件决定的。与资本主义市场经济相适应的是市场机制；与未来共产主义产品经济相适应的是计划机制；介于两者之间的社会主义市场经济，只能是同时具有计划调节与市场调节两种功能的复合机制。其客观依据如下：(1)生产要素的双重配制。一方面，随着社会分工的发展，要求发挥市场的"横向性"功能，促使生产资料、劳动力和技术等生产要素在地区、部门、行业和企业之间合理流动，实现人尽其才，物尽其用，财尽其值；另一方面，随着社会协作程度的提高，要求发挥计划的"纵向性"功能，促使产业结构合理化，保证重要经济资源按比例分配，提高社会经济效益。(2)所有制的二元结构。生产资料所有制是生产关系的基础，它的构成状况是调节机制形成和发挥作用的前提。我国改革开放以来，出现全民、集体、混合等公有制为一元，个体、私营和外资等私有制为另一元的"二元化"发展态势。虽然公有经济始终是主体，私有经济是补充，但是由于公有企业和私有企业的经济联系日益增多，客观上要求计划和市场两种功能同时发挥作用，以促使二元经济的协调发展。可见，双功能复合机制是客观经济条件的产物，是生产力、生产关系和生产方式具有对立统一关系的必然要求。因此，只有这种机制才能使计划和市场有机结合，形成单一计划机制或单一市场机制所不具有的乘数效应和加速作用，使社会主义经济活而不乱，管而不死，协调发展。

怎样才能建立起与双功能复合机制相适应的管理体制？这就要从双功能复合机制的客观要求出发，总结正反两方面的历史经验，联系经济发展的实际，在改革中进行艰苦探索，在实践中处理好以下三种关系：

第一,两种调节形式的合理组合。计划调节与市场调节的有机结合,要求运用计划指导和市场机制两种调节形式。计划指导是非强制性的计划目标导向,这种调节形式决定它要受计划机制和市场机制双重制约,使计划的刚性和市场的弹性相济,诱导企业在追求自身效益的过程中,逐步接近国家的计划目标。市场机制是与供求联系的利益导向和自发协调,它对社会主义经济有双重效应:一方面,它的灵敏"补位",克服了计划的缺陷,给企业注入活力;另一方面,它的自发性和盲目性也会对计划产生破坏作用。因此,要使市场始终处于总体计划的约束之下,减少其自发扩张和收敛过程中的经济损失。不论是改革前计划指导范围过大,还是改革中市场调节程度过高都给经济发展造成了困难。历史经验表明,两种调节形式的组合要符合国情,对不同时期、不同范围和不同类型的经济活动,要采取相应的调节形式。在经济秩序混乱,需要治理整顿的时候,须增强计划调节的比重,包括制定落实计划的政策措施,加强对市场的计划导向等;在经济秩序正常,发展较为顺利的时候,可以适当减少计划调节的比重,增大市场调节的力度。总之,要根据实际需要,使两种调节形式有机结合,为建立与双功能复合机制相适应的管理体制创造现实基础。

第二,三种调节手段的协调配合。要使双功能复合机制的优越性充分发挥,必须综合运用经济手段、法律手段和行政手段。让一种手段的优点去弥补另一种手段的缺点,使三种手段相互配合,相互制约。经济手段的优点是与企业的物质利益联系直接,可诱发内在动力和形成外部压力。但是,单纯使用经济手段又易造成"一切向钱看"的偏向,使企业只顾本位利益而忽视和损害国家利益,这就需要运用行政手段和法律手段制约企业的经济行为。同样,行政手段具有简洁、明快、高效的优点,但是过度强调行政手段,又易产生官僚主义,违背经济规律。因此,行政手段也要受法律手段的制约,以保证企业的经营自主权。在一般情况下,要以经济手段为主,法律和行政手段为辅。但在特殊情况下,如经济运行过热出现全局性失衡时,国家就有必要采取较多的行政干预来控制货币发行,压缩基建规模,限制消费水平等以恢复总体平衡,并须较多地使用法律手段来整顿经济秩序,治理经济环境。因此,只有使三种调节手段协调发挥作用,才能为双功能复合机制的正常运行提供可靠保证。

第三,调节机制与主、客观经济条件的统一。双功能复合机制的作用要受主、客观经济条件的制约。主观条件是人的素质,包括人们对客观经济规律和双功能复合机制的认识和掌握的程度,从事计划和市场管理工作的知识和能力,国

共同富裕的经济规律及其制度

家和企业各自克服利益偏好的自觉性等。客观条件是管理体制和物质基础,包括市场体系,企业管理体制、国民经济管理体制和预测、决策、计划、调控等的技术手段。人的素质越高,管理体制越完善,物质技术手段越现代化,双功能复合机制的积极作用才能发挥得越充分;反之则反是。因此,要从主、客观两方面,为双功能复合机制作用的发挥创造有利条件。

因此,只有按照双功能复合机制的要求,改革经济管理体制,才能使社会主义市场经济健康发展,逐步创造出比资本主义更高的社会生产力,不断满足全体人民的生活需要和实现共同富裕。

第三节　更好地发挥政府的调控作用

习近平总书记在党的二十大报告中指出:"健全宏观经济治理体系,发挥国家发展规划的战略导向作用。"[①]中国特色社会主义经济是政府宏观调控下的市场经济,就是要把计划调节与市场调节有机结合起来,充分发挥市场在资源配置中决定性作用的同时,更好地发挥政府在宏观调控上的重要作用,以保证国民经济的健康发展和共同富裕目标的如期实现。

一、宏观调控的含义

宏观调控是由政府承担的对国民经济的协调和监管职能,包括以下任务:对国民经济的预测、计划和指导,对经济发展方式和产业结构的规划和调整,以及运用经济、行政、法律等手段,对宏观经济进行调节和控制等,因而是经济发展和共同富裕的有效社会保障。

在现实生活中,人们往往把市场经济中的宏观调控,与计划经济中的行政管制混为一谈,虽然两者都是政府管理经济的方式,但在管理层次、管理目标、管理方法等方面都有很大的不同。就管理层次而言,宏观调控是对总供给和总需求等经济总量的调节;行政管制则是对生产者和企业等经济主体的直接干预。就管理目标而言,宏观调控是为了促进经济增长、增加就业、稳定物价、保持国际收

[①] 习近平:《高举中国特色社会主义伟大旗帜 为全面建设社会主义现代化国家而团结奋斗——在中国共产党第二十次全国代表大会上的报告》,人民出版社 2022 年版,第 29 页。

支平衡等;行政管制则是为了消除"市场失灵",运用行政手段直接干预企业的生产经营活动。就管理方法而言,宏观调控不是要代替市场机制,而是要为优化资源配置创造条件,而行政管制是对市场机制的否定和替代,是要用行政手段来实现资源配置,因此它们是两种完全不同的经济管理体制。

为了更好地了解宏观调控,还应消除一些认识上的误区。人们往往认为,宏观调控就是政府采取紧缩政策,抑制经济过快增长。其实,宏观调控既有紧缩型调控,也有扩张型调控,政府要根据实际情况采取不同政策。此外,宏观调控也不是"头痛医头,脚痛医脚"的临时之策和权宜之计,而是贯穿于经济发展全过程的重要工作。

宏观调控是随着市场化改革的深入而逐步完善的。据查证,"宏观调控"一词最早出现于1988年9月26日《在中国共产党第十三届中央委员会第三次全体会议上的报告》中:"必须综合运用经济的、行政的、法律的、纪律的和思想政治工作的手段,五管齐下,进行宏观调控。"[1]因此,宏观调控与计划经济下的行政管制不同,它是与市场经济密切联系的,将随着市场经济发展而不断完善。

二、宏观调控与政府职能

政府是否应该对国民经济进行宏观调控?对于这个问题,在不同的历史时期人们有着不同的看法,至今仍有不同的理论和观点,难以形成统一的看法。在古典政治经济学那里,往往认为市场可以依靠"看不见的手",自发调节和促进经济发展,不需要政府直接干预。古典学派的代表人物亚当·斯密曾说:"利己的润滑油将使经济齿轮几乎以奇迹般方式来运转,不需要计划,不需要国家元首的统治,市场会解决一切问题。"[2]到了1929年世界性经济危机爆发,传统的自由经济理论既无法解释,又无法解决现实的困境。1936年凯恩斯发表了《就业、利息和货币通论》一书,提出了国家干预宏观经济的理论。从此西方国家对宏观经济开始从自由放任转向政府干预。到了20世纪七八十年代,经济滞胀问题的产生,导致了新自由主义思潮。他们认为,经济滞胀是政府过度干预造成的,于是重新提出自由放任的经济政策。而20世纪末发生的金融危机,则又一次引发了自由放任与政府干预之争。历史表明,自由放任的观点在1929—1933年的世界

---

[1] 庞明川:《中国特色宏观调控的实践模式与理论创新》,《财经问题研究》2009年第12期。
[2] 保罗·A.萨缪尔森,威廉·D.诺德豪斯著,高鸿业等译:《经济学》,中国发展出版社1992年版,第1274页。

性经济危机面前,已被证明是失败的;而另一个极端,如苏联或计划经济时代的中国,政府统管一切也被证明是不成功的。因此,要辩证地理解政府在市场经济中的作用,既不能过度干预影响市场运行,也不能放弃宏观调控导致经济危机。

在改革开放之前,我国实行的是高度集中的计划经济。在这种体制下,小到微观生产活动,大到宏观经济调节,都要通过政府计划和集中管理来实现。随着计划经济向市场经济转变,政府职能也发生相应的变化。政府的经济管理职能,要从以直接管理和微观管理为主,转变为以间接管理和宏观调控为主。在我国,政府职能的转变并不意味着要管的事情减少和减轻了;恰恰相反,政府要承担的职责是更重和更大了。因为我国的市场经济不像西方国家是自发形成的,而是在政府启动和指导下发展的。政府的职责不只拘泥于调节经济总量和结构,还包括完善市场经济的体制和机制,制订中长期计划和实现战略目标等艰巨任务。

三、宏观调控的必要性和重要性

社会主义市场经济的发展,需要加强和完善政府的宏观调控。实行宏观调控,不仅是社会化大生产和经济按比例发展的需要,也是控制市场风险和防范经济危机的需要。宏观调控不仅可以促进经济总量增加,而且可以促进经济结构优化,因而是市场经济健康运行和促进共同富裕的必要措施与有力保障。

(一)社会化大生产的需要

社会化大生产即生产的社会化,其主要特征是分工细化与协作加强。随着社会分工的发展,各种生产部门之间的协作关系日益密切,各个生产环节成为不可分割的组成部分,要求各生产部门和生产环节保持一定的比例关系,形成相互联系和相互制约的有机整体。市场经济是以社会化大生产为基础的商品经济,因此既要遵循价值规律和价值增殖规律,又要遵循生产力规律和按比例发展规律。社会主义市场经济同样如此,也要同时遵循这两种规律的要求,发挥它们共同促进经济发展的作用。随着生产规模扩大以及社会分工细化,更加需要政府对生产的各个部门和环节,以及国民经济的整体进行调节和控制,以适应社会化大生产和按比例发展规律的要求。

(二)防范各种经济风险的需要

伴随着经济全球化的快速发展,生产要素可以在全球范围内配置,这为许多发展中国家提供了更多的机遇,但同时也给它们带来外部冲击和经济风险。我国的市场发育还不完善,经济结构也比较脆弱,容易受外部不利因素的影响。为了防止经济波动过大,政府有必要加强宏观调控,对国民经济进行有效干预。就国内而言,经济运行中也存在着许多潜在风险,如地方政府债务过大可能引发的坏账风险;民间融资成本过高可能导致的债务纠纷,生产成本上升导致中小企业亏损、破产;物价上涨导致生活成本提高、经济增长缺乏动力等[①]。不重视经济运行过程中来自国内外的潜在风险,必将危及国民经济的持续健康发展。

(三)调节供求和优化结构的需要

宏观经济运行是由总供给与总需求决定的。在短期内,总供给与总需求会出现不平衡的现象。当总供给大于总需求时,会出现经济衰退现象;当总需求大于总供给时,则会出现经济过热现象。宏观经济的"衰退"与"过热"常常会交替出现,使经济呈现周期性波动。为了保证经济持续稳定发展,需要政府加强宏观调控,以保持总供给与总需求的平衡。此外,我国经济自改革开放以来取得了巨大成就,但也存在结构不合理问题。经济结构不合理,主要体现在产业结构和需求结构等方面,而地区和城乡不合理则与相关政策有关。例如,我国实行"让一部分人、一部分地区先富起来"的政策,使得到政策优惠与倾斜的地区与其他地区的差距逐渐拉大,甚至出现局部的两极分化问题。不能否认,让一部分人和地区先富起来的政策,在改革初期起到了促进发展和鼓励先进的作用。但是也应看到,若这些不合理状况长期存在,则势必影响经济平衡和社会稳定。因此,有必要制定有效的调控政策和措施,促进经济发展和实现共同富裕。

(四)市场经济健康运行的需要

习近平总书记在党的二十大报告中重申,要"充分发挥市场在资源配置中的决定性作用"[②]。这不仅是对市场经济改革的方向肯定,也是对未来经济发展的总体部署。但市场并不是万能的,市场调节也有缺陷。首先,市场经济具有自发性与盲目性。由于市场主体受各自利益驱动,其活动并不能与社会的长远目标和整体利益相一致,因此需要政府通过调控来加以引导。其次,市场不能提供全部公共产品。基于公共产品的特性,私人厂商往往不愿意参与,即使有私人厂商愿意参与,也不能完全满足社会需要,因此必须采取政府投资的方式予以解决。最后,在市场竞争中,优胜劣汰,容易产生两极分化。政府应采取措施实现公平分配,以缩小人们之间的收入差距。市场有调节资源配置的积极作用,但是也有

[①] 辜胜阻:《宏观调控要防潜在风险于未然》,人民网,2011 年 7 月 19 日。

[②] 习近平:《高举中国特色社会主义伟大旗帜 为全面建设社会主义现代化国家而团结奋斗——在中国共产党第二十次全国代表大会上的报告》,人民出版社 2022 年版,第 29 页。

自发性、盲目性和局限性。因此,只有把市场调节与宏观调控有机结合,才能促进国民经济的高质量发展和共同富裕程度的不断提高。

第四节 健全市场经济的法律制度

要充分发挥市场经济在促进共同富裕中的积极作用,就必须加强市场经济的法治建设,限制其对生产力发展的消极破坏作用。因此,要在充分认识法治建设必要性和重要性的基础上,全面健全与市场经济紧密联系的法律制度,深刻揭示其中的主要内容和基本要求,并且通过加强立法与司法等途径,不断推进政府依法行政的法治化进程。

一、健全市场经济法律制度的必要性

在市场经济中,企业是独立的和相对独立的经济主体,其行为有很大的自发性和盲目性。因此,企业的经营活动,不仅要受经济规律的制约,更要受法律制度的约束。建立与健全相关的法律制度,是发展和完善社会主义市场经济的需要,是促进市场有序竞争的需要,也是增强宏观调控有效性的需要。

(一)发展和完善市场经济的需要

我国是社会主义市场经济,因此健全法律制度的要求更高。市场经济首先是商品经济,是以交换为基础的生产方式。一切经济活动都要符合价值规律和价值增殖规律的要求,各种生产要素都要作为商品进入市场,并通过市场调节来配置资源和取得要素收益。在市场经济中,商品生产者的地位是平等的,通过供求、价格、竞争等市场机制的作用,实现经济主体之间的公平交易,并促进生产要素的优化配置。作为社会主义市场经济,更加要求经济主体之间具有平等的法律地位,不仅拥有自主经营的权力和利益,而且也要尊重其他经济主体的权力和利益,这就需要法律的规范、引导和制约。因此,建立与完善法律制度是发展和完善社会主义市场经济的必然要求。

(二)促进市场有序竞争的需要

在市场经济中,常常会出现许多无序及混乱现象,如偷工减料、制假售假、偷税漏税、商业欺诈等。造成市场的无序和混乱,既有经济转轨的原因,也有市场本身的因素。要使市场经济有序发展,首要的任务就是健全法律制度。法律制

度调节的对象是参与市场交易的企业,规范市场竞争的法律包括市场进出、定价规则和反对垄断等方面的内容。市场进出,是关于企业进入或退出市场的准则,包括规定企业进入市场的资格、企业应履行的责任等;定价规则,是限制企业定价中的非法行为,防止市场价格的暴涨暴跌;反对垄断,是维护公平竞争的准则,防止行政特权的非法干预。总之,通过法律制度的建设,才能有效规范经济主体的行为,促进市场竞争的有序进行。

(三)增强宏观调控有效性的需要

实践表明,市场失灵现象无法自我解决,而要通过外部力量来干预,于是人们把希望寄托于政府,让其发挥宏观调控的作用。但值得注意的是,政府并非是一个人,而是一个庞大的机构,它的所有成员并非都是为了公共利益,有些人可能利用公共权力做不利于公众的事情,这就是所谓的"政府失灵"。而解决政府失灵的办法仍要靠法律法规的约束,即经济主体与政府成员都要置身于法律之下,受制度的约束。在现行的法律法规中,约束经济主体的规定较多,而约束政府成员的规定较少。在这种情况下,政府很容易以法律为借口,对市场进行过多的干预。因此,市场经济的有序发展离不开政府的宏观调控,而政府的有效调控则离不开健全法律法规的约束。我们需要建立并完善法律制度,使其既能约束经济主体又能约束政府成员,这对政府有效实施宏观调控,并防止滥用权力有着重要作用。正如国务院原总理李克强所说:"要加快建设法治政府,用法律法规调整政府与市场、企业、社会的关系,努力做到政府职权法授、程序法定、行为法限、责任法究。"[1]

二、市场经济法律制度的基本内容

市场经济要以法律为保障,一切经营活动都必须在法律允许的范围内进行,要用完备的法律和法规,规范和调节各种经济关系。有关市场经济的法律制度,其基本内容包括:明确市场主体,保护主体产权,维护市场秩序,促进有效调控,以及完善社会保障等方面,要使它们在实践中得到发展和完善。

(一)明确市场主体

市场主体是指参与市场交易的组织与个人,包括政府、企业与个人,其中企业是最重要的市场主体。在市场经济体制下,企业既是生产资料的产权主体,又是生产和经营的责任主体,是独立的商品生产者和经营者,能够自主决策、自主

---

[1] 《十八大报告辅导读本》,人民出版社 2012 年版,第 30 页。

经营、自负盈亏。为了保证市场主体的独立性和自主性，必须以法的形式对它们的资格、条件、地位、权利、义务等做出明确的规定。

（二）保护主体产权

市场主体产权是以财产的所有权为依据，直接体现所有者利益的权利，一般包括物权、债权、股权、知识产权等。在市场经济体制下，市场主体之间都是平等的。对不同产权给予同样的法律保护，正是市场主体地位平等的重要体现。由于所有市场主体的产权都能得到法律保护，因此在法律允许的范围之内，市场主体可以自由支配自己的财产，可从事各种市场需要的生产经营活动，从而才能创造出更多的社会财富，推动整个国民经济的健康发展。

（三）维护市场秩序

为了更好地发挥市场对资源配置的决定性作用，必须有良好的市场秩序。在市场经济体制下，市场主体应享有平等竞争的权利和机会，并保证竞争手段的公平与正当。因此，必须按照公平、公正、公开的原则，制定市场主体必须共同遵守的准则和规范。例如，通过《中华人民共和国民法典》，可以更好地维护合同当事人的权利与义务；通过《中华人民共和国反不正当竞争法》，可以制止不正当竞争行为，保护经营者的合法权益；通过《中华人民共和国消费者权益保护法》，可以对损害消费者的行为进行制裁，从而保护消费者的权益，并且维护市场秩序。此外，通过制定反垄断法以及产品质量法等，对促进公平竞争、维护市场秩序和繁荣市场经济都有重要意义。

（四）促进有效调控

在市场经济中，为了弥补市场机制的缺陷，需要加强政府的调节与控制，以弥补市场调节的不足和克服市场失灵现象。但政府干预的方式与程度要由法律来规范，政府的过度干预，不仅导致行政权力膨胀，而且使企业权益受损，造成人为的比例失调和经济波动。因此，政府的宏观调控既要符合经济规律，又要符合法律规定，必须在法律允许的范围之内，通过合法途径和必要程序来进行，使政府的宏观调控职能充分有效地发挥出来。其中包括充分运用法治手段，严厉打击以权谋私、权钱交易等贪污腐败行为，为维护清正廉洁的政商关系和促进共同富裕提供法治保障。

三、市场经济对法律制度的基本要求

根据党的十八、党的十九和党的二十大精神，建立与完善市场经济体制，必须健全法律制度和做好相关工作。完善市场经济的法治建设是一个系统工程,包括加强重点领域立法,建立依法行政制度,深化司法体制改革等。同时,要加强法治教育和宣传,提高全民的法治意识,严厉打击违法犯罪行为,为健全市场经济和保障共同富裕创造良好的法治环境。

(一)加强重点领域立法

习近平总书记在党的二十大报告中提出:"我们要坚持走中国特色社会主义法治道路,建设中国特色社会主义法治体系,建设社会主义法治国家。"①新中国成立七十多年来,特别是改革开放四十多年以来,我国的法律体系已经基本形成。面对新的经济形势,立法工作应有所变化,主要表现在:(1)从主要服务于经济的速度、总量和规模,向服务于效益、质量和方式转变;(2)从有关经济调节和市场监管的立法,向有关社会管理和公共服务的立法转变;(3)从致力于建立市场经济和改革调控体制,向致力于和谐社会和服务型政府转变;(4)从强调立法的数量和速度,向注重立法的质量和效果转变。在新时期建立与健全社会主义法治,应重点完善经济体制方面的立法。同时,要改进和创新立法方式,提高立法工作的透明度和公众参与度,增强法律法规的科学性、针对性和有效性。

(二)努力推进依法行政

党的十八大提出,要在 2020 年建成法治政府的目标,通过法律法规来调整政府与市场、企业、社会的关系。习近平总书记在党的十九大报告中提出:"必须坚持厉行法治,推进科学立法、严格执法、公正司法、全民守法。"②习近平总书记在党的二十大报告中进一步提出:"深化行政执法体制改革,全面推进严格规范公正文明执法。"③在我国,行政机关承担着经济、政治、文化、生态文明建设等各个领域的管理任务,其行政能力和执法水平与人民生活息息相关。目前,依法行政的现状与经济社会发展的要求还有差距。在现实生活中,以人代法、以权代法、徇私枉法的现象不同程度存在。因此,要深入推进依法行政,着力规范政府行为,为顺利建成法治政府的目标而努力。

---

① 习近平:《高举中国特色社会主义伟大旗帜 为全面建设社会主义现代化国家而团结奋斗——在中国共产党第二十次全国代表大会上的报告》,人民出版社 2022 年版,第 40 页。
② 习近平:《决胜全面建成小康社会 夺取新时代中国特色社会主义伟大胜利——在中国共产党第十九次全国代表大会上的报告》,人民出版社 2017 年版,第 38 页。
③ 习近平:《高举中国特色社会主义伟大旗帜 为全面建设社会主义现代化国家而团结奋斗——在中国共产党第二十次全国代表大会上的报告》,人民出版社 2022 年版,第 41 页。

（三）深化司法体制改革

深化司法体制改革,完善司法制度,确保审判机关、检察机关公正行使审判权、检察权。现代法治的重要特点是司法独立,我国宪法明确规定,人民法院依照法律规定独立行使审判权,人民检察院依照法律规定独立行使检察权,不受行政机关、社会团体和个人的干涉。为了让每个人在司法案件中都能感受到公平正义,应大力推进司法公正和司法公开。还应加强政法队伍建设,完善各项管理制度,提升法官、检察官的司法理念、业务能力和工作水平,维护司法的公信力和权威性。[①] 这样才能使社会主义市场经济的运行,真正实现立法必全、有法必依、执法必严、违法必究,使法治成为市场经济发展的坚强后盾和可靠保障。

（四）加强法制宣传教育

党的二十大提出:"深入开展法治宣传教育,增强全民法治观念。"[②]因此,要弘扬社会主义法治精神,增强全社会尊法、学法、守法和用法的意识,提高领导干部运用法治思维和法治方式,化解矛盾和维护稳定的能力。加强法治宣传教育,增强广大人民特别是领导干部的法治观念,形成良好的法治环境,是实现依法治国的重要内容与可靠保证。我国人口众多,还有很多人法治观念淡薄,需要不断加强法治宣传教育。在这一过程中,应注意宣传教育的方式和方法,不断强化人民群众的法治意识,使法治建设为促进经济发展和实现共同富裕开辟道路和保驾护航。

---

① 袁曙宏:《全面推进依法治国》,《十八大报告辅导读本》,人民出版社 2012 年版,第 218～220 页。
② 习近平:《高举中国特色社会主义伟大旗帜 为全面建设社会主义现代化国家而团结奋斗——在中国共产党第二十次全国代表大会上的报告》,人民出版社 2022 年版,第 42 页。

第三篇

相关经济制度与共同富裕

第十三章
共同富裕的财政制度

习近平总书记在党的二十大报告中指出:"健全现代预算制度,优化税制结构,完善财政转移支付体系。"①改革和完善财政制度与促进和实现共同富裕是紧密联系和相辅相成的。积极的财政政策有利于缩小地区和行业的收入差距,是加快经济发展和实现共同富裕的重要途径。财政的转移支付是支持贫困地区和产业脱贫解困的有效手段。个人所得税是调节收入差距和防止两极分化的重要措施。因此,自觉遵循经济规律,改革和完善财政制度,对加快经济发展和实现共同富裕具有重大的现实意义。

第一节 公共财政制度的建立

建立公共财政制度的目的,一方面是为了适应市场经济发展的需要,以弥补市场调节的缺陷和不足;另一方面是为了体现政府的两种身份和两个职能:国有资本的所有者身份和社会发展的管理者身份,以及政府的社会管理职能和公共服务职能。实践表明,只有不断改革和完善公共财政制度,才能更好地促进经济发展和实现共同富裕。

一、公共财政制度的内涵

现代市场经济国家的财政反映两方面的内容:一是国民进行了怎样的建设;二是国民想要建设怎样的社会。②同理,我国的公共财政反映的是要进行怎样的社会主义建设,以及要建成怎样的社会主义社会。

---

① 习近平:《高举中国特色社会主义伟大旗帜 为全面建设社会主义现代化国家而团结奋斗——在中国共产党第二十次全国代表大会上的报告》,人民出版社2022年版,第29页。
② 金泽史男:《财政学》,有斐阁出版社2005年版,第1~2页。

（一）公共财政制度的来源

从词意看，公共财政即财政，翻译成英语是"public finance"，可以理解为国家和地方等公共部门，为维持自身经济活动所需的资金等。前者出现在社会主义市场经济体制建设时期，是为了突出政府公共服务功能；后者出现在戊戌变法时期，是维新派在学习西洋文化思想时，间接引入的日文汉字。

社会科学意义上的公共财政，最初表现为国家财政，因此被定义为国家的经济，具有以下三大特征：一是从封建制的"家产国家"转变为私有制的"无产国家"；二是以货币形式来筹集和使用资金；三是由国民议会来决定货币的筹集和使用[①]。随着经济社会的发展，公共财政从近代国家财政逐渐演变为现代公共财政，并具备了以下三大特征：一是财政规模十分庞大，这是因为财政占国民经济的比重较高；二是双重经济并存，这是因为现代国家一方面是基于交换原理形成的市场经济，另一方面是通过税收等展开的政府经济；三是行政机构的扩大，这是因为普选制的确立，促使人民在政治、经济、社会等方面的参与度提高。

经济学家萨缪尔森曾把美国经济称作是私人组织和政府机构都实施控制的混合经济。事实上，现代社会几乎所有市场经济国家都是混合经济。在这种混合经济中，以市场机制这只"看不见的手"来配置社会资源。但在市场失灵时，则由政府通过"看得见的手"来矫正或弥补。进入20世纪后，西方的经济问题越来越严重，尤其是1929年爆发的世界性经济危机，使财政开始承担起宏观调控的责任，发挥稳定经济的作用。从结果看，西方公共财政经过数百年的变化和发展，形成了一种与市场经济并存的政府（公共部门）经济，通过发挥资源再分配、收入再分配和稳定宏观经济的三大职能，影响着国民经济和世界经济的发展方向。

（二）我国的公共财政制度

进入20世纪90年代，"公共财政"取代了"财政"而成为我国政府（公共部门）经济的代名词。当时偏好"公共财政"一词的原因有两个：一是建立社会主义市场经济体制的需要。为了发挥市场经济下公共部门的作用，"公共财政"一词显得更有利于界定和规范政府职能。二是区别于计划经济时期的国家财政。为突出政府的社会管理和社会服务职能，"公共财政"一词更有利于将非营利性的

---

① 金泽史男：《财政学》，有斐阁出版社2005年版，第2~3页。

政府职能与其他营利性职能区别开来①。

《中华人民共和国宪法》第六条规定,在社会主义初级阶段,应坚持以公有制为主体、多种所有制经济共同发展的基本经济制度。《中华人民共和国宪法》第七条规定国有经济,即社会主义全民所有制经济,是国民经济中的主导力量。因此,在社会主义市场经济中,国有经济的重要地位不会改变。政府作为国有经济的代表,具有确保国有经济持续稳定发展的职能。从资金的筹集和运用角度看,实现这一职能的政府经济更具有国家经济的特征,虽然在理论上被定义为国有资本②,实际上是全民资本,其获得的利益应归全民所有。

综上所述,我国的公共财政经历了四十多年的改革和发展,一方面强化了政府社会管理和公共服务的职能,另一方面保留了国有经济、国有资本的经营和管理职能,形成了具有中国特色的双重结构财政。

二、公共财政的历史发展

公共财政的目的和作用,是随着经济社会发展而不断变化的。如西方的小政府财政、大政府财政,我国的计划经济财政、市场经济财政等,均是为适应经济社会发展而变化的。

(一)西方财政的历史发展

在自由资本主义时期,资本主义国家一般奉行"最小限度政府"的原则,除了设立必要的国家机器,用以维护社会经济生活的正常秩序,进行对外扩张或抵御侵略以外,国家一般不介入经济生活。政府仅仅充当"守夜人"的角色,对整个社会经济采取自由放任的态度。

随着社会的发展,自由资本主义过渡到垄断资本主义,并步入现代资本主义发展阶段。公共产品与服务需求的增加,贫富差距拉大带来的负面影响,特别是不断爆发的经济危机和金融危机,客观上要求政府主动介入经济生活,促进经济发展与社会进步。

从小政府到大政府,西方公共财政的规模不断扩大。21 世纪初各发达国家的一般政府支出(相当于我国包括社保基金在内的公共预算支出),占国内生产总值的比重均超过 30%,其中瑞典最高,达到了 51.9%;其次是法国、德国,分别为 48.9% 和 45.9%;低于 40% 的是英国、日本和美国,分别为 39.1%、

---

①② 邓子基、陈工:《财政学》(第二版),中国人民大学出版社 2010 年版,第 30 页。

36.6%和31.3%。①

（二）我国公共财政的历史发展

我国20世纪80年代的税制改革,确立了税收作为财政基本收入的地位,预算内投资由以"生产领域"为中心,转变为以"基础设施"为中心。20世纪90年代的分税制改革,确立了分级财政体制的基本框架,形成了与西方经济发达国家类似的财政体制。

进入21世纪,国务院在《关于2005年深化经济体制改革的意见》中提出,"改革和完善非税收入收缴管理制度,逐步实行全口径预算管理",明确了所有政府收支都需纳入预算管理,都应受到与其性质相适应的严格管理的改革思路。②2012年预算法修正草案强调了预算编制的统一性和完整性,并规定"预算分为公共预算、政府性基金预算、国有资本经营预算、社会保障预算。公共预算、政府性基金预算、国有资本经营预算、社会保障预算应当保持完整、独立,同时保持各类预算间相互衔接"③。从税收到预算编制,我国双重结构财政中的公共性财政比重明显增强。

三、公共财政存在的问题及改革方向

我国公共财政建立的时间比较短,虽然已取得一定成就,但是存在的问题依然突出。在政府职能定位上还比较模糊,中央与地方政府的事权以及职责划分,依然延续着传统的分级管理模式。这是因为当初财政体制改革的目的,是为了提高中央财政收入的比重,因此对于财政支出项目的调整、各级政府责权范围的界定等被长期搁置。结果在行使社会管理和公共服务职能时,出现了财权与事权不匹配、地区间财力差距扩大、税源配置不合理等问题。

比较现代西方财政,加速我国政府职能转变是解决上述问题的关键。首先,需要改变行政隶属关系下的分级管理,明确中央与地方的职能定位,加强部门间的沟通与合作;其次,必须淡化管理意识而强化服务意识,通过扩大公共服务,调整和完善财政支出结构,使公共财政成为名副其实的公共性财政;最后,必须强调国有经济的全民财政地位,使之更多更好地为增进国民福祉服务。

---

① 金泽史男:《财政学》,有斐阁出版社2005年版,第4页。
② 邓子基、陈工:《财政学》(第二版),中国人民大学出版社2010年版,第304～305页。
③ http://politics.people.com.cn/n/2012/0626/c1026-18386946.html。

第二节 中央与地方之间的财政关系

这里讲的政府间财政关系,就是指中央与地方之间在职责分工,以及财力分配上的相互关系。西方国家一般是在明确和细化政府职能之后进行财力调整的,而我国的分税制改革是在维持传统政府职能前提下的财力调整,因此重点表现为增量部分的财力分配关系。

一、中央与地方财政关系的内涵

无论是单一制国家还是联邦制国家,中央财政与地方财政都呈现出复杂且紧密的联系,这种关系一般被称为政府间财政关系,体现这一关系的制度主要有政府补助金制度和政府间财政转移支付制度。

(一)西方国家中央与地方的财政关系

综观西方市场经济国家,分税制是其财政关系中的基本形式。虽然各国的分税制形式不尽一致,但分税制的一般内容和基本规范是相近的,包括以下几个方面:其一,确定各级政府的职能范围,即事权;其二,划分各级政府财政收入和税收管理权限;其三,实行规范的财政转移支付制度;其四,实行分级财政预算体制。[1] 当然,在实际运作过程中会根据受益与成本对等原则、政策效果评估,以及财政支出结构的变化,来确定政府间的职能和财力分配。

现代市场经济国家的政府拥有资源再分配、收入再分配和稳定宏观经济三大职能。除了资源再分配需要根据公共产品的收益范围,划分全国性和地方性公共产品,再根据收益与成本对等的原则,明确它们的供应责任以外,其他两大职能都是由中央政府发挥主导作用。这是因为现代社会允许居民在全国范围内自由迁移,如果由地方政府履行收入再分配职能,就很容易造成因分配政策不同而导致地区间收入差距扩大,使收入再分配功能无法实现。同理,用于调控经济的资本、商品和劳务均可在全国范围自由流动,因此由地方政府稳定宏观经济的效果不佳。

另外,根据财政支出结构和公共服务权利的变化,政府间财政关系可分为"集中""分散"和"集权""分权"等多种类型。如果中央财政的支出规模大于地方

---

[1] 杨述明:《论政府间财政关系》,武汉大学 2005 博士论文,第 104~105 页。

财政的支出规模,那就表现为"中央集中型"的财力分配关系;相反,则属于"地方分散型"的财力分配关系。第一次世界大战以后,西方各国的中央财政支出占全国财政支出的比重不断扩大,基本形成了"中央集中型"的财力分配。如果决定公共产品和服务的权力属于中央政府,那就可称为"集权型"财政关系;相反,决定权属于地方政府则被称为"分权型"财政关系。[①]

(二)我国中央与地方的财政关系

1993年12月国务院发布《关于实施分税制财政管理体制的决定》,明确在财政管理上开始实施分级财政管理体制。该体制要求以划分税种和税权为主要方式,确定各级政府的财力范围和管理权限,处理中央与地方以及地方各级政府之间的财政分配关系[②]。具体的事权划分和税权划分如表13-1所示。

表13-1 我国中央与地方的事权、税权划分[③]

中 央	地 方
国防、外交、中央国家机关运转所需经费、调整国民经济结构、协调地区发展、实施宏观调控所必需的支出,以及由中央直接管理的事业发展支出	本地区政权机关运转所需支出,以及本地区经济、事业发展所需支出
中 央 税	地 方 税
关税,消费税,中央企业所得税,地方银行和外资银行及非银行金融企业所得税,铁道部门、各银行总行、各保险总公司等集中缴纳的收入(包括营业税、所得税、利润和城市维护建设税),中央企业上缴利润等	营业税、地方企业所得税、地方企业上缴利润、个人所得税、城镇土地使用税、固定资产投资方向调节税、城市维护建设税、房产税、车船使用税、印花税、屠宰税、农牧业税、农业特产税、耕地占用税、契税、遗产和赠予税、土地增值税、国有土地有偿使用收入等
中央、地方共享税	
增值税、资源税、证券交易税	

注:增值税中央分享75%,地方分享25%;资源税按不同的资源品种划分,大部分资源税作为地方收入,海洋石油资源税作为中央收入;证券交易税,中央与地方各分享50%。

---

① 金泽史男:《财政学》,有斐阁出版社2005版,第181页。
② 邓子基:《财政学》,高等教育出版社2005版,第308页。
③ 国务院发布《关于实行分税制财政管理体制的决定》(国发〔1993〕第85号)。

但是在改革的过程中,1994 年的分税制采取的是税种和税权划分先行,财力和管理权限划分后行的渐进式改革。从结果看,分税制改革以后,政府间财政关系呈现出财力向中央集中、职能维持原状(行政隶属关系下的分级管理)的特征。

二、中央与地方财政关系的模式与特征

不同的政府体制和不同的经济体制决定了不同的财政体制,继而决定了中央与地方的财政关系。一般情况下,政府财政关系的模式被认为有"集权型""分权型""混合型"三种,而且会随着经济社会发展而变化。

(一)西方国家中央与地方财政关系的发展

西方国家的政府间财政关系是整个财政体制的核心,为缓和社会矛盾,更好地适应国内政治经济形势的发展,其关系变化主要呈现两种趋势:一是分权国家的集权趋势,二是集权国家的分权趋势,即都在向"混合型"方向转变。

1. 分权国家的集权趋势

从分权走向集权最典型的国家有美国、澳大利亚、英国和德国等。以美国为例,可以看出导致集权化的原因主要包括:其一,20 世纪 50 年代,由于社会矛盾的加剧,社会保障支出大幅度增加;其二,为了缩小地区差距和平衡各州财力,要求增强联邦政府的权力;其三,20 世纪 80 年代,由于大都市财政的恶化和振兴大都市的需要,联邦及州的权限被迫强化。

2. 集权国家的分权趋势

从集权走向分权最典型的国家有法国、西班牙、巴西、埃及、新西兰等。以法国为例,可把原因归结为国家财政的恶化,为缓解国家财政危机,20 世纪 80 年代法国多次实施了权力下放的改革[①]。1982 年,国民议会分别认定市、乡镇、省和大区享有"审议并决定其权限内的事务的权力"。1983 年进一步将法国行政的"自由"和"权力",以各种职能形态,由国家交给了各层级的地方当局。同年,中央政府下放了城市的权力,包括各地区的经济发展与计划、城市建设、住房、职业培训、土地整治等。1984 年下放了交通运输、社会活动、司法等权力。1985 年下放了教育、文化、环境保护和警察等权力。

---

① 詹卉:《政府间财政关系演变的国际比较与启示》,《江苏经贸职业技术学院学报》2010 年第 1 期,第 7~8 页。

(二) 我国中央与地方财政关系的现状及特征

如图13-1所示,实施改革当年中央财政收入的比重达到了55.7%,比1993年的22%提高了1.5倍以上,之后除了个别年份以外,该比重基本维持在50%以上的水平。与此相反,中央财政支出的比重,尤其是在2000年以后呈现出持续降低的趋势,2011年已降至15.1%(见图13-2)。这一现象可以理解为分税制改革以后,50%以上的财力集中在中央政府,而70%~80%的事务集中在地方,从而使地方的财政支出需求越来越高。

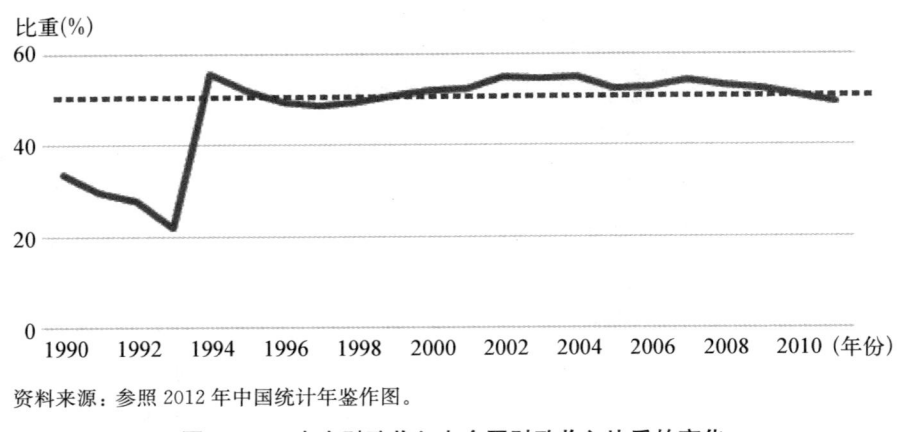

资料来源:参照2012年中国统计年鉴作图。

图13-1 中央财政收入占全国财政收入比重的变化

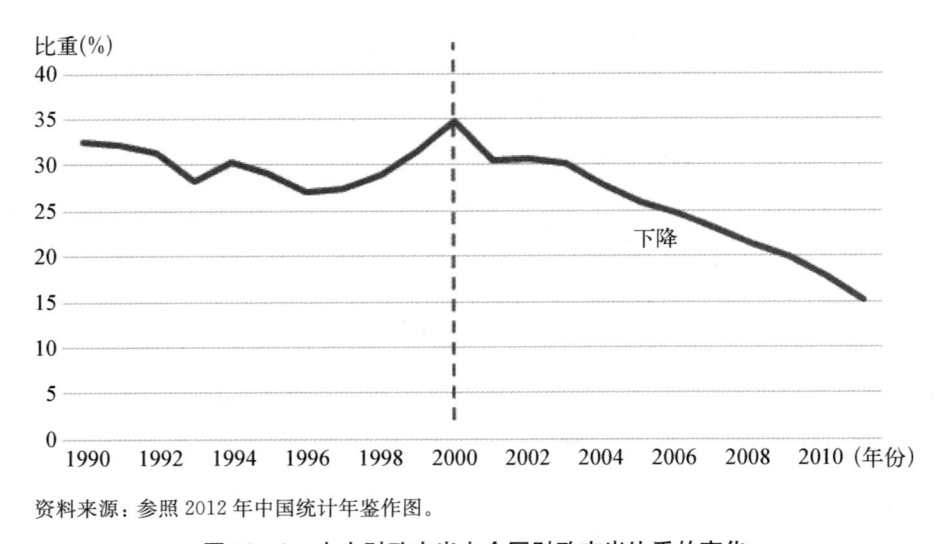

资料来源:参照2012年中国统计年鉴作图。

图13-2 中央财政支出占全国财政支出比重的变化

1. 财权、财力向中央集中

1994年实施分税制改革以后,中央政府的财力明显增强。同年我国《预算法》颁布,首先规定了预算收入需划分为中央预算收入、地方预算收入、中央和地方预算共享收入三大块,其次明确了国务院拥有划分和调整中央预算与地方预算支出项目的权利。由此明确了分税制以后,我国形成了"中央集权型"的财政关系。

2. 职能、职责的行政隶属关系

1994年的分税制改革,对于财政支出特别是与事权直接匹配的财政支出的改革,没有取得实质性的推进[①]。1994年发布的《关于实行分税制财政管理体制的决定》,虽然规定了各级政府的事权和职责范围,但从具体划分内容看,涉及教育、卫生等事业支出的职责范围,依然是按照事业单位的隶属关系来确定的。同年公布的《预算法》也没有对各级政府的公共服务职责做出明确规定。2002年《国务院批转财政部关于完善省以下财政管理体制有关问题意见的通知》,再次明确了各级政府的事权划分、公共服务职责划分,需继续延续计划经济体制和改革初期的思路框架。由此可见,在实施分税制改革以后,政府职能划分依然维持着传统的行政隶属关系。

三、我国中央与地方财政的问题与改革

目前,我国宪法规定是五级政府,同时规定了国务院和省以下政府的权限和职责范围,基本明确了与之相适应的以集权为主、统一领导、分级管理的财政管理体制[②]。因此,1994年的分税制改革,没有对此前各地区的财政支出进行调整,而是采取了"存量不动、增量调整"的方针,逐步加大了中央财政所控制的增量,用增量部分进行以公共服务均等化为目标的财力再分配。从结果看,中央财政收入的比重逐年提高,特别是在1998年以后[③]。根据财政部年度预算执行情况的统计数据,中央对地方的转移支付占中央收入的比重,由2002年的71%上升到了2012年的81%,地方对中央转移支付的依赖程度越来越大。

对比财力的调整和改革,各级政府财政支出、公共服务职责的划分,依然受限于旧的行政管理体制,取决于行政事业单位的隶属关系[④]。建立在上述关系

---

① 卢中原:《财政转移支付和政府间事权财权关系研究》,中国财政经济出版社2007年版,第99~100页。
② 卢中原:《财政转移支付和政府间事权财权关系研究》,中国财政经济出版社2007年版,第99页。
③ 卢中原:《财政转移支付和政府间事权财权关系研究》,中国财政经济出版社2007年版,第3~4页。
④ 卢中原:《财政转移支付和政府间事权财权关系研究》,中国财政经济出版社2007年版,第101页。

上的地方政府支出与收入之间严重失衡,如何协调好政府间的职责范围,完善与之匹配的财源筹集机制,成为深化财政体制改革的关键。由于我国的政治体制、经济体制与西方国家全然不同,而且政府财政一直是决定国民经济的核心,因此全盘模仿西方财政体制,改革我国的政府职能并不现实。但是,借鉴西方国家的财政经验,建设服务型政府、实现真正意义上的民主监督与管理的意义重大。与此同时,要积极探讨国有经济的结构改革,使之实现由量向质的转变,发挥全民所有制经济的积极作用,更好地为全民和全社会服务。

第三节 财政转移支付的确立与发展

财政转移支付制度是政府间财政关系的核心内容,是各国政府实现政治稳定、区域协调发展、社会共同进步的重要工具。我国自1994年建立财政转移支付制度至今,转移支付的规模不断扩大,结构逐步完善,但是地区间的财力差异、公共服务差距依然十分突出。因此,借鉴国外的有益经验,不断完善相关的财政制度,对缩小贫富差距和促进共同富裕具有重大的现实意义。

一、财政转移支付的内涵

财政转移支付的目的是缩小地方政府间的财力差距,在西方国家该制度作为对分权的补充,以实现地方自主决策与上级政府监督的平衡。[①] 我国现行的财政转移支付制度,虽然在削减地区间财力差异方面初见成效,但是省以下问题依然突出,地方自主决策与上级政府监督的关系尚未完善。

(一)财政转移支付的定义

财政转移支付是分税制财政的一个重要组成部分,主要解决中央与地方政府间的纵向不平衡,以及地区政府间的横向不平衡。财政转移支付可分为两种类型:一是一般性转移支付;二是特殊性转移支付。前者的目的是实现不同层次政府间财政收支的纵向平衡或同一层次政府间的横向平衡,这类转移支付因其更多地体现社会性,所以上级政府将其列为预算支出的一个部分,对其投向不加以明确限制。下级政府将其列为预算收入的一部分,根据本地区情况统筹安

[①] 罗宾等:《政府间财政转移支付:理论与实践》,中国财政经济出版社2011年版,第5页。

排、自行分配。后者的目的是弥补地方财政的支出缺口,这类资助同前类资助的最大区别在于受条件限制。① 财政转移支付还可分为纵向转移支付和横向转移支付,前者是为促进纵向财政平衡,由上级政府向下级政府实施财政转移支付;后者是为达到横向财政平衡,由比较富裕的地方政府向比较贫穷的地方政府实施财政转移支付。②

(二)财政转移支付制度的确立

我国的财政转移支付制度,是中央政府为了均衡地区间财力差距,促进各地基本公共服务均等化,在实施分税制以后建立起来的。该制度保留了老体制既有的专款(后改称专项转移支付)和结算补助两项内容,新增设了中央财政收支结余资金分配和两税增量返还等内容。1995年正式实施"过渡期转移支付办法",2002年更名为一般性转移支付,初步形成了符合国际通行原则的财政转移支付制度。③

现阶段,我国实行的是纵向的财政转移支付体系,即上、下级政府之间的财政转移支付,还未实行同级政府之间的横向转移支付。虽然存在经济发达地区对经济欠发达地区的对口援助,但由于其具有较大的随意性,还不太规范,因此尚未将其纳入横向转移支付的管理范围。

二、财政转移支付制度的发展

无论是联邦制国家还是单一制国家,无论是拥有自治权的地方政府还是作为中央下属的地方政府,均存在地方财政无法自给、税收无法满足支出需求的问题。因此,财政转移支付一直存在,但是会因各国政策目标不同、事权决定财权的程度不同,在管理中存在很大差异。④

(一)西方财政转移支付的模式和特征

依据各国政府间财政转移支付所运用手段、集权程度、目标重点,可以划分为以下三种基本类型⑤:

1. 以补助金为主的转移支付

以补助金为主要手段的转移支付,主要包括分类补助、宽范围用途补助、一

---

① 刘晓明:《财政转移支付制度研究》,中共中央党校博士论文(1999年),第6~10页。
② 罗宾等:《政府间政转移支付:理论与实践》,中国财政经济出版社2011年版,第345页。
③ 罗宾等:《政府间政转移支付:理论与实践》,中国财政经济出版社2011年版,第435~437页。
④ 罗宾等:《政府间政转移支付:理论与实践》,中国财政经济出版社2011年版,第1~2页。
⑤ 沈葳:《政府间转移支付制度的国际比较》,《中国审计》2001年第9期,第28~29页。

般项目补助三种类型。分类补助和宽范围用途补助在整个转移支付体系中占主导地位,一般项目补助所占比重较小。对规定用途的补助金,一般要求地方财政拿出必要的配套资金。除采取拨款方式进行补助外,还采取联邦贷款和贷款担保等信用形式的补助。

2. 以财政均等化为主的转移支付

以财政均等化为主要目标的转移支付,是为了向全国居民提供相同或相近水平的公共产品和服务,以调节不同级次政府间和同级政府间的政府财力。比较纵向与横向两种不同方式来讲,实行横向转移支付制度的结果,其均等化和透明度等特点都较为明显。

3. 以税收返还为主的转移支付

以税收返还为主要手段的转移支付,其特点为中央财政集中程度较高,同时,地方政府又承担较多的事务,财政转移支付规模较大,形式多样,制度也较为完善和健全。在日本转移支付制度中的地方交付税等,具有明显的税收返还的性质和特征。

(二)我国财政转移支付的现状及特征

1994年分税制后形成的政府转移支付体系,是由体制补助与体制上解、中央对地方的税收返还、中央对地方的专项补助,以及中央与地方财政年终结算补助、其他补助等几种形式构成。它既保留了旧体制的部分内容,又增加了中央对地方的税收返还。[1] 1995年财政部制定和实施过渡期转移支付办法,具体包括一般性转移支付和民族优惠政策转移支付两部分[2],突出了政策的民族地区倾斜特征。2002年过渡期转移支付办法改为一般性转移支付,在降低税收返还所占比重的同时,提高一般性转移支付和专项转移支付所占比重。2009年转移性支出项目被进一步简化,基本形成税收返还、一般性转移支付、专项转移支付三大类[3]。2011年我国财政部税收返还和转移支付资料显示,中央对地方的一般性转移支付总额快速增加,2011年达到18 311亿元,占转移支付总额(不含税收返还)的52.5%,比2010年提高4.1%。内容上涉及"教育、医疗、低保"等有利于收入再分配的项目在不断增加。

另据2012年中央和地方预算执行情况数据,中央对地方的税收返还和转移

---

[1] 邓子基、陈工:《财政学》,中国人民大学出版社2010年版,第353~354页。
[2] 卢中原:《财政转移支付和政府间事权财权关系研究》,中国财政经济出版社2007年版,第6页。
[3] 邓子基、陈工:《财政学》,中国人民大学出版社2010年版,第354~355页。

支付达到 45 383.47 亿元,占地方政府财政收入总量的 42.6%,中央集权型财政关系已形成规模。

三、财政转移支付的问题及其改革

现阶段,我国主要实施的是纵向财政转移支付。由于政府的行政层次和预算级次过多,中央对省以下各级地方政府的转移支付,多数集中在省级和地级市政府手中,因此县乡级基层的财政困难依然突出。[①] 加上改革开放以后,让一部分人和地区先富起来的发展战略,使我国地区间差距拉大。虽然近年来,加大了政府一般性转移支付的比重,但在短时间内缩小地区间差距还非常困难。这主要是因为:(1)在纵向财政转移支付中占有重要地位的税收返还,是按照来源地规则设计的。按照该模式,地方掌握的资源越多,经济发展水平越高,地方居民越富有,获得的返还收入也就越多。尽管收入来源地规则较好地顾及地方政府的既得利益,在政治上易于被广泛接受。但从平衡地区财政的角度看,收入来源地规则并不具有再分配效应,无益于实现财政均等化目标。(2)专项转移支付实行配套资金措施,对中西部落后地区的激励效应不足。专项转移支付通常要求地方政府提供相应的配套资金。由于东部经济发展水平好的地区有能力提供配套资金,从而获得更多的专项转移支付。而中西部地区由于经济发展相对落后,无法提供足够的配套资金,因此专项转移支付资金实际上更多地流向了东部地区。从某种意义上讲,专项转移支付并未取得预期的均等化效果,甚至导致了"逆向均等化"。(3)一般性转移支付所占比例过低,影响了转移支付的均等化效果。真正意义上的均等化,应该是地区间的民众尤其是贫困人口所享受到的公共服务,特别是基本的教育及卫生医疗的均等化。但目前的情况表明,中央分配给地方政府的一般转移支付资金,有相当一部分作为地方政府的运行成本,没有完全用到基本公共服务的改进与提高上来。[②]

因此,在完善纵向财政转移支付方面,必须建立以一般性转移支付为主,专项转移支付为辅,政策性转移支付为必要补充的复合型制度。与此同时,还要改变专项转移支付的拨款方式。在转移支付中应采用配套拨款和不配套拨款相结合的方式,配套比率的确定或中央政府的补助在总成本中所占的比例,应根据溢

---

① 卢中原:《财政转移支付和政府间事权财权关系研究》,中国财政经济出版社 2007 年版,第 9 页。
② 谷成:《基于财政均等的中国政府间转移支付制度优化》,《预测》2011 年第 3 期,第 2~3 页。

出的规模和中央政府对受援项目的偏好强度来确定。同时,配套比率应根据地区的不同而不同,如果全国采用一个配套比率就意味着对贫困地区的歧视。因此,我国应根据中东西部的不同地区制定不同的配套比率,尤其是对西部一些落后地区,配套比率应予以取消,也就是采用非配套的专项拨款[①]。

从构建转移支付体系角度讲,可以借鉴德国等发达国家的横向财政转移支付经验,构建中国特色的横向转移支付制度。1985年10月23日邓小平在会见美国时代公司组织的高级企业家代表团时,初次提出一部分地区、一部分人可以先富起来,带动和帮助其他地区、其他人,逐步达到共同富裕的发展思路。因此建立由富裕地区向贫困地区的横向财政转移支付,不仅符合中国经济发展的方向,而且有利于弥补纵向财政转移支付的不足,进一步缩小地区间财力差距,实现公共服务的均等化。通过改革现有的对口支援方式,构建中国特色的横向转移支付制度,不仅可以平衡省区间的财力分配,而且有利于促进地区间协作和促进共同富裕。

第四节 满足公共财政的税制改革

公共财政的发展要强化政府的社会管理和公共服务职能。分税制改革通过增加中央集中的税源、税种,以及调高税率,因而提高了中央的财力,但从税收结构看,税源配置并不合理,税收原则也不清晰。因此,在深化财政体制改革中,在转变政府职能的同时建立相应的税收制度十分重要。

一、财政税收制度的确立

现代经济社会,由政府强制实施税收的根据有两个:一是利益原则;二是义务原则。前者是以自由主义财政思想为基础,后者是以帝国主义财政思想为基础。但是直至今日,税收制度的发展依然在很大程度上受义务原则的制约和影响。

(一)市场经济国家的税收制度

税收,从字面上可以理解为"税"和"收"双重含义。其中"税"是指特定的社会产品,而"收"就是把这部分社会产品转为政府所有和支配的方式。现代西方

---

① 谷成:《基于财政均等的中国政府间转移支付制度优化》,《预测》2011年第3期,第2~3页。

财政学意义上的税收,是指政府为了实现其职能,凭借政治权力,按照法律规定的标准和程序,强制地、无偿地取得的货币,是政府(公共部门)筹集所需资金的唯一方式。首先,这是因为现代市场经济国家被认为是"无产国家",满足无产国家支出的方式只能依赖税收。其次,公债虽然也是一种政府收入,但其存在的前提是税收,若对未来税收缺乏信用,则公债基本无法发行。最后,目前在发达国家的财政收入中税收均占 90%以上,即使经济欠发达的国家税收也在财政收入中占到 60%~80%[①]。

按照税负是否能够转嫁进行划分,税收可分为直接税和间接税。一般认为,所得税、财产税等属于直接税,而消费税、增值税等属于间接税[②]。世界上许多经济发达国家以直接税为主体,例如美国、英国、日本等,而发展中国家则多以间接税为主体。

(二)我国现行的税收制度

我国理论界关于税收概念的表述是多种多样的,有"一种收入""一种活动""一种形式""一种手段"等的解释。但就税收的本质而言,"税收"可以理解为"税的收取"或"税的征收"[③]。

目前,我国共有增值税、消费税、企业所得税、个人所得税等多个税种。由于我国主征流转税,而流转税属于间接税,因此我国的税制结构的主体是间接税。这主要是因为我国经济发展水平较低,企业盈利和人均收入水平也较低,不具备以直接税为主体的经济基础,而间接税的征收管理相对简便,可以保证国家财政的需要,也适应现阶段的管理水平。

二、税收制度的发展和变化

税收制度是随着政治、经济、财政体制的发展而变化的。一般可以根据中央和地方收入的划分情况,了解各国政府的职能配置和财政支出目的,明确各级政府在促进经济社会发展方面所发挥的作用。

(一)适应政府职能变化的税制调整

如前所述,西方国家的政府间财政关系开始向"混合型"方向发展,但无论政府间关系怎样变化,都必须适时调整和改革税收制度,使之与新的政府间关

---

① 谭建立、昝志宏:《财政学》,中国财政经济出版社 2008 年版,第 107 页。
② 王佐云:《税收学》,立信会计出版社 2007 版,第 66~67 页。
③ 李晶、刘澄:《最新中国税收制度》,中国社会科学出版社 2010 年版,第 3 页。

系相适应。

美国的税收制度,经历了从地方比重最大到地方比重最小、再到联邦比重最大的演变过程。这表明在美国税收的分配格局中,重心由地方政府向联邦政府转移,初次税收的分配呈现出集权的轨迹。第一次世界大战期间,联邦政府开征了战时利得税、军火工业特别税、超额利得税、新房地产税、新型消费税等。经济大萧条期间,联邦政府提高了个人所得税、财产税和消费税的税率。第二次世界大战期间,联邦政府增加了个人所得税和公司所得税,大幅度提高了消费税、遗产和赠与税。20世纪50年代,联邦政府不断调高社会保险税的税率。1968年以后,社会保险税成为美国的第二大税种[1]。

法国的税收分为中央税和地方税。中央税主要由增值税、个人所得税、公司所得税、消费税、关税等组成。地方税主要有地产税、居住税、营业税等组成。进入20世纪80年代以后,法国进行了两次大的税制改革,重点是对中央税实施减税措施,减税表明法国出现了从集权向分权发展的趋势。1986—1988年,法国政府的税收改革措施包括:降低公司所得税的税率,1986年从50%降到45%,1987年降到44%,1988年降到42%;降低个人所得税的税率,边际最高税率由原来的65%降到1987年的58%,1988年降到56.8%;降低了某些产品的增值税,将电信业纳入增值税征收范围,企业对电信服务支出上的税收可以得到扣除。1989年法国税制改革措施包括:降低增值税的最低标准税率;改善企业的环境税收,如把工薪税的税率由5%降到4.5%、降低对企业保险合同的课税等[2]。

(二)我国分税制改革产生的实际影响

分税制改革对传统税制产生的最突出影响,是将税种统一划分为中央税、地方税、中央和地方分享税,并明确规定将维护国家权益、实施宏观调控所必需的税种划为中央税,将与经济发展直接相关的主要税种划为中央与地方共享税,将适合地方征管的税种划为地方税,以充实地方税的税种和增加地方税的收入。由于分税制改革的目的主要是提高中央财政比重,因此在优势税种的配置上,税收比例的划分上更多倾向于中央税或中央与地方共享税。如表13-2所示,原本属于地方税的所得税于2002年改为共享税,并使中央分享的比例逐年提高。

---

[1] 詹卉:《政府间财政关系演变的国际比较与启示》,《江苏经贸职业技术学院学报》2010年第1期。
[2] 财政部税收制度国际比较课题组:《法国税制》,中国财政经济出版社2002年版,第61~62页。

此外,中央分享证券交易印花税的比例快速上升,由 1994 年的 50% 上升至 2002 年的 97%。与此相反,地方税分享的比例逐年减低。

表 13-2　中央与地方收入划分的变化

中央税	设置车辆购置税(2002 年)
地方税	取消农业税和农业特产税(2006 年),取消屠宰税(2006 年),设置烟叶税(2006 年),统一车船税和车船使用牌照税为车船税(2007 年)
共享税	证券交易印花税分享比例由 50∶50(1994 年),变为 80∶20(1997 年)、88∶12(1997 年)、97∶3(2002 年),所得税改为共享税(2002 年),比例由 50∶50(2002 年),变为 60∶40(2003 年)

资料来源:根据我国历年税收调整情况制作。

三、现行税收制度的问题及其改革

我国的分税制按照征收管理权和税款支配权,把税种划分为中央税、地方税和共享税。由于中央税与地方税的税种划分不合理,缺乏规范性和科学性,过多地保留了旧体制的成分,造成了中央税和地方税体系构成的不完善,也造成了中央和地方的收入分配与事权划分的不相宜。具体表现在:(1)中央税和地方税的界限不清。我国现行的中央税与地方税的划分存在多种标准,如同时按企业、行业、部门和课税对象等标准划分。税种划分混乱,不仅不利于税收运作,而且也不利于税收征管。(2)共享税过多,几乎涉及了所有主要税种。从表面上看,只有增值税、资源税、证券交易税是共享税,但实际上企业所得税、个人所得税、城市维护建设税也是共享税。(3)地方税的比重偏小。增值税是目前地方税中比重最高的税种,但这样一个对地方最为重要的税种,在国家总体税收中的份额不到 15%。地方税的税种虽然不少,但大多是地位不太重要的、增长机制比较薄弱的小税种,而且地方税大多税基较窄,征管难度较大,征收成本较高,难以保证地方的财政收入。同时地方政府只有一些征收管理权,没有相应的立法权,这不仅不符合经济发展和税源不平衡的现状,也不利于利用税收杠杆来调控地方经济。这种税收划分格局,虽然提高了中央财政收入的比重,但也使部分税种划分失去了科学性和合理性,导致地方税收体系的不健全,制约了地方财政职能的有效发挥。地方财政收入分享过少和地方财政缺乏主体税种,导致了纵向财力失衡。

现行分税制并没有把事权和支出责任的划分作为改革的重点,因此分税制不是按照与支出责任相适应的原则,而是遵循行政隶属关系下的分级管理原则,形成了层层向上集中的收入分配格局,并使各级政府支出责任与收入能力严重不适应,最终导致基层财政陷入困境。因此,应该在合理划分各项财政职能和各级财政职能的基础上,通过支出责任的适当上移和收入能力的适当下放,构建一个符合公共财政发展要求的税收划分格局。因此,只有不断改革和完善税收制度,才能有效缩小地区之间和居民之间的收入差距,促进经济发展和实现共同富裕。

第十四章
共同富裕的金融制度

习近平总书记在党的二十大报告中指出,要"深化金融体制改革,建设现代中央银行制度,加强和完善现代金融监管,强化金融稳定保障体系"[①]。金融是国民经济的命脉和神经系统,改革和完善金融制度,有利于发挥金融在经济发展中的关键性作用。其中包括,银行等金融机构要采取有力的政策和措施,帮助小微企业解决融资难问题。在提高金融监管能力和水平的同时,充分发挥金融资本在集资、融资和投资等方面的积极作用,以稳定国民经济和促进共同富裕。

第一节 金融体制改革的必要性和重要性

金融改革的目标是建立适应和促进市场经济发展的金融体制,这是改革和完善经济体制的重要组成部分。在由计划经济向市场经济转变的过程中,改革原有高度集中的计划金融体制,使其适应社会主义市场经济和促进共同富裕,成为亟须解决的现实课题。

一、金融制度与经济增长的关系

金融已经成为现代经济的核心,金融体制的改革对于经济转型具有决定性的作用。新古典经济学家基于凯恩斯主义的思想,对新古典经济模型进行了修正,将其应用于金融发展与经济增长关系的研究,形成了现代的"金融发展理论",其中包括金融结构理论、金融深化理论、金融约束理论和信息费用理论等。

第一,金融结构理论是研究金融发展问题的最早和最有影响的理论之一。

---

① 习近平:《高举中国特色社会主义伟大旗帜 为全面建设社会主义现代化国家而团结奋斗——在中国共产党第二十次全国代表大会上的报告》,人民出版社2022年版,第29页。

该理论对金融发展的过程及规律进行了描述和分析,强调了金融发展对经济增长的引致效应。代表人物戈德史密斯(Goldsmith,1969)认为,金融工具和金融机构的出现扩大了金融资产的范围,这对于经济增长的引致效应主要通过两种途径实现:其一,金融工具的出现使储蓄和投资分离为两个相互独立的职能,解决了资金运动中收支不平衡的矛盾。同时,投资选择机会的增加激发了人们从事金融活动的欲望,提高了储蓄和投资的总水平。其二,金融工具和金融机构促使金融资产在社会范围实现了优化配置,提高了整个经济的生产能力。戈德史密斯对金融发展与经济增长的关系进行了总结,他认为:"以第一性和第二性证券构成的金融上层建筑,其加速经济增长和提高经济效益的程度,视其促使资金导向最佳使用者的程度而定,就是说将资金投放于经济体系中能产生最高社会收益的地方。"[①]

第二,金融深化理论是由麦金农(McKinnon,1973)和肖(Shaw,1973)建立的。麦金农提出了金融抑制理论,指出发展中国家普遍存在着金融市场不完全导致的社会资本配置不当,以及人为压低利率降低了居民储蓄率的现象,这导致了经济发展的停滞。肖提出了金融深化的概念,他认为发展中国家的改革应该从金融领域入手,减少人为因素对金融市场的干预,借助市场实现利率、储蓄投资和经济增长的协调发展。他们分析了金融抑制对于金融发展以及经济增长的制约作用,指出发展中国家经济停滞或低速增长的主要原因,就是政府对金融的抑制。只有解除金融抑制,推动金融深化和自由化,才能以金融发展促使经济增长。

第三,金融约束理论是由赫尔曼、默多克和斯蒂格利茨(Hellmanm, Murdock and Stiglitz,1997)为代表的学者提出的。金融约束理论注意到了金融自由化与经济增长之间的不确定关系,提出政府应该对金融体系进行选择性干预,实行控制存贷款利率、限制市场准入和直接竞争管制等"金融约束"政策,通过租金效应和其他激励措施,有效地解决金融市场的信息不对称问题,促进金融体系的逐渐成熟和经济的稳定发展。

第四,信息费用理论(Levine,2004)认为,金融发展主要通过资本积累和技术创新,对经济增长发挥作用。金融系统具有五项职能:(1)投资和资本配置的事前信息;(2)监督投资、向微观主体提供融资和实施公司治理;(3)便利贸易、分散和管理风险;(4)动员和积累储蓄;(5)疏通商品和劳务交易。这五项职能影响着微观主体的储蓄和投资决策,进而影响到经济增长。只有减少金融市场

---

① 戈德史密斯:《金融机构与发展》,中国社会科学出版社1993年版,第366页。

和金融中介的信息费用和交易费用,才能使金融系统得以更好地发挥职能,促进资本积累和技术创新,促进经济的稳步增长。[①]

金融发展理论阐释了金融发展对经济增长的重要作用。一些学者通过实证研究,从不同的经济层面验证了金融发展与经济增长的关系。从总体上看,金融体系的有效运行促进了经济资源的优化配置,提高了经济的运行效率。这说明各国在经济改革中,通过金融改革来完善金融制度的必要性和重要性。我国在经济体制改革与转型过程中,同样将金融体制的改革与转型放到了重要位置,也是看到了金融发展对经济增长和共同富裕的决定性作用。

二、中国金融体制的演变过程

改革开放之前,我国"大一统"的计划金融体制与当时的计划经济是相容的。但在经济体制由计划经济向市场经济转轨以后,必须对原有的一元化、单调化和简单化的金融体制进行深入的改革,使其向着多元化、新型化和综合化的方向发展,更好地发挥经济命脉的积极作用。

(一) 改革开放前我国金融体制的特征

改革开放之前,我国金融体制具有一元化、单调化和简单化的"大一统"特征,这与高度集中的计划经济体制是相容和协调的。因为:(1) 计划经济需要公有银行统一配置资金,银行的所有制必然表现为一元化;(2) 对于直接的资金配置来说,金融工具的多元化是没有必要的,金融资产必然表现为单调化;(3) 银行的货币供给和信贷规模完全由计划安排,管理模式和运行机制必然简单化。金融体制"大一统"的特征表现在以下几个方面。

第一,一元化和单调化的金融体制。在计划金融体制形成初期,即"三年恢复"时期,我国还存在着银行、保险和信托等多种类型的金融机构。在"一五"期间,中国的信托业基本消失,到了"大跃进"和"文化大革命"时期,保险业也逐步消失。到改革开放之前,中国的金融机构只剩下单一的银行业,而且基本业务被中国人民银行包揽。在改革开放前,我国股权性质的金融资产已经基本消失,只剩下债权资产。在债权性质的资产中,最初还存在一些非银行信贷资产,例如,中央政府发行的公债,1958年后这类资产也逐渐消失。这样,金融资产只存在

---

① Levine, R. (2004), *Denying Foreign Bank Entry: Implications for Bank Interest Margins*, in Bank Market Structure and Monetary Policy, Eds: Luis Antonio Ahumada and J. Rodrigo Fuents, Santiago, Chile: Banco Central de Chile, pp.271-292.

银行发行的债权资产。随着金融机构的一元化和金融工具的单调化,市场机制在资产配置与调节领域中的作用逐渐消失,取而代之的是国家计划的全面干预。银行体系内部采用行政管理的方法,货币供给和信贷规模完全由中央政府根据计划安排,然后进行指标分解、层层下达。同级银行之间几乎不能进行横向的资金融通。此外,我国银行很少与国外(国际)金融机构发生业务往来。

第二,信贷计划决定的运行框架。计划经济时代,银行的运行框架是中国人民银行总行,根据全国经济发展的需要确定信贷计划和现金计划,然后将各项指标分解并下达给各分支银行,各分支银行必须严格执行分配的贷款额度。各级银行按照"物资保证"的原则,将贷款发放给需要购买生产要素的企业,借款企业支付购货款后,这部分资金就转化为销售企业的存款。同时,企业生产资料的供给和产品的销售都是由国家统一安排,因而企业之间不能发生信用关系,信用高度集中在国家银行。银行贷款增长与销售企业存款增长相对应,由贷款创造的货币消失了。这个时期,国家财政在储蓄和投资方面都处于主导地位,银行部门实质上只是充当了出纳的角色。

第三,服从命令的运作方式。在信贷计划决定贷款投放和货币发行的基础上,中国人民银行将全部贷款下达给各个分支银行,而所有存款又是中国人民银行总行估计,并要求各个分支银行组织吸收的。各分支银行的贷款和存款没有对应关系,所有分支银行的存款都要上缴总行,所有贷款都要由总行统一核准划拨。银行没有独立的经济利益,各分支银行按总行的指令行事,银行体系在组织结构上表现为行政的等级制度。

第四,简单直接的货币传导机制。在高度集中的计划经济体制下,货币的传导过程相当明确和直接。各分行按照信贷计划发放贷款并且吸收存款,货币供给只是实现商品的交换,不直接影响生产的扩张和收缩。因为决定生产规模的是国家的经济计划,货币只是实现经济计划的手段。货币供给支撑的需求不会超过计划要求企业提供的商品,总需求与总供给保持着同样的规模,因而不存在市场机制及其调节作用。

(二)我国金融体制改革的必然要求

计划经济决定了"大一统"的金融体制,在市场化改革条件下,金融体制打破高度集中的格局是必然的。市场经济需要一个能够高效配置金融资源的新体制,我国金融体制改革的必然要求表现在以下几个方面:

第一,经济体制改革要求金融体制改革。改革开放的重要内容就是经济体制改革,经济体制改革渗透到了国民经济的各个领域。改革的重要结果就是经济活动的金融化程度不断提高,国民收入分配格局也出现巨大调整。经济的快速发展对资金的需求持续增加,因此亟须设立一个专门履行货币政策和宏观调控功能的中央银行,并且打破原有中国人民银行"大一统"的格局,实现金融机构的多元化,以适应市场经济下多种经济成分共同发展的需要。

第二,经济快速发展要求改革金融体制。资金不足是长期制约我国经济发展的重要因素。金融体制对经济的促进作用,不仅体现在提供一定规模的资金上,而且体现在资金的优化配置上,从而促进生产效率的提高。随着经济体制改革的深入与经济的快速发展,金融改革在整个经济改革中的必要性和重要性日益突出。只有加快金融体制改革,才能使金融促进经济的作用充分发挥出来,使金融真正成为经济发展的命脉。

第三,经济全球化趋势要求金融体制改革。经济全球化的发展要求各个国家和地区放松金融管制、开放金融业务、放开资本项目,使资本能够在世界范围内自由流动,实现金融的全球化。中国经济要融入世界经济体系,并在全球化的过程中受益,就要不断扩大经济对外开放的程度,这就需要推进金融体制改革的深化,其中包括提高金融市场的开放程度、风险防范和竞争实力等。

第四,金融是国家重要的核心竞争力之一,要守住不发生系统性金融风险的底线。习近平总书记在党的十九大报告中明确提出:"深化金融体制改革,增强金融服务实体经济能力,提高直接融资比重,促进多层次资本市场健康发展。……健全金融监管体系,守住不发生系统性金融风险的底线。"[①]这就是习近平新时代中国特色社会主义思想对金融领域的根本要求,是金融发展一般规律与我国金融改革实践相结合的科学部署,因而是遵循金融规律和做好金融工作的根本遵循。因此,只有不断深化金融体制改革,使其与经济发展的市场化和国际化相适应,才能使金融在国民经济中的关键作用和杠杆作用充分发挥出来。

第二节 金融体制改革的主要变化

我国金融体制经过四十多年的改革历程,在金融机构、金融市场和金融管理

[①] 习近平:《决胜全面建成小康社会 夺取新时代中国特色社会主义伟大胜利——在中国共产党第十九次全国代表大会上的报告》,人民出版社 2017 年版,第 34 页。

方面取得了重大的成就,一个适应社会主义市场经济的金融体制基本形成,并通过深化改革得到不断的巩固和完善。回顾改革开放取得的伟大成就,将使我们树立信心和明确方向,把金融体制的改革不断推向深入。

一、金融机构：从单一机构到多元化体系

改革开放以后,我国金融机构的建立与完善,可以划分为两个历史阶段。

第一阶段：1979—1993年,金融机构初步构建。在这一阶段,中国人民银行完成了职能的根本转变,成为履行中央银行职能的发行银行。四大国有商业银行得到恢复或者建立,投资信托等类型的金融机构逐步形成,农村信用合作社和城市信用合作社得到发展,提出了外资、侨资和合资在特区建立银行,以及外资银行在华设立分支机构的问题等。打破了计划金融体制下"大一统"的格局,初步建成了中国人民银行领导下,国有银行体系为主导,银行与证券公司、保险公司、信托投资公司等非银行机构并存的多元化金融机构。

第二阶段：自1994年以来,金融机构不断完善。为了解决困扰专业银行的重点建设、外贸进口和支持农业三个重点领域的资金问题,国家成立了国家开发银行、中国进出口银行和中国农业发展银行,使金融体制改革进入了一个全新的阶段。金融机构改革的基本目标,就是要形成以市场为基础的商业化运作体系。随着改革开放的深化,金融机构的构架相比之前出现了显著的变化。经过四十多年的改革与发展,我国金融机构已经从"大一统"的中国人民银行体系,逐渐演化为以中国人民银行为中央银行,以国有商业银行为主体,股份制商业银行、非银行金融机构和外资银行等并存的多元化金融体系。

二、金融市场：从融资补充到资金运行

金融市场包括短期的货币市场和长期的资本市场,是整个市场体系的核心,其基本功能就是通过金融资产的优化配置,实现整个经济资源的合理配置。在传统的计划经济体制下,金融市场是无法存在和发挥作用的。1985年9月,《中共中央关于国民经济和社会发展第七个五年计划的建议》提出,在中国人民银行的指导和管理下,积极运用多种金融工具发展资金横向的融通,建立资金市场。就此,中国金融市场的建立与发展拉开了序幕。经过四十多年的改革和发展,中国金融市场已经从融资补充发展成为资金融通和运行的大舞台,对推动市场经济的繁荣起着不可替代的重要作用。

货币市场是指融资期限在一年以下的金融工具市场，一般包括同业拆借市场、票据市场、外汇市场、债券回购市场，以及货币基金市场等。中国的货币市场主要是金融机构之间的融资市场，是中央银行货币政策传导的重要环节。改革开放以来，金融市场经历了从无到有，从小到大，从无序到规范的发展历程。我国货币市场改革，也是从金融机构自发的拆借交易开始的。随着金融监管当局管理的逐步加强，货币市场与工具种类逐渐增加，市场规模不断扩大，呈现出巨大的生机与活力。因此，货币市场在资金融通中的作用也越来越重要。

资本市场是指融资期限在一年以上的金融交易市场。资本市场主要由债券市场、股票市场和投资基金市场等构成。改革开放之前，资本市场被认为是一种"剥削"方式而被完全取缔。1981年，国债的恢复发行标志着资本市场的重新建立与发展。在金融体制改革初期，即1981年到1990年，由于改革的中心在于银行体系，资本市场没有得到应有的重视。1990年，随着上海证券交易所和深圳证券交易所的建立，我国真正形成了债券和股票交易的二级市场，中国资本市场也进入了发展的快车道。之后，中国资本市场在市场规模、设施建设、监管构架等方面都不断实现着突破。目前，已经初步建立了工具多元、监管到位、制度完善的竞争市场，成为企业和机构融资的重要方式。

三、金融运行：从政府主导到价格调节

改革开放之前，利率是一种适应计划经济的行政手段，主要表现为利率种类少、利率水平低和利率结构不合理。因此，对于利率制度改革的基本要求就是提高利率水平、改善利率结构和改革利率管理，即进行利率的市场化改革。市场化改革的最终目标，是建立和完善以中央银行利率为基础，以货币市场为中介，由资金供求决定利率水平的体系和机制。1979年以来，我国建立了中央银行的基准利率，开通了同业拆借中心的一级网络，放宽了商业银行和其他金融机构贷款利率的浮动范围。随着对利率管制的放松，金融机构的自主权逐渐增强，目前已经初步形成了市场化的利率机制，使利率水平和利率结构趋向合理，利率的杠杆作用逐步发挥出来。

在计划经济体制下，国家对于外汇实行"集中管理，统一经营"的管理方式，汇率也由国家计划定价。因此，对于汇率形成机制的改革主要是放弃行政性直接管制，建立汇率的市场形成机制。汇率形成机制的改革是从20世纪80年代开始的，主要目标是将汇率由计划核算的工具转变为调节国际收支的手段。经

过四十多年来的改革,人民币经常项目下的自由兑换已经实现,资本项目下的部分外汇也可自由兑换。我国开始实行以市场为基础,参考一篮子货币进行调节,有管理的浮动汇率制度,因而满足了经常项目下的用汇要求。

四、金融管理：货币政策与调控方式

在金融体制改革过程中,中国人民银行成为履行制定、调整和执行货币政策,维护金融市场稳定和提供金融服务的中央银行。中国人民银行贯彻货币政策和对金融市场的宏观调控,是通过调节利率和汇率来实现的。近年来,中国人民银行加强了利率工具的应用,这体现在利率调整更加频繁,调控方式更为灵活,调控机制更加完善。随着利率市场化改革的推进,利率政策也逐步从直接调控向间接调控发展。利率政策在宏观调控中的作用越来越重要。与此同时,汇率的市场化改革也被启动,并且取得了阶段性的成果。目前已经初步完成了从国家对外汇的垄断经营和直接管理,到计划管理与市场调节相结合的管理方式转变,继而向完全市场化的汇率形成机制转变。

在高度集中的计划金融体制下,金融监管主要是中国人民银行内部上级银行对下级银行,通过统一的信贷计划、现金计划进行管理。中国人民银行既履行中央银行的职责,又经办商业银行的业务。金融体制改革的目标就是要使中国人民银行作为中央银行的职能更加专业化,分离其金融监管的职能。1992年10月,国务院成立了中国证券管理委员会,专门负责对证券业的监管。1998年,国务院证券管理委员会撤销,其职能并入中国证监会。至此,中国证监会开始对全国证券期货市场执行集中统一的监督管理。1998年11月,中国保险监督管理委员会成立,执行中国保险业的监管职能。2003年4月,中国银行业监督管理委员会成立,承担了对银行、金融资产公司、信托公司,以及其他存款类金融机构的监管职能。"一行三会"金融监管体系的形成,标志着我国"分业经营、分业管理"改革目标的基本实现。2017年11月8日,党中央、国务院批准成立了国务院金融稳定发展委员会(以下简称金稳委),金稳委的主要任务是统筹协调金融稳定和改革发展重大问题。2018年3月13日,银监会和保监会根据国务院发布的机构改革方案进行合并,并且成为国务院直属事业单位,组建中国银行保险监督管理委员会(以下简称银保监会),统一监管银行业和保险业。2023年5月18日,运行五年的中国银保监会结束了历史使命,正式更名为国家金融监督管理总局。我国金融监管体系也从"一行两会"转变为"一行一局一会"的新格局,新一轮金融监管机构的改革迈出了重要一步。

随着社会主义市场经济体制的建立和完善,以及金融体制改革的逐步深化,金融调控方式逐步由行政手段为主体的直接调控,转化为以经济手段和法律手段为主体的间接调控,标志着金融改革已经取得了阶段性的成功。

第三节　金融体制存在的主要问题

在过去的四十多年里,我国金融体制改革和创新取得了举世瞩目的成就,但是距离成熟市场经济所要求的金融体制还有较大差距,在金融机构体系、利率市场化和金融监管方面还存在诸多问题,特别是如何防范和化解金融危机等,因此金融体制的改革依然任重道远。

一、银行体系存在的问题

中央银行的体制改革是金融体制改革的发端和重点领域。从 20 世纪 80 年代开始,一系列的改革措施确立了中国人民银行作为中央银行的地位,它已经初步具备了制定和实施货币政策,进行金融宏观调控的功能。但是,中央银行的体制还存在很多突出的问题,主要表现在以下几个方面:(1)中央银行的独立性依然不够。中国人民银行作为政府的一个附属机构不能独立地履行职责,在货币政策的实施方面难以遵循货币运动的客观规律,确保货币政策的连续性和有效性。(2)中央银行的金融监管职能剥离不彻底。中央银行目前履行的金融监管职能,包括与货币政策有关的合规性监管、防范和化解金融风险、对金融市场的监管和反洗钱等方面。(3)中央银行的宏观调控方式需要改善。中央银行现在的调控方式,仍带有很强的计划性和行政干预性,不仅利率尚未实现市场化,还强制实行有管理的浮动汇率与结售汇制度,对商业银行的干预过于直接和深入。

国有商业银行是金融体系最重要的组成部分,其改革也是金融体制改革的核心。对于国有商业银行改革的重要举措就是股份制,但是目前改革所取得的成效是初步的和阶段性的。主要存在以下问题:(1)产权不明晰,所有者缺位。国有商业银行依然未能实现政企的完全分开,没有成为真正的金融企业、法人实体和竞争主体。(2)资本不足严重削弱了银行消化贷款损失的能力。国有商业银行普遍自有资金不足,不良资产率过高。根据《巴塞尔协议》的规定,大部分国有银行在资本充足率和核心资本充足率方面未达标。(3)政府干预过多。对国有商业银行来说,政府既充当出资者又充当监管者,对银行的金融业务实行严格的管制,国有商业银行现在仍然办理诸如特定贷款之类的政策性业务。

政策性银行是扶持和促进国家重点发展领域的依靠力量。随着金融体制改革的不断深入,政策性银行仍然存在很多亟须解决的问题,主要表现在以下几个方面:(1)职能定位不清。政策性银行的利润目标与承担的国家利益目标并不一致,有时甚至是相悖的,这导致了对一些公共性和准公共性领域、贫困地区与中小企业的信贷投入规模明显不足,资金过度集中于营利性行业,没有发挥出政策性银行最大的经济社会效能。(2)资金来源没有保障,限制了政策性融资作用的发挥。目前,政策性银行的主要资金来源是发行政策性金融债券,这导致了资金的不足以及贷款利率无法下降。(3)内部经营机制不健全,资产质量不高,潜在风险较大。政策性银行的贷款投向与资金有偿使用之间相互矛盾,导致了银行内部管理机制的不健全,由此形成了潜在的经营风险。(4)经营规模过大。目前,政策性银行的经营范围已经超出了规定的范围,造成了国家财政支撑不足与银行自身风险的增大。同时,资本金和坏账准备金的不足和低成本资金来源的缺少,使政策性银行发展的基础变得十分薄弱。(5)缺少依法合规经营的制度保证。到目前为止,我国还没有一部针对政策性银行业务的专门法律,监督管理的法律依据不足,使政策性银行的自身发展以及部分经营活动受到了限制。

二、非银行机构存在的问题

改革开放以来,我国的证券业经历了从无到有、从小到大的发展历程,已经成为一支不可或缺的金融力量,对企业的直接投资发挥了重要作用。目前,证券业还存在以下突出问题,需要认真研究并加以解决。(1)资金规模小,资产结构不合理。证券公司的自有资金规模相对较小,并且近年来资本扩张速度有所放慢,因此难以和国际性证券公司抗衡,也难以应对整个行业不景气的局面。许多证券公司的高风险资产超过80%,远远高于国外成熟证券公司10%左右的比重。(2)违规经营现象比较普遍。在诸多外部因素和内部因素的共同作用之下,证券公司存在着挪用客户保险金、违规委托理财业务、非法融资融券和违规自营业务等不良现象。

随着证券投资基金的迅速发展,它在金融市场中的地位显著上升,已经成为市场中一项常规性的金融工具。证券投资基金存在的问题主要是基金治理结构有缺陷,表现在以下几个方面:(1)基金治理构架存在缺陷。现有的基金治理架构中缺少持有人利益的实际载体,通常直接由发起人代表持有人的利益。由于发起人本身缺乏独立性,因此很难真正代表持有人的利益。(2)基金托管人的独立性问题。由于托管人由基金管理者(通常也是基金的发起者)选定,由于市场竞争激烈,因此托管者的独立性遇到很大的挑战。在实务环节上托管人对管理人的自主交易行为无法监督。(3)基金经理没有受到有效的约束。由于管理制度不严,基金管理人损害基金持有人利益的现象时有发生。

中国保险业被认为是世界上最后一个潜在的保险市场。加入世贸组织以后,保险业面临着外资保险公司和金融控股公司激烈的竞争压力,需要在很多方面进行改善,迅速提升自身的竞争实力。我国保险业存在的主要问题包括:(1)保险偿付能力不足。保险业在市场利率较高的时期,采取了粗放型的扩展战略,签发了大量高收益的寿险保单。一旦保费收入发生逆转或者出现其他市场诱因,保险公司的偿付能力必将发生严重危机。(2)投资渠道狭窄与投资能力欠缺。保险业的投资能力总体上较为薄弱,体现在投资的收益率较低与投资渠道单一等方面,因而难以支撑保险业的持续稳定发展。(3)内部投资风险控制与外部监管欠缺。这主要表现在保险基金投资风险管理工具使用不足、风险管理理念与制度落后,以及外部监管水平较低等方面。(4)风险管理能力不足。主要表现在风险管理理念没有被融入管理当中,往往偏重显性风险管理,而对隐性风险管理重视不够,注重内生风险管理而忽视外生风险管理,未能形成有效的风险管理系统,并且风险管理决策缺乏事实依据。

三、利率市场化存在的问题

在改革进程中,利率市场化是金融体制改革的重要体现。所谓"利率市场化",就是使中央银行运用货币政策工具调控市场利率,进而影响金融机构的存贷款利率,替代之前统一规定金融机构的存贷款利率的做法。目前,利率市场化改革虽然取得很大进步,但是仍然存在以下问题需要解决:

第一,存款利率基本没有放开。存款利率是利率市场化的核心,目前存款利率基本没有放开。利率形成机制依然保持了行政化色彩,利率管理体制的计划性特点,降低了整个金融体系的综合效率。

第二,贷款利率尚未完全市场化。贷款利率已经实现了下限管理,上限基本放开。但是离商业银行自主决定贷款利率还有一定差距。在债券市场上,利率浮动区间不大,并非完全由市场决定。票据贴现利率、转贴现利率采用再贴现利率加点生成,带有明显的非市场化因素。

第三,利率浮动区间还不大。目前,存贷款和本外币的利率虽然实现了区间浮动,但是整个浮动区间和幅度仍然不大。国家还控制着存款利率的上限和贷款利率的下限。只有进一步扩大浮动区间,才能充分发挥利率的杠杆作用。

四、金融监管机制存在的问题

随着金融改革的深入,监管的专业化和监管力度在不断加强,但是由于只注重外部监管,没有建立和完善内控机制,因此金融监管体制还存在诸多问题需要加以解决。

第一,金融监管立法滞后,法律、法规的框架不完善。当前中央银行金融监管条例、银行业稽核法、外汇管理法、信托法和租赁法等法规还不配套。金融监管中有法不依、执法不严、违法不究的现象还很普遍。监管过程中发现的违规机构和人员,很多没有依法严肃处理。

第二,金融监管理念陈旧、监管方式和手段落后。我国当前的金融监管从理念和方式上都有直接行政性管理的色彩。监管理念停留在政府管制和保护阶段,金融机构间的不协调与监管效率低下的情况还很突出。目前,金融监管主要依靠手工操作,信息是通过现场收集和机构填表上报两条渠道获得,手段的落后导致了信息的严重滞后。

第三,金融监管机构之间协调不够,监管效率低。金融监管机构之间的协调是影响监管效率的重要因素。我国采取分业监管的模式,而监管部门的职责缺乏严格的界定,在实际监管过程中缺乏协调配合。政策措施相互重叠和抵触的现象时有发生,重复监督和检查的现象比较常见。

第四,监管人员素质有待提高。金融监管机构业务水平的提高还要依靠具有现代金融监管理论,熟悉金融业务和相关法律,了解金融监管国际惯例等知识的高素质人才。实践表明,金融人才的管理水平直接决定了金融业的发展状况,而我国在金融人才方面,还存在明显的缺陷和不足,亟须加以补充和提高。

第四节　金融体制改革的不断深化

习近平总书记在党的二十大报告中提出:"深化金融体制改革,建立现代中央银行制度,加强和完善现代金融监管,强化金融稳定保障体系,依法将各类金融活动全部纳入监管,守住不发生系统性风险底线。"①金融体制改革所取得的成功是阶段性的,在金融机构体系、市场体系和监管体系方面还存在诸多问题。随着改革的深入和外界环境的变化,一些新的问题不断浮现出来,需要推进金融体制改革来解决。

一、银行体系的深化改革

针对中央银行体制存在的问题,深化改革的重点应该放在增强中央银行的独立性和改善金融宏观调控方式上。首先,要进一步强化中央银行执行货币政策的独立性。币值的稳定与中央银行货币政策的独立性密切相关,西方国家大多从体制上或法律上维护中央银行的独立性,中央银行可以随时根据经济环境收紧或放松银根,提供适当的货币增长率。因此在下一步的改革中,要明确政府和中央银行的关系,减少货币政策制定和执行中政府的干预因素。其次,改善中央银行宏观调控的手段和方式。中央银行要更多地应用法定准备金率、再贴现率和公开市场业务三种工具以及利率、汇率等手段,通过市场间接地调控宏观经济。由于间接的调控方式对于市场条件要求较高,因此需要进一步完善市场机制。

对于商业银行的股份制改革存在的问题,可以通过推动商业银行改制上市并向境外发展,以及组建和完善金融控股公司等手段来解决。首先,上市增加了商业银行的外部约束,商业银行不再只受一两个股东的控制,从而减少了行政干预的可能性;其次,可以通过资本市场筹集资金,从而较快地实现资本的增长,解决商业银行资本不足的问题;最后,银行的综合化经营已经成为国际趋势,综合化要依靠成立金融控股公司来实现,这需要在法律上和监管规则上予以确认。

---

① 习近平:《高举中国特色社会主义伟大旗帜　为全面建设社会主义现代化国家而团结奋斗——在中国共产党第二十次全国代表大会上的报告》,人民出版社 2022 年版,第 29～30 页。

因此，当务之急是制定控股公司法或者金融控股公司法，规范金融控股公司的建立程序和经营管理。

"继国有商业银行改制上市，深化政策性银行体制改革，将成为我国今后一段时期国有银行改革的重点。"[①]为了解决目前政策性银行发展中遇到的问题，需要从以下几个方面深化改革：第一，明确三大政策性银行的地位和作用。正确处理好政策性银行与政府、财政、中央银行和商业银行的关系。针对各行不同的情况，实行"一行一策"，分别制订改革方案。第二，实现政策性银行自身的可持续发展。政策性银行自身的可持续发展是其发挥政策性作用的前提，实现这个目标需要政策性银行以国家信用为保证，确保有稳定的资金来源。第三，建立和完善内部经营机制，化解潜在风险。建立和完善激励约束机制和风险防范机制，以提高政策性银行的资产质量，以及防范和化解风险的能力。第四，建立和健全各种政策性金融体系。分阶段有计划地建立包括存款保险体系、农业保险体系、住房金融体系、中小企业融资体系等在内的政策性金融体系。第五，加快政策性银行的立法进程。尽快颁布政策性银行的法律法规，以及针对政策性银行的法律制度。

二、非银行机构的深化改革

对于证券业的改革，要重点抓好以下几个环节：第一，合理的确定政府和市场的边界。证券业全行业亏损表面上是证券公司治理机制失效和外部监控机制的不完善，实际上是政府在市场经济发展过程中错误定位导致的。政府在证券市场的运行中具有"双重身份"，过度干预和行政化操作侵蚀了市场。这可以通过健全证券公司的退出机制并减少隐含担保，以及产权制度重建来解决。第二，实现证券公司的股份多元化。这样可以减少政府干预，增强外部约束，提高机构效率。第三，完善证券公司的法人治理结构，加强风险控制。在完善法人治理结构方面可以借鉴英美国家的经验，加大独立董事的比重，建立完善长期激励机制，在治理结构中加强对风险的管理。要处理好发展与风险控制之间的关系，建立完善风险规避机制。第四，完善投资人保护机制。通过证券公司定期缴纳的方式集中一部分资金，逐步实现更加市场化的运作，形成证券业的自我管理机制，保护中小投资者的利益。最后是推动有条件的证券公司上市。一方面使证券公司获得更多资金，另一方面受到更多外部约束，以完善治理结构。

---

① 朱元樑：《对深化我国政策性银行体制改革的几点认识》，《中国金融》2008年第17期。

对于我国保险公司普遍存在的偿付能力不足的问题,除了保险公司本身采取措施提高偿付能力外,监管当局必须建立偿付能力的监管体系,防止保险业的宏观金融风险。为了控制保险公司的风险,维护市场稳定,各国保险监管当局都会对保险公司的投资进行不同程度的限制,而且是比较具体的品种限制和数量限制。这种监管方法已经不能适应瞬息万变的市场环境,也降低了保险公司的收益率,因此有必要用谨慎的监管原则替代原有的严格而简单的限制。谨慎监管原则更加强调保险资金的分散化,要求保险公司及其投资托管人谨慎的选择一个最能分散风险的投资组合,更注重对动态风险的控制。在加强内部监管的同时,要提高保险公司的投资风险控制。除了积极应用资产负债管理和金融衍生品等工具外,还要转变风险管理理念,确立风险管理制度。主要的措施包括树立正确的投资理念,完善保险投资的组织结构,制定各项资金投向的风险控制策略等。

对于证券投资基金目前存在的问题,应该采取以下措施:第一,加强基金监管与行业自律。由于共同基金具有很强的技术性和专业性,因此,应该通过建立行业协会,形成自我协调、自我平衡的制约机制,作为监管体制的有效补充。第二,发挥独立董事的作用。引入独立董事制度,赋予独立董事保护投资者利益的特殊监督责任,这样可以有效地弥补契约型基金利益主体缺位的不足。第三,允许基金公司在一定条件下获得银行的短期流动性。银行在基金短期流动性困难时予以支持,可以使基金避免被迫出售股票,以强化市场的稳定性。这在风险控制技术和监管上都是可行的。

三、利率市场化的深化改革

利率市场化的成败直接影响金融体制改革的效果。利率市场化改革的目标是建立以中央银行利率为基础、以货币市场利率为中介、由市场供求决定利率水平的市场体系和利率形成机制。我国的利率市场化改革远没有达到这个预设的目标,这将是下一步金融体制改革的重点,改革的具体措施包括以下几个方面:

第一,放开存款利率,让市场供求决定其价格。银行的存款利率是利率体系的基础,目前我国银行特别是商业银行的存款利率还没有实现市场化。对于下一步推进银行存款市场化来说,首先放开大额存单利率,同时在条件成熟的时候允许商业银行存款利率向下浮动。中国人民银行统一制定和管理存款利率上限,最终实现存款利率的完全市场化。

第二,放开贷款利率,让市场供求决定其价格。在利率市场化的改革中,银行贷款利率的市场化已经取得很大进展,在深化改革中,还要进一步放开。首先要继续扩大贷款利率的浮动幅度,其次扩大基层金融机构在利率决策方面的自主权,最终实现商业银行贷款利率的市场化。

第三,扩大利率浮动空间。目前,我国金融机构本外币利率的浮动幅度相比之前已经扩大了,但是还没有达到充分发挥作用的程度,还需要进一步扩大利率的浮动幅度,逐步放宽存贷利率浮动空间,增加银行利率定价管理的自主权。

四、金融监管体制的深化改革

在中国金融混业经营发展的情况下,目前分业监管的模式需要做出相应的调整,在深化监管体制的过程中应该做好以下几个方面的工作:

第一,加强金融监管立法进程。金融监管的相关法律和法规是监管的依据,但是这方面的立法工作滞后于金融业务的发展。应该尽快出台金融法律法规的细则,增强可操作性。针对金融机构市场退出机制不健全的问题,以法律的形式确定监管的程序和措施,切实保障债权人和出资人的合法权益。

第二,创新金融监管方式,改善金融监管手段。在监管方式方面,要用服务型金融监管代替直接的行政审批;在监管手段方面,要摒弃以计划、行政命令和经济处罚的传统监管手段,向更多地依赖经济手段转变。此外,还要充分利用各种信息化的方法提高监管效率和水平。

第三,加强金融监管机构的协调。首先中央监管部门之间要统筹协调,"一行一局一会"要明确自己的监管主体,努力做好监管监督工作,统筹政策力度和节奏,防止叠加共振。其次中央和地方金融管理要统筹协调,既要保证在宏观视角下进行操作,又要注意不留监管死角。

第四,不断提高金融监管人员的综合素质。一方面可以开展不同形式的培训,另一方面应加强国际交流,使监管人员尽快掌握现代金融监管理论,掌握金融监管的国际通行做法。通过提高金融监管人员的综合素质,达到全面提高金融监管水平的目的。

第十五章

共同富裕的教育制度

习近平总书记在党的二十大报告中指出:"教育是国之大计、党之大计。培养什么人、怎样培养人、为谁培养人是教育的根本问题。"[①]经济发展和共同富裕的关键是发展教育和培养人才。只有培养出更多高素质的高精尖人才,占领高新科技和高新产业的制高点,才能为赶超发达国家和促进共同富裕创造有利条件。因此,要通过提高全体人民的政治思想素养和科学文化素质,使教育在培养人才、加快经济发展和共同富裕中的基础性作用充分发挥出来。

第一节 教育是提高科学文化素质的根本途径

习近平总书记在党的十九大报告中指出:"要全面贯彻党的教育方针,落实立德树人根本任务,发展素质教育,推进教育公平,培养德智体美全面发展的社会主义建设者和接班人。"[②]可见,教育的根本任务是立德树人,实质是要全面提高人的素质,其中包括培养人才、更新知识、提高师资都要依靠教育事业的优先发展,使教育成为经济发展和共同富裕的基本前提和人才基地。

一、教育的宗旨是培养人才

社会主义的根本任务是发展生产力。发展生产力要靠科技进步,科技进步需要培养人才,培养人才亟待发展教育。因此,提高劳动者的政治思想觉悟和科

[①] 习近平:《高举中国特色社会主义伟大旗帜 为全面建设社会主义现代化国家而团结奋斗——在中国共产党第二十次全国代表大会上的报告》,人民出版社2022年版,第34页。

[②] 习近平:《决胜全面建成小康社会 夺取新时代中国特色社会主义伟大胜利——在中国共产党第十九次全国代表大会上的报告》,人民出版社2017年版,第45页。

学文化素养，为社会主义建设培养人才成为教育的宗旨。

第一，要重视培养科学研究人才。高科技代表现代生产力的发展方向。只有在高科技方面有所突破，才能实现生产力的突飞猛进，才能占领科技领域和世界市场的制高点，取得经济发展的主动权。高科技的发展要靠自然科学家和他们的重大发现。没有深厚扎实的基础理论作依托，高科技难以向纵深方向发展。美国之所以成为经济发达国家，成为高科技的策源地，原因之一是重视自然科学家和基础理论研究。虽然中国经济相对落后，但是有了钱学森、华罗庚、钱三强等一批著名科学家，才使我国在短时期内成功研制原子弹、氢弹和人造卫星，才使我国在高科技领域有了立足之地，并促进了经济发展、提高了富裕程度。科学研究人才也包括社会科学家。马克思、恩格斯、列宁、斯大林、毛泽东、邓小平都是伟大的思想家，正是他们的科学理论指导，才使中国的社会主义革命和建设取得伟大成就。相反，我们的失误与不尊重社会科学家及其研究成果是密切联系的。如果20世纪50年代能接受马寅初的人口理论，实行计划生育，就不会造成后来沉重的人口负担；如果20世纪60年代能采纳孙冶方的价值理论，大力发展社会主义市场经济，则定能加快经济发展和现代化建设。可见，社会科学家和社会科学的基础理论对社会主义的发展，同样具有决定性作用。

第二，要重视培养工程技术和科学管理人才。科学研究的目的是发现本质，揭示规律，为发展生产力提供可能性；技术研究的目的是运用科学，发明创造，为发展生产力提供现实性。因此，技术是科学转化为生产力的中介，对经济发展有乘数效应和加速作用。日本虽然在基础理论方面不及美国，但是它注意引进和消化别国的科研成果，大力发展应用科学，结果在工程技术方面赶上和超过美国。过去我们也存在重理论、轻技术；重基础、轻应用；重自研、轻引进的倾向，影响了工程技术发展和生产力提高。因此，我们要更新观念，在重视基础理论研究的同时，大力发展工程技术，建立技术兴邦、技术创业的思想，培养出更多的工程技术人才，加速科技向现实生产力转化。同时，要大力培养管理人才。科学管理是完善工程技术与优化劳动组合的纽带，是提高劳动生产率的可靠保证。如果把工程技术比作"硬件"，科学管理则为"软件"，它们是经济腾飞的双翅、现代化生产的双轨，就必须同步协调发展。据有关专家测算，我国整体的技术水平比发达国家落后大约20年，而管理水平则要落后30年。因此，大力培养经济师、企业家等管理人才，不断提高管理能力，是建设现代化强国的迫切需要。

第三，要重视培养操作技术能手。人才不仅包括科学家、工程师、经济师和企业家，而且包括生产第一线的操作技术能手。随着现代科学技术的发展，电子计算机运用和自动化程度提高，对直接生产者的体力要求减轻了，但对智力的要求更高了，需要他们接受中等以上的教育，掌握较高的科学文化知识和操作技能。许多发展中国家的经验表明，由于直接生产者不具备较高的科学文化素质，大量引进先进技术设备也难以取得理想的经济效益。因此，在普及义务教育，加强中等和高等教育的同时，大力发展职业技术教育和成人教育，提高直接生产者的科学文化素质，培养更多的操作技术能手是一项紧迫而艰巨的任务。

二、再教育的任务是更新知识

提高劳动者的科学文化素养，既要通过教育传授知识，又要通过再教育更新知识。有人认为，一个大学生在校学习只能获得所需知识的 10%，绝大部分知识要通过工作实践和再教育获得。在科技迅猛发展的今天，如不更新知识，人才也会退化为庸才。知识是人类的理性认识和改造世界的力量源泉，因而人们对知识的追求是无止境的。教育实现了知识的外延扩大再生产，又通过培养人才促进知识的内涵扩大再生产。因此，教育是经济的。它不仅节约了再生产知识的时间，而且通过提高劳动者的科学文化素质，促进了生产力发展。科技是物质生产的动因力量，教育则是人才生产的动因力量，因而两者都是第一生产力。随着生产力发展和科技进步，人类进入了"知识爆炸"时代，知识总量翻番的周期不断缩短，这是科技发展的产物，也是科技发展的需要。"知识爆炸"显示出科技进步的方向和轨迹，释放出高速发展生产力的巨大能量。

科技进步要求劳动者不断更新知识。首先，科学家要更新知识。由于现代科学使分门别类的研究日臻完善，科学家只有不断接受新知识，开拓新的研究领域，综合运用多门学科知识，才能在整体和深层次上有新发现，才会在边缘学科、交叉学科与中间学科上有新建树。其次，工程技术人员要更新知识。现代工程技术都是多门科学和多种技术综合运用的结晶。特别是人工智能、光电子、超导材料、生物工程、宇航和海洋开发等尖端技术，都必须大量吸收前人和外国人的研究成果，掌握最新的信息资料和技术手段，才会有新突破和新创造。新科学原理从发现到运用间隔时间缩短的趋势，迫使工程技术人员加速更新知识。再次，各级管理人员要更新知识。现代科学管理要求综合运用自然科学和社会科学的各种知识。管理者只有不断更新知识，才会掌握高度综合的科学和技术，对复杂的系统工程做出合乎规律的决策,使管理与现代化生产相适应。最后,直接生产者也要更新知识。生产者要不断提高科学文化素质,学会运用现代化技术设备,才能在激烈的竞争中立于不败之地,在技术升级、设备更新和行业转换中具有应变能力。

"知识爆炸"更需要劳动者提高接受新知识的能力,因而对再教育提出了更高的要求:(1)重视基础知识。虽然新知识层出不穷,但是各学科的基础知识是相对稳定的。只有牢固掌握基础知识,才能更好地接受新知识。(2)学会运用现代化的技术手段。随着科技进步,电脑已部分地代替人脑,特别在接受和贮藏信息的能量上远远超过人脑。因此,掌握电子计算机、互联网和人工智能等先进的技术手段,就能大大提高接受新知识的效率。(3)掌握科学的思维方法。由于电子计算机能把人脑部分地从接受和贮存信息方面解放出来,从而使人脑可以侧重发挥其在想象和创新方面的功能,因此,再教育不仅要学到新知识,更要学会科学的思维方法,提高创造性思维的能力。(4)学会运用新知识。新知识无穷无尽,如果没有明确的学习目的,就难以抓住中心。因此,必须从实际出发,有针对性地接受新知识,提高运用新知识的能力,使知识成为改造世界的强大物质力量。

三、办好教育的关键是提高教师的素质

无论是培养人才,还是更新知识,都要发展教育,因而学校成为再生产知识和人才的"工厂",教师成为开发智力和提高素质的"工程师"。教师不懂的东西无法教会学生,教师的知识、智力和师能决定和制约着教学的内容、质量和效果。要提高全体劳动者的素质,先要提高全体教师的素质。因此,办好教育的关键在教师。随着科技进步和现代化教育发展,对教师的素质提出了更高的要求。

第一,要提高教师的知识素质。这就要求教师不断学习新知识,优化知识结构。其中包括:(1)巩固基础知识。只有基础知识扎实,才能举一反三,触类旁通。科技越发展,知识总量越大,增长速度越快,牢固掌握基础知识越重要。教师的基础知识扎实,才能给学生打下坚实的知识基础,为他们向高深发展创造条件。(2)深化专业知识。教师要刻苦研究专业知识,通晓它的历史和现状,并能预测未来。只有不断深化专业知识,才能站在学科的前沿,用最新的科研成果丰富教学内容,培养出高水平的学生来。(3)丰富新学科知识。由于现代科技使

自然科学、社会科学和工程技术融为一体,这就要求教师不断拓宽知识面,掌握跨学科的本领。教师做到文理相通,才能给予学生多方位、多角度和多层次的启发引导,使教学更具主动性、灵活性和适应性。

第二,要提高教师的智力素质。智力是接受知识的能力,也是改进师能的基础。其中包括:(1)观察力。提高教师的观察力,一方面有助于接受新知识、新理论,把握科技发展的进程;另一方面有利于了解学生的特点和个性,做到因材施教。观察力的提高要靠知识和经验的积累。(2)记忆力。科研和教学都要有知识的储备,这就需要有好的记忆能力。只有掌握记忆规律,形成敏捷、准确和持久的记忆,才能获得更多信息和知识,提高科研能力和教学水平。(3)想象力。创造离不开想象。正如爱因斯坦所说,"想象力是科学研究的实在因素"[1],因此,教师只有把丰富的想象与抽象思维结合起来,才能深化科学研究,并通过教学促进学生的创造性思维。(4)思维能力。教师要具备分析和综合的抽象思维能力。要掌握用多条思路分析问题,设想多种途径解决问题的多维思考方式。教师具有科学的思维方法,才能对学生进行思维训练,培养学生多方位、多角度认识事物和解决问题的能力。

第三,要提高教师的师能素质。教师不仅要有丰富的知识和较高的智力,而且还应具备传授知识的职业技能——师能。其中包括:(1)表达能力。教师的口头表达要准确、简洁、通俗,富有感染力。文字表达要清楚、概括,具有逻辑性。还要会用绘画、图示、表格等形式辅助,以增强表达效果。(2)指导能力。教师不仅要传授知识,而且要激发学生的求知欲和进取心,教会他们学习方法,提高他们获取知识的能力,使教师成为"一位交换意见的参加者,一位帮助发现矛盾论点而不是拿出现成真理的人"[2]。(3)应变能力。在实际教学中,常会出现预料不到的特殊情况,教师要具有沉着果断,善抓时机,因势利导,化繁复为简明的应变能力。(4)教研能力。教师要善于调查研究,总结经验,摸索规律,发现和创造出新的教学方法,并能上升到教学理论,用于指导教学实践。

可见,知识、智力和师能是密切联系,相辅相成的。知识会促进智力发展,知识和智力的结合会促进师能提高,而三者都要求提高教师的科学文化素质,都需要通过教育和再教育得到发展和完善。因此,办好师范院校就显得特别重要。

---

[1] 《爱因斯坦文集》第 1 卷,商务印书馆 1976 年版,第 284 页。
[2] 埃德加·富尔:《学会生存》,上海译文出版社 1979 年版,第 18~19 页。

共同富裕的经济规律及其制度

第二节 经济与教育的内在联系和相互关系

新中国成立七十多年来,经济建设取得了显著成就,教育事业也有了长足进步。这里的重要原因是社会主义制度的建立和完善,对经济和教育的发展起到巨大推动作用,特别是四十多年的改革开放又加速了它们的协调发展。在社会主义市场经济中,在正确认识生产力、生产关系、经济基础与教育内在联系的基础上,全面促进经济与教育的协调发展,以推进现代化建设和全民的共同富裕。

一、生产力与教育

生产力是经济发展的物质内容,生产力中的劳动者是教育的主要对象。因此,研究经济与教育的内在联系和相互作用,必须从发展生产力开始。

社会主义的根本任务是发展生产力。发展生产力包括解放和提高生产力两个方面。社会主义不仅是解放生产力的产物,而且只有通过提高生产力,才能得到巩固和向更高社会过渡。因此,发展生产力对社会主义始终具有决定性意义。

科学技术是第一生产力。生产力是人与自然之间的物质变换关系,是人们生产使用价值即物质财富的能力。生产力的源泉包括自然力、人力和科学技术力。实践表明,现成自然物的利用和劳动者直接经验的运用,对生产力的促进作用总是有限的,只有科学技术对生产力的促进作用才是无限的。科学技术不仅能提高人的劳动技能,优化劳动组合,而且能用自然力代替人的体力和部分脑力,从而对生产力发展有乘数效应和加速作用,成为生产力中第一位的"动因力量"。

科技和经济发展需要人才。科学技术对生产力的促进作用,一方面表现为生产力的客体要素——生产资料效能提高,另一方面表现为生产力的主体要素——劳动者素质提高。而生产资料效能提高,归根结底是劳动者运用科学技术,创造发明的结果,离不开人的能动作用。因此,通过教育和训练提高全体劳动者素质,培养出更多的科技人才、管理干部和操作能手,是促进经济高质量发展和提高全要素生产率的根本保证。

培养人才要靠教育。世界各国经济力的竞争实质是科技力的竞争,归根结底是人才培养力的竞争。我国不仅人才紧缺,人才培养力不高,而且存在学非所用,用非所长,人才外流等不良现象。因此,我们既要增加教育投资,扩大教育规模,提高受教育程度;又要改革教育体制,调整教育结构,提高教育质量。在教育普及化和多样化的基础上,促进教育的智能化和现代化,为经济发展和科技进步培养更多的有用人才。

办好教育的关键是提高师资。无论是培养人才还是更新知识,都要发展教育,因而学校成为再生产知识和人才的"工厂",教师成为开发智力和提高素质的"工程师"。教师不懂的东西无法教会学生,教师的知识、智能和师能决定、制约着教学的内容、质量和效果。随着现代科学技术的发展,对教师提出了更高的要求:(1)要保持敏锐的洞察力和远见卓识,自觉跟上时代的步伐,始终站在科技创新的制高点上。(2)要不断更新知识,不断调整知识结构,以便用新知识充实教学内容和改进教学方法。(3)要提高科研能力,不断改进教学质量,为发展新质生产力,培养出更多的有用人才。

二、生产关系与教育

生产资料公有制的建立,消灭了剥削制度,使教育成为维护人民根本利益和传播社会主义思想的前沿阵地。具体表现为:(1)公有制使社会的剩余产品转化为公共产品,为大力发展教育事业奠定了物质基础。(2)公有制使劳动者成为国家和企业的主人,因而获得了接受教育的平等权利。(3)公有制要求教育与生产劳动相结合,为培养能理论联系实际,有真知灼见的有用人才开辟了广阔道路。(4)公有制通过消灭剥削阶级和剥削制度,为劳动者全面发展创造了前提条件,使教育成为发展社会主义经济,维护民主制度和促进精神文明的有效途径。

完善社会主义的相互关系,要求消除脑体对立和实现工人阶级知识化。过去我们在消除脑体对立时,比较强调改造知识分子,而对工人阶级知识化重视不够。其实工人阶级知识化对加强工人阶级领导,消除脑体对立,完善人们的相互关系和发展生产力都有重要作用。工人阶级只有带头知识化,才能真正成为先进生产力的代表,最终完成自己的伟大历史使命。实现工人阶级知识化需要长期的艰苦努力。"为了缩短知识化的过程,必须加速知识和知识分子的扩大再生产,这就更要重视和尊重从事精神产品生产的现有的知识分子,特别是其中的科学家和教师。"[1]因此,完善社会主义的相互关系,消除脑体对立,实际是要完善

---

[1] 张薰华:《科学与生产力》,《解放日报》1991年9月11日。

工人阶级与知识分子的相互关系,使他们共同肩负起社会主义建设的重任。

按劳分配是提高劳动者受教育程度的动力机制。由于按劳分配即按劳动力的使用价值分配(因为劳动力的使用价值就是劳动)与按劳动力的价值分配具有同一性,不论是按劳动力价值分配还是按劳分配,都不是按全部劳动分配,结果都是用必要消费资料再生产劳动力。因此,在社会主义市场经济中,按劳动力价值分配可以成为按劳分配间接的实现形式。劳动力价值由三部分构成:(1)劳动者的必要生活资料价值;(2)劳动者养育子女的费用;(3)劳动者的教育训练费用。其中必要生活资料和养育子女的费用,在一定时期内是相对稳定的,而教育训练费用会因人而异,弹性较大。因此,在其他条件不变的情况下,教育训练费用越高,说明劳动者能从事劳动的复杂程度越高,从而劳动力价值就越高,按劳动力价值获得的消费品就越多。可见,这种以劳动力价值为基础的按劳分配形式,会成为劳动者努力学习科学文化知识,不断提高劳动技能的直接动力。

三、经济发展与教育

经济与教育有不可分割的内在联系和相互作用。我们的目标是要创造出经济推动教育,教育为经济服务的社会环境和动力机制,实现经济与教育的有机结合和良性循环,因此必须深刻揭示经济与教育的相互关系。

第一,经济是教育的基础。(1)经济产生教育。经济发展需要继承,而继承离不开教育。随着经济的发展,不仅使自然教育更为普遍,而且出现了专门的教育机构——学校,使教育成为社会再生产不可缺少的环节。(2)经济为教育提供物质基础。社会剩余产品的数量决定了教育的规模,教学的物质条件制约着教育的发展水平。(3)经济发展为教育指示方向。正如恩格斯所说:"经济上的需要曾经是,而且越来越是对自然界的认识不断进展的主要动力。"[①]只有按经济发展的需要办教育,教育才有前途和生命力。(4)经济发展要求不断提高劳动者受教育的程度。可见,经济不仅是教育的基础,而且是推动教育发展的动力。

第二,教育反作用于经济。教育符合经济发展需要,就会有力地促进经济发展。相反,教育滞后,脱离经济发展需要,就会阻碍经济发展。世界上经济发达国家在发展经济的条件和途径上各不相同,但是教育对经济所起的加速作用是共同的,特别是第二次世界大战后日本和德国经济的迅速恢复和高速发展,有力

[①] 《马克思恩格斯选集》第4卷,人民出版社2012年版,第612页。

地证明了这一点。同样,经济不发达国家造成经济落后的具体原因各不相同,但是它们都与教育落后密切相关。因此,认真总结历史经验,充分认识教育对经济的能动作用,对落后国家赶超发达国家具有重要现实意义。我国与发达国家的差距明显地表现在教育投资和受教育的程度方面。可以断言,中国在教育上赶上和超过发达国家之日,将是中国在经济上赶上和超过发达国家之时。

第三,教育具有经济性质。(1)教育是知识的外延扩大再生产。它使知识横向得到扩展,使其在更多人的头脑里扎根,使科学技术在更大范围内转化为物质生产力,推动人类社会发展。(2)教育促进了知识的内涵扩大再生产。教师不仅要传授前人和外人已经发现的科学原理,而且要进行科学研究,发现新规律,提出新理论,丰富教学内容。此外,教育通过知识的人化,培养出更多知识分子和科学家,壮大了科学研究的队伍,有力地促进了科学研究的深化。(3)教育节约了再生产知识和人才的时间。正如马克思所说:"再生产科学所必要的劳动时间,同最初生产科学所需要的劳动时间是无法相比的,例如学生在一小时内就能学会二项式定理。"[①]因此,教育是再生产知识的加速器,它有力地缩短了培养人才的时间,提高了再生产人才的效率。(4)教育有显著的经济效益。教育通过提高人的智能,包括文化素质和职业技能,大大提高了劳动生产率,因而教育的投入和产出具有比一般物质生产更大的经济效益。因此,只有充分认识教育的经济性质,才会自觉地把教育放到各项经济工作的首位,抓紧、抓好。

第四,要提高教育的经济效益。在经济落后,投资不足的条件下加快发展教育,关键是要经济地办教育,不断提高教育的经济效益。而提高教育的经济效益,实质是要用尽可能节省的人力、物力和财力,培养出更多的高质量人才。其中包括:(1)结构效益。如教育的投资结构,专业结构等,使教育结构与经济结构相适应。(2)布局效益。如果学校布局合理,可节约基建投资,节省教师和管理人员,提高办学效益。(3)速度效益。在既定的教育投资下发展速度过慢,会形成高投入、低产出;速度过快,会造成办学规模过大,质量下降。(4)规模效益。在学校的投入中,有一部分是固定投入如校舍、设备等,另一部分是变动投入如办公费、实验费等。随着学校规模的扩大,平均投入量会递减。但是当规模扩大到一定程度,必须增加固定投入时,平均投入量会递增。因此,平均投入量最低点的规模效益最高。(5)体制效益。其中包括学校的隶属关系、管理权限

[①] 《马克思恩格斯全集》第 26 卷,人民出版社 1972 年版,第 377 页。

和管理内容等。学校的领导体制过分集中,容易产生统得过死,影响地方、部门和学校的办学积极性;反之,过于分散、缺乏集中统一领导,又会造成盲目发展和无序竞争,两者都会影响教学质量和办学效益。

第三节　经济规律与教育规律的区别和联系

随着市场经济发展和教育改革深化,人们碰到了许多新的问题,其中包括教育是否为商品,办学能否市场化等。产生这些问题的直接原因是不了解市场经济与教育事业的区别和联系,而根本原因是不理解经济规律与教育规律的对立统一关系。因此,正确揭示经济规律与教育规律的本质区别和内在联系,对科学解答以上问题,在理论与实践上都有重要意义。

一、经济规律与教育规律的非替代性

事物的主要矛盾和主要矛盾方面决定着事物的性质,以及与其他事物的区别,从而决定其规律的特殊性。经济是人改造物的生产活动,既包括人与自然的物质变换关系,又包括人与人的物质利益关系。因此,经济规律是以生产力为内容,生产关系为形式,两者有机结合的规律。而教育则是人改造人的精神活动,既包括传授知识和技能的行为,又包括使人形成思想和品德的过程。因此,教育规律是以教学为手段,育人为目的,使人的身心得到全面发展的规律。经济与教育的不同性质和特点决定了经济规律与教育规律的根本区别,具体表现在三个方面:(1)对象不同。经济活动首先是物质生产,其改造的对象是物,人利用物、改造物来满足自己的需要。因此,经济规律是不能超越与人的物质利益紧密联系的生产活动的。教育是人类改造自身的社会行为,其改造的对象是人,因而教育规律是不能脱离与人的接受能力紧密联系的育人活动的。(2)方式不同。经济活动是通过物质资料的生产、分配、交换和消费等方式实现的,其运行主要借助于经济手段。教育活动是通过教与学、问与答、训与练等方式实现的,其运行主要依靠教学手段。教育与经济的不同运作方式是教育规律与经济规律发挥不同作用的前提条件。(3)结果不同。经济活动的结果是物质财富增加及生活水平提高,因而经济规律实质是人类物质文明的规律;教育的结果是人的素质提高

和社会精神面貌改善,因而教育规律实质是人类精神文明的规律。可见,两者具有根本不同的性质。

由于经济与教育的对象、方式和结果不同,因此决定经济规律与教育规律作用的范围、条件和性质也不相同。两种规律不仅各有特点,而且不可替代。规律的错位运用,就是违背规律的表现,必将受到规律的惩罚,这方面我们有过双重的教训。在"文化大革命"中,由于极"左"思潮泛滥,有些人试图用教育规律替代经济规律,在企业中取消必要的规章制度和管理措施,用"空头政治"和纯粹思想教育来处理人们的物质利益关系,这就违背了经济规律,扭曲了按劳分配,破坏了生产秩序,使经济滑到崩溃的边缘。相反,在改革开放和发展市场经济时,有些人又走到另一个极端,试图用经济规律替代教育规律,把教育当商品,学校当企业,办学当营业,把教育事业变成营利性产业,这就从根本上违背了教育规律。办学市场化导致一部分人无视教育规律和教师尊严,不顾教学质量和教学效果,乱办学、乱收费,甚至弄虚作假,欺世盗名,互挖墙脚,造成极坏的社会影响。可见,不论是用教育规律替代经济规律,还是用经济规律替代教育规律,其失败的教训都是惨痛的。只有正确认识经济规律与教育规律的不同作用,在各自规律允许的范围内和条件下合理运用它们,才会取得理想的效果,使这两种规律从不同的方面共同促进社会发展。

二、经济规律与教育规律有交叉性

不同的规律是不能相互代替的。但是,事物之间不仅有间接的外在联系,而且常常直接交错在一起,有结合部分,这就决定了规律之间有交叉性。就经济规律与教育规律来讲,其交叉性表现在两个方面。

第一,要按经济发展的需要做好教育工作,因而教育规律转化为经济教育规律,其客观要求:(1)基础教育要为未来经济发展培养合格劳动者。教育的根本目的是促进人的全面发展,但就教育的经济功能来讲,是再生产劳动力。由于新生劳动力的生产周期比较长,因此基础教育要具备超前性,使教育内容与未来经济发展的需要相一致。由于现代经济发展快、变化大,这就要求基础教育能全面提高学生的思想和文化素质,为适应未来经济发展打下扎实的基础。(2)高等教育要为现代化经济生产复杂劳动力。随着现代化程度的提高,对劳动者科学文化素质的要求越来越高,复杂劳动的比重也越来越大。这就要求高等教育不仅能使学生掌握更全面的基础知识,而且要提高运用专业知识从事复杂劳动的能力,为现代高、精、尖技术发展,培养更多的专门人才。(3)成人教育要提高现有劳动者的生产能力。有人认为,一个大学生在校学习只能获得所需知识的10%,其余部分要通过工作实践和再教育获得,因而成人教育就显得更为重要。特别是企业的职工教育,本身是经济工作不可分割的一部分,只有按照企业发展的实际需要,加强对职工的教育和培训,才能有针对性地提高他们的技能技巧,从而提高企业劳动生产力和加速经济发展。可见,经济教育规律不是用经济规律替代或改变教育规律,而是在遵循教育规律的基础上,使教育更好地为经济建设服务,因而是特殊的教育规律。

第二,要按教育的需要做好办学中的经济工作,因而经济规律转化为教育经济规律,其客观要求:(1)合理发展校办产业。在政府财政拨款不足,教育经费短缺的情况下,充分利用学校人力资源、技术特长等方面的有利条件,发展校办产业,其好处至少有四个:其一,提供的产品和服务可弥补社会经济的不足;其二,安置学校的剩余人员;其三,增加办学资金来源;其四,为教学与生产劳动结合提供实习场所。特别是高校兴办的产业是使科研成果迅速转化为生产力的实验基地,有更为重要的教育经济意义。但是,校办产业毕竟不是学校的主要任务,其存在和发展必须以不妨碍教学为前提。(2)增加教育投资和教师工资。长期以来,教育投资不足,根源在于价值循环失衡。教育生产人才,人才创造价值,价值却不能补偿教育开支和增加教育投资,阻碍了教育事业的发展。根据劳动价值论,教师的劳动是复杂劳动,其劳动力价值应多倍于简单劳动力。但是在改革开放之前,由于脑体收入倒挂,使教师的复杂劳动得不到合理补偿,影响了教师积极性和教育事业发展。可见,教育投资和教师工资,既是教育问题,又是经济问题,准确地讲是教育经济问题,因此只有遵循教育经济规律才能得到合理解决。(3)提高教育的经济效益。教育事业与一般产业不同,不能以营利为目的,但教育作为人才产业也有一个投入与产出的问题。投入包括教育必需的人力、物力和财力,产出则是指培养的人才增加和素质提高。因此,提高教育的经济效益,就是要在提高教育质量的同时,降低相同办学规模的支出。在旧教育体制下,由于把教育看成纯消费部门,不搞经济核算,不讲经济效益,造成物化劳动和活劳动的巨大浪费,使教育的经济效益呈下降趋势。因此,只有自觉遵循教育经济规律,严格核算教育开支,准确评价其使用效果,才能不断提高办学的经济效益。这对于经济相对落后的国家,要加速发展教育事业显得尤为重要。

三、经济规律与教育规律有借鉴性

所谓"借鉴",就不是原封不动地照搬、照套,而是有条件、有选择地学习和运用。虽然经济与教育的性质和特点都不同,但是作为社会发展不可偏废的两大事业,它们可以同时并存和协调发展。因此,经济规律与教育规律在实际发挥作用时有借鉴性,具体表现在两个方面。

第一,发展教育事业可引进市场机制,包括:(1)供求机制。在市场经济中,只有使用价值能满足社会需要的商品才能实现其价值,价值规律促使商品生产者按社会需要生产,以克服供求脱节的矛盾。同样,兴办教育事业也要满足社会需要。从办学的规模和结构,到学生的来源和就业都有供求问题。因此,引进供求机制有利于合理配置教育资源,优化教育结构,提高办学效益,使教育培养的人才符合社会发展需要。(2)价格机制。市场经济的实质是通过等价交换来实现劳动平等。虽然价格会偏离价值,但是从长远看,平均价格趋向价值,因而是价值规律的实现形式。教育事业虽不能以营利为目的,但它投入的人、财、物也要求按等价交换原则得到补偿,否则教育事业难以生存和发展。因此,正确引进价格机制,有利于克服教育投资不足和教师收入过低的劳动不平等现象。(3)竞争机制。价值规律实质是通过竞争促进生产力发展的经济形式。价值规律一方面促进商品生产者改进技术,加强管理,提高个别生产力;另一方面促使社会总劳动(物化劳动和活劳动)按比例分配,提高社会生产力。教育虽不是物质生产,但要生产人才,因此也有提高人才生产力的要求。引进竞争机制,一方面能促进办学单位改进教学和管理,提高微观的人才生产能力;另一方面能促进教育资源的合理配置,优化教育规模和结构,提高宏观的人才生产能力。这里要划清引进市场机制与教育市场化的界限,它不是要用经济规律代替教育规律,而是要在正确维护教育特性和自觉遵循教育规律的前提下,有分寸、有取舍地运用市场机制,以加速教育事业发展。

第二,在做好企业职工的思想工作中,可以运用教育学原理。在社会主义制度下,职工是企业的主人,因此在坚持正确的物质利益原则,用好经济手段的同时,还必须做好职工的思想教育工作,不断提高企业的凝聚力。这里科学地借鉴教育规律,合理地运用教育学原理十分必要。其中包括:(1)根据因材施教的原则,针对不同对象提出不同的思想要求。如在要求广大职工正确对待国家、集体和个人三者利益关系时,要对党员、干部提出不计私利、克己奉公和全心全意为人民服务的更高要求。(2)贯彻循序渐进的原则,从企业职工的思想实际出发,制订合理的宣传教育计划,逐步把思想教育引向深入。如在转变企业经营机制时,要先采取"请进来、走出去",学习、了解和对比等方法,取得感性认识,然后在此基础上,加强对中国特色社会主义和市场经济的理论学习,取得理性认识,从而提高深化改革的自觉性。(3)采用启发式的方法,让职工自己提出问题,自己寻求答案和自己解决问题。例如,针对企业效益下降的实际,组织群众自己查找问题,分析原因和提出改进措施,要比领导包办代替更好,可受到事半功倍的效果。(4)通过动之以情、晓之以理、导之以行的途径,把思想工作做深、做细、做到家。企业不仅要用物质奖励和精神鼓励等方法增强企业的激励因素,而且要用关心群众生活和制止歪风邪气等方法消除职工的不满情绪,将消极因素转化为积极因素,使职工焕发持久的生产积极性。可见,认真学习教育学原理,正确借鉴教育规律,采用具体灵活的方法,定能使企业思想工作取得良好效果,促进企业加强管理、加速经济发展。

第四节 引进市场机制发展和完善成人教育

随着社会主义市场经济的发展,我国经济、政治和教育体制都在发生深刻变化。如何改革成人教育(以下简称"成教")体制,合理配置成教资源,优化成教结构,经济高效地发展成教事业,已成当务之急。我们一方面要适应市场经济,改革成教体制;另一方面要遵循成教规律,提高劳动者素质。这里碰到发展成教事业与引进市场机制的关系问题,需要用理论联系实际的方法加以解决。

一、认识教育本质,反对办学市场化

要回答能否引进市场机制发展成教事业的问题,首先要把引进市场机制与办学市场化区分开来。引进市场机制实质是把市场机制与成教事业结合起来,是以不违背教育规律为前提的。因此,不论是引进市场机制还是克服办学市场化,都必须充分认识教育的本质特性。

第一,教育与物质生产不同,具有特殊的社会性。物质生产是人改造物,要遵循自然规律;教育是人改造人,要遵循社会规律,两者有质的区别,不能简单类

比和等同。教育的社会性有其特点：(1) 催化力。教育促进自然人向社会人转化。人的本质是社会性，但社会性不是从母胎中带来的，而是后天形成的。教育不论是父兄传授直接经验，还是教师传授书本知识，都起到使自然人变成社会人的催化作用。即使成年人也会留有自然人的"尾巴"，仍然需要接受成人教育，提高人的社会化程度，这就是教育的本质。(2) 双向性。物质生产具有单向性特征，在物质生产中，人是主体，物是被利用和被改造的客体，产品要满足人的需要。而教育主要是教师向学生传授知识和技能，但学生并不是消极被动的。在学校教学中，教师是主导，学生是主体，教育的结果，即人才是师生共同努力的结晶。特别是成人教育，学员有丰富的实践经验和学习的迫切愿望，这就要求教师按照他们的特点和需要从事教学，否则难以取得好的效果。(3) 多功能。教育不仅有再生产劳动力，提高劳动技能，从而促进生产力发展的经济作用，而且有政治、文化和思想等多种社会功能。教育作为上层建筑会通过丰富人的知识，提高认识能力和转变陈旧观念，促进政治制度发展、文化生活改善和文明程度提高。因此，只有全面认识教育功能，才不会把教育与物质生产简单等同起来。

第二，教育与商品生产不同，具有特殊的公益性。教育不仅使受教育者受益，而且使全社会受益。教育通过提高人的素质，从政治、经济、文化、思想和科技等各个方面促进社会发展，因此教育是全民的事业，与商品生产相比更有其特点。商品只能满足消费者的需要，而且当生产超过社会需要时，生产越多则浪费越大。教育则不同，教育是人类的精神财富——知识的传播，教育越发展，受教育的人越多，知识就越不会泯灭，就能在更大范围和更高程度上转化为物质力量，促进经济和社会发展。

第三，教育事业与一般产业不同，具有非营利性。教育事业就其本质属性来讲，是为经济和社会发展提供服务，因而不能以营利为目的。其理由如下：(1) 教育不是物质生产，不直接创造价值，全部教育费用都要通过国民收入的再分配来实现，因而不具有一般产业的营利性。(2) 教育不仅要再生产劳动力，而且要促进人的全面发展。如果办学以营利为目的，就会背离教育宗旨，削弱教育在政治思想和道德品质方面的功能，限制人的素质全面提高。(3) 就教育是再生产劳动力来讲，教育训练费用只能由劳动力价值补偿，因而不能由此赚取利润。特别是成人教育，过高的教育训练费用不仅会限制劳动力再生产，而且会阻碍文化知识和科学技术的传播及普及，直接影响社会生产力发展。

二、引进市场机制,遵循教育规律

要回答能否引进市场机制发展成教事业的问题,还需搞清引进市场机制与遵循教育规律的相互关系。有些人认为引进市场机制必然违背教育规律,而要遵循教育规律就不能引进市场机制,把两者完全对立起来。产生这种认识的原因是把教学与办学混为一谈了。我们讲,从事教学活动必须遵循教育规律,而兴办教育事业既要遵循教育规律,又要遵循经济规律,因而在办学中可以而且必须引进市场机制。其中,不仅校办企业作为筹措资金的形式,本身是市场经济的一部分,而且办学中人、财、物的投入与补偿也是一种经济活动,必须与市场经济相联系。其实教学与办学是教育事业不可分割的两个方面,它们互不排斥,且相辅相成。也就是说,在教学中遵循教育规律,不妨碍在办学中引进市场机制;同样,在办学中引进市场机制,不否认在教学中要遵循教育规律。事物发展常常受多种规律制约。这里可打个比方,要搞好一个企业,既要遵循产品在工艺方面的自然规律,又要遵循企业在经营方面的经济规律,在正确认识两者关系的前提下,它们不仅不相矛盾,而且会相互促进。产品工艺好会促进企业的经营发展,而企业的经营发展则要求提高产品工艺。

生产与经营的关系和教学与办学的关系有相似之处。一方面我们要在教学中遵循教育规律,提高教学质量和教学效果,培养出更多的优秀人才;另一方面,我们要在办学中引进市场机制,开拓资金来源,改进招生办法,调整专业结构和提高管理水平,使办学与市场经济的需要相适应。这两方面也是相互促进的,改进教学质量必然要求提高办学水平,而提高办学水平,又会对教学质量提出更高要求。可见,引进市场机制提高办学水平,与遵循教育规律改进教学质量是相辅相成的。因此,我们既要认识教育事业与市场经济的区别,防止办学市场化;又要认识教育事业与市场经济的联系,合理引进市场机制,使市场经济与教育事业紧密结合,相得益彰。

我们要引进市场机制发展成教事业,根本原因是市场经济与成教事业有内在联系和共同要求:(1)满足需要。兴办成教事业,从办学的规模和结构,到学生的来源和择业都有一个供求问题,因此引进市场的供求机制,有利于合理配置成教资源,提高办学效益,使成教培养的人才符合社会需要。(2)劳动平等。成教事业是人才产业的重要组成部分,因而是市场经济不可缺少的重要环节。成教事业虽不能以营利为目的,但它的人力、物力和财力的投入,都要求按劳动平等和等价交换原则得到补偿,否则成教事业难以生存和发展。因此正确引进市场的价格机制,有利于克服成教事业投资不足和教师收入过低的劳动不平等现象。(3)提高生产力。成人教育虽不是物质生产,但要造就人才,因此也有提高人才生产力的要求。把市场的竞争机制引进成教领域,一方面会促进办学单位改进教学和管理,提高微观的人才生产力;另一方面会促进成教资源的合理配置,优化成教的规模和结构,提高宏观的人才生产力。因此,引进市场机制不是为了盈利,而是为了加速成教事业的发展。由于市场经济与成教事业具有内在联系和相互作用,因此在正确维护成教特性和自觉遵循教育规律的前提下,合理运用市场机制,能有力地促进成教事业发展。

三、运用市场机制,发展成教事业

以上分析表明,一方面要遵循教育规律,防止办学市场化;另一方面要根据教育事业需要,合理引进市场机制。由于成教对象主要是在职员工和成年劳动者,他们既有学习要求,又有劳动收入,因此成教事业能更直接、更充分地运用市场机制。因此,引进市场机制发展成教事业,就是要在不违背教育规律的前提下,使成教事业与市场经济有机结合,表现在以下三个方面:

第一,引进价格机制,合理收取学费,改变成教经费不足的状况。长期以来,不仅普教资金短缺,而且成教资金也严重不足。究其原因是价值循环失衡。教育培养人才,人才创造价值,价值却不能补偿教育费用和提高教师收入,直接阻碍了教育事业发展。因此,克服成教资金不足的有效方法,除了随经济发展,国家和企业按比例增加教育投资外,还要遵循价值规律,运用价格机制,使成教的日常开支能按合理价格得到补偿。其中包括:(1)使教学器材和设备等物化劳动消耗得到及时补偿,克服成教事业因物质条件差而难以发展的状况。(2)提高成教工作者劳动报酬,合理补偿他们的活劳动消耗。教师和研究人员的劳动是复杂劳动,根据劳动价值论,他们的劳动力价值应成倍高于简单劳动力价值。因此,不仅要使教师和科研人员的复杂劳动得到合理补偿,而且要对做出特殊贡献的先进工作者给予精神鼓励和物质奖励,激励更多教育工作者为成教事业做出更大贡献。(3)改变职工的教育训练费用全部由国家或企业支付的做法。因为在市场经济中,职工的基本工资仍然是劳动力价值的转化形式,应包括劳动力的教育训练费用。如果职工个人不承担学费,则缺点至少有三:其一,使成教经费更加紧缺;其二,职工工资中的教育训练费用会转化为非教育开支,冲击其他市场;其三,职工因缺乏经济压力,难以取得好的学习成绩。总之,从教学设备、教师工资到教学开支,都要制定合理的价格标准,实现成教事业与市场经济的有机结合。

第二,引进供求机制,调整专业结构和课程设置,使成人教育更好地为经济建设服务。教育的根本目的是促使人全面发展,而成教的直接目的是为经济建设和社会发展培养人才。由于成教的主体是在职员工,因此对他们的教育培训,更要符合现实生产力发展的需要。过去成教也有片面追求文凭学历的倾向,以致不少专业和课程设置脱离实际工作需要。一方面,造成许多人学非所用,用非所长,浪费了教育资源;另一方面,经济建设亟须的专业人才却严重不足,特别是改革开放以来,外贸、经管、财税和政法等方面的人才缺口很大。这就要自觉运用供求机制,克服人才供需脱节的矛盾。对于供不应求的专业可适当提高收费标准,以加速该专业的发展。相反,对供过于求的专业会因入不敷出和难以为继而被削减或淘汰。除少数特殊专业要由国家统一计划安排外,一般专业都应受供求机制的制约,使成教发展与经济建设需要相一致。

第三,引进竞争机制,提高成教质量和管理水平。在市场经济中,企业为了立于不败之地就要不断改进技术,加强管理,提高企业生产力。市场竞争促进了资源配置、结构调整和效益提高。同样,发展成教事业也要运用竞争机制,其中包括:(1)成人入学要经过考试,坚持择优录取的原则,促使考生自觉提高自身素质;(2)教师任教要竞争上岗,择优聘用,促使教师自觉更新知识,提高智能和师能素质,不断改进教学方法;(3)教学管理人员要定期考核,坚持上岗标准,对不称职的要及时更换,以提高学校的管理水平;(4)成人学校之间要平等竞争,以优化成教结构和布局,并根据教学质量和社会需求,决定其兴衰存亡。实践表明,有无竞争机制会导致完全不同的办学效果。有些自筹资金的民办成人学校,虽然资金少,设备差,并且风险大,压力重,但办学人员仍然能艰苦奋斗,开拓创新,取得较好的办学效益。因此,只有充分运用竞争机制,形成优胜劣汰,适者生存的外部环境,才会加速成教事业发展,为社会培养更多优秀人才。

第十六章
共同富裕的就业制度

习近平总书记在党的二十大报告中提出:"就业是最基本的民生。强化就业优先政策,健全就业促进机制,促进高质量充分就业。"[1]就业是民生之本,也是实现全民共同富裕和防止两极分化的基本前提和可靠保证。这里要把经济发展和满足就业需要有机结合,使发展高新技术产业与改造传统产业同步推进。大力发展现代信息产业和高端服务行业,从根本上解决经济质量不高和就业困难的问题。

第一节 就业的重要地位和积极作用

中国人口多、底子薄,使就业问题成为难以逾越的障碍,将长期困扰我国经济和社会发展。充分就业是民生之本、安国之策,只有政府和全民共同努力,形成合力,才能取得成效。在我国现有条件下,充分就业更是社会主义制度优越性的体现,是构建和谐社会的关键点和着眼点。正确认识就业的地位与作用,对于制定就业政策、解决就业问题,促进共同富裕和防止两极分化,都具有重要的理论意义和实践意义。

一、就业是民生之本

解决就业问题的根本出路是坚持社会主义方向,始终以人民的根本利益和长远利益为出发点,加快国民经济发展和完善就业制度。所谓"就业是民生之本",是指就业是人民生存和发展的根本。如果不能解决就业问题,失业者没有

---

[1] 习近平:《高举中国特色社会主义伟大旗帜 为全面建设社会主义现代化国家而团结奋斗——在中国共产党第二十次全国代表大会上的报告》,人民出版社2022年版,第47页。

收入来源,共同富裕就是纸上谈兵,根本无法实现。无论对微观个体,还是对宏观整体来说,充分就业在共同富裕中都具有重要地位与积极作用,需要得到政府和民众的高度重视。

(一)就业对微观主体的作用

众所周知,只有有了工作,才能有经济收入,才能满足个人和家庭吃、穿、住、用、行等的生活需要。而劳动者一旦失业,就意味着断绝了收入来源,个人和家庭的基本生活便失去了保障,更谈不上去满足精神生活和实现全面发展了。具体而言,就业对劳动者个体有以下三种功能:

第一,生活保障功能。在现阶段,就业仍然是劳动者谋生的手段,是劳动者获得生活资料的主要来源。劳动者通过就业和劳动付出,取得一定的经济收入,从而获得自身生存、维持家庭以及延续后代所需的生活资料。从这个角度上讲,就业具有保障劳动者生存的功能,这也是就业具有其他功能的前提和基础。

第二,价值实现功能。就业是劳动者个人能力和聪明才智得以显示和发挥的基本条件和主要途径。劳动者通过对专业知识的学习和培养,具备一定的理论知识和职业技能,在适当的工作岗位上发挥出来,并对社会做出有益贡献。劳动者在改造客观世界的同时,也使自己的思想道德、技能水平得到提高。

第三,社会服务功能。就业是劳动者改造世界和服务社会的重要途径。在市场经济中,人们用自己的劳动成果与别人的劳动成果相交换,实质是相互提供劳动和服务。从这个意义上讲,就业使每个劳动者在为自己劳动和实现自身价值的同时,也为社会提供了服务并做出了贡献。

(二)就业对宏观整体的作用

就业不仅是关系到个人或企业的问题,而且是关系到国民经济的健康发展和社会和谐稳定的重大问题,它对宏观经济和社会整体的作用尤为重要。

第一,增加社会财富的功能。马克思说过:"任何一个民族,如果停止劳动,不用说一年,就是几个星期,也要灭亡。"[1]在现代社会中,只有通过就业这种途径和方式,才能使劳动者与生产资料相结合,从而生产出物质和精神财富,为社会存在和发展提供经济基础。可见,在社会化大生产条件下,创造财富的前提是劳动者实现就业,从这个意义上讲,没有劳动就业社会财富便失去了来源。

第二,保持社会稳定的功能。就业不单是一个经济问题,而且是一个政治问

---

[1] 《马克思恩格斯选集》第4卷,人民出版社2012年版,第473页。

题,就业问题解决得如何,直接关系到社会公平与制度稳定。就业问题解决得好,可以使社会成员安心工作、安定生活,使良好的社会秩序得以维护;相反,如果就业问题解决不好,失业人口增多,那么不仅会影响他们的生存发展,也会影响社会的和谐稳定。因为失业给失业者本人、家庭及社会所带来的伤害是不可估量的,特别是长期的精神紧张以及心理压力,会导致失业者的健康受损。另外,失业者还会怀疑自身价值,滋生反社会的情绪,导致堕落与犯罪等。正因如此,大多数国家把充分就业作为调控宏观经济和维护社会稳定的重要目标。

第三,加快社会发展的功能。就业是一种经济活动,对社会发展有着重要的作用。一个社会就业水平高,经济资源得到充分利用,表明创造的物质和精神财富丰富,人们的生活质量和文明程度就会提高,社会进步的速度就会加快。

可见,就业不仅关系到劳动者的基本生活,而且关系到社会的和谐稳定,所以就业问题已成为世界各国普遍关心的焦点。我国明确提出,要把扩大就业放在经济社会发展的突出位置,实施积极的就业政策,鼓励劳动者自主创业、市场调节就业、政府促进就业的方针,多渠道扩大就业,逐步实现充分就业的目标。

二、充分就业是社会主义的本质要求

社会主义制度从建立之日起就给失业者带来了希望,因为其发展不仅要在我国实现充分就业,而且要在世界范围内促进就业。在社会主义初级阶段,我们要以习近平新时代中国特色社会主义思想为指导,把就业工作摆到经济社会发展和促进共同富裕的战略高度加以贯彻和落实,才能保障充分就业目标的实现。

（一）充分就业是我国发展的长远目标

扩大就业有助于实现社会发展的根本目的。社会发展的根本目的在于解放和发展生产力,满足全体成员的物质文化需求,最终达到成果共享、人人受益和共同富裕。而就业可以保障人们的基本生活需要,又有一个可以预期的良好前景。以此为起点,才谈得上社会成员的平等权利和生活质量的普遍提升,才能为经济发展和共同富裕奠定基础和创造条件,才会实现人的全面发展和社会和谐。因此,充分就业是全体人民的共同要求和经济社会发展的长远目标,我们必须坚定不移地做好这项工作。

（二）充分就业是社会主义的本质需要

我国是一个社会主义国家,实行的是社会主义市场经济体制。社会主义的本质是解放生产力,发展生产力,消灭剥削,消除两极分化,最终实现共同富裕。在资本主义社会里,劳动和资本处于对立的地位,资本家和雇佣工人之间存在剥削和被剥削、奴役和被奴役的对抗性矛盾;而在社会主义制度下,劳动者作为社会财富的创造者,摆脱了被统治、被剥削的地位,成为国家和企业的主人。就业是劳动者最基本的生存权利,也是其他权利得以实现的前提和基础。无法实现充分就业,共同富裕也只是空想而已!

(三)充分就业是科学发展的必然要求

科学发展的本质是以人为本,人的本质是社会关系的总和,而人的最基本、最重要的社会关系就是劳动关系,就业正是劳动关系的具体体现。一个人如果不能就业,他与社会的联系就会产生缺口,人际关系就不健全。现在有一种舆论认为,中国人口过多,并且单纯地把人看作负担,这是片面的。殊不知每个劳动者用其劳动创造的财富都能够大于他们的消费资料。从这个意义上说,劳动力是潜在的社会财富,而就业是创造社会财富的必备条件。只有坚持以人为本,才能摆脱"负担论",把就业提到发展战略的高度,加以贯彻和落实。

三、就业是构建和谐社会的关键

完善劳动关系是构建和谐社会的核心,就业涉及劳动与资本、劳动者与企业、劳动者与政府等多方面的关系,是和谐劳动关系的起始点。如果劳动者找不到工作,生活无着落,就会产生不良情绪和不安行为,社会便没有和谐可言。所以,就业与和谐社会及共同富裕有着不可分割的密切联系。

(一)充分就业是和谐社会的群众基础

就业同劳动群众的利益有着十分密切的关系,因此充分就业是广大劳动者的切身利益和普遍需求。劳动者的就业需求一旦得到满足,他们的心理就会比较稳定,他们与政府的摩擦就会减少,社会就能趋向和谐。充分就业是社会主义的本质要求和优越性的体现,能使广大群众增进对政府的信任和支持,使构建和谐社会具有广泛的群众基础。

(二)充分就业是和谐社会的重要指标

充分就业,一方面为构建和谐社会奠定了群众基础,另一方面又是衡量和谐程度的重要指标。构建和谐社会绝不是简单的口号,它是一项复杂、庞大的系统工程,要通过实实在在的工作才能落实。为了推动和检查这一工程,需要设计一系列衡量考核的指标。这就需要我们科学地把握构建和谐社会与提高就业水平之间的关系,把充分就业作为我们的政策取向和长远目标。

(三)充分就业是和谐社会的最终体现

按照经济学理论,"充分就业"不等于"完全就业"。在充分就业情况下,仍然会存在摩擦性失业、自愿失业。因此,充分就业与一定的失业率可以并存,只是这种失业率应控制在合理水平上。如果出现大量非自愿失业和过高的失业率,则无疑是与和谐社会的目标相悖的。不过,考虑到我国就业问题的复杂性,在较短时期内实现充分就业是不现实的,我们的阶段性目标应是促进和扩大就业。

第二节　依靠政府部门完善就业体系

政府在就业中的作用和职责问题,我国学界在认识上不尽统一。蔡昉等主张,在宏观经济政策中,要以扩大就业作为首要目标。[1] 魏杰认为,评价政府对就业的贡献,应该看就业机会的创造。[2] 范恒山认为,政府直接提供就业岗位永远解决不了就业问题,关键在于政府能否提供良好的就业与创业环境。[3] 孔泾源等认为,对于中国目前的状况来说,经济增长和就业似乎应处于同等重要的位置。[4] 尽管专家们的看法不同,但对促进政府解决就业问题是有积极作用的。

一、扩大就业是政府的重要职责

必须明确,千方百计增加就业是政府义不容辞的重要职责。政府促进就业,就要使宏观经济与扩大就业协调发展。通过发展经济,制定就业政策,健全服务体系等,帮助有劳动能力的人实现就业和再就业,其基本要求有以下两点:

第一,必须把扩大就业摆在更加突出的位置。一国的劳动就业是否充分,是衡量经济发展和社会进步的重要标志之一。我们是社会主义国家,应充分发挥劳动力资源的比较优势和社会主义制度的优越性,在解决就业这个世界性难题上取得突破。历史经验表明,"民以生为本""民以业为基"。一个社会的失业率越高,潜伏的家庭和社会矛盾就越多,发生危机和冲突的可能性就越大。各级政

---

[1] 曾湘泉:《中国劳动问题研究》,中国劳动社会保障出版社2006年版,第72页。
[2] 孙明泉:《如何看待当前的就业形势》,《光明日报》2002年8月2日。
[3] 王南:《中国真实的失业率到底是多少》,《中国经济时报》2002年9月16日。
[4] 孔泾源:《中国劳动力市场发展与政策研究》,中国计划出版社2006年版,第74页。

府须把就业作为"为民办实事"的项目和工程,千方百计地扩大就业率和控制失业率,这不仅是实现经济发展目标的需要,而且是社会稳定和谐的基础。由此可见,推动经济增长和促进社会和谐,都要求把扩大就业摆在更加突出的位置,这是加快现代化建设和实现共同富裕的必然要求。

第二,必须把改善就业环境放到更为重要的位置。劳动就业是在一定环境下实现的,影响就业的各种因素形成就业环境。好的就业环境有助于营造人们干成事业的社会氛围,让一切知识、技术、管理和资本的活力竞相迸发,让一切创造财富的源泉充分涌流,持续地推进经济与就业的良性互动。显然,改善就业环境是就业和再就业工程的基础性建设,是政府扩大就业战略的第一个着力点。为此,各级政府要注重解决三个问题:一是要转变就业观念。既要帮助群众认识市场经济中劳动力的商品性质,劳动者必须接受就业市场的选择;同时又要树立职业平等和劳动光荣的观念,降低失业率,扩大就业面。二是要营造有利于非公经济扩大就业的环境。非公经济的就业容量很大,政府要进一步推进改革,调整政策,完善多种所有制平等竞争的格局,实现非公经济的健康发展和体面就业,使民营企业成为我国就业工程的重要组成部分。三是要健全劳动制度,以调节市场与劳动者的关系。改善就业环境重在优化规则和健全制度,要注重就业政策的调整和完善,注重用工制度的合法和规范,注重劳动力流动的合理性和就业岗位分布的均衡性。

二、政府促进就业的主要职能

政府职能的本质是公共服务,从这个意义上说,促进就业就是完善公共服务的重要环节。这就要求政府确立以人为本的服务观,推进和完善就业服务制度,构建就业服务体系,运用经济、法律和行政手段调控社会就业,以达到扩大就业规模,优化就业结构,提高就业质量,实现充分就业的目标。

第一,编制就业规划。国家在解决就业问题时居于主导地位,这就要求其制定与经济、社会发展相吻合的就业规划。2017年2月5日,经国务院原总理李克强签批,国务院印发的《"十三五"促进就业规划》,明确了"十三五"时期促进就业的指导思想、基本原则、主要目标、重点任务和保障措施,对全国促进就业工作进行全面部署。只要各地按照这一规划去实施,绘制的就业蓝图就会变成现实。当然,不仅中央政府要编制就业规划,省、市、地、县等各级政府也要编制就业规划,并保证扩大就业的总体规划得以贯彻和落实。总之,编制规划并推动其实施,是政府促进就业的首要职能。

第二,制定就业政策。其主要内容是:将失业率纳入宏观经济调控指标,对就业、再就业实施税收优惠,减免有关行政性收费,加强职业介绍、职业指导、职业培训等就业服务,开发就业岗位,提供社会保险补贴等,调动各方面的积极性,促进失业人员尽快就业。政府提出的就业政策,是国家主导就业的集中体现和政策指南。进一步健全和完善就业政策,形成一套更加完整的政策体系,并推动其落实,乃是政府职能的重中之重。

第三,加强失业调控。国家对社会就业管理的重心是失业调控,而关键在于科学制订和组织实施调控方案,把失业率控制在社会可承受的限度之内。我国政府加强调控的目标包括:(1)控制失业率,将其控制在同类国家的平均限度之内。(2)减少失业人数,使其不会超过经济社会发展所允许的规模。(3)缩短失业时间,使个人失业的持续时间不会过长。(4)分散失业地区,使失业群体的出现不会过于集中。(5)加强失业安置,要保证失业人员的基本生活,并将其组织到就业培训中去。因此,从源头上调控失业,把失业的社会危害降到最低,是政府职能的关键所在。

第四,提高就业管理水平。加强就业管理,特别是规范劳动力市场秩序,是政府职能的重要体现。加强就业管理的内容包括:(1)深化经济体制改革,打破劳动力市场的城乡、地区分割。要规范劳动力市场秩序,加强劳动执法监察工作。(2)完善就业和失业统计制度。要加强失业登记工作,建立劳动力抽样调查制度,准确掌握劳动力市场的供求变化。(3)推进就业工作的法治建设。要把行之有效的政策、措施,通过法律、法规形式固定下来,逐步形成长效机制。

第五,加大就业和再就业的资金投入。为改善就业环境,扩大就业规模,国家要实行有利于就业的财政政策,多渠道筹措资金,切实调整支出结构,形成与劳动保障目标相适应的财政投入机制,这是政府履行职能所必需的财力保障。现在,全国每年解决一千多万人的就业问题,财政资金发挥了重要作用,尤其是其中两百多万个就业岗位,是直接靠财政投入及税收优惠等创造和解决的。因此,各级政府要多渠道筹集资金,增加财政投入,发挥支撑作用。

构建完善的就业政策体系

就业政策体系是指国家制定和实施的各项就业措施的总称。构建完善的就业政策体系,形成促进就业的长效机制,要靠市场调节与政府促进相结合。而政府促进则主要通过政策措施来实现,因此构建完善有效的就业政策体系,是政府促进就业和实现共同富裕的重要举措。

(一) 促进就业政策

促进就业政策,主要包括增加就业总量、降低失业率与提高就业率的政策,如扩大内需、促进经济增长,拉动就业的政策;调整产业结构,发展第三产业、劳动密集型产业、中小企业、个体私营经济,提高就业弹性的政策;规范企业裁员,控制失业的政策;开发人力资源,提高劳动者素质的政策等。

(二) 扶持就业政策

扶持就业政策,主要包括促进弱势群体以及优先扶持群体就业的政策,如通过减免税费、小额贷款、创业服务,促进自谋职业的政策;通过社保补贴、岗位补贴、公共就业服务,促进企业增加就业岗位的政策;增加公益性岗位,降低失业率的政策等。

(三) 社会保障政策

社会保障政策,主要包括为无收入、低收入或特殊困难者提供必要的生活保障及补贴的政策,如国有企业下岗职工基本生活保障政策,失业、医疗、养老、生育、工伤等社会保险政策,城乡居民最低生活保障政策,以及对特殊人群的社会救济政策等。

(四) 市场支持政策

市场支持政策,主要包括发展劳动力市场,健全和优化市场功能,为劳动力供求双方提供高效优质服务的政策,如就业服务机构和信息、网络建设,免费职业培训、职业介绍的公共服务,鼓励和发展社会就业的服务机构等。

上述四方面的政策是相互联系、相互补充的,它们共同促进了就业政策的发展和完善。

第三节 发挥社会力量实现充分就业

在扩大就业规模的同时,实现更高质量的就业,是我国必须问题。一方面,要充分依靠政府的行政力量,实施就业优先战业政策,来化解当前的就业矛盾;另一方面,还要充分依靠施,是政府促进就业的首要职能。

第二,制定就业政策。其主要内容是:将失业率纳入宏观经济调控指标,对就业、再就业实施税收优惠,减免有关行政性收费,加强职业介绍、职业指导、职业培训等就业服务,开发就业岗位,提供社会保险补贴等,调动各方面的积极性,促进失业人员尽快就业。政府提出的就业政策,是国家主导就业的集中体现和政策指南。进一步健全和完善就业政策,形成一套更加完整的政策体系,并推动其落实,乃是政府职能的重中之重。

第三,加强失业调控。国家对社会就业管理的重心是失业调控,而关键在于科学制订和组织实施调控方案,把失业率控制在社会可承受的限度之内。我国政府加强调控的目标包括:(1)控制失业率,将其控制在同类国家的平均限度之内。(2)减少失业人数,使其不会超过经济社会发展所允许的规模。(3)缩短失业时间,使个人失业的持续时间不会过长。(4)分散失业地区,使失业群体的出现不会过于集中。(5)加强失业安置,要保证失业人员的基本生活,并将其组织到就业培训中去。因此,从源头上调控失业,把失业的社会危害降到最低,是政府职能的关键所在。

第四,提高就业管理水平。加强就业管理,特别是规范劳动力市场秩序,是政府职能的重要体现。加强就业管理的内容包括:(1)深化经济体制改革,打破劳动力市场的城乡、地区分割。要规范劳动力市场秩序,加强劳动执法监察工作。(2)完善就业和失业统计制度。要加强失业登记工作,建立劳动力抽样调查制度,准确掌握劳动力市场的供求变化。(3)推进就业工作的法治建设。要把行之有效的政策、措施,通过法律、法规形式固定下来,逐步形成长效机制。

第五,加大就业和再就业的资金投入。为改善就业环境,扩大就业规模,国家要实行有利于就业的财政政策,多渠道筹措资金,切实调整支出结构,形成与劳动保障目标相适应的财政投入机制,这是政府履行职能所必需的财力保障。现在,全国每年解决一千多万人的就业问题,财政资金发挥了重要作用,尤其是其中两百多万个就业岗位,是直接靠财政投入及税收优惠等创造和解决的。因此,各级政府要多渠道筹集资金,增加财政投入,发挥支撑作用。

三、构建完善的就业政策体系

就业政策体系是指国家制定和实施的各项就业措施的总称。构建完善的就业政策体系,形成促进就业的长效机制,要靠市场调节与政府促进相结合。而政府促进则主要通过政策措施来实现,因此构建完善有效的就业政策体系,是政府促进就业和实现共同富裕的重要举措。

（一）促进就业政策

促进就业政策,主要包括增加就业总量、降低失业率与提高就业率的政策,如扩大内需、促进经济增长,拉动就业的政策;调整产业结构,发展第三产业、劳动密集型产业、中小企业、个体私营经济,提高就业弹性的政策;规范企业裁员,控制失业的政策;开发人力资源,提高劳动者素质的政策等。

（二）扶持就业政策

扶持就业政策,主要包括促进弱势群体以及优先扶持群体就业的政策,如通过减免税费、小额贷款、创业服务,促进自谋职业的政策;通过社保补贴、岗位补贴、公共就业服务,促进企业增加就业岗位的政策;增加公益性岗位,降低失业率的政策等。

（三）社会保障政策

社会保障政策,主要包括为无收入、低收入或特殊困难者提供必要的生活保障及补贴的政策,如国有企业下岗职工基本生活保障政策,失业、医疗、养老、生育、工伤等社会保险政策,城乡居民最低生活保障政策,以及对特殊人群的社会救济政策等。

（四）市场支持政策

市场支持政策,主要包括发展劳动力市场,健全和优化市场功能,为劳动力供求双方提供高效优质服务的政策,如就业服务机构和信息、网络建设,免费职业培训、职业介绍的公共服务,鼓励和发展社会就业的服务机构等。

上述四方面的政策是相互联系、相互补充的,它们共同促进了就业政策体系的发展和完善。

第三节 发挥社会力量实现充分就业

在扩大就业规模的同时,实现更高质量的就业,是我国必须面对的重大民生问题。一方面,要充分依靠政府的行政力量,实施就业优先战略和更加积极的就业政策,来化解当前的就业矛盾;另一方面,还要充分依靠企事业单位、中介组织和培训机构,以及失业者和新增就业者等社会力量,来促进就业事业的发展。只有使政府和社会这两方面的力量都发挥出来,形成多渠道、多途径、多形式就业的新格局,才能促进就业事业全面发展,加快经济发展和共同富裕的进程。

一、履行企业在就业中的社会责任

在社会主义市场经济条件下,企业在追求利润的同时,要自觉承担相应的社会责任。通过企业发展来解决就业问题,是企业实现利润目标和体现社会责任的重要标志,也是企业必须完成的双重现实任务。

(一)企业增加就业的社会效应

企业是国民经济的细胞,是市场运行的主体,也是吸纳就业的实体。从人力资源运用来看,企业生产也就是劳动就业的实现。因此企业解决就业和增加就业具有三大社会效应。

第一,落实政府的就业政策。企业发展和数量增多、经营范围拓展,以及吸纳就业能力增强,成为国家扩大就业战略的实施主体。

第二,提高企业的社会责任。企业一旦提高了社会责任感,就会挖掘潜力,努力增加就业岗位,为解决就业难题做出积极贡献。

第三,获得令人赞羡的社会形象。企业在发展生产的同时,开发就业岗位,增加就业人员,也是一种"投资",它不仅有开发人力资源的功能,而且能获得社会的回报,得到人们的尊重和赞誉。

(二)企业履行就业责任的具体要求

第一,面向社会招聘员工时,企业要自觉坚持四条基本准则:一是将社会责任与企业需要结合起来,实现增加就业与追求利润的统一。二是尊重劳动者的权益,坚持公平、公开、公正的原则,为劳动者提供平等的就业机会。三是要反对和杜绝就业歧视。四是作为就业岗位的提供者,有义务适当照顾残疾人、少数民族、下岗职工等特殊群体。

第二,企业在用工过程中,要做好员工的配置工作,将人力资源转化为经济效益,确保他们的收入公平合理。一要订立并履行劳动合同,自觉维护员工的合法权益。二要坚持公平与效率统一原则,把握好投资者利益和员工利益的平衡。三要提供良好的工作环境,以保证员工的健康和安全。四要为员工开展职业技能培训,不断提高他们的文化素养。五要形成裁员控制机制,依法有度裁减冗员。

二、发挥就业组织的积极作用

就业组织提供的服务包括职业中介服务、信息咨询服务与职业培训服务,就业组织的建立与发展也就是这三项服务的健全与完善。这三项服务的内容与职能各不相同又相互补充,各自发挥着不可替代的作用。

(一)职业中介服务

职业中介服务是指由劳动力市场中介组织提供的就业服务,分为公共中介机构服务与民营中介机构服务。前者系政府举办,属于公益性中介组织,主要为大中专毕业生、下岗人员提供免费服务;后者系民营中介,在为社会人员服务时需要收取相应的费用。目前,我国对中介服务收费标准没有统一的规定,而是根据服务的好坏、质量的高低,双方商榷后再确定。我国的职业中介机构,只有人事部门批准的人才交流中心和劳动保障部门批准的职业介绍所,其在就业服务中发挥了重要作用。第一,提供用人单位空岗信息。职业中介机构可以建立职业需求信息库,实现劳动力的计算机联网。通过大屏幕向用工单位和就业人员发布职业需求信息;还可以通过互联网发布大学生的需求信息。第二,开展就业服务。公益性职业中介机构对下岗职工、失业人员免费提供职业介绍、职业指导等服务,主动提供一次以上的就业指导和三次以上的就业信息。

(二)信息咨询服务

信息咨询服务是指职业咨询机构在个人择业、就业指导、技术培训、单位人才招聘、劳动力人事代理及劳务派遣等业务范围为求职者提供信息服务。《中华人民共和国就业促进法》规定公共就业服务机构为劳动者免费提供下列服务:(1)就业政策法规咨询;(2)职业供求信息、市场工资信息和职业培训信息;(3)职业指导和职业介绍;(4)对就业困难人员实施就业援助;(5)办理就业登记、失业登记等事务;(6)其他公共就业服务。

近几年,个人职业咨询在我国有所发展。这种咨询主要是针对个人的职业发展、性格、爱好等具体情况,通过测试、咨询、诊断、规划等方式,运用科学的测评工具,提供全面的信息、策略与方法,引导咨询者客观地认识自己,了解自己的发展潜能、职业兴趣、个人性格,调适自己的职业状态,选择适合自己的发展方向,制定合理的发展规划。

(三)职业培训服务

为了促进劳动者提高职业技能,增强就业和创业能力,政府主办的职业技能培训机构和各类职业学校、用人单位依法开展职业培训等发挥了重要作用。职业培训服务包括就业前培训、在职培训、再就业培训和创业培训四大类。在职业培训服务方面,上海市形成了特有模式。①

第一,提供开业指导。开业指导主要为下岗、协保、失业人员提供再就业服务。该体系有三级网络,第一级是上海市开业指导中心,第二级是各区县的开业指导中心,第三级是遍布社区的各种服务机构。三级服务机构为失业人员提供项目开发、开业指导、代办各种手续等一条龙服务。

第二,开展创业培训。上海市的创业培训工作从原来以政策引导为主,逐渐转向提高创业者技能和增强市场竞争力转型,具体做法包括:(1)把创业培训和项目开发结合起来;(2)把创业培训与专家咨询结合起来;(3)把创业培训和融资担保结合起来。这些有针对性的培训提高了创业者的能力和成效。

第三,推出政府补贴培训。政府补贴培训是通过"购买培训成果"来实现,具体做法是:劳动部门根据劳动力市场需求和预测,在职业信息网络上发布对下岗失业人员的培训任务,通过招标确定承接培训任务的培训单位,签订培训合同,考核培训质量,对培训达标的由劳动部门支付培训经费。这种"造血"方式,大大提升了失业人员的再就业能力。

第四,实施青年职业见习计划。针对日益突出的青年人失业状况,上海市推出了一项为年轻人量身打造的就业援助方案——"青年职业见习计划",从而给青年人一个就业缓冲带,让他们在见习中收获实际操作技能、职业化的心态和观念,以便敲开职场大门,顺利踏上职业征程。这一计划效果显著,青年人的就业比例不断提高。

第五,建立公共实训基地。以明天的需求培养今天的学员,是高起点、高标准建造公共实训基地的宗旨。上海市建起了一座多功能"职业技能培训基地",初步形成了以数字制造业、信息产业、创意产业为一体的公共实训格局,实训的项目覆盖46个职业大类,涉及超过160个职业工种。为了充分发挥实训基地的集约化效应,采取免费向社会提供服务,实现培训资源的高效利用。

三、鼓励创业精神和提高创业能力

创业是就业之源,大力弘扬创业精神,鼓励更多的劳动者成为创业者,用创

---

① 袁志平:《解读上海市就业再就业》,中共党史出版社2007年版,第212~374页。

业带动就业,是促进就业的一项战略任务,也是扩大就业的一条重要途径。

（一）落实鼓励创业的方针

党的十八大在坚持劳动者自主就业、市场调节就业与政府促进就业相结合的基础上,第一次鼓励将创业纳入就业方针,并强调引导劳动者转变就业观念,鼓励多渠道多形式就业。创业是就业之源,创业能够创造就业。自主创业能够产生两重就业效应:一是解决了本人的就业,二是带动了更多人的就业。遵循十八大提出的促进创业带动就业的指导方针,我国促进就业的战略重点要从自谋职业、自主就业,向激励创业、促进创业,构建创业型经济和社会转变。

（二）完善创业的政策和措施

创业的政策和措施包括以下五个方面:第一,要加强创业观念教育,增强全社会的创业意识,树立创业典型,为自愿创业、敢于创业的劳动者营造良好的创业氛围,使全国成为各界人士乐于创业的热土。第二,要完善以创业带动就业的财税、金融政策。对创业型企业要予以政策扶持,如实行税费适当减免,提供小额担保贷款,实施财政贴息和社会保险补贴等优惠政策。第三,要加强创业培训,提高创业者的创业能力,坚持将促进就业与推动新兴产业发展、科技创新更加紧密地结合起来。第四,要不断推出创业激励政策与措施,包括对创业者的精神鼓励、物质激励、形象提升以及产权保护等。对创业者积累的财富和经济利益依法给予保护。第五,要强化项目信息、政策咨询、开业指导、集资融资等一系列创业服务,以提高创业的成功率。

第四节　重视和解决农民工问题

农民工是改革开放和城乡一体化发展的特殊群体和重要力量,也是加快城市建设和实现共同富裕的重要组成部分,需要得到政府和社会的关爱与重视。农民工是指户籍仍在农村,但进城务工和在当地或异地从事非农产业的劳动者,他们为城市建设和农村进步做出了重要贡献。农民工既有农民性质,又有工人性质,因而有其特殊性。由于人们的认识及相关政策的滞后,农民工领域出现了许多不容忽视的问题,因此,有必要研究农民工的成因、特点和发展过程,提出解决农民工问题的政策措施,使农民工更好地融入城市和实现共同富裕。

一、农民工产生的深层原因

农村劳动力向城市转移,这是世界各国经济发展的必然趋势。然而,中国出现农民工绝不是偶然的,而是有其深层的、特殊的体制原因。

综观世界的近现代史,在西方资本主义发展和工业化过程中,都曾经历大批农村劳动力转移到城市,成为制造业和服务业劳动大军的过程,这是历史的必然,只不过在中国推迟了几百年。在中国近代民族工业发展过程中,虽然也有部分农民进城务工,但由于我国没有经历资本主义充分发展的阶段,工业化又刚开始,因此当时没有形成农业劳动力转化为工业劳动力的高潮。

新中国成立以后,我们长期实行的是计划经济体制和城乡分割的二元结构,特别是户籍制度,把农民固定在土地上不能自由流动。20世纪80年代以来,改革开放战略的实施和市场经济体制的建立,大大加快了工业化和城镇化进程,使大批农业劳动力转移到城市。一方面,工业发展、城市建设需要大批劳动力,吸引了大量农民进城务工;另一方面,由于城乡分割的体制使得转移到城镇的农民不能变为城市人口,因此便出现了户籍在农村、就业在城市的特殊群体即所谓农民工。这种劳动岗位和地点可以自由转移,而户籍不能随之转换的特殊现象,从根本上说是体制造成的。因此,农民工群体的形成,既有工业化、城镇化的普遍性,又有我国深层次体制障碍的特殊性。

二、农民工的特点和定位

在我国,农民是与市民相对应的群体,一般是指居住在农村,从事农业劳动的人口。所谓"农民工",从字面上看,似乎是农民和工人的结合体,而实质上则是指户籍仍在农村,但进城务工和在当地或异地从事非农产业的劳动者。他们是城乡分割,特别是户籍制度二元化形成的特殊群体。

(一)农民工的特点

第一,兼业性。主要从事工业等非农产业劳动,又在一定时段从事某些农业劳动。有的找到工作时在城市务工,找不到工作时回农村务农;有的在农闲时到城市或乡镇企业务工,农忙时回乡务农。这个特点在民工潮起始时期比较明显。

第二,流动性。相对一般产业工人来说,农民工的流动性特别大,不仅在地区之间,而且在各产业之间和工种之间经常流动。这种流动性常常带来了很大的盲目性和不稳定性,形成"民工潮"和"民工荒"交替产生的现象。

第三,分离性。农民工的户籍地和工作地相分离,虽然在城市从事非农产业工作,但户籍仍在农村。这种分离性带来就业环境、权益保护、工资待遇、社会保障、家庭团聚、子女入学,甚至政治地位等种种不平等现象。

第四,技能低。相比较而言,农民工的文化程度较低,职业技能缺乏,转移就业前没有或很少接受过技术培训,多数人从事的是城镇低层次的简单劳动,因而农民工在城市服务性行业中所占比重明显较高。

以上特点反映出农民工既属于产业工人范畴,又有所区别,也决定了农民工相对低下的弱势群体地位。

（二）农民工的定位

从职业分工角度进行理论概括,应给予农民工确切的定位。国务院发布的《关于解决农民工问题的若干意见》,把农民工确认为我国"产业工人的重要组成部分",是中国工人阶级的新成员,是非常正确的。

第一,从数量来看,农民工是一个庞大的劳动群体。据统计,2022年全国进城务工和在乡镇企业就业的农民工总数已达2.95亿人,比上年增加了11万人,增长1.1%。[①]农民工确已成为中国产业工人的重要组成部分。[①]

第二,从工作性质来看,绝大多数进城就业的农民工,已脱离土地,不再从事农业劳动,很少甚至没有农业劳动收入。他们长期在城镇就业,主要依靠工业和其他非农产业获得工资性收入,基本上具备了产业工人的属性。

第三,从农民工的作用来看,农民外出务工,不仅为家庭和农村增加了收入,更重要的是为城市创造了财富,为城乡发展注入了活力,为产业结构调整、国家工业化和建设事业发展做出了重要贡献,体现了工人阶级的特质。

这个定位明确了农民工的产业工人性质和工人阶级身份,有助于提高农民工的政治地位,对于消除对农民工的社会偏见和歧视,维护农民工的合法权益,促进社会和谐稳定具有十分深远的意义。

三、农民工的发展过程和趋势

农民工是我国经济社会转型期的产物,呈现出发展过程的特殊性,具有明显的过渡性特点。因此,对于农民工问题需要认真研究和正确对待,根据经济社会发展的规律,找到解决的合理途径和有效方法。

[①] 中国青年网,2023年4月30日。

（一）农民工的产生与发展

随着社会主义市场经济的发展，城乡二元结构体制的改变，工业化和城镇化的积极推进，农民工的产生和发展大致经历了两个阶段。

第一是起始阶段。少量农村剩余劳动力向城镇非农产业转移，成为城乡劳动力自由流动的先行者。一方面，乡镇企业发展吸纳了一部分当地和外地的农业劳动力，从事非农产业的生产和经营活动；另一方面，城市建设发展也需要增加劳动力，为他们提供了就业岗位，务工收入相对务农收入更高，也吸引了中西部地区的农民进城打工。20世纪80年代末90年代初基本属于这种状况。

第二是发展阶段。大量农村剩余劳动力涌向城市，形成民工潮。城市建设的发展，工业化的加速推进，产业结构的不断优化都需要大量新增劳动力，建筑业、采掘业、餐饮、家政等服务业劳动力紧缺，为农村剩余劳动力转移创造了有利条件。先期进城打工者收入增加的示范效应，也促使大量农民进城务工，转移到非农产业工作，到20世纪90年代中期逐步形成了民工潮。

（二）农民工的发展趋势

就当前和今后一个时期而言，农民工正在并将继续发生三大转变。这三大转变显示出农民工的发展趋势，反映出农民工从萌芽、发展向消失过渡的变化。

一是由亦工亦农向全职非农转变。随着在非农产业务工时间的延长，全职非农的农民工日益增多，与原有城镇职工的差别越来越小。

二是由城乡流动向融入城市转变。农民工在城镇定居的逐渐增多，举家外出的农民工持续增加，不少农民工把家属子女带到城市定居，夫妻双双务工，租房入住，子女就地入学，成为没有城镇户口的城市居民。

三是由谋求生存向追求平等转变。外出务工的农民工，起初主要是为了增加劳动收益，改善生活条件；如今农民工进城务工，不仅为了赚钱，更向往城市现代化的生活方式，对尊重、平等和社会承认有更多的企盼。

四、解决农民工问题的政策措施

农民工已经成为产业工人的重要组成部分，是中国工人阶级的新成员，理应在政治、经济、文化等各个方面享有与城市职工同等的权利和义务。为此，必须切实维护农民工权益，树立权利平等观念，构建有关农民工的政策体系，不断提高他们的社会地位和共同富裕的程度。

第一，树立权利平等观念，公平相待，一视同仁。当前农民工面临的问题很多,诸如工资偏低、劳动时间过长、缺乏社会保障、子女上学和生活居住等存在困难。所有这些问题都是平等权利受到侵害的表现。要解决农民工问题,关键是要破除重工轻农的旧观念,树立劳动者权利一律平等的新观念,确保农民工在政治、经济、文化和社会上的权利平等。

第二,树立和谐劳动观念,合理分配,提高工资水平。农民工进城绝大部分在民营企业务工,他们的工资偏低,明显低于一般城市工人,且被拖欠的情况时有发生,部分农民工劳动创造的价值被非法侵吞。构建和谐劳动关系,核心是要公平正义,实行同工同酬,合理确定和提高农民工的工资待遇,切实解决农民工的社会保障问题,使他们的生活质量能得到改善和提高。

第三,制定农民工权益的保护法。农民工问题不能得到及时妥善解决,一个重要原因就是缺乏有力的法律保障。他们的权益一旦受到侵犯,常常不能得到及时申诉和有效解决。为此,尽快制定农民工权益保护法,做到有法可依,依法办事,用法治来保障农民工的权益。及时解决农民工存在的突出问题,对于加快经济发展和促进共同富裕,以及实现城乡一体化都有重大的现实意义。

第四,废除对农民工歧视和排斥的政策法规。长期城乡隔离的二元体制,造就了一些歧视农民的政策法规,因此也形成了城乡分割的传统观念。积极维护农民工的权益,必须改革城乡分割的二元体制,从根本上废除对农民工的歧视性政策和排斥性法规。一是取消户口迁移限制,实行劳动力的自由流动。二是废除就业歧视,实现劳动平等和竞争上岗。三是废除身份歧视,实现城乡统一的社会保障制度。四是废除教育歧视,实现城乡平等的教育制度。

第五,明确农民工属地的主体责任。农民工问题既涉及农村,又涉及城市,为此,需要明确究竟由谁来承担解决农民工问题的主体责任。从源头上看,农民工来自农村,从农村外出到城市打工,户籍地、输出地有一定的责任。但是一旦进入城市,在城市就业、生活和工作,主要责任就转移到城市,由城市负主要责任。对农民工要实行属地管理,城市的政府、企业、社区都应当从不同角度关爱农民工,帮助他们解决工作和生活中的实际问题,不断满足他们追求美好生活的愿望,逐步提高他们共同富裕的程度。

第十七章
共同富裕的社会保障制度

习近平总书记在党的二十大报告中指出,"社会保障体系是人民生活的安全网和社会运行的稳定器"[①],因而建立和健全社会保障制度,是经济社会发展和实现共同富裕的必然要求。自从确立社会主义市场经济体制以来,我国的经济实力大为增强,用于社会保障的财力显著提高。因此,社会保障逐步实现了城乡一体化和政策与措施上的全覆盖,为缩小贫富差距和促进共同富裕提供了制度保障和开辟了更广阔的发展道路。

第一节 社会保障是经济发展的稳定器

社会保障是我国一项基本的经济制度,充分体现了社会主义制度的优越性。社会保障通过各项具体的保险和救助措施,缩小了人们之间的收入差距,降低了弱势群体的各种社会风险,提高了广大居民的消费倾向和生活质量,因而是加快经济发展和促进共同富裕的基本前提和可靠保证。

一、完善社会保障制度的必要性

社会保障是大生产和市场经济的必然产物,是发展和完善社会主义市场经济体制的重要组成部分。健全的社会保障制度具有发展经济和稳定社会的重要功能,因而是社会文明进步的重要标志,也是社会主义制度优越性的集中体现。

第一,社会保障制度是社会化大生产的产物。在资本主义工业化的初期,由于资本野蛮的原始积累,剥夺了广大农民的土地和财产,迫使他们成为雇佣工

---

① 习近平:《高举中国特色社会主义伟大旗帜 为全面建设社会主义现代化国家而团结奋斗——在中国共产党第二十次全国代表大会上的报告》,人民出版社2022年版,第48页。

人。在资本主义的大生产中,由于劳动强度增大,失业威胁严重,疾病治疗和老年生计等问题都使雇佣劳动者忧心忡忡,迫切需要建立社会保障制度。一方面,由于资本主义社会的矛盾日益加剧,迫使政府采取有效措施来缓和阶级冲突;另一方面,社会化大生产使统治阶级积累起大量财富,因而有能力来改善劳动者的生产和生存条件,因此社会保障制度应运而生。

第二,社会保障制度是市场经济发展的必然产物。一方面,随着市场经济的发展,市场竞争加剧和经济波动加大,必然有部分人要面临失业或贫困,迫切需要得到政府的资助和救济;另一方面,市场经济的发展也促进了生产力水平的提高和物质财富的增加,为建立社会保障制度提供了物质条件。可见,市场经济不仅是社会保障制度产生的直接动因,而且是完善社会保障制度的物质来源和经济基础。因此,在社会主义市场经济下,更要大力发展和健全社会保障制度,为失业者和贫困者提供基本的生活来源,为经济发展和社会稳定创造有利条件。

第三,完善的社会保障制度是社会文明进步的标志。随着经济的发展和人们物质需求的增长,要求完备的社会保障制度来为更高的生活水平提供保障。在社会主义制度中,国民有追求教育、政治、法律等各项权利的意愿和要求。由于社会保障制度为全体人民提供了生活保障,人民都能享有平等接受教育、参与政治决策和得到法律援助的机会,因此整个社会的文明程度得以提高,并成为促进经济发展和实现共同富裕的制度前提。

二、社会保障发挥作用的运行机制

社会保障发挥作用的运行机制主要表现为:首先,通过社会救助、社会保险、社会福利等,对国民收入的初次分配进行调节,以缩小收入差距;其次,通过贯彻货币政策和调节货币的流通量,来稳定消费支出和提高生活水平;再次,通过完善社会保障措施,化解社会风险和提高民众的安全感;最后,提高宏观调控的有效性,为财政政策发挥作用创造良好条件。具体表述如下:

(一)调节收入分配

改革开放四十多年来,我国经济保持高速增长,收入差距也不断拉大,基尼系数居高不下。2012年,我国的基尼系数达到0.474,超过了国际社会的警戒线。收入分配不均表现在城乡、地区和行业三个方面,并有逐步加大的趋势。在经济建设过程中,社会保障制度发挥着调节收入分配、缩小收入差距的作用。在农村的养老保险制度中,参保者可以获得政府的财政补贴,从而提高养老金数额;社会救助制度作为最后一道安全网,通过政府的转移支付,为贫困群体提供生活保障;失业保险制度为失业者提供生活补助和就业扶助;社会福利制度为残疾人、老年人和孤残儿童提供基本生活保障。每一项社会保障制度都提高了困难人群的收入,缩小了社会贫富差距,让全体国民共享经济社会发展的成果。

（二）稳定消费支出

社会保障制度具有稳定居民消费的积极作用,主要体现为:(1)在经济高速增长时期,通过上缴保险费等方式,减少人们手中的货币量,以降低消费欲望和保持消费的稳定。在经济萧条时期,通过发放养老保险金、失业保险金和社会救助金等方式,避免人们陷入绝对贫困的境地,为居民维持正常的消费提供保障。(2)完善的社会保障能降低国民的预防性储蓄,增加消费支出和促进经济发展。当前,居民的高储蓄率抑制了经济发展,导致有效需求不足。(3)完善的社会保障制度,为国民提供医疗、养老、教育等各方面保障,降低了未来的不确定性,减少了预防性储蓄和优化了消费结构,有力地促进了国民经济的平稳发展。

（三）化解社会风险

社会风险是指由于自然、经济以及社会等因素而造成动荡的可能性。社会风险一旦失控,就会演变为社会危机。我国正处于社会转型时期,经济、政治和社会改革导致各种矛盾聚集,使一些深层次问题开始凸显。收入分配领域存在的贫富不均、改革导致的工人失业等,都成为影响经济发展和社会和谐的深层次矛盾。随着改革的深入,社会风险体现出两个特征:一是社会风险的广泛性和联动性。社会风险普遍存在于社会生活的各个方面,而且互相影响,互相推动。二是国民的危机感普遍化。改革压力使得国民普遍高估未来的不确定性,导致不安全感增强。社会风险一旦强化,就会影响和破坏社会的和谐稳定。建立完善的社会保障制度,能极大地提高人们的安全感和幸福指数,降低对未来不确定性的预期。

（四）显示政策效应

按照马斯格雷夫的发展型增长论,在经济由初级阶段向中级和高级阶段发展的过程中,投资总额将不断增长。实践表明,我国财政支出总额不断增加,占国内生产总值的比例不断提高。财政支出分为政府购买和转移支付两种形式,政策效果是否显著取决于国民边际消费倾向的大小。边际消费倾向越大,财政支出的乘数效应也就越大,政府购买和转移支付所取得的政策效果就越明显;相反,就会出现相反的状况,使财政政策的效果减弱或消失。边际消费倾向的大小与社会保障制度有着重要的关系。因此,完善的社会保障制度能促进人们提高边际消费倾向,促使财政政策的乘数效应增大,使其对经济社会的推动作用更为明显。

第二节 社会保障的内涵和实现形式

社会保障制度具有丰富内容,涉及公民生活的各个方面,包括养老、工伤、医疗、失业、生育、贫困和死亡等,为公民在遭遇困境时提供生活保障。社会保障的实现形式包括社会保险、社会救助、社会优抚和社会福利等,它们涵盖了社会保障的主要方面,因而是完善社会保障制度和实现共同富裕的基本途径。

一、社会保障的基本含义

社会保障来源于英文的"social security",也译为"社会安全",是指国家为公民提供的基本生活保障,使公民在年老、疾病、伤残、失业、生育、死亡、灾害、贫困等特殊情况下,能从国家和社会获得基本的物质资料,以维持正常的生活水平。

"社会保障"一词最早出现在1935年美国的《社会保障法》中,将近一个世纪以来,各国政府和学者对社会保障做出了各自的解释。美国《社会工作词典》的解释是:"在美国,'社会保障'指老年人、遗属、残疾人由'健康保险'和'医疗照顾'项目提供的现金补助。在其他国家,这一概念亦包括对全体公民提供的医疗保健待遇和对全体儿童,无论其家长的收入水平如何,提供的现金待遇。"[①]由此可见,美国社会保障的内容主要包括养老保险、医疗保险、生育保险和家庭津贴等。

英国对社会保障内容的界定更加宽泛。英国关于社会保障内容具有代表性的界定,是1942年贝弗里奇在《社会保障与相关服务》中的表述:"社会保障是社会成员在失业、疾病、伤害以及家主死亡、薪资中断时,国家给予生活经济保障,并辅助其生育婚丧等意外费用的保障制度。"[②]英国的《新大不列颠百科全书》认为:"社会保障可以按法庭的命令提供(如对事故受害者的赔偿),也可能由雇主、

---

① Barber, Robert L. (1999) *The Social Work Dictionary*. 4th Edition. Washington D.C.: NASW Press, p.52.
② 贝弗里奇:《社会保险和相关服务》(中文版),中国劳动社会保障出版社2008年版,第73页。

中央或地方政府,或其他半公共或独立的机构提供。"①

综上所述,社会保障是面向全体公民提供基本生活保障或较高层次福利的制度。社会保障制度使公民在遭受各种困境的时候,能维持基本的生活水平。随着国家经济和社会的发展,社会保障制度的内容不断丰富,使人民大众能够共享经济和社会的发展成果,满足他们不断增长的物质和精神生活需要。

二、社会保障的多种形式

我国现行的社会保障制度由社会保险、社会救助、社会福利和社会优抚四个部分组成。社会保障的责任主体是国家,为了维持社会稳定、和谐发展,以及保障人民群众的切身利益,依照法律强制实施社会保障制度。社会保障的资金主要来源于政府、企业和劳动者个人,社会保障实质是对国民财富的再分配,因而是社会公平和共同富裕的重要体现。

(一)社会保险

社会保险是社会保障的核心内容,包括养老、医疗、工伤、失业和生育保险五大部分,其中养老和医疗是社会保险的核心。我国保险制度包括以下几种:

一是养老保险制度。养老保险是国家和社会根据一定法律和法规,为劳动者达到国家规定的年龄界限后,或因年老丧失劳动能力后提供的基本生活保障。我国多层次的养老保险体系包括基本养老保险、补充养老保险和个人储蓄性养老保险制度。基本养老保险由企业、事业单位的基本养老保险和新型农村养老保险组成。基本养老保险实行社会统筹与个人账户相结合的筹资模式。

二是医疗保险制度。医疗保险是为不同人群遭遇疾病时提供必要的医疗服务,或物质帮助的社会保险制度。我国医疗保险体系包括城镇职工基本医疗保险、城镇居民基本医疗保险和新型农村合作医疗保险等。医疗保险费用由国家、企业和个人共同负担。

三是工伤保险制度。工伤保险是针对遭受意外伤害或患职业病导致暂时或永久丧失劳动能力,以及在工作时死亡的劳动者,国家和社会为其本人或遗属提供物质帮助的一种社会保险制度。工伤保险不仅是维护劳动者权益和延续社会劳动力的需要,更是社会生产力和文明程度提高的重要体现,因而越来越受到社

---

① Encyclopaedia Britannica Inc (1990). *The New Encyclopaednica Britannnica*. Chicago, Encyclopaedia Britannica Inc, p.165.

会的关注和重视。

四是失业保险制度。失业保险是指当劳动者暂时失去工作而导致收入中断,且确实在重新寻找就业机会时,国家或社会为其提供的物质帮助,以保障其基本生活的一种社会保险制度。这种保险制度有利于失业人员维持生存、参与培训和获得新的就业机会。

五是生育保险制度。生育保险是为女职工在生育期间提供物质和服务的社会保险制度。女职工生育期间依法享有不少于90天的生育假期,获得一定金额的生育津贴并报销医疗费用。生育保险不仅是维护妇女权益和延续后代的需要,更是社会生产力发展和发扬人道主义的体现。随着社会富裕程度的提高,生育保险的水平也会相应提高。

（二）社会救助

社会救助是维护最低生活水平的社会保障,是社会提供的"最后一道安全网"。社会救助是指国家按照法定程序和标准,向因自然灾害或其他原因而难以维持最低生活水平的社会成员,提供物质帮助或金钱援助,以保障其最低生活需要的一种制度。社会救助通常包括医疗救助、法律救助、教育救助、住房救助和灾害救助等具体制度。城市居民和农村居民的最低生活保障简称"低保",是指城乡居民及其家庭成员,当人均收入低于当地规定的最低生活标准时,国家和政府为其提供基本生活帮助的制度。

医疗救助、法律救助、教育救助、住房救助和灾害救助,均是面向生活贫困群体的具体救助制度。(1)灾害救助是指国家和社会对在遭遇各种自然灾害袭击,并因此陷入生活困境的社会成员给予一定的现金或实物救助,其目的是帮助受灾成员度过特殊困难时期。(2)住房救助包括廉租住房制度和经济解困房制度等,主要以提供住房或货币补贴的形式,为困难群体提供基本生活保障。(3)医疗救助是面向贫困群体,包括五保户、农村低保户、20世纪60年代精简退职职工、突发性贫困人员等。医疗救助模式分为大病救助、常见病为主的救助和两者兼顾三种模式。救助方式包括政策减免和现金支付,以及政策减免、现金支付与服务照顾兼顾等。(4)教育救助是针对贫困家庭的未成年人或高校在校学生,救助形式包括减免学杂费和书本费、发放助学金、奖学金、助学贷款等。(5)法律救助也称法律援助,是指国家对因经济困难无力支付法律服务费用的当事人,减免收费、提供法律帮助的一项司法救济制度。法律援助是政府的责任,也是律师的义务,法律机构应当依法提供援助。

(三) 社会福利

社会福利是更高层次的社会保障形式,它表明一个国家或社会文明的进程和经济发展的状况。一般来说,社会福利分为公共福利、职工福利和特殊福利。(1) 公共福利是面向全体社会成员的,是指国家和社会举办的公益性福利,包括文化教育事业、健身娱乐设施和社会服务等。(2) 职工福利是面向全体职工的,是企事业单位为其职工提供的物质和文化生活补贴,它反映了企事业单位的经济效益和文明程度,因而也是完善企事业单位管理的重要方面。(3) 特殊福利也称民政福利,包括民政部主管的老年人、残疾人和儿童三大部分的社会福利。其中,老年人的福利制度包括高龄老人生活津贴等。农村"五保"供养制度,是面向无劳动能力和无生活来源,又无法定赡养和抚养的老年、残疾或者未满16周岁的村民等(又称"五保户"),国家和政府为其提供生活保障。儿童福利制度包括散居孤儿生活津贴和机构内儿童供养等,也是体现国家富裕和制度优越的重要方面。

(四) 社会优抚

社会优抚是专门面向军人及其家属的,是国家对现役军人、退伍军人和烈属及军属提供的保障制度。社会优抚具有明显的特点:一是优抚对象具有特定性,保障对象是为革命事业和保卫国家安全,做出牺牲和贡献的特殊社会群体。二是这个群体受到党和政府的特别关照。由于这个群体曾经做出过特殊贡献,所以对他们的优抚保障标准更高,明显高于一般的社会保障水平。三是国家财政承担了绝大部分的优抚资金,个人只有在医疗保险和合作医疗方面缴纳一部分费用,因此有稳定和充足的资金来源。四是优抚内容具有综合性,保障内容涉及物质和文化生活的方方面面,体现了党和政府对他们的关怀和照顾。

社会保障的四个组成部分是相辅相成的,它们既有区别又有联系。其中,社会福利与社会救助都是通过采用社会再分配的形式,使受益人的物质生活和精神生活得到改善,同时受益人并不需要承担任何责任。社会救助居于社会保障的最低层次,主要是针对贫困弱势群体的救助,需要通过实际调查确定救助对象。社会福利居于社会保障体系的最高层次,具有普遍性,不需要通过调查来确定受益对象。社会保险强调权利和义务的对等性,受益人需要承担责任,享受社会保险的前提是要依法强制加入社会保险项目,承担缴费义务。在资金的筹集方式上,社会保险采取国家、企业和个人三方承担的方式,而社会福利和社会救助的资金主要是由政府财政或社会团体来承担。在资金分配方式上,社会保险的受益金额按照薪资比例或统一金额计算,而社会福利和社会救助主要按照实际需要费用,或者按照统一的资助标准来支付。社会优抚专门针对军人、军属或烈属,因而在受益上具有特殊性。

第三节　我国社会保障的成就和问题

自确立社会主义市场经济体制以来,我国的养老和医疗等逐步由国家和单位的福利转变为社会保障的内容和形式,逐步从城镇职工走向农村居民,在制度建设上实现了社会保障的全民覆盖。与此同时,由于制度本身存在的限制和缺陷,如城乡分割、流动人群、固定户籍等,实际生活中存在诸多的社保盲区,因此需要通过深化改革才能得到解决。

一、我国社会保障的发展历程

我国社会保障的发展历程,以改革开放为界可分为两大阶段,新中国成立后到改革开放前是国家和单位福利制度的建设阶段,同时也是社会保障制度形成的准备阶段。改革开放以后,随着市场经济的发展和完善,社会保障制度也建立起来,并向着城乡一体化和公平普惠的方向迈进,取得了举世瞩目的伟大成就。

（一）各项保险和福利制度的建设期

改革开放之前,我国各项福利和保险制度的建设,为日后社会保障体系的形成和发展提供了基础条件。这一阶段的制度建设主要表现为三个方面:一是以城镇职工为中心的劳动保险和失业救济制度;二是以军人及其家属为中心的优抚救济制度;三是以孤寡老幼病残者为中心的福利救助制度。正是这三方面制度的建立和发展,形成了我国计划经济时期的福利制度的体系。

第一,在职工的劳动保险和失业救济方面,逐步建立了企事业单位养老、公费医疗、生育保险、失业救济等制度。1949年9月,公布的《中华人民共和国政治协商会议共同纲领》明确规定"逐步实施劳动保险制度",为建立全国性的劳动保险制度提供了法律依据。1950年中央救灾委员会成立,并通过《中国人民救济总会章程》。接着政务院颁布《关于救济失业工人的指示》,劳动部颁布《救济失业工人暂行办法》,开始了面向企业工人的失业救济。1951年2月,政务院颁布《中华人民共和国劳动保险条例》,1953年1月,政务院对这一法规进行修改,规定建立企业缴纳劳动保险各项费用的制度,确立了企业养老保障制度。同时,国家机关工作人员养老保障制度也加快了建设进程。1952年6月,政务院颁布《关于各级人民政府、党派、团体及所属事业单位的国家工作人员实行公费医疗预防的指示》,以国家工作人员为中心开始了医疗保障制度的建设。1954年4月政务院颁布《关于女工作人员生育假期的规定》,1955年发出《国务院关于女工作人员生产假期的通知》,初步确立职工生育保险制度。1962年,针对国家三年困难时期精简的2 000万职工,国务院颁布了《关于精简职工安置办法的若干规定》,建立起主要面向20世纪60年代精简退职职工的特殊救济制度。

第二,在以军人及其家属为中心的优抚制度建设方面,主要对牺牲、病故、残废等军人及其家属提供抚恤,同时给予就业、入学、住房分配等优待。1950年,内务部颁布《革命军人牺牲病故褒恤暂行条例》,同年12月,中央人民政府颁布了《革命烈士家属、革命伤残军人家属优待暂行条例》《革命残废军人优待抚恤暂行条例》。1958年7月,国务院颁布《关于现役军官退休处理的暂行规定》,初步建立了以军人为中心的优抚救济体系。这一阶段除军人外,政府还对其他革命工作人员、民兵等规定了优待待遇,颁布《革命工作人员死亡褒恤暂行条例》《民兵、民工死亡抚恤暂行条例》等。

第三,在以孤寡老幼病残者为中心的福利救助制度方面,主要表现为敬老院、儿童教养院等开设和农村五保户制度的建立。《1956年到1967年全国农业发展纲要》指出,要对农业合作社内缺乏劳动力、生活没有依靠的鳏寡孤独的社员建立保吃、保穿、保烧(燃料)、保教(儿童和少年)、保葬制度,由此开始了我国农村"五保"制度的建设,对"五保"户的供养,采取敬老院集中供养和居家分散供养两种方式。

(二)社会保障制度的形成与发展

改革开放后,我国社会保障制度经历了形成、发展和初步完善三个阶段,"十二五"期间已基本形成了制度上覆盖城乡的社会保障体系,各项制度管理逐步理顺,改革思路更为清晰。对养老和医疗保险制度等进行了深入的改革,构建和形成了合理的费用分担机制,并且出台了《中华人民共和国社会保险法》等,标志着我国的社会保障制度已基本建成。

1978年以后,我国社会保障制度逐步形成。首先在行政管理方面成立了民政部(局),专项负责社会救助、社会福利和社会优抚等事务。其次提出社会保障的概念,明确由政府统一规划社会保险、社会救助、社会福利和社会优抚事业,标志着我国由国家和企业福利,向社会保障制度转变的基本完成。

进入20世纪90年代后,我国各项制度改革力度进一步加大。首先在社会保险方面,1991年6月26日,国务院颁布《关于养老保险制度改革的决定》,要求逐步建立基本养老保险、企业补充养老保险和职工个人储蓄性养老保险,形成了"三支柱"相结合的养老保险制度,实行国家、企业和个人共同负担养老保险费。1998年11月,国务院通过了《关于建立城镇职工基本医疗保险制度的决定》,同年12月,又通过《失业保险条例》。其次在社会福利方面,1991年5月,通过了首部社会保障单行法律《中华人民共和国残疾人保障法》,标志着社会福利法制化的重大进步。1994年,国务院颁布《农村五保供养工作条例》,详细规定了五保户的供养内容。1999年,国务院颁布了《城市居民最低生活保障条例》,标志着社会救助领域的重大突破。2004年,第十届全国人大二次会议通过宪法修正案指出,要建设同经济发展水平相适应的社会保障制度。2018年,党中央在对《中华人民共和国宪法》第十四条做出修改的意见中,进一步规定国家建立健全同经济发展水平相适应的社会保障制度,因而使社会保障成为国家的一项基本制度。

(三)社会保障制度向公平普惠迈进

党的十七大报告首次提出,要"加快建立覆盖城乡居民的社会保障体系,保障人民基本生活"[1]。党的十八大报告明确,建设覆盖城乡居民的社会保障体系是我国"十二五"期间新的社会保障制度的建设目标。习近平总书记在党的十九大报告中提出:"全面建成覆盖全民、城乡统筹、权责清晰、保障适度、可持续的多层次社会保障体系。"[2]同时,习近平总书记在党的二十大报告中进一步提出:"健全覆盖全民、统筹城乡、公平统一、安全规范、可持续的多层次社会保障体系。"[3]

随着各项保障制度的完善,我国社会保障体系的覆盖面不断扩大,覆盖人数不断增多。以社会保险制度为例,到2020年底,随着新型农村合作医疗制度和城镇居民医疗保险制度的实行,我国医疗保险制度覆盖人数已达到13.61亿人。

---

[1] 胡锦涛:《高举中国特色社会主义伟大旗帜 为夺取全面建设小康社会新胜利而奋斗——在中国共产党第十七次全国代表大会上的报告》,新华网,2007年10月15日。

[2] 习近平:《决胜全面建成小康社会 夺取新时代中国特色社会主义伟大胜利——在中国共产党第十九次全国代表大会上的报告》,人民出版社2017年版,第47页。

[3] 习近平:《高举中国特色社会主义伟大旗帜 为全面建设社会主义现代化国家而团结奋斗——在中国共产党第二十次全国代表大会上的报告》,人民出版社2022年版,第48页。

到 2022 年底,城镇基本养老保险和新型农村养老保险的参保总数,已达到 10.5 亿人,我国基本实现医疗保险和养老保险的全覆盖。工伤保险、生育保险、失业保险等的参保人数也不断增加。在"普惠"方面,中央财政加大了对西部地区、对农民参加养老保险和医疗保险制度的补助,坚持精准扶贫、精准脱贫,到 2020 年我国已经实现了农村贫困人口的全面脱贫,贫困县全部摘帽,体现了社会保障的"共济性",实现了全民都能享受的社会保障制度。

二、我国社会保障存在的问题

城乡二元结构不仅是导致社会保障"二元"化的根源,而且因制度内容的不同,导致不同群体、不同区域间社会保障的差距扩大,特别是农村地区、农村居民的社会保障水平低下。因此,需要及时发现问题和正确分析原因,为找到合理解决的途径和方法,奠定基础和创造有利条件。

(一)完善社会保障制度任重道远

首先是历史原因。主要是 1966 年到 1976 年的"文化大革命"对各项制度带来的破坏,导致制度建设停滞甚至倒退。1968 年,内务部被取消;1969 年,财政部发布了《关于国营企业财务工作中的几项制度的改革方案》,规定"国营企业一律停止提取劳动保险金"。大大影响了社会保险资金的积累,企业职工正常的退休退职制度遭到破坏,社会福利、军人优抚安置工作无法正常进行,给社会保障事业的发展带来极大损害。

其次是制度原因。主要表现为:一是企业、个人和政府三方筹资分担机制尚未完善,没有参加社会保险的各类企业,尤其是困难企业,严重影响了社会保障的覆盖面。二是社会保障制度实现正常运行所需的资金缺口较大。仅以养老保险为例,由于没有实行全国统筹,部分地区企业效益不好、经济发展缓慢、养老保险费收缴率低,因此我国养老保险基金缺口较大,极大地影响了养老保险制度的正常运行。三是社会保障基金管理不规范,监督制约机制不健全,实现社会保障基金的保值增值手段单一,挤占挪用现象严重。

(二)城乡统筹需要进一步推进

我国已经在制度上初步形成覆盖城乡的社会保障体系。然而,这些制度在建立时是根据城乡二元经济分别设计和实施的,在保障标准、制度内容和实施方法上存在明显的差别,城乡统筹和融合度相对较低。农村社会保障制度在资金筹集、管理规范等方面远远落后于城市。此外,农村参保人员由于大量迁移至城市,因此无法享用农村社会保障,制度的实际覆盖水平低下,保障享用不公问题严重。从结果看,现行的社会保障制度,一方面还无法覆盖所有国民,另一方面还面临无法享有同样待遇的问题。在城乡二元结构下,社会保障不公的情况将会长期存在。因此,缩小城乡保障标准的差距,消除不同人群在基本保障上的不公现象,是覆盖城乡的社会保障制度必须解决的现实问题。

(三)绩效评价亟须发展和完善

在社会保障领域的绩效评价工作还刚刚起步,仍然很不完善,许多地方没有形成规范的制度。在绩效评价过程中,各项社会保障缺乏科学的评价指标,无法形成全民参与的评价制度。绩效评价工作落后的原因有三个方面:首先,在于自古以来的"中庸之道"思想影响,主张得过且过,不追求尽善尽美;其次,由于"吃大锅饭",忽视经济效率的观念影响,使绩效评价缺乏雄厚的物质基础;最后,在绩效评价工作中缺少经验,没有形成科学的指标体系和管理制度。因此,社会保障的绩效评价亟须改革,要建立科学规范的评价体系,开展严格公正的评估工作,才能促进社会保障制度的发展和完善。

第四节 构建覆盖城乡的社会保障体系

构建覆盖城乡的社会保障体系,是党中央站在城乡一体化的高度,为适应经济社会发展的要求,适应农业现代化、新型城镇化、更高层次工业化和信息化等的需要,提出的社会保障的新目标。因此,完善覆盖城乡的社会保障体系,是党的十九大、党的二十大精神的重要体现,也是完善社会保障制度和促进城乡共同富裕的必然要求和重大成果。

一、覆盖城乡的保障体系的内涵与特征

覆盖城乡的社会保障体系,是指消除城乡分割的二元结构,逐步建立起全国统一的基本社会保障制度,即基本养老和基本医疗制度要覆盖城乡全体居民,工伤、失业、生育保险制度要覆盖城镇所有职业群体,实现人人享有基本社会保障的目标。

(一)覆盖城乡的社会保障制度的内涵

党的十八大提出,要实现覆盖城乡的社会保障体系,确保城乡居民享有平等

的社会保障制度。通过社会保障制度对国民收入的再分配,促进城乡居民收入差距缩小,实现城乡良性互动。在当前阶段,构建覆盖城乡的社会保障体系,并不是要求城乡居民享有完全相同的社会保障待遇,而是要按照权利和机会公平的思路和循序渐进的原则,在城市和乡村逐步建立起覆盖全社会的社会保障体系,使其具有多层次的保障水平、多样化的保障形式、现代化的管理方式等。城乡各项保障制度之间要建立衔接机制,随着经济和社会的发展,最终建成与我国经济水平相适应的社会保障体系。

(二)覆盖城乡的社会保障体系的特征

构建覆盖城乡的社会保障体系,要求消除城乡分割的二元结构,促进各种保障项目均衡发展,最终形成城乡统一的保障制度。在保障水平上,要与城乡的经济发展相适应。在保障资源上,要在城乡之间公平分配和合理配置。在保障运行上,要使城乡的保障方式、保障服务和管理水平逐步趋向一致。

1. 保障体系的城乡一体化

保障体系城乡一体是指在政府的主导下,对社会保障体系进行整体规划、协调运作。不管是城市还是农村,都要建立和健全基本养老保险制度、基本医疗保险制度、失业保险制度、工伤保险制度和生育保险制度,确保全国居民均享有全面的社会保障。要全面建设城市居民最低生活保障和农村居民最低生活保障制度,为城乡居民构建统一的安全网。此外,要建立和健全覆盖城乡的社会福利和社会优抚制度。

城乡一体的保障体系建设可分为三个阶段。第一阶段是建立城乡统一的社会保障项目。城镇居民享有的社会保障项目要向农村推广,建立城乡统一的总体框架,将全体国民都纳入社会保障体系。在统一的社会保障框架下,保障水平可以根据当地的经济情况,具有一定的层次性。在经济发展水平和消费水平比较高的地区,缴费额度和资金发放标准可以高些;反之,在经济水平和消费水平比较低的地区,缴费额度和资金发放标准可以低些,使社会保障水平与经济发展水平相匹配。第二阶段是完善城乡一体的管理制度。社会保障体系建立之初,城乡之间、地区之间管理水平不一致,国家要大力支持欠发达地区社会管理水平的提高,使城乡的管理水平逐步达到一致。第三阶段是社会保障标准逐步走向一致,建成城乡统一的、高水平的社会保障体系。

2. 保障对象的全面覆盖

现阶段,我国在制度上基本实现了社会保障的全覆盖。在养老保险方面,建立了城镇职工基本养老保险、城镇居民养老保险和新型农村养老保险等。在医疗保险方面,建立了城镇职工基本医疗保险、城镇居民医疗保险和新型农村合作医疗等。但在实际生活中,社会保障的制度盲区还有许多,根源在于人口流动化与制度属地化的矛盾。为此,保障对象不仅要在制度上达到全覆盖,更须在实际享用上达到全覆盖。要建立面向城乡全体居民的、多层次的社会保障体系,改变有些居民无法真正享用社会保障的现状。关于工伤保险、生育保险、失业保险等社会保险项目的覆盖面还有待拓宽。在社会福利制度方面,要改变目前只覆盖"三无"老年人、机构内儿童、散居孤儿,以及部分残疾人的"补缺型"社会福利现状,逐步建成覆盖全体老年人、儿童和残疾人的社会福利制度。

3. 保障水平的适度可行

保障水平适度可行是指社会保障要与经济协调发展。社会保障水平既不能落后于城市化和工业化的进程,也不能超越城市化和工业化的发展水平。社会保障体系建设应服从并服务于经济社会的发展,成为经济社会发展的有力保障,而不能成为经济社会发展的不利障碍。社会保障的内容和水平要与经济发展的水平相匹配,这是我国社会保障体系建设的基本原则,也是检验社会保障的发展是否适度的重要标准。

4. 保障方式的公开公平

社会保障的提供方式,包括实物形式、服务形式、货币形式等,要实现给付和传递方式的多样化,以满足人们日益增长和不断丰富的保障需求。我国要不断加强和完善社会保障制度建设,按照基本公共服务均等化的要求,做到社会保障的服务和传递公平、公正、公开,使社会保障在不同群体、不同地区、不同行业之间合理分配和协调发展,逐步消除城乡差别、地区差别和行业差别中存在的不平等现象。

5. 管理运行的科学高效

管理运行科学高效是指在社会保障体系建设中,要达到"保基本、广覆盖、有弹性、能转移、可持续"的要求,健全绩效评估和效能监测制度。绩效评估和效能监测是社会保障制度建设的重要组成部分。我们要用群众的观点、发展的观点和全面的观点,来看待和评估社会保障制度中的各项工作。做好社会保障中的绩效评估和效能监测工作,有利于提高社会保障制度的公平性和有效性,能及时发现存在的问题,并加以改进和完善。

二、健全社会保障体系的手段和方法

健全覆盖城乡的社会保障体系是一项系统工程,我们要坚持立足当前、着眼长远、统筹城乡、整体设计、分步实施、配套推进,进一步完善社会保障体系,以保障全体国民的根本利益。各项社会保障项目之间要有效衔接,在适当时机进行城乡社会保障制度的并轨工作,逐步提高社会保障的管理水平,以形成有效的监督考核机制。

（一）城乡社会保障项目的有效衔接

健全覆盖城乡的社会保障体系,必然要求实现城乡社会保障项目的有效衔接。城乡社会保障体系的制度衔接包括以下几个方面：(1)在城乡基本养老保险方面,要实现"统账结合"模式的对接,"新农保"的个人缴费和集体补贴形成个人账户,财政补贴形成统筹账户,要与城镇职工基本养老保险形成相同的账户体系,实现养老保险在城乡之间和地区之间的转移和接续。(2)在城乡医疗保险方面,要探究城镇职工医疗保险、城镇居民医疗保险和新型农村合作医疗,在缴费年限、待遇标准和身份转换、住址变迁时的衔接关系。要提高统筹层次,实现省外就医的有效衔接。(3)在社会救助方面,对于符合"低保"条件的农民工,要实现由农民工转为城镇户籍,并享受城镇"低保"的转换衔接等。

（二）构建覆盖城乡的管理体制

健全覆盖城乡的社会保障体系,必然要求建设高效的行政管理体制。首先,国家要成立最高层次的社会保障管理机构,统一对全国社会保障进行管理与协调,改变"政出多门"的状态。其次,要加强社会保障管理部门和经办机构的能力建设,实现社会保障部门和经办机构的规范化、信息化和专业化管理,不断提高社会保障部门的服务水平。最后,要健全社会保障部门的监督考核机制,构建完善的绩效评价和效果监测制度,特别是要加强对社保金账户的监管,确保社会保障资金的安全运作。

（三）逐步提高社会保障的标准

党的十六大以来,我国各项社会保障标准随着经济的持续快速发展而逐步提高,初步实现了让人民群众共享经济社会发展成果的目标。然而,我国人口多、底子薄,各地经济水平差别较大,因此提高社会保障标准必须坚持"保基本"的方针,积极发挥公共财政转移支付作用,缩小各地社会保障水平的差距,建立社会保障标准与物价、宏观经济指标、工资水平等的联动机制。具体来说,当前亟须提高的社会保障标准包括：提高企事业单位退休人员养老金水平，实现企事业单位和机关养老金标准之间的平衡；提高职工医疗保险、新农合和居民医疗保险的最高支付限额；提高失业保险待遇，发挥失业保险预防失业、促进就业和保障失业者生活的作用；提高工伤保险待遇标准，建立预防、康复和补偿为一体的工伤保险体系；提高生育保险待遇标准，促进优生优育；提高社会救助标准，保障贫困人群的生活水平等。

第十八章
共同富裕的乡村振兴

习近平总书记在党的二十大报告中指出:"坚持农业农村优先发展,坚持城乡融合发展,畅通城乡要素流动。加快建设农业强国,扎实推动乡村产业、人才、文化、生态、组织振兴。"①这就为乡村振兴提出了总体要求并指明了前进方向。中国是一个农业大国,农业、农村、农民即"三农"问题具有极端重要性。要认真总结农村集体化的经验教训,探索一条中国特色的乡村振兴道路,是实现中国式现代化和共同富裕的重中之重。

第一节 农村集体所有制的形成和发展

新中国成立后,根据马克思主义关于农业合作化的理论,结合我国农村的具体实际,党领导农民走上了合作化的道路,建立起农村的集体所有制。这一历史性变革,有力地推动了农村经济发展和农民生活水平提高,这是中国农民走社会主义道路取得的伟大胜利。在这期间,从理论到实践都经历了一个摸索和创新的过程,为加快农业现代化和农村共同富裕奠定了制度基础并创造了有利条件。

一、经典作家关于农村合作化的理论

如何正确对待数量巨大的农民,是新中国成立后面临的重大问题,因此需要正确的理论指导和艰苦的实践探索。马克思主义经典作家十分关注如何引导农民走社会主义道路的问题,他们提出的基本理论观点可以概括如下:

---

① 习近平:《高举中国特色社会主义伟大旗帜 为全面建设社会主义现代化国家而团结奋斗——在中国共产党第二十次全国代表大会上的报告》,人民出版社 2022 年版,第 31 页。

（一）小农经济的性质

列宁认为农民是一个特殊阶级：他们既是劳动者又是私有者，"是单独的小业主、小私有者、小商人"[①]。马克思在总结巴黎公社教训时说过，巴黎工人阶级没有得到农民的支持是失败的主要原因之一。俄国十月革命的胜利，就是建立了牢固的工农联盟才取得的。中国革命的胜利，也是由中国共产党的正确领导，依靠广大农民的支持，走农村包围城市道路而取得的。对小农经济的定性和对农民是劳动者的定位，是社会主义初级阶段制定"三农"政策的出发点和立足点，也是取得中国特色社会主义胜利的基本前提和可靠保证。

（二）不能剥夺小农

对小农占有的土地等生产资料不能剥夺，这是马克思主义对待小农的基本思想。恩格斯在《法德农民问题》中指出："当我们掌握了国家权力的时候，我们决不会考虑用暴力去剥夺小农（不论有无报偿，都是一样），像我们将不得不如此对待大土地占有者那样。我们对小农的任务，首先是把他们的私人生产和私人占有变为合作社的生产和占有，不是采用暴力，而是通过示范和为此提供社会帮助。"[②]这是因为：其一，小农占有的土地和农具是必备的劳动资料和劳动工具，剥夺其基本的生产条件，必然会破坏农业生产和农村经济。其二，土地和农具等生产资料也是农民赖以生存和生活的基本保证，是农民的命根子。其三，土地和农具等生产资料的所有权就是农民的生存权，是维护农民群体主体地位的经济基础，也是巩固工农联盟的根本保证。其四，农民占有的土地和农具等私人财产，是农民参与土地革命取得的胜利成果，是农民祖祖辈辈艰辛劳动的积累，同大地主用剥削占有土地和财产有本质区别，因而不能用暴力剥夺，只能走合作化道路。

（三）股份合作制

股份合作制是引导农民走合作化道路的最好形式。恩格斯在《法德农民问题》中十分赞赏股份合作制，主张"应当把自己的土地结合为一个大田庄，共同出力耕种，并按入股土地、预付资金和所出劳力的比例分配收入"[③]，在此基础上，逐步扩大劳动的分配比例，最终过渡到共产主义。根据这个设想，在我国可以把农村集体经济搞成土地联合、资金联合和劳动联合相统一的股份合作制，这是在

---

① 《列宁选集》第4卷，人民出版社2012年版，第67页。
②③ 《马克思恩格斯选集》第4卷，人民出版社2012年版，第370页。

农村改革中，构建新型集体经济的发展方向和适用模式。

（四）合作互利原则

农业合作化必须遵循合作互利原则，让农民看到合作化的好处和利益。国家还要在政策和财政等方面提供帮助、引导和支持。由于农业受自然灾害的影响很大，因此更要加强农业保险工作。列宁在十月革命胜利后，及时制定了新经济政策，把余粮征集制改为粮食税，实行工农业产品的等价交换，取得了恢复经济和巩固政权的积极成效。因此，按照商品经济和价值规律的要求，在农村建立生产合作、供销合作、信用合作等合作经济，具有广阔的发展前景。

（五）农业机械化

农业合作化要与机械化、现代化相互结合、相互促进。中国的农业合作化要与社会主义工业化相适应，把个体私有制改变成集体所有制就是要改变生产关系，以促进农业生产力发展。而作为新生产关系的集体所有制，只有建立在新的生产力基础上，才能得到巩固和发展，并要适应社会主义工业化的要求，更好地发挥农业在国民经济中的基础作用。归结起来，可以把马克思主义经典作家的合作化理论，概括为互助互利，合作共赢。

二、中国农村合作化道路的实践

在中国，以马克思主义的农业合作化理论为指导，从 20 世纪 50 年代开始，经历半个多世纪的实践，我们不断总结经验教训，终于找到了符合国情的农业合作化道路，建立了中国农村的集体所有制经济。

在新中国成立以前，早在第二次国内革命战争时期，农业生产的互助合作就开始萌芽。在抗日战争时期的革命根据地和敌后游击区，在减租减息的基础上，农业生产互助合作运动得到了比较普遍的开展。在第三次国内革命战争时期，完成土地改革较早的地区，在自愿互利的原则下，农业生产的互助合作已得到较大规模的发展。在解放战争末期，一些基础较好的互助组已经提出了发展农业生产合作社的要求。

新中国成立，标志着民主革命的结束和社会主义革命的开始。在社会主义革命初期，毛泽东和党中央制定了党在过渡时期的总路线和总任务，即逐步实现国家的社会主义工业化，实现对农业、手工业和资本主义工商业的社会主义改造，建立社会主义经济制度。在我国农村完成土改以后，党和政府按照自愿互利原则，积极领导农民走互助合作道路。1951 年参加农业生产互助组的农户占总数的19.2%,并产生了超过300个农业生产合作社。1952年农业生产互助合作运动发展很快,当年参加互助合作社的农户已占总数的近40%。1953年春各地农业生产合作社已发展到一万多个,并从个别试办发展到普遍试办。到1955年上半年,农业生产合作社发展到65万个以上。这时许多地方不再是一个一个地建立农业生产合作社,而是整村、整乡一片一片地建立。

当时,党内有的领导同志认为农业合作化走快了,超过了群众的觉悟水平和干部的掌控能力,不利于健康发展。因此,对不符合条件的农村,解散了超20万个合作社。就在这个时候,毛泽东在党的省委、市委和区委书记会议上作了《关于农业合作化问题》的报告,阐述了农业合作化的理论、路线、方针和政策,认为"目前农村中合作化的社会改革的高潮,有些地方已经到来,全国也即将到来"[①]。毛泽东的报告和决议传达到全国以后,很快掀起了农业合作化的高潮。到1956年6月底,全国入社农户达到1.1亿多户,占总数的91.1%,其中高级社的农户达到7600多万户,占总数的63%。接着,经过扩社、并社和初级社转高级社,到1956年底,参加合作社的农户已占总数的96.3%,其中参加高级社占87.8%。从1951年算起,仅用6年时间,我国农村就基本完成了生产资料所有制的社会主义改造。[②]

从整体来说,在一个几亿人口的大国中比较顺利地实现了如此复杂、困难和深刻的社会变革,促进了农业和整个国民经济的发展,的确是伟大的历史性胜利。但是,由于发展速度过快,工作不够深入细致,对后来农业合作社的发展带来不少后遗症。

三、农村人民公社的积极成果和深刻反思

1958年8月,毛泽东主持制定了中共中央《关于在农村建立人民公社问题的决议》,掀起了人民公社化运动的高潮,只用了几个月的时间,在全国范围内基本实现了人民公社化。到1958年12月底,全国74万个农业生产合作社已经改组成为2.6万个人民公社。参加公社的农户达1.2亿户,占全国农户总数的99%以上。[③] 在人民公社体制下,我国的农业生产业取得了较大的发展,据国家统计部门的资料,仅从1965年至1978年,全国粮食产量就由19 452万吨增至

[①] 《毛泽东文集》第6卷,人民出版社1999年版,第418页。
[②] 苏星:《我国农业的社会主义道路》,人民出版社1976年版,第58页。
[③] 周恩来:《伟大的十年》,人民出版社1959年版,第36页。

30 475 万吨,13 年的时间内增长了 56.7%,年均增幅达 3.5%。尤其是 1975 年以后出现了加快的趋势,1978 年比上年增长 7.8%,1979 年比上年增长 9%,基本上解决了农村的温饱问题。我国各地依靠人民公社的集体力量建立了许多大型水库和兴修了农田水利设施,为农业发展提供了物质基础、创造了有利条件。

从 1958 年人民公社化到 1984 年人民公社解体,历时 26 年。人民公社化运动和所谓的"大跃进"运动相结合,也带来了许多后遗症,特别是高度集中的计划管理和平均主义的分配制度,伤害了广大农民的生产积极性和创造性,影响了农业生产的健康发展。这些都应该引起我们的反思。

第一,必须从国情和实际出发,农村合作化不能操之过急。中国是从半殖民地半封建社会经过新民主主义革命,过渡到社会主义初级阶段的。农民占人口 80%,底子薄,生产力低,不同于资本主义发达国家的国情,应按照现有的生产力水平和农民的觉悟程度,有计划和分阶段地稳步推进农业合作化。原来计划用 15 年时间才能完成的农业合作化,结果仅用了 6 年就基本实现了。特别是人民公社化运动使农村的公有程度提高过快和"一刀切"急于求成的做法,明显违背了客观的经济规律和农民的主观意愿,以至于留下了许多缺陷和隐患,使农业、农村、农民即"三农"问题,成为现代化建设中的一个"短腿"和"短板"。

第二,必须遵循生产关系适合生产力发展的规律,不能搞穷过渡。中国农村当时处于自然经济状态,基本用手工工具劳动,这种落后的生产力状况决定农村只能搞低级形式的合作经济组织,决不能过度追求"一大二公",搞脱离实际的主观冒进。1958 年 8 月到 12 月掀起的人民公社化运动,使农业生产合作社"升级"为人民公社。供销合作社与国营商业合并为一个商业行政机构,信用合作社"升级"成为人民银行在农村的基层机构,因而打乱了农村生产、供销、信用等的集体所有制的合作体系。这就使生产关系变革超过了生产力发展水平,使农村集体经济受到不利影响,这是应该吸取的深刻教训。

第三,必须坚持按客观经济规律办事,不能搞脱离实际的主观主义。在社会主义初级阶段,搞人民公社化是超出了生产力发展水平和广大农民觉悟程度的,因而是违背经济发展规律的。在掀起人民公社化运动中,有些人认为,人民公社是建成社会主义和向共产主义过渡的最好组织形式,甚至认为在中国,共产主义的实现已经不是什么遥远的事情。这显然超越了社会主义初级阶段的现实,结果只能是欲速则不达。由于人民公社运动脱离了中国的国情和当时的实际,违背了生产力决定生产关系的基本经济规律,因此中国的发展走了弯路和受到了惩罚。

第四,必须坚持农民的主体地位,不能脱离农民的切身利益。人民公社实行政社合一的经济体制,实际是要把集体经济变成国有经济的组成部分,产生了公有化程度过高和行政命令过多等问题,直接影响和伤害了农民的切身利益。这样的做法显然脱离了农村实际和农民的觉悟程度,因而是导致人民公社最终解体的根本原因。农民是集体经济的主人,在农村要以农民为本,要相信和依靠农民,尊重和保护农民的切身利益,反对脱离实际、脱离农民的主观主义、形式主义、官僚主义。历史经验表明,只有把马克思主义的普遍真理与中国农村的实际紧密结合,才能走出一条中国特色社会主义的合作化道路。

第二节　改革和完善农村的集体所有制

新中国成立以来,农村合作化经历了曲折的发展过程,取得了从互助组、初级社、高级社,再到人民公社的宝贵经验和深刻教训。第十届全国人民代表大会第二次全体会议通过的《中华人民共和国宪法》规定:"农村集体经济组织实行家庭承包经营为基础,统分结合的双层经营体制。"[1]这是总结农村集体经济发展的产物和结晶,为其持续健康发展确定了制度框架和前进方向。

一、农村集体所有制经济的主要特点

《中华人民共和国宪法》规定:"农村中的生产、供销、信用、消费等各种形式的合作经济,是社会主义劳动群众集体所有制经济。参加农村集体经济组织的劳动者,有权在法律规定的范围内经营自留地、自留山、家庭副业的饲养自留畜。"[2]根据国家颁发的法律法规,我国农村集体所有制经济有以下特点:

（一）自愿互利的劳动联合和资金联合

农村集体经济组织包括农业生产合作社、农业专业合作社、规模经营的家庭农场、土地股份合作社等,也包括农业供销合作社、信用合作社和农村合作金融组织,农产品生产、加工、运输、销售等产前、产中、产后一体化经营的企业。它们有些是以劳动联合为基础的集体组织,有些是劳动联合和资金联合相结合的集

---

[1][2]　《中华人民共和国宪法(节录)》,中国法制出版社 2012 年版,第 43 页。

合体。在自愿互利基础上以家庭经营为主的市场主体,是能适应社会主义市场经济发展,推进现代农业、建设新农村和新型城镇化的集体经济组织。这种互利合作的集体经济组织是与我国的生产力水平和农民的觉悟程度相适应的,因此它将成为我国农村经济长期稳定发展的基本组织形式。

(二)按份共有与集体所有相融合

农村集体所有制的经济组织,在改革开放中不断创新和发展。随着社会主义市场经济体制的建立和健全,城乡集体所有制经济逐步成为以集体资本控股、多种资本参股的混合所有制。

在经济发达地区的农村,以土地承包经营为基础的集体经济,与农产品加工企业合作,与商贸企业合作,并同信用社、村镇银行、农商行等建立资金联系,已演变为按份共有与集体控股相融合的混合所有制企业。在经济发展的农村地区,农户以承包土地入股发展适度规模经营,与农业机械服务组织合作,与农业产业化经营企业联合,实现产前、产中、产后一体化经营,以增加农产品附加值和提高农民收入。有些村镇集体经济按照规划,将经营性建设用地入股,参与第二、第三产业生产经营,成为混合所有制企业的成员,为增加农民收入、发展农村经济发挥了积极作用。

(三)农村集体经济的多种实现形式

经过不断探索,农村集体经济建立了以家庭联产承包责任制与社会化服务相结合的双层经营体制,以服务农业、农村和农民的行政机构,与流通领域的供销合作社和服务农业的信用合作社,形成了农村集体所有制的合作经济体系。

从生产领域来看,既有家庭联产承包责任制的农业生产合作社、农业专业合作社、农民土地入股的股份合作社、适度规模经营的家庭农场等,又有手工业和工业合作社、城镇集体合作经济,包括集体控股集团、由集体资本控股的混合所有制企业,还有集体(合作)性质的建筑业、交通运输业、农产品加工业等合作经济组织。

从流通领域来看,既有全国到省、市、自治区的供销合作总社或联社,又有乡、镇到村的基层供销合作社;既有集体性质的信用合作社,又有农村集体性质、混合所有制性质的村镇银行、农村商业银行;既有服务业的农村合作经济的农家乐,又有集体性质的农业(村)旅游公司。

以上形式多样的集体所有制经济,作为市场主体,独立经营,自负盈亏,有利于农村剩余劳动力的就业和创业,以满足广大农民的生产和生活需要,也有利繁荣城乡经济和加快现代化建设,以提高农业生产力和促进共同富裕。

二、发展和完善家庭联产承包责任制

在习近平新时代中国特色社会主义思想指引下,要坚持农村集体经济的发展方向,贯彻农业农村优先发展的战略方针,为加快农业现代化和实现共同富裕而努力奋斗。由于我国农业生产力水平不高,农业劳动者的文化素质较低,农业技术装备和管理能力较差,因此现有的农村集体经济及其管理制度还需要在家庭联产承包责任制的形式下得到巩固、发展和完善。

(一)农业生产的适度规模及其效益

由于规模经营会带来规模效益,因此农业的适度规模化是完善以家庭为基础的经营方式的关键。为了推动和加快农业和农村的发展,我们要以改革创新为动力,以发展多种形式的适度规模经营为核心,以构建现代农业经营体系、生产体系和产业体系为重点,推动农业发展方式由数量、外延型向质量、效益型转变,以确保国家粮食安全和农民持续增收。首先,要尊重农民意愿,保障农民权益,发挥农民的主体作用。其次,要以市场需求为导向,调整农业结构,围绕农民分享增值收益,促进"种养加运销结合""第一、二、三产业融合",拓展农民增收空间。最后,要加快农业科技进步,强化生态环境保护和资源要素节约、集约、循环利用,以提高农业综合生产能力和规模经营效益。

(二)鼓励土地流转和发展规模经营

农户承包土地流转是发展农业规模经营的前提条件,但又必须以提高农业劳动生产力、转移农业剩余劳动力并在城镇就业落户为基础。深化农村改革,要发展农村合作经济,鼓励家庭承包经营土地向专业大户、家庭农场、农民股份合作社、农业企业流转,扶持发展规模化、专业化、现代化经营。要建立由集体经济控股、具有混合所有制性质的农业合作社,有效扩大规模经营的范围和程度。国家要允许财政项目资金直接投向符合条件的生产合作社,允许财政补助形成的资产转交合作社持有和管护,允许合作社开展供销合作和信用合作。鼓励和引导工商资本到农村发展合作化经营的现代种养业,向农业输入现代生产要素和经营模式。特别是要保障集体组织成员的利益,积极发展农业的股份合作制,赋予农民拥有占有、收益、退出,以及抵押、担保、继承的权利。

(三)建立收益与效率挂钩的分配制度

农村集体经济的收入分配,既要坚持按劳分配为主体,又要贯彻按要素分配为辅的方针,两者的有机结合有利于调动农民的生产积极性。

农村集体所有制的合作经济,要采取按劳分配与按要素分配相结合的方式,使生产成果与经营效率直接挂钩。其中包括,要做到独立核算,自负盈亏,根据劳动投入取得劳动报酬,按照土地份额、资金投入、技术等生产要素给以相应的收入,以改变单一的按劳分配做法。与经营效率直接挂钩的分配制度,有利于调动合作社集体和个人的积极性和创造性。合作社要提取一定的积累基金用于扩大再生产,提取一定的福利基金,为社员缴纳养老保险和医疗保险基金,并为老弱病残的农民设立救助基金,为做好扶贫解困工作发挥积极作用。

随着农村改革的深化,以上特点,还将不断丰富。要按照农业市场化和现代化的要求,立足世情、国情、农情,全面实施农业可持续发展战略,走出一条中国特色社会主义的农村合作化道路。

三、更新发展理念,促进生态农业

半个多世纪以来,全世界以石油能源为特征的现代农业,取得了长足发展。但是,利用石油的自然力污染了生态环境,而且耗费的能量往往超过产出的农产品,因而造成的危害性十分显著。因此,我国的农业发展要以不破坏生态环境为前提,就必须使石油农业转变为生态农业,走出一条可持续发展的新路来。

(一)何为生态农业

生态农业的概念最早由美国的威廉姆提出,其基本含义是在生态上能自我维持、自我循环,低投入、高产出、少污染,在经济上有生命力,在环境伦理及审美方面可以被世人普遍接受的农业系统。具体包括:(1)强调农业生产力的持续提高,必须建立在合理利用经济资源和保护生态环境的基础上;(2)它是按生态工程原理组织起来的、能促进生态环境与农业经济实现良性循环的技术体系。因此,生态农业本质上在于形成一个社会效益、经济效益和生态效益高度统一的环境系统,以不断提高农业生产力和实现农业的可持续发展。

根据地少人多和经济不发达的国情,我国发展生态农业的目的是从根本上解决人们对美好生活的需求与人口、资源、环境方面的矛盾。要加快国民经济发展,必须实现两个根本转变,即由粗放型向集约型转变和由计划经济向市场经济转变。前一个转变是要提高生产力,后一个转变是要完善生产方式。农业是整个国民经济的基础,因此实现农业的两个根本转变更为重要,是我们必须优先解决的重大课题。

（二）保护好生态农业的环境系统

第一，要保护好生态环境的基本要素，即土壤、净水和新鲜空气，为生物的生存和发展提供优越的外部条件。目前，我国实际人均耕地只有世界平均水平的 1/3，人均水资源 2 400 立方米，不足世界平均水平的 1/4；人均能源也达不到世界的平均水平。

第二，保护自然生态系统的支柱——森林尤为重要。森林本身是一个绿色水库，能优化自然环境中的水循环；它又是地球的"肺"，吸收二氧化碳放出氧气，以调节大气和气候；它还荫护土壤，使水土不流失。但是从历史上看，农业的建立和人口的发展是和毁林开荒连在一起的，并且一直延续到现代。

第三，为了保护生物生命系统，要求我们自觉地保持物种的多样性。因为保持物种的多样性，就能运用生态食物链循环规律，以增加生物量，从而提高生物资源的利用效率。为此就要求提高农业的科技投入和农业劳动者素质。要保护生物的多样性，相应的农业也要多样化。

第四，广义的农业应包括林业、种植业、牧业、渔业和副业等。在各业的相互关系中，林业是支柱产业。没有林业就会水土流失、土地荒漠化、农田草场被毁、江河湖泊被淤，也就毁掉了种植业、牧业和淡水渔业。可见，保护生态环境和生物生命系统，有利于运用生物自身的循环规律，促进农业生产的发展。

（三）生态农业由粗放型向集约型转变

第一，建立资源价值体系，以调整不合理的价格体系。对资源损耗必须进行投入性补偿，彻底改变过去那种"产品高价，原材料低价，环境资源无价"的不合理局面。我们必须重新定义传统经济核算中所谓的"利润"部分，从中分割出一部分作为对"环境资源转移"或"环境资源折旧"的补偿，即作为这种资源的价格。生态环境资源的价格应包括资源损耗量、治理污染的成本和污染造成的损害。由于确立了资源的合理价格才能真正反映资源的稀缺性，因此，合理调节资源的供求关系可有力地遏制农业生产片面追求产量而对资源的不节制攫取的现象，使环境资源的开发与保护、损耗与再生并重，促进农业生产从资源密集型向质量效益型转变。

第二，建立支持生态农业发展的技术体系，依靠科技进步对传统农业和乡镇企业进行改造和创新。以低投入、低消耗、低污染、高效率、高产出、高收益的资源节约型农业增长方式，调整产业结构，实现农、林、牧、副、渔的协调发展，调整能源利用结构，开发天然气、太阳能等清洁能源。技术体系包括：（1）节能型技术；（2）节水型技术；（3）节肥型技术，使有机肥与无机肥相结合，提高肥效利用率;(4)节地型技术,开发立体种植和立体养殖;(5)节时型技术,发展间套复种,充分利用光热水土;(6)环境保全型技术,主要是水土保持、农田污染防治、土地沙化治理和生物多样性保全技术;(7)高效型技术等。

(四)深化生态农业的体制改革

加快农业的市场经济体制改革,健全发展生态农业的法律法规体系。我们不仅要使农业由破坏生态型向发展生态型转变,以提高农业生产力,而且要通过改革旧的农业体制,来完善生产关系。具体来讲,就是要由不能保护环境、束缚农业生产力的旧体制转变为保护环境、促进农业生产力发展的新体制,即建立社会主义市场经济体制。

一方面,市场经济要求提高农业生产力,从而将更多的剩余产品转化为商品,扩大市场范围。另一方面,高度的农业生产力和农产品的商品化又使农民富裕起来,有能力大量购买工业产品,从而使市场得以更加繁荣。这里要解决几个问题:(1)农产品的价格。市场经济的内在机制是价值规律,它表现为外在的价格运动。如果农产品的价格过低,则不仅会挫伤农民的生产积极性,影响农业生产发展,而且会造成虚假的工业利润,阻碍工业生产力提高。(2)农业的生产资料价格。在市场经济中,农业生产资料的价格也不应人为压低,当化肥、农药上涨到合乎价值规律的价格时,人们就会设法使用有机肥并推广生物治虫,有利于生态型农业的发展。(3)生态农业的发展规划。将发展生态农业全面纳入国民经济和社会发展规划,按市场化原则建立多样化、科学化、合理化的生态农业,如山地生态农业、水体生态农业、庭院生态农业等,并将高新技术融入生态农业建设中,形成有中国特色的"生态农业＋生物技术＋计算机控制＋农工贸一体化"的生态农业发展模式。

第三节　改革和完善农村土地的流转制度

土地是农业最基本的生产资料,又是农民最重要的集体资产,因此提高农村土地的利用效率,是解决"三农"问题的根本。我们要在坚持农村基本经营制度,维护农民土地权益的基础上,采取农村土地"三权"分置的方法,通过促进和加快土地流转,来发展农业规模经营和壮大集体经济,以提高农村土地的配置和利用效率,更好地实现乡村振兴战略和促进农村的共同富裕。

一、农村土地流转的必然性

在深化农村经济体制改革和实现农业现代化的进程中,加快农村土地流转是农业规模化、现代化经营的迫切需要,是新型城镇化发展的客观要求,也是农业经营体制创新的必然结果。

第一,土地流转是现代农业发展的迫切需要。现代农业要求专业化、标准化、规模化生产,对集约化、节约化、品牌化也有更高的要求。现在市场上对农产品质量和安全的要求也越来越高,只有运用现代科学技术,规模化经营才能解决。如果继续在零星的土地上分散耕作,那就连机械化也很难发展,先进的科学技术更难以应用。所以,现代农业的专业化、规模化必然要求土地的合理流转。

第二,土地流转是城镇化发展的客观要求。随着城镇化的发展,农村大量剩余劳动力转移到城镇就业。据国家统计局报道,2022年全国农民工总数已超2.9亿人。农村劳动力大量流动,农户兼业化,村庄空心化,人口老龄化的趋势十分明显。农村中多数耕地由老人和妇女耕种,不利于农业生产的发展。生产力发展的客观规律,要求生产要素中土地的流动必须与劳动力的流动相适应。新型城镇化的发展,必然要求土地向种田能手和专业户集中。

第三,土地流转是农业生产经营体制创新的必然结果。从我国生产力的水平来看,我国已经到了通过创新农业经济体制,促进适度规模经营来适应和推进现代农业的历史阶段。农业生产经营体制的创新主要是农业组织方式的创新,就是要在土地承包关系稳定的前提下,发展规模化经营。也就是说,过去以农户在分散的、狭小的土地上各自经营为主,现在要通过机制体制创新使土地适度集中,以利于集约化、专业化、规模化生产。正因为规模化经营的需要,农村土地必须加快流转和集中。

总之,农村土地流转要着眼于土地规模经营,创新农业生产经营体制,稳步提高农业组织化程度,促进农业现代化、专业化、规模化发展。农业生产经营体制创新是推进现代农业的核心和基础。要尊重和保障农户生产经营的主体地位,培育和壮大新型农业生产经营组织,使农村生产要素的潜能充分发挥出来。

二、农村土地流转中的矛盾和问题

近年来,我国农村土地流转正在逐步展开。据报道,到2022年底全国农村土地流转面积超过了 5.5 亿亩,流转比例达到 28.69%。在我国东部及南部沿海地区,有些流转比例甚至已经超过 50%。但是在农村土地流转过程中,遇到了不少矛盾和问题。

第一,农村土地所有权主体不清晰,在土地流转中农民利益受损。农村集体土地所有者的定位,仅限于集体经济组织的共同共有,没有落实到按份共有的农民个人。实际上,农村土地的集体所有制,是农民按份共有与集体公有相结合的制度。由于现行法规对农村集体所有制定义的局限,不论是村级还是乡(镇)级集体经济中,农民的权利都受到了侵犯,在土地流转中农民的权益得不到保障,因此引起农民群体的不满。特别是由农民承包的土地变为集体建设用地时,体现农民按份共有的权益不清晰,往往以没有改变集体所有制为由,使他们转让土地的权益得不到实现。

第二,土地流转的机制不健全。农村土地流转尚处于初始阶段,缺乏明确的政策导向和扶持政策体系,土地流转的激励机制和约束机制尚未形成。同时农村土地流转的价格机制和补偿机制缺乏,往往是一对一谈判,造成相同区域土地的流转价格相差较大,形成土地转让过程的不公平现象。

第三,农村土地流转的服务机构缺失。一是信息渠道不畅,往往出现一方面农户有转出土地意向,但找不到合适的受让方;另一方面,有需求者又找不到出让者和合适的土地。二是缺乏土地流转的咨询机构,为转让价格及相关事宜咨询等。三是土地转让的中介服务组织缺失,如转让的程序、合同签订等手续,没有相应的机构办理。

第四,农村土地流转的管理不到位。部分基层干部对农村土地流转工作的重要性认识不足,对土地流转疏于管理,以致处于自流状态。农村土地流转上无法律法规可循,如承包经营土地确权、权属转移的原则、程序、手续,转移合同的签订等,均要有相关法律做出规定。而至今许多法律尚未出台,形成无法可依的状态,由此引起许多纠纷难以处置。

三、关于农村土地流转的政策建议

我国正处于并将长期处于社会主义初级阶段,壮大集体经济实力,发展多种形式规模经营,搞好新型城镇化和新农村建设,形成城乡一体的工农关系,必须改革和完善农村土地的流转制度,使之能够健康有序地运行。

第一,改革农村土地集体产权制度,有效保护农民的土地财产权利。

（1）要从理论上明确农村集体土地所有制是一定范围内农民群众的共有制，农民承包经营的土地是集体土地按份共有的部分，土地承包数量就是农民按份共有的份额，应给予他们部分所有权的地位，享有土地占有、使用、收益、处分的权利。

（2）要做好农村土地的确权登记工作，健全农村土地承包经营权等级制度，强化对农村耕地、林地和各类土地承包经营权的物权保护。在确权登记中要妥善解决土地"面积不准、四至不清"等问题，使农民的承包经营权落到实处，为土地流转创造有利条件。

（3）明确农村土地流转过程中，农民按份共有的主体地位，行使各种流转方式获得相应权益。还要尊重农民的土地流转主体地位，坚持依法、自愿、有偿的原则，不搞强迫命令，有效维护农民的土地财产权益。

第二，构建相应的服务机构，加强农村土地流转的各项服务。要逐步建立和健全县、乡、村三级服务网络。（1）构建讯息服务机构，强化信息服务，搞好政策咨询；（2）构建流转土地价格评估机构，为土地流转提供指导价格；（3）构建土地流转的中介机构，可参照城市土地使用权交易中心模式，集中办理合同签订、权属转移和确认等手续和事宜。

第三，完善农村土地流转的价格机制和补偿机制。要明确农村土地具有资产和资源双重属性，其价格是资产价格和资源价格的总和，决不能仅以土地的产出来评估价格。同时，土地又是稀缺资源不能再生，土地价格与需求密切相关，在评估时要充分考虑市场需求。通过评估逐步建立土地流转的指导价格、最低保护价格、正常增长价格的体系。

第四，要完善征地流转土地的补偿办法。从比较效益来看，农业土地收益低于工业用地、商业用地、旅游用地和房屋用地，农用土地被征收为经营性用地，不应以农业年产值的倍数来确定补偿标准，而应在城乡统一的土地市场中，与国有土地使用权出让"同地、同权、同价"进行交易，实现农村集体土地和城市国有土地的平等土地权益。

第五，建立和健全农村土地流转的相关法律。农村土地流转涉及国家、集体和个人三方面的利益，对农民个人来说，涉及当前收入和长远生计，对农村集体来说，涉及土地所有权和集体利益，对国家来说涉及耕地保护、粮食安全等多重利益；而农村土地本身又是所有权、占有权、使用权、处置权的统一，权属关系极为复杂，所以制定相关的法律规范极为重要。

第四节　加快乡村振兴和促进共同富裕

习近平总书记在党的二十大报告中指出:"全面建设社会主义现代化国家,最艰巨最繁重的任务仍然在农村。"①农业、农村、农民问题是关系国计民生的根本性问题,必须始终把解决好"三农"问题作为全党工作重中之重。要坚持农业农村优先发展,按照产业兴旺、生态宜居、乡风文明、治理有效、生活富裕的总要求,加快推进乡村振兴和农业现代化,使农民的共同富裕取得实质性进展。

一、实现乡村振兴的重大意义

习近平总书记在党的十九大报告中明确提出,实施乡村振兴战略,并对做好"三农"工作进行了具体部署。这是我党在正确认识国情基础上做出的一项战略决策,因而对加快农业现代化发展和实现农村共同富裕具有深刻的现实意义和深远的历史意义。

(一)乡村振兴是现代化建设的必然要求

由于我国是一个农业大国,原有的底子薄,生产力落后,再加上在工业化过程中长期实行工农业产品的"剪刀差",使我国的城乡发展不平衡不协调成为主要矛盾和关键问题,表现在城乡居民的收入差距加大、农业的基础薄弱、农村社会事业落后等方面。可以说,城乡发展不平衡不协调不仅制约了农业农村发展,也制约了城镇化水平提高,成为制约我国经济社会发展中最为突出的结构性矛盾,直接影响了全面建设现代化国家的进程,已经到了非解决不可的地步。党的十九大提出乡村振兴的发展战略,就是要把解决"三农"问题作为重中之重的工作来抓,为社会主义的现代化建设解决好"短腿"和"短板"问题。

(二)乡村振兴是农业农村优先发展的重要体现

经过四十多年的改革开放,我国的经济实力和综合国力已显著增强,已经成为世界第二大经济体,因而具备了实施乡村振兴的物质基础和科技水平。现在可以采取工业反哺农业、城市支持农村和多予少取放活的方针,建立健全城乡融

---

① 习近平:《高举中国特色社会主义伟大旗帜 为全面建设社会主义现代化国家而团结奋斗——在中国共产党第二十次全国代表大会上的报告》,人民出版社2022年版,第30~31页。

合的发展体制和政策体系,努力形成城乡经济社会一体化发展的新格局。我们的目标是要让农业更有发展前途,在农村更加安居乐业,当农民更加幸福自豪。因此,各级党委和政府都要按照党的十九大、党的二十大报告的要求,统一思想、统一行动,把农业农村的优先发展,落实到制定政策、部署工作、财力投入和干部配备等各个方面,使农业农村工作不断开创新局面、取得新成就。

（三）乡村振兴要从根本上解决"三农"问题

要实现乡村振兴的战略目标,就要不断深化农村改革,从根本上解决好"三农"问题。这里最重要的就是要巩固和完善农村的基本经营制度,深化农村土地制度的改革,完善承包地"三权"分置制度,确保农民在土地流转和实现规模化经营中的合法权益不受到伤害,并使集体经济得到不断的巩固和壮大。各级党委和政府要为乡村振兴提供支持和保护制度。在增加对农业的支持总量的同时,还要不断优化支持的结构,提高支农政策和措施的效率。要积极培养新型农业的经营主体,发展多种形式的适度规模经营,健全农业的社会化服务体系,实现小农经济向现代农业转轨。加强城镇化建设和解决好农村转移劳动力的落户问题等。可见,"三农"问题是一个系统工程,是不可能一蹴而就的,只有不断深化农村改革,才能逐步地得到全面而系统的解决。

（四）乡村振兴是实现农民共同富裕的必由之路

根据党的十九大制定的总体要求,乡村振兴要做到以下几个方面：(1)产业兴旺。就是要以农业供给侧结构性改革为主线,构建现代农业的产业体系、生产体系、销售体系,促进农村产业结构的调整和优化,不断延伸农业的产业链和价值链,全面提高农业的竞争力和综合效益。(2)生态宜居。就是要按照生态文明的要求,因地制宜地发展生态农业,搞好农村居住环境的综合治理,尽快改变有些地方的污水乱排,垃圾乱扔,秸秆乱烧的脏乱差的状况,促进农村生产、生活、生态协调发展。(3)乡风文明。就是要大力弘扬社会主义核心价值观,抓好农村的移风易俗,反对铺张浪费、婚丧大操大办等陈规陋习,树立文明新风,全面提升农民素质,打造健康文明的精神家园。(4)治理有效。就是要通过健全自治、法治、德治相结合的乡村治理体系,做到源头治理、系统治理、综合治理有机结合,确保农村的和谐稳定和农民的安居乐业。(5)生活富裕。就是要在提高农业生产力的同时,保证农民的收入能够得到持续稳定的增长,不断缩小城乡居民的收入差距和福利待遇,让全体农民分享改革开放的经济成果,加快实现共同富裕。

二、实现乡村振兴的总体要求

改革开放四十多年来,特别是党的十八大以来,党中央坚持把解决"三农"问题作为全党工作的重中之重,采取了一系列强农、惠农、富农政策,取得了历史性的重大成就。但是由于历史原因,产业结构中农业仍然是"短腿";城乡关系中,农村仍然是"短板";收入分配中农民收入仍然较低,新时代发展不平衡不充分问题主要在农村。实施乡村振兴战略,是解决好人民日益增长的美好生活需要同发展不平衡不充分这一主要矛盾的必然要求。我国的贫困人口主要在农村,脱贫攻坚战的难点也在农村,所以乡村振兴是全面实现共同富裕的关键。同时,我国农业现代化的水平较低,只有加快农业现代化,才有整个国家的全面现代化。乡村振兴的本质,是工业反哺农业、城市支援乡村,积极推进农业农村现代化,增加农民收入,使农业强起来,农村美起来,农民富起来,实现城乡融合发展。

因此,党的十九大规定的乡村振兴的总体要求是:"产业兴旺、生态宜居、乡风文明、治理有效、生活富裕。"[①]这五个方面是一个有机的整体,应注重协调性、关联性、整体性,实现全面的推进。产业兴旺是经济基础,不仅要农业兴旺,而且要使农村第一、二、三产业融合共同兴旺,这是乡村振兴的主要标志。生态宜居是关键,是对农村生态环境的要求,是美丽乡村、美丽中国的主旋律。乡风的文明建设是保障,要贯彻物质文明和精神文明一起抓的方针,践行社会主义核心价值观,加强思想道德建设。治理有效是固本之策,其实质是加强乡村的基层建设,完善法治的体制机制,保障乡村社会,既要充满活力,又和谐有序。生活富裕是根本,乡村振兴的最终目标是增加农民收入,拓宽增收渠道,使农民富起来,实现共同富裕。五位一体的总要求,体现了乡村振兴的基本目标。

新时代乡村振兴的重要特点是既管全面振兴,又管长远振兴。乡村振兴以农村经济发展为基础,包括农村文化、治理、民生、生态等在内的乡村发展水平的整体性提升,是乡村全面的振兴。同时,乡村振兴又要有长期发展规划。从长远来看,乡村振兴是党和国家的大战略,是长期的历史性任务,按照"远粗近细"的原则,可分为三个阶段来实现:一是从 2018 年到 2025 年,乡村振兴取得重要进展,制度框架和政策体系基本形成;二是从 2025 年到 2035 年,乡村振兴取得决

[①] 习近平:《决胜全面建成小康社会 夺取新时代中国特色社会主义伟大胜利——在中国共产党第十九次全国代表大会上的报告》,人民出版社 2017 年版,第 32 页。

定性进展,农业农村现代化基本实现;三是从 2035 年到 2050 年,乡村全面振兴,农业强、农村美、农民富全面实现。

三、实现乡村振兴的路径和方法

习近平总书记在党的二十大报告中提出了"全面推进乡村振兴"[①]的新要求,为加快乡村振兴指明方向、开辟道路。这就要求我们以习近平新时代中国特色社会主义思想为指导,坚持五大新发展理念,遵循经济社会的发展规律,采取符合农村实际的方法措施,走出一条农村改革开放的新路来。

(一)坚持创新发展,促进农业规模质量同步提升

农业生产力水平是否提高,从效果上讲,表现为农产品能否满足人们的需要,数量、品种和质量是否符合消费者的要求;从效率上讲,表现为土地产出率、劳动生产率、资源利用率是否提高,是否解决生产成本高,经济效益低、环境压力大和缺乏竞争力等问题。这就需要从以下几个方面来努力:

第一,要保证国家的粮食安全。习近平总书记指出:"我们的饭碗应该主要装中国粮,立足国内基本解决我国人民吃饭问题,是由我国的基本国情决定的,也是我们一以贯之的大政方针。"[②]我们必须严守 18 亿亩耕地红线和稳定现有耕地面积,保护和提高粮食的综合生产能力。

第二,要实现农业的绿色可持续发展。首先要优化农业的产业结构,充分考虑农业资源与生态环境的相互关系,不断减少资源消耗和增加绿色农产品的有效供应。其次要推行绿色生产方式,以提高农业供给质量为主攻方向,更加强调土地、资源的可持续产出能力。最后,要依靠科技创新增强发展动力。据农业农村部报道,2022 年我国农业科技进步的贡献率已达到 62.4%,这标志农业发展已从过去主要依靠资源投入转入主要依靠科技进步的新时期。

第三,要培育农业农村发展的新动能。改革开放以来,农村的家庭联产承包制极大地解放和促进了农业生产力。然而由于我国农户经营规模小而散,农产品的生产成本高,缺乏国际竞争力,因此,只有深化农村改革,不断创新体制机制,才能提升农业的综合效益和国际竞争力,才能在农业发展方式上寻求新突破

[①] 习近平:《高举中国特色社会主义伟大旗帜 为全面建设社会主义现代化国家而团结奋斗——在中国共产党第二十次全国代表大会上的报告》,人民出版社 2022 年版,第 30 页。
[②] 习近平:《在中央农村工作会议上的讲话(2013 年 12 月 23 日)》,《十八大以来重要文献选编》上,中央文献出版社 2014 年版,第 661 页。

和取得新成效。

（二）坚持协调发展，建设美丽乡村和幸福家园

随着经济社会的快速发展，我国农村出现分化现象，有的欣欣向荣，蒸蒸日上，有的相对落后，出现凋零现象。习近平总书记在湖北考察时指出："要破除城乡二元结构，推进城乡一体化，把广大农村建设成农民幸福生活的美好家园。"[1]

第一，要努力加快新农村建设。在推进新农村建设中，要坚持以改革为动力，坚持把国家基础设施和社会事业的重点放在农村，加大中央和地方财政的投入力度，积极引导社会资本参与补齐农村发展短板，逐步实现城乡基本公共服务均等化，不断缩小城乡差距，破解城乡二元结构。

第二，要建设绿水青山的美丽乡村。（1）要从生态文明的高度，全面系统地抓好生态建设。要切实保护好能源资源，加强生态保护和治理环境污染，为人民群众创造良好的生产生活环境。（2）以美丽乡村建设为抓手，切实改善农村的人居环境，为农民建设美丽农村和幸福家园。（3）不搞大拆大建，保留乡村风貌。在促进城乡一体化发展中，要注意保留乡村的原始风貌，尽可能在原有乡村形态上改善居民的生活条件。

第三，做到稳中求进，确保农村的和谐稳定。（1）因地制宜，试点先行。坚持问题导向，确定突破口和优先顺序，明确改革的路径和方式，抓住关键环节和重点领域取得突破，从而实现改革目标。（2）充分尊重农民的意愿。农村改革要坚持农民的主体地位，维护农民的合法权益，要保障农民的选择权，政府可以示范和引导，但是不能代替农民做决策，要保障农民的知情权、参与权、表达权和监督权。（3）加强和创新农村社会管理。要推动形成城乡基本公共服务均等化体制机制，特别是加强农村留守儿童、妇女、老人的服务体系建设。要培养与社会主义新农村相适应的优良家风、文明乡风和乡村文化，使农民成为改革发展和乡村治理的参与者和受益者。

（三）坚持共享发展，促进农民增收和共同富裕

习近平总书记强调："要充分发挥亿万农民主体作用和首创精神，让广大农民平等参与改革发展进程、共同享受改革发展成果。"[2]因此，在促进农民增收和共同富裕中要做到以下三条：

---

[1]《深化改革要处理好5大关系》，《人民日报》（海外版）2013年7月24日。
[2]《让农民共享改革发展成果》，《人民日报》（海外版）2015年5月2日。

第一,富裕农民。要广泛开辟农民的增收门路,提高农民的收入和生活水平。要努力构建长效政策机制,通过发展农村经济、组织农民外出务工经商、增加农民财产性收入等多种途径,不断缩小城乡居民收入差距,让广大农民尽快富裕起来。

第二,提高农民。要适应农村经济发展的新变化,积极培育新型职业农民,吸引大批青壮年留在农村,培育一大批种田能手、科技带头人、农产品营销人才、农业经营管理人才,确保现代农业发展后继有人。

第三,扶持农民。要强化政府对农业的支持保护,提高农民的生产积极性。要不断改革和完善农业支持保护制度,坚持多予少取放活的基本方针,确保投入只增不减,提高农业支持保护效能,加快形成覆盖全面、指向明确、重点突出、措施配套、操作简便的农业保护支持体系。

第十九章
中国式现代化是共同富裕的必由之路

习近平总书记在党的二十大报告中指出,"中国式现代化是全体人民共同富裕的现代化"[①],揭示了中国式现代化与共同富裕之间的内在联系和相互关系。这就需要全面认识中国式现代化的深刻内涵和科学依据,其中包括中国式现代化的根本任务和本质特征、中国式现代化的历史地位和宝贵经验、中国式现代化的丰富内涵和根本要求,以及中国式现代化的路径选择和辩证方法等,使中国式现代化与全体人民的共同富裕能够同步推进和相得益彰。

第一节 中国式现代化是党的基本路线的延续

习近平总书记在党的二十大报告中提出,"从现在起,中国共产党的中心任务就是团结带领全国各族人民全面建成社会主义现代化强国"[②],这是党在新时代必须实现的战略目标和根本任务,是以经济建设为中心的基本路线的延续和升华,也是解决当前社会主要矛盾的途径和方法。因此对完成社会主义初级阶段的历史使命,实现全体人民的共同富裕具有重大的现实意义。

一、中国式现代化成为党的中心任务

搞马克思主义和社会主义,能不能以经济工作为中心?这是一个有争议的重大理论问题。有些人认为,搞马克思主义和社会主义,只能以政治工作为中心,否则就会偏离正确方向,走到邪路上去。现在看来,这样的认识是片面的,是

---

①② 习近平:《高举中国特色社会主义伟大旗帜 为全面建设社会主义现代化国家而团结奋斗——在中国共产党第二十次全国代表大会上的报告》,人民出版社2022年版,第21页。

用形而上学和教条主义的方法看待马克思主义和社会主义。

马克思主义认为,政治与经济的关系是辩证统一的,不能机械地认为只有政治能够统领经济。其实在一定条件下,经济对政治具有决定作用。特别是在社会主义初级阶段,做好经济工作和实现中国式现代化,对巩固社会主义制度和显示社会主义优越性,提高人民生活水平和促进共同富裕具有重大意义。

当然,中国式现代化并不是单纯的经济工作,而是在党的领导下,加快中国特色社会主义全面发展的必由之路,是实现第二个百年奋斗目标——振兴中华的必由之路,是完成初级阶段历史使命和实现共同富裕的必由之路。因此,把建成现代化强国作为中心任务,是坚持和贯彻党的基本路线的集中体现和战略部署,对坚持马克思主义和完善中国特色社会主义具有决定性作用。可以断言,中国式现代化的实际进程就是共同富裕的实现过程,两者是相互促进和同步完成的。

二、中国式现代化的"五大"特色

习近平总书记在党的二十大报告中提出,中国式现代化具有"五大"特色[①]:

第一,人口规模巨大。中国实现了现代化,相当于世界 1/6 的人口的现代化,将对世界经济发展和构建人类命运共同体产生重大影响,其任务艰巨,意义深远。

第二,人民共同富裕。与西方的现代化不同,发达资本主义国家越是现代化,其贫富差距和两极分化越严重。我国的现代化要以缩小贫富差距,实现共同富裕为目标。

第三,物质与精神协调。中国式现代化要使物质文明与精神文明相互促进,有机结合,同步实现物质的全面丰富和人的全面发展。

第四,人与自然和谐。中国式现代化不能走西方国家先污染后治理的老路,而要走人与自然和谐共生,生态环境良好,绿色低碳、可循环、可持续发展的新路。

第五,和平发展。我国的现代化不能靠掠夺他国和对外扩张,只能靠艰苦奋斗与和平发展。因此,我国要通过高质量发展和高水平开放,为世界的和平发展和合作共赢做出更大贡献。

中国式现代化的"五大"特色是一个有机整体,反映了中国特色社会主义的本质要求和全体人民的共同愿望,体现了中国式现代化和共同富裕的巨大优越

[①] 习近平:《高举中国特色社会主义伟大旗帜 为全面建设社会主义现代化国家而团结奋斗——在中国共产党第二十次全国代表大会上的报告》,人民出版社 2022 年版,第 22~23 页。

性和强大生命力。

三、中国式现代化要从根本上解决就业问题

习近平总书记在党的二十大报告中提出："强化就业优先政策，健全就业促进机制，促进高质量充分就业。"[①]有些人担心，现代化提高了自动化程度，会使就业减少和失业增加。其实，中国式现代化不仅不会激化就业矛盾，而且能不断开辟新途径和提供新方法。

第一，中国式现代化在增大国民经济总量的同时，会增加就业的需求总量，这是解决就业问题的根本出路和可靠途径。

第二，中国式现代化需要显著增大满足生产和生活需要的服务性行业和产业，将大大增加服务性劳动的岗位和满足就业者的需要。

第三，大力发展多种所有制经济，在壮大公有经济的同时，不断引进外资、发展民营、个体和混合所有制经济，多渠道实现充分就业。

第四，依靠就业政策，解决有些人没事干和有些事没人干的问题。政府要通过教育培训和采取激励措施等，彻底解决人与事失配和失衡的矛盾。

第五，在劳动生产力普遍提高的前提下，合理缩短劳动时间和减轻劳动强度，通过劳动普遍化和均衡化的途径从根本上解决就业问题。

现实表明，充分就业是实现共同富裕的必要前提，不能解决就业问题，共同富裕也就无从谈起。因此，中国式现代化和劳动者充分就业是相互促进和协调发展的，两者都是实现经济发达和共同富裕的根本途径和有效方法。

第二节　中国式现代化的历史地位和宝贵经验

党的二十大提出建成现代化强国的中心任务，与完成社会主义初级阶段的历史使命是同步实现的。因此，需要我们充分认识中国式现代化的历史地位和总结过去的宝贵经验，才能自觉遵循社会主义经济规律和基本经济制度，顺利完

---

① 习近平：《高举中国特色社会主义伟大旗帜　为全面建设社会主义现代化国家而团结奋斗——在中国共产党第二十次全国代表大会上的报告》，人民出版社 2022 年版，第 47 页。

成这一中心任务和实现共同富裕。

一、中国式现代化的重要历史地位

提出社会主义初级阶段,是纠正新中国成立以来"左"倾错误的产物。由于没有实践经验和脱离中国实际,照搬马列个别结论和照抄苏联发展模式,在社会主义改造和建设中,犯了不少急于求成的"左"倾错误,其中包括反右扩大化、"大跃进""四清"运动和"文化大革命"等,因此造成政治动荡和经济衰退。

改革开放以后,邓小平经过拨乱反正,提出社会主义初级阶段的理论,纠正了脱离生产力发展水平和人们觉悟程度的"左"倾错误,制定了以经济建设为中心的基本路线,开创了中国特色社会主义的新征程。改革开放显著提高了生产力和人民的生活水平,巩固了社会主义制度和显示出社会主义的优越性。

可见,解放和发展社会生产力,对巩固社会主义经济基础和实现共同富裕具有决定性作用。到2050年新中国成立一百周年时,中国式现代化强国的建成,将在中国共产党的党史上,科学社会主义的发展史上,中华民族的复兴史上,人类社会的进步史上留下浓墨重彩的一笔,创造出不可磨灭的丰功伟绩,因而具有不可撼动的历史地位。可以说,建成中国式现代化强国与实现共同富裕是同步推进和协调完成的,两者具有不可分割的内在联系。

二、发展和完善中国特色社会主义

习近平总书记在党的二十大报告中指出:"中国式现代化,是中国共产党领导的社会主义现代化。"[①]因此实现中国式现代化,就是要在党的正确路线指引下,发展和完善中国特色社会主义。

第一,中国式现代化不能走老路,也不能走邪路,只能走中国特色社会主义全面发展的新路。改革开放以来,中国经济崛起所取得的成就,是西方所有经济学家都没有预料到的。这是因为他们受资产阶级的狭隘眼界限制,不了解中国特色社会主义的无限魅力和决定性作用。

第二,中国式现代化不会重蹈苏联和日本崛起后又衰退的覆辙。这是因为中国经济的崛起有中国共产党的坚强领导,有自身的内在动力和中国特色社会

[①] 习近平:《高举中国特色社会主义伟大旗帜 为全面建设社会主义现代化国家而团结奋斗——在中国共产党第二十次全国代表大会上的报告》,人民出版社2022年版,第22页。

主义的制度优势。历史表明，在中国经济规模达到一定程度之后，具有更强的韧性和持续性，是任何反动势力都无法抑制和动摇的。

第三，随着改革开放的深化，中国面临的困难和挑战，将主要不是来自经济层面，而是来自社会层面。因此，要在经济发展的同时，不断深化社会改革，解决好教育、就业、医保、养老和环保等民生发展不充分、不平衡的问题，实现经济、政治、文化、社会和生态的全面协调发展。

第四，要从中国经济已达到的新高度出发，继续深化改革开放，不断攻坚克难，持续稳中求进。再经过二三十年全体人民的共同努力，到新中国一百周年时，中国式现代化一定能够高质量、高效率的如期实现。中国式现代化强国的建成，也标志着社会主义初级阶段历史使命的同步完成。

三、中国式现代化是历史经验的结晶

中国式现代化是总结新中国成立以来正反两方面经验教训的产物和结晶。如何实现中国式现代化？实践表明，我们既不能搞1958年时的"大跃进"，也不能搞1978年时的"大冒进"，必须坚持"稳中求进"，才能取得最后胜利。

1958年的"大跃进"，提出15年赶英超美，结果50年后仍有不少差距。"大跃进"严重脱离我国实际和违背经济规律，盲目提高积累率和扩大投资规模，不讲经济效益，造成"三年困难时期"，导致经济大起大落等不良后果！

1978年，我国又搞了"大冒进"，认为只要大量引进外资，利用国外的先进技术和管理经验，就能在短时间内赶上和超过发达国家。这种"大冒进"又一次脱离了我国实际和违背经济规律，结果是欲速则不达，导致经济秩序混乱和严重通货膨胀。

进入新时代以后，以习近平同志为核心的党中央总结了"大跃进"和"大冒进"的经验教训，提出"稳中求进"的工作总基调；把中国式现代化作为中心任务，采取两步走的战略部署，第一步到2035年基本实现社会主义现代化，第二步到2050年全面建成社会主义的现代化强国，使中国式现代化走上稳定健康发展的正确道路。

第三节 中国式现代化的丰富内涵和具体要求

习近平总书记在党的二十大报告中指出："高质量发展是全面建设社会主义

现代化国家的首要任务。"①这是正反两方面历史经验的科学总结,是中国式现代化的生命线,因此必须牢牢抓住,不可有丝毫的松懈!

一、中国式现代化与高质量发展

经济的高质量发展实质是要以经济效益为核心,全面提高人的素质和全要素生产力,以较少的资源和能源消耗,取得更多的物质财富和精神财富,更好地满足全体人民的需要和加快实现共同富裕。

具体来讲,就是要坚持社会主义市场经济的改革方向,逐步健全和完善生产经营机制和经济发展模式,从原有的外延式、粗放型、重速度、轻效益的传统方式,向内涵式、集约型、重质量、高效益的崭新方式转变,做到经济上质的有效提升与量的合理增长有机结合,扩大内需战略与深化供给侧结构性改革有机结合,以国内大循环为主,国内国际双循环有机结合。

总之,要把坚持党的领导和以人民为中心的发展思想紧密结合起来,把顶层设计和问题导向紧密结合起来。以新发展理念为统领,形成高质量发展与高水平开放的新格局,才能稳中求进,不断推行中国式现代化和促进共同富裕,如期实现第二个百年奋斗目标和振兴中华的伟大胜利。

二、中国式现代化与共同富裕

习近平总书记在党的二十大报告中指出:"中国式现代化是全体人民共同富裕的现代化。"②这揭示了现代化与共同富裕的内在联系和必然要求。实现共同富裕有两个基本前提:一是要"做大蛋糕",即增加物质财富;二是要"分好蛋糕",即完善分配制度。因此,要使现代化促进共同富裕,必须从这两方面入手。

所谓"做大蛋糕",就是要通过现代化建设,显著提高劳动生产力,为共同富裕提供丰富的物质产品和雄厚的经济基础。所谓"分好蛋糕",就是要通过改革和完善生产关系及其分配制度,使社会财富能够公平合理地惠及全体人民,满足他们日益增长的对美好生活的需要。这就要求我们把"做大蛋糕"与"分好蛋糕"有机结合起来,使它们能够相互促进,相得益彰。

---

① 习近平:《高举中国特色社会主义伟大旗帜 为全面建设社会主义现代化国家而团结奋斗——在中国共产党第二十次全国代表大会上的报告》,人民出版社 2022 年版,第 28 页。
② 习近平:《高举中国特色社会主义伟大旗帜 为全面建设社会主义现代化国家而团结奋斗——在中国共产党第二十次全国代表大会上的报告》,人民出版社 2022 年版,第 22 页。

因此，中国式现代化必须自觉遵循基本经济规律和基本经济制度的要求，从提高生产力和完善生产关系两个方面努力，使物质财富的增加和分配制度的完善同步协调实现，使中国式现代化成为共同富裕的必由之路和可靠保证。

三、中国式现代化与精神文明

习近平总书记在党的二十大报告中指出："中国式现代化是物质文明与精神文明相协调的现代化。"[1]物质文明是经济基础，精神文明是上层建筑，因此两者要紧密联系，相辅相成，不能偏废。

这里要克服"左"和右的两种偏向。我们既不能因强调和重视精神文明而忽视和轻视物质文明，也不能因强调和重视物质文明而削弱和牺牲精神文明。实践表明，两种偏向都造成了损失和危害，留下了宝贵的经验教训。改革开放前，我们出现了片面重视精神文明而忽视物质文明的"左"倾错误，形成了政治运动过多和普遍贫穷等问题。改革开放后，经过拨乱反正，我们克服了"左"倾错误，但是由于矫枉过正，局部出现了试图通过牺牲精神文明来换取物质文明的右倾错误，形成理想信念缺失、分配不公和党内腐败等问题。

因此，总结正反两方面的经验教训，我们既要反"左"，又要防右，要使物质文明与精神文明相互促进，有机结合，以加快中国式现代化的建设，促进人和社会的全面发展。

四、中国式现代化与生态文明

习近平总书记在党的二十大报告中指出："中国式现代化是人与自然和谐共生的现代化。"[2]因此，我们不能像发达资本主义国家那样，在现代化过程中对生态环境采取先破坏后治理的办法。我们必须从国情出发，处理好现代化建设与生态文明的关系，创造出中国式现代化的新局面和新办法。

处理好中国式现代化与生态文明的关系，实质是要正确处理"绿水青山"与"金山银山"的关系。具体来讲，在两者矛盾时，宁要"绿水青山"，不要"金山银山"；在两者协调时，既要"绿水青山"，又要"金山银山"；在两者相互促进时，要看

---

[1] 习近平：《高举中国特色社会主义伟大旗帜 为全面建设社会主义现代化国家而团结奋斗——在中国共产党第二十次全国代表大会上的报告》，人民出版社 2022 年版，第 22 页。
[2] 习近平：《高举中国特色社会主义伟大旗帜 为全面建设社会主义现代化国家而团结奋斗——在中国共产党第二十次全国代表大会上的报告》，人民出版社 2022 年版，第 23 页。

到"绿水青山就是金山银山"。

因此,我们要把促进和实现中国式现代化,变成保护和优化生态文明的过程,使现代化与生态文明相互促进,有机结合,相得益彰,从而走出一条质量更高、效益更好、更可持续的中国式现代化的新路。

第四节　中国式现代化的路径选择和辩证方法

中国式现代化的实现,需要在中国共产党的坚强领导和习近平新时代中国特色社会主义思想指导下,团结和依靠全国各族人民经过长期不懈的艰苦奋斗,不断克服"左"和右的错误倾向,选择符合国情和实际的正确路径,用好唯物辩证的思想方法,克服千难万险才能取得最后胜利。

一、实现中国式现代化的路径选择

在经济上,中国式现代化能否赶上和超过资本主义国家,有两种路径选择。一种是与资本主义完全对立的路径,如资本主义搞私有制、按资分配、市场经济;社会主义就搞公有制、按劳分配、计划经济。另一种是在坚持社会主义方向的同时,在经济上充分利用资本主义与社会主义的共有规律和资本主义的积极因素,以加快经济发展和实现现代化的进程。如利用社会化大生产、市场经济、股份制、价值增殖等共有规律,以及非公经济、按资分配、市场调节、现代公司制和国际大循环等积极因素。

改革开放前,我们选择了第一种路径,虽然取得了巨大成就,但是也暴露出缺陷和不足。改革开放后,我们选择了第二种路径,克服了第一种路径的缺陷和不足,取得了巨大成就,但也出现了新的缺陷和问题。因此,如何取长补短,把两条路径有机结合起来,形成更加全面、更高质量的经济发展,成为中国式现代化的现实课题,需要我们深入研究和正确解决。

具体来讲,就是要在中国共产党的正确领导下,在遵循社会主义经济的特有规律的同时,还要遵循社会主义经济与资本主义经济的共有规律,包括利用外资和民营资本,利用国际国内两个市场和两种资源,加快中国特色社会主义经济发展和促进中国式现代化的实现。

二、特有规律与共有规律的有机结合

改革开放前 30 年,我们比较重视社会主义经济的特有规律,如公有制规律、按劳分配规律、计划经济规律、意识形态的反作用规律等。但是,这样明显忽视和轻视了社会主义经济与资本主义经济的共有规律,因而犯了"左"倾错误。

改革开放后 30 年,我们开始强调和重视社会主义经济与资本主义经济的共有规律,如大生产规律、按要素分配规律、市场经济规律、股份制规律等。但是我们局部又出现了忽视和轻视社会主义经济特有规律的右倾错误。

历史经验表明,要建成中国式现代化强国,我们既不能走封闭僵化的老路,又不能走改旗易帜的邪路,而必须坚定不移地走中国特色、全面发展的社会主义新路。在新时代开启的新征程上,我们既要遵循社会主义经济的特有规律,又要遵循社会主义经济与资本主义经济的共有规律,既要反"左",又要防右,并且要使这两种规律相互补充,有机结合。也就是说,我们要实现更加全面和更高质量的经济发展,如期建成社会主义现代化强国和实现全体人民的共同富裕。

可见,正确认识社会主义经济与资本主义经济的特有规律与共有规律及其相互关系,对加快社会主义现代化建设,完成初级阶段的历史使命,具有重要的理论意义和实践价值。

三、中国式现代化的两重性和相容性

习近平总书记在党的二十大报告中指出,中国式现代化"既有各国现代化的共同特征,更有基于自己国情的中国特色"[①],指明了中国式现代化的两重性特点和相容性规律。也就是说,我们既要坚持中国共产党的坚强领导和社会主义的正确方向,又要从中国的国情和当前实际出发,充分利用资本主义经济的积极因素,包括它们的先进技术和管理经验,以加快完成社会主义初级阶段的历史使命。从经济发展的角度来讲,就是要求把马克思主义经济理论与我国改革开放和现代化建设紧密结合,深入研究和准确把握中国特色社会主义经济的两重性和相容性。

中国式现代化的两重性和相容性具有普遍性。从生产力讲,具有自然属性

---

① 习近平:《高举中国特色社会主义伟大旗帜 为全面建设社会主义现代化国家而团结奋斗——在中国共产党第二十次全国代表大会上的报告》,人民出版社 2022 年版,第 22 页。

和社会属性;从生产关系讲,有公有经济和非公经济;从所有制讲,有公有制和非公有制,从分配关系讲,有按劳分配和按资分配;从调节机制讲,有市场调节和宏观调控;从方法论讲,有唯物论与辩证法、顶层设计与问题导向、守正与创新、共性与个性、普遍与特殊、全局与局部、供给与需求、质量与数量、国内与国际等一系列两重性特点和相容性规律。

因此,中国式现代化既要遵循社会主义经济的个性规律,又要遵循社会主义经济与资本主义经济的共性规律;既要反"左",又要防右。只有使两重经济规律同时并存和有机结合,形成健全和完善的社会主义基本经济制度,才能加快中国式现代化建设,如期实现振兴中华和共同富裕的战略目标,建成社会主义现代化强国和完成初级阶段的历史使命。

参考文献

[1] 马克思:《资本论》(第1、2、3卷),人民出版社2018年版。

[2] 《马克思恩格斯选集》(第1、2、3、4卷),人民出版社2012年版。

[3] 《列宁全集》(第1、4、6、18卷),人民出版社1984年版。

[4] 《列宁选集》(第1、2、3、4卷),人民出版社2012年版。

[5] 《毛泽东选集》(第1、2、3、4卷),人民出版社1991年版。

[6] 《毛泽东文集》(第6、7、8卷),人民出版社1991年版。

[7] 周恩来:《伟大的十年》,人民出版社1959年版。

[8] 《邓小平文选》(第1、2、3卷),人民出版社1994年版。

[9] 《江泽民文选》(第1、2、3卷),人民出版社2006年版。

[10] 江泽民:《论"三个代表"》,中央文献出版社2001年版。

[11] 胡锦涛:《科学发展观重要论述摘编》,中央文献出版社2009年版。

[12] 胡锦涛:《高举中国特色社会主义伟大旗帜 为夺取全面建设小康社会新胜利而奋斗——在中国共产党第十七次全国代表大会上的报告》,人民出版社2007年版。

[13] 习近平:《高举中国特色社会主义伟大旗帜 为全面建设社会主义现代化国家而团结奋斗——在中国共产党第二十次全国代表大会上的报告》,人民出版社2022年版。

[14] 习近平:《决胜全面建成小康社会,夺取新时代中国特色社会主义伟大胜利——在中国共产党第十九次全国代表大会上的报告》,人民出版社2017年版。

[15] 习近平:《谈治国理政》(第1、2、3、4卷),北京:外文出版社2014、2017、2020、2022年版。

[16] 习近平:《论坚持全面深化改革》,中央文献出版社2018年版。

[17] 习近平:《论坚持推动构建人类命运共同体》,中央文献出版社2018年版。

[18] 习近平：《在庆祝改革开放40周年大会上的讲话》，人民出版社2018年版。

[19] 习近平：《论把握新发展阶段、贯彻新发展理念、构建新发展格局》，中央文献出版社2021年版。

[20] 李克强：《政府工作报告——在第十三届全国人民代表大会第一次会议上》，人民出版社2018年版。

[21] 顾龙生：《毛泽东经济评传》，中国经济出版社2000年版。

[22] 高群：《政治经济学教科书》，吉林人民出版社1985年版。

[23] 张薰华：《生产力与经济规律》，复旦大学出版社1989年版。

[24] 陈伯庚：《中国特色社会主义政治经济学》，高等教育出版社2016年版。

[25] 财政部税收制度国际比较课题组：《法国税制》，中国财政经济出版社2002年版。

[26] 王佐云：《税收学》，立信会计出版社2007版。

[27] 卢中原：《财政转移支付和政府间事权财权关系研究》，中国财政经济出版社2007年版。

[28] 谭建立、昝志宏：《财政学》，中国财政经济出版社2008年版。

[29] 邓子基、陈工：《财政学》（第二版），中国人民大学出版社2010年版。

[30] 李晶、刘澄：《最新中国税收制度》，中国社会科学出版社2010年版。

[31] 罗宾等：《政府间财政转移支付：理论与实践》，中国财政经济出版社2011年版。

[32] 王广谦：《中国金融改革：历史经验与转型模式》，中国金融出版社2008年版。

[33] 唐旭等：《中国金融机构改革：理论、路径与构想》，中国金融出版社2008年版。

[34] 江世银：《中国金融体制改革的理性思考》，中国财政经济出版社2009年版。

[35] 许崇正：《中国金融大趋势》，中国经济出版社2011年版。

[36] 孔泾源：《中国劳动力市场发展与政策研究》，中国计划出版社2006年版。

[37] 袁志平：《解读上海市就业再就业》，中共党史出版社2007年版。

[38] 陈伯庚、陈承明、施镇平：《中国特色就业理论与实践》，吉林大学出版社2008年版。

[39] 曾湘泉：《中国劳动问题研究》，中国劳动社会保障出版社2006年版。

[40] 苏星：《我国农业的社会主义道路》，人民出版社1976年版。

[41] K.F.齐默尔曼：《经济学前沿问题》，中国发展出版社2004年版。

[42] 大卫·李嘉图：《政治经济学及赋税原理》，商务印书馆1962年版。

[43] 马姆德·阿尤步：《公有制工业企业成功的决定因素》，中国财政经济出版社1987年版。

[44] 保罗·A.萨缪尔森，威廉·D.诺德豪斯：《经济学》，中国发展出版社1992年版。

[45] 曼昆：《经济学原理》，机械工业出版社2003年版。

[46] 金泽史男：《财政学》，有斐阁出版社2005年版。

[47] 戈德史密斯：《金融机构与发展》，中国社会科学出版社1993年版。

[48] 麦金农：《经济发展中的货币与资本》，三联书店、上海人民出版社1997年版。

[49]《爱因斯坦文集》（第1卷），商务印书馆1976年版。

[50] 埃德加·富尔：《学会生存》，上海译文出版社1979年版。

[51] 贝弗里奇：《社会保险和相关服务》，中国劳动社会保障出版社2008年版。

[52] 陈承明：《遵循经济规律 促进共同富裕》，《毛泽东邓小平理论研究》2023年第2期。

[53] 郭晗等：《从益贫式增长到共同富裕的逻辑建构与实现路径》，《经济学家》2023年第11期。

[54] 张彬斌、汪德华：《共同富裕内涵溯源、路径探寻与实践启示》《当代经济研究》2023年第7期。

[55] 张宇：《完善中国特色社会主义经济理论体系需要深入研究的若干问题》，《经济学动态》2008年第7期。

[56] 陈伯庚、陈承明：《坚持马克思主义政治经济学的主导地位——当代中国主流经济学辩》，《毛泽东邓小平理论研究》2016年第1期。

[57] 陈承明：《中国特色社会主义政治经济学的发展和创新》，《红旗文稿》2017年第16期。

[58] 陈承明：《中国理论经济学值得关注的几个问题》，《经济问题》2003年第7期。

[59] 陈承明：《继承毛泽东经济思想 完善社会主义经济理论》，《毛泽东邓小平理论研究》2006年第9期。

[60] 陈承明:《论社会主义的基本矛盾与主要矛盾》,《青年思想家》1998年第6期。

[61] 陈承明:《论物质生产力,精神生产力和人才生产力》,《经济·社会》1992年第4期。

[62] 陈承明:《计划调节与市场调节的有机结合》,《贵州社会科学》1990年第5期。

[63] 陈承明:《论商品拜物教的经济性质和社会意识》,《经济·社会》1990年第3期。

[64] 陈承明:《价值规律、价格机制和价格体制的内在联系》,《学术月刊》1991年第5期。

[65] 陈承明:《商品经济的本源,变异和复归》,《学术月刊》1992年第9期。

[66] 陈承明:《论社会主义公有制与市场经济的必然联系》,《经济社会》1996年第3期。

[67] 陈承明:《市场经济与反腐倡廉》,《研究与实践》2001年第3期。

[68] 陈承明:《论提高驾驭社会主义市场经济的能力》,《郑州航空工业管理学院学报》2005年第3期。

[69] 陈承明:《〈资本论〉为社会主义市场经济提供理论基础和思想指导》,《红旗文稿》2015年第20期。

[70] 黄曦、陈承明:《论中国特色社会主义市场经济的两重性和相容性》,《上海经济研究》2019年第2期。

[71] 郑礼肖:《劳动者作用的全面提升与生产方式的变革——迈向共同富裕的政治经济学分析》,《经济学家》2023年第10期。

[72] 吴乔一康、冯晓:《"双循环"视域下区域产业结构变化的内在逻辑与发展路径》,《经济问题探索》2023年第11期。

[73] 陈承明:《论基本经济制度与划清两个根本界限》,《当代经济研究》2010年第9期。

[74] 陈承明:《按劳分配与劳动力商品的内在联系及其结合》,《学术月刊》1993年第12期。

[75] 陈承明:《论管理劳动的价值创造及其分配》,《毛泽东邓小平理论研究》2002年第2期。

[76] 陈承明:《论科技劳动的价值创造及其分配》,《上海金融学院学报》2004年

第 1 期。

[77] 周广肃等:《最低工资标准、居民收入不平等与共同富裕》,《经济问题探索》2023 年第 10 期。

[78] 陈承明:《论效率与公平的对立统一关系》,《经济研究与探索》2007 年第 1 期。

[79] 蔡志刚、陈承明:《从价值论出发比较〈资本论〉与西方经济学》,《经济问题》2001 年第 3 期。

[80] 陈承明:《论劳动价值、剩余价值和公共价值的演变和发展》,《学术月刊》2002 年第 3 期。

[81] 陈承明:《马克思的劳动价值论对经济发展的现实意义》,《毛泽东邓小平理论研究》2002 年第 4 期。

[82] 陈承明:《论股份制成为公有制的主要实现形式》,《胜利油田党校学报》2005 年第 1 期。

[83] 陈承明:《论国有控股公司的两重经济职能》,《经济研究与探索》2008 年第 4 期。

[84] 陈承明:《科学发展和创新马克思主义经济理论——与刘福桓教授商榷》,《中国图书评论》2014 年第 12 期。

[85] 许兴亚:《我国当前资本理论研究中的若干方法问题》,《当代经济研究》2023 年第 7 期。

[86] 郝立新、冯显婷:《资本逻辑的本质、作用机制及其存在样态》,《当代经济研究》2023 年第 8 期。

[87] 庞明川:《中国特色宏观调控的实践模式与理论创新》,《财经问题研究》2009 年第 12 期。

[88] 陈承明:《论两只"看不见的手"及其相互关系》,《郑州航空工业管理学院学报》2010 年第 5 期。

[89] 深化财税体制改革课题组:《各级政府间收入划分与分税制改革》2009 年第 27 期。

[90] 余曼、李拓:《基本公共服务均等化、财政分权与推进共同富裕》,《经济问题探索》2023 年第 10 期。

[91] 朱元樑:《对深化我国政策性银行体制改革的几点认识》,《中国金融》2008 年第 17 期。

[92] 程雪军、尹振涛：《全国统一大市场下的金融科技创新与监管体系重构》，《经济问题》2023 年第 9 期。

[93] 陈承明：《论经济与教育的有机联系》，《复旦大学学报》1993 年第 4 期。

[94] 陈承明：《引进市场机制，发展成教事业》，《中国成人教育》1994 年第 2 期。

[95] 陈承明：《论经济规律与教育规律的相互联系》，《复旦教育》1994 年第 2 期。

[96] 陈承明：《对成教投资改革的设想和建议》，《中国成人教育》1996 年第 7 期。

[97] 孙明泉：《如何看待当前的就业形势》，《光明日报》2002 年 8 月 2 日。

[98] 陈承明：《正确认识和解决"民工荒"问题》，《经济与管理研究》2005 年第 2 期。

[99] 张永岳、陈承明：《论我国农村土地征用制度及其利益机制》，《中国房地产》2011 年第 9 期。

[100] 陈承明：《新型城镇化与城乡一体化疑难问题探析》，《社会科学》2013 年第 9 期。

[101] 陈承明：《论新型城镇化和新农村建设的辩证关系》，《社会科学》2014 年第 3 期。

[102] 李天姿：《中国农村耕地"三权"分置理论》，《上海经济研究》2023 年第 7 期。

[103] 韩振峰、程刘畅：《习近平总书记对中国式现代化理论的创新性贡献》，《经济学家》2023 年第 10 期。

[104] 杨春辉、韩喜平：《走共同富裕的中国式现代化：历史溯源与独特优势》，《经济学家》2023 年第 11 期。

[105] 于舟、万立明：《人与自然和谐共生的中国式现代化》，《经济问题》2023 年第 11 期。

[106] 刘晓哲、苗青：《中国式现代化视域下共同富裕若干问题研究》，《经济问题》2023 年第 10 期。

[107] Marx（1867），Capital, Volume Ⅰ, Hamburg, Germany, Meissner Verlag.

[108] Marx（1885），Capital, Volume Ⅱ, Hamburg, Germany, Meissner Verlag.

[109] Marx (1894), Capital, Volume Ⅲ, Hamburg, Germany, Meissner Verlag.

[110] Marx (1891), Critique of the Gotha Program, January 31, Germany, New Times.

[111] Engels (1878), Anti-Dühring, Germany, Forward.

[112] Engels (1884), The Origin of the Family, Private Property and the State, October, Switzerland, Zurich Publishing House.

[113] Lenin (1918), State and Revolution, Petrograd, Life and Knowledge Publishing House.

[114] Stalin (1952), A Study of the Economic Problems of Socialism, Russia, Pravda.

[115] Adam Smith (1776), The Wealth of Nations, London, Edinburgh, with London Publishers William Strahan and Thomas Cadell, and Edinburgh Publisher William Grech.

[116] Ricardo (1817), Principles of Political Economy and Taxation, London, England, John Murray, Albemarle-Street.

[117] Marshall (1890), Principles of Economics, England, Macmillan Publishing Ltd..

[118] John Maynard Keynes (1936), The General Theory of Employment, Interest and Money, United Kingdom, Macmillan Books Ltd..

[119] Samuelson (1948), Economics, United States, McGrash Publishing Company.

[120] Thomas Piketty (2014), Capital in the Twenty-first Century, United States, The Belknap Press.

后 记

习近平总书记在党的二十大报告中指出："共同富裕是中国特色社会主义的本质要求，也是一个长期的历史过程。"①因此，要实现共同富裕，就必须深刻理解社会主义经济规律及其制度与共同富裕的内在联系和相互作用，准确把握实现这一战略目标的正确途径和科学方法。也就是说，只有在党中央的正确领导和部署下，坚持以习近平新时代中国特色社会主义思想为指导，自觉遵循客观经济规律和基本经济制度的要求，制定出一系列切实可行的方针、政策和措施，经过全体人民持续不断地艰苦努力，才能实现振兴中华和共同富裕。

本书是在学习和贯彻党的二十大精神中写作完成的。我是新中国的同龄人，经历了毛泽东时代、邓小平时代，现在进入习近平新时代。从根本上讲，这三个时代是承上启下和一脉相承的，都是中国特色社会主义形成、发展和完善的历史进程，都取得了举世瞩目的伟大成就。但是三个时代又有不同的时代特点：毛泽东时代由于没有经验和学习苏联，因此不可避免地会产生一些"左"的错误；邓小平时代由于没有经验和学习西方，因此不可避免地会产生一些右的错误；所以，习近平新时代旗帜鲜明地提出，"既不走封闭僵化的老路，也不走改旗易帜的邪路"②，而要走出一条反"左"防右和全面发展的新路。这就要充分认识中国特色社会主义经济的两重性和相容性，不仅要遵循社会主义经济的特有规律，而且要遵循社会主义经济与资本主义经济的共有规律。只有使两种经济规律有机结合并形成制度，才能使中国式现代化和共同富裕不断取得新成就和登上新台阶，如期实现第二个百年的奋斗目标和完成社会主义初级阶段的历史使命。

本书的出版得到华东师范大学、上海市社会科学界联合会、上海市经济学

---

① 习近平：《高举中国特色社会主义伟大旗帜 为全面建设社会主义现代化国家而团结奋斗——在中国共产党第二十次全国代表大会上的报告》，人民出版社 2022 年版，第 22 页。

② 习近平：《高举中国特色社会主义伟大旗帜 为全面建设社会主义现代化国家而团结奋斗——在中国共产党第二十次全国代表大会上的报告》，人民出版社 2022 年版，第 27 页。

会、上海生产力学会等部门的关心和华东师范大学精品力作培育项目(批准号：2023ECNU-JP004)的资助；得到华东师范大学经济与管理学院岳华书记、殷德生院长、经济系李巍主任、退休支部徐丽华书记和老教授协会叶守礼会长，上海生产力学会真虹会长、顾其南秘书长等领导的支持和帮助；得到经济学界的同仁：上海社会科学院经济研究所的沈开艳、陈建华、陶友之，上海市委党校的鞠立新，上海发展改革研究院的傅尔基，华东师范大学马克思主义学院的顾红亮、速继明、凌弓，华东师范大学经济与管理学部的赵健、方显仓、曹艳春、黄曦、孟星、李晶、张永岳、张祖国、彭金官、周洁卿，上海海事大学马克思主义学院的董金明、刘美平，上海浦东改革与发展研究院的李庭辉，东华大学的戴昌钧，浙江财经大学的蒲德祥等专家教授的指导和鼓励，在此一并表示衷心的感谢！对上海财经大学出版社的王芳主任、廖沛昕编辑为本书出版付出的辛勤努力表示由衷的敬意！由于本人水平有限和出版时间紧迫，书中的缺点和错误在所难免，敬请广大读者批评指正。

作　者

2024 年 1 月 28 日

附录
作者已出版的书籍

1. 陈承明著:《社会主义与市场经济》,上海社会科学院出版社1997年版。获上海市邓小平理论研究和宣传优秀成果(1995—1997)著作类三等奖。
2. 陈承明著:《唯物辩证的经济思想》,上海人民出版社2000年版。获上海市马克思主义学术著作出版资助。
3. 陈承明主编:《经济的浪潮》,上海科技教育出版社2001年版。
4. 陈承明主编:《中国社会主义经济学概论》,华东师范大学出版社2002年版。获2001年华东师范大学教材出版基金资助。
5. 陈承明编著:《〈资本论〉与社会主义市场经济》,学林出版社2003年版。
6. 陈承明编著:《政治经济学通论》,上海财经大学出版社2005年版。
7. 陈承明编著:《简明西方经济学》,上海财经大学出版社2006年版。
8. 陈承明著:《社会主义经济理论研究——〈资本论〉的中国化》,吉林大学出版社2007年版。
9. 陈承明编著:《简明西方经济学》(第二版),上海财经大学出版社2008年版。
10. 陈承明编著:《政治经济学通论》(第二版),上海财经大学出版社2008年版。
11. 陈承明主编:《中国特色就业理论与实践——纪念改革开放30周年》,吉林大学出版社2008年版。
12. 陈承明主编:《西方经济学习题集》,上海财经大学出版社2009年版。
13. 陈承明主编:《中国特色城乡一体化探索》,吉林大学出版社2010年版。
14. 陈承明编著:《简明西方经济学》(第三版),上海财经大学出版社2011年版。
15. 陈承明编著:《社会主义经济理论研究——〈资本论〉的中国化》(第二版上册),吉林大学出版社2011年版。
16. 陈承明编著:《社会主义经济理论研究——〈资本论〉的中国化》(第二版下册),吉林大学出版社2011年版。
17. 陈承明主编:《中国特色消费理论和消费模式研究》,吉林大学出版社2011

年版。
18. 陈承明主编：《消费经济学概论》，上海财经大学出版社 2012 年版。
19. 陈承明主编：《中国特色社会主义经济理论教程》，上海财经大学出版社 2013 年版。
20. 陈承明编著：《简明西方经济学》（第四版），上海财经大学出版社 2014 年版。
21. 陈承明主编：《西方经济学习题集》（第二版），上海财经大学出版社 2015 年版。
22. 陈承明主编：《微观经济学》，上海财经大学出版社 2016 年版。
23. 陈承明主编：《宏观经济学》，上海财经大学出版社 2016 年版。
24. 陈承明主编：《经济学概论》，上海财经大学出版社 2016 年版。
25. 陈承明主编：《中国特色社会主义政治经济学》，高等教育出版社 2016 年版。
26. 陈承明编著：《简明西方经济学》（最新版），复旦大学出版社 2018 年版。
27. 陈承明主编：《中国特色社会主义经济理论教程》（第二版），复旦大学出版社 2018 年版。
28. 陈承明主编：《经济学概论》（第二版），上海财经大学出版社 2019 年版。
29. 陈承明著：《中国经济两重性和相容性研究：改革开放的方法论探索》，复旦大学出版社 2020 年版。获中共上海市委党校重大课题项目资助。
30. 陈承明编著：《政治经济学通论》（第三版），上海财经大学出版社 2021 年版。
31. 陈承明主编：《中国特色社会主义政治经济学》（第二版），高等教育出版社 2022 年版。